Karl Christian Friedrich Krause, Paul Hohlfeld, August Wünsche

Vorlesungen über angewandte Philosophie der Geschichte

Karl Christian Friedrich Krause, Paul Hohlfeld, August Wünsche

Vorlesungen über angewandte Philosophie der Geschichte

ISBN/EAN: 9783742813046

Hergestellt in Europa, USA, Kanada, Australien, Japan

Cover: Foto ©Klaus-Uwe Gerhardt /pixelio.de

Karl Christian Friedrich Krause, Paul Hohlfeld, August Wünsche

Vorlesungen über angewandte Philosophie der Geschichte

VORLESUNGEN

ÜBER ANGEWANDTE

PHILOSOPHIE DER GESCHICHTE

VON

KARL CHRISTIAN FRIEDRICH KRAUSE.

AUS DEM HANDSCHRIFTLICHEN NACHLASSE DES VERFASSERS

HERAUSGEGEBEN

VON

DR. PAUL HOHLFELD UND **DR. AUG. WÜNSCHE.**

ALS ANHANG:

GESCHICHTSPHILOSOPHISCHE SKIZZEN UND ABHANDLUNGEN.

LEIPZIG

OTTO SCHULZE

11. QUERSTRASSE 11.

1885.

HERRN
PROFESSOR DR. J. E. ERDMANN

DEM GEISTVOLLEN DARSTELLER

UND

GERECHTEN BEURTHEILER DER WESENLEHRE KRAUSE'S

IN

AUFRICHTIGER VEREHRUNG

GEWIDMET

D. H.

VORREDE.

Das vorliegende Werk Krause's, welches aus des Verfassers handschriftlichem Nachlasse hiermit zum ersten Male veröffentlicht wird, die angewandte Philosophie der Geschichte, ist der zweite Haupttheil zu der reinen Philosophie der Geschichte oder Lebenlehre (Biologie), welche Hermann v. Leonhardi bereits 1843 herausgegeben hat*).

Was sich in der reinen Philosophie der Geschichte über das Leben unserer Erdmenschheit und zur Beurtheilung desselben findet, ist lediglich als eine Vorwegnahme und Entlehnung aus dem zweiten Haupttheile, und zwar zum Zwecke der Veranschaulichung ganz allgemeiner Vernunftwahrheiten durch einleuchtende Beispiele, anzusehen und erhält erst hier seine rechte Stelle und eigentliche Begründung. Diese eine Erwägung hätte genügt, die Veröffentlichung auch des zweiten Theiles als eine Pflicht der Herausgeber erscheinen zu lassen. Aber auch an sich selbst ist Krause's angewandte Philosophie der Geschichte würdig, herausgegeben zu werden: ertheilt sie uns doch über mehrere

---

*) Gegenwärtig im Verlag von Otto Schulze in Leipzig; ermässigter Preis 4 Mark.

der wichtigsten Fragen, z. B. wie Krause sich zum Judenthume und zum geschichtlichen Christenthume stellt, gründlichen Aufschluss.

Zuzugeben ist ohne weiteres, dass in dem von Krause vorangeschickten Abrisse der rein erfahrungsmässigen Geschichte und Erdkunde gar manches durch neuere Forschung ganz beseitigt, oder wenigstens berichtigt worden ist: ein Hinweis auf die einzelnen Unrichtigkeiten erschien jedoch den Herausgebern dem Kenner gegenüber überflüssig, dem Anfänger gegenüber störend und abschreckend.

Indess ist Krause unbedingt nachzurühmen, dass er sich redlich um Erfahrungswissenschaft bemüht und vor allem reine Vernunftwissenschaft und Erfahrungswissenschaft immer und überall streng geschieden, nicht etwa, wie die ehemaligen Naturphilosophen, unklar mit einander vermischt und durch einander gewirrt hat. Auf die Würdigung der Hauptereignisse der erfahrungsmässigen Geschichte dürften jene Irrthümer wohl kaum von Einfluss gewesen sein.

Das vorliegende Werk ist, was wohl beachtet werden möge, ausserdem ein schätzbarer Beitrag nicht nur zur „Geschichte der Philosophie der Geschichte", sondern auch zur „Philosophie der Philosophie der Geschichte", zwei Wissenschaften, welche Krause in ihrer Selbständigkeit und Nothwendigkeit mit vollkommener Klarheit eingesehen hat, klarer, als die bisherigen verdienstvollen und auch Krause's Verdienst anerkennenden Geschichtschreiber der Philosophie der Geschichte: der Schotte Flint, der französische Schweizer Frédéric de Rougemont und der Deutsche Rocholl. Die unparteiische und wohl begründete Beurtheilung anderer Geschichtsphilosophen lässt Krause zugleich in seiner rein menschlichen Grösse erscheinen.

Als **Anhang** sind zwei geschichtsphilosophische Abhandlungen Krause's über den Menschheitbund und den Wissenschaftsbund aus dem Tagblatte des Menschheitlebens (1811) und die Skizzen beigegeben, welche Krause in seine Vorlesungen über „Philosophie der Geschichte", mit welchen er übrigens seine akademische Wirksamkeit in Göttingen beschloss, noch nicht hatte verarbeiten können.

Wer an einzelnen dieser Aufzeichnungen, namentlich soweit dieselben die künftige Gestaltung des Staates betreffen, Anstoss nehmen sollte, der sei an dieser Stelle ausdrücklich darauf hingewiesen, dass Krause zwischen reinem Urbilde und Musterbilde oder angewandtem Ideale aufs Klarste unterscheidet und damit die wissenschaftliche Grundlage zur echten Lebenskunst, im Leben der Einzelnen, wie im Leben der Völker, ja der Menschheit, darbietet, der Lebenskunst, der umfassendsten und nützlichsten aller Künste, welche Urbegriff und gemeine Wirklichkeit, Ideales und Reales, gleichmässig berücksichtigt und in einer Reihe stetig fort- und höherschreitender Musterbilder (progressiver angewandter Ideale) immer inniger versöhnt.

An erster Stelle sind es die Geschichtsphilosophen und Staatsmänner, dann die Geschichtschreiber und Geographen, die Theologen und Religionsphilosophen, von welchen eine gerechte Beurtheilung und gewissenhafte Benutzung dieses Werkes erwartet werden darf: den letzteren ist in Anerkennung Krause's Otto Pfleiderer auf rühmlichste Weise vorangegangen: vivant sequentes!

Dresden, im Januar 1885.

Die Herausgeber.

Der Philosophie der Geschichte
zweiter Haupttheil.
Angewandte Philosophie der Geschichte.

Vorbereitung.
Erinnerungen aus der reinen allgemeinen Geschichte des Lebens zum Behuf der angewandten Philosophie der Geschichte.

I. Allgemeine Uebersicht des Lebens auf Erden.

Wir beginnen den zweiten Haupttheil der Philosophie der Geschichte, die angewandte Philosophie der Geschichte, den ich früher den synthetischen oder harmonischen oder auch den ideal-realen nannte, weil in diesem Theile der Urbegriff und das Urbild des Lebens auf den Geschichtsbegriff und das Geschichtsbild des Lebens bezogen werden, und darin die Geschichte des Lebens, soweit sie uns jetzt auf dieser Erde erkennbar ist, vornehmlich aber die Geschichte dieser Menschheit, gewürdigt wird nach der Idee, die in der reinen Philosophie der Geschichte als Urbild aufgestellt worden ist.

Damit aber dieser harmonische oder synthetische Theil unsrer Wissenschaft desto anschaulicher werde, soll, wie ich oben schon ankündigte, eine kurze Uebersicht der reinen Geschichte des Lebens dieser Erde, und der Menschheit auf ihr, vorangehen. Dieser hier einzuschaltende Abschnitt also ist als eine blosse Entlehnung, als ein Lemma, aus der reinen Geschichtswissenschaft anzusehen und hat sich daher auf die allgemeinsten Umrisse zu beschränken, welche aber gleichwohl die Hauptergebnisse der Geschichte in hinlänglicher Bestimmtheit klar überschauen lassen.

Zuvörderst also will ich in einer kurzen Schilderung das allgemeine Leben der Erde vor Augen stellen, so wie die Erde als ein Theil des Sonnensystems ihr eigenthümliches Leben führt. Diese Betrachtung ist wichtig für die ganze Entwicklung des Lebens der Menschheit, weil dessen Entfaltung zum Theil von der Entwicklung des Naturlebens der Erde bedingt ist; und zwar hängt sie durch die Entfaltung und Weiterbildung der Menschheit weiter von der geschichtlichen Entwicklung höherer Ganze des Himmelsbaues mit ab und von dem kosmischen Grundverhältnisse dieser Erde, das ist, von dem Lebensverhältnisse dieser Erde als Glied des Sonnensystems und höherer Sonnensysteme. Die höchsten sichtbaren Ganzen des Himmelsbaues sind Haufen selbstleuchtender Sterne, die uns als Lichtwölkchen erscheinen, welche Sternenhaufen sich übrigens in keiner einfach regelmässigen Gestalt zeigen. Die sogenannte Milchstrasse ist auch eine von diesen Sternengruppen. Nach Herschel enthält diese Gruppe der Milchstrasse weit über eine Million Sonnen, von denen viele sich gegeneinander in einer gemeinsamen Bewegung befinden und ebenfalls viele einen mannigfaltigen Lichtwechsel an Stärke und an Farbe zeigen. Eine der Sonnen, aus denen die Milchstrasse besteht, ist unsre Sonne, die gegen die Mitte dieses grossen Ganzen gestellt ist. Von dieser Sonne ist die Erde gegen zwanzig Millionen Meilen ($20^{4}/_{5}$ Millionen Meilen) entfernt, ungefähr hundert Sonnenkörper könnten von der Sonne an bis an unsre Erde in gerader Linie Raum haben. Der Umfang der elliptischen, fast kreisrunden Bahn der Erde um die Sonne ist gegen 130 Millionen Meilen. Nach Herschel und, so viel mir bekannt ist, auch nach Littrow und Struve und noch andern neuern Beobachtern ist bis jetzt noch kein Fixstern beobachtet, der nicht wenigstens 40,000 Erdbahn-Durchmesser, jeder von 40 Millionen Meilen, von unsrer Sonne entfernt wäre. Der nächste Nebelfleck ist nach Herschel's Vermuthungen wohl wieder 600 Mal so weit entfernt, als die nächste Sonne von unsrer Sonne; aber gegen die Unendlichkeit der Natur im Raume und in der Zeit kommen diese gegen unsern Leib überschwenglichen Grössen, als Bezuggrössen, nicht in Betracht; sondern es kommt bei der wesenhaften Schätzung der Gebilde der Natur erstwesentlich auf die Verhältnisse der Grösse an und auf die daran sich erweisenden Gesetze und die daran ersichtliche Schönheit, kurz, auf den ganzen Gehalt des in diesen Verhältnissen entfalteten Lebens; so finden sich in dem Verhältnisse der Entfernung, der Dichtigkeit, der Schnelligkeit in der Bewegung der Planeten unsres Sonnensystems sehr einfache Grundverhältnisse, welche man, auf kleine Zahlen gebracht, sehr leicht überschaun kann. Hiervon will ich nur ein mir bekanntes Beispiel anführen. Es ist die Entfernung eines jeden obern, das ist, der Sonne nähern Planeten, von dem nächst untern nach dem Gesetze der Verdopplung bestimmt nach folgenden Zahlen: $4, 4+3, 4+6, 4+12, 4+24, 4+48, 4+96,$

Vorbereitung. 3

4 + 192. Dies ist die letzte Entfernung des Uranus vom Saturnus. Da hier die Zahl 4 immer kleiner wird im Verhältnisse der Zusätze, so sieht man, dass hier die Natur das einfache Gesetz des Verhältnisses 1 zu 2 anstrebt; ein Verhältniss, welches in der Musik die Oktave giebt. Da nun zwischen dem Mars und dem Jupiter ein Glied fehlte, bevor die vier kleinen Planeten Vesta, Juno, Ceres, Pallas entdeckt wurden, so vermutheten Bode und Kant ganz richtig das Dasein wenigstens noch eines Planeten zwischen Mars und Jupiter, welche Vermuthung auch durch die vier kleinen Planeten ihre Bestätigung erhalten hat, weil diese aus naturwissenschaftlichen Gründen für einen gelten. So würden wir, wenn wir nur die Verhältnisszahlen der Entfernung mehrerer Reihen von Fixsternen kennten, zufolge der einfachen Gesetze der Natur, die einfachsten und schönsten Grundverhältnisse zu schaun erhalten. Wenden wir uns nun zur kurzen Schilderung des Sonnensystems als eines selbständigen Ganzen. Die Planeten, Kometen und Monde hängen alle von der Sonne vornehmlich ab als von ihrem gemeinsamen Himmelskörper (Mitte), der als leuchtender und anziehender Körper ihre Selbstthätigkeit erregt, also über ihr Leben vorwaltend entscheidet. Aber jeder dieser untergeordneten Himmelskörper hat gleichwohl ein untergeordnetes, selbwesentliches Leben. Dass nun alle die untergeordneten Himmelskörper, die um die Sonne sich bewegen, der Bahn der Ellipse folgen, hat einen tiefen Grund in den Gesetzen des Lebens der Natur, welcher aber bis jetzt in der Naturphilosophie noch keineswegs befriedigend nachgewiesen ist.*) — Vorwaltend wichtig für das Leben eines die Sonne umkreisenden Körpers ist die Aussermittigkeit (Excentricität), besonders weil dadurch die Gegensätze des Wärmeprocesses und des magnetischen und elektrischen Processes bestimmt sind, — wovon vornehmlich die Bestimmtheit der Jahreszeiten abhängt. Dazu kommt das wesentliche Gesetz, dass die Bewegung des Planeten und des Kometen in der Sonnennähe beschleunigt ist, in der Sonnenferne aber verlangsamt. Jeder Planet hat aber auch eine Selbstbewegung um seine eigne Axe, welche mit der grössten Zeitgenauigkeit gleichförmig vollführt wird, und welche ein Grunderweis seines eignen selbständigen Lebens ist. Auch die Sonne hat eine solche Selbstbewegung um ihre Axe; und dazu kommt noch die überaus wichtige Bestimmtheit der Neigung der Axe der Planeten auf die Fläche ihrer Bahn um die Sonne, und zugleich gegen die Axe der Sonne, welche ein Ergebniss des magnetischen Verhältnisses der

---

*) Man vergleiche, was ich hierüber in der Anleitung zu der Naturphilosophie, 1803, (S. 133 f.) gesagt habe.

1*

Sonne zu einem jeden sie umkreisenden Himmelskörper ist, denn dadurch wird die Bewohnbarkeit eines solchen Himmelskörpers und auch die Abwechslung der Jahreszeiten näher bestimmt. Dabei zeigt sich das merkwürdige Gesetz, dass diese Neigung der Axe auf die Ebene ihrer Bahn während der ganzen Herumbewegung um die Sonne dieselbe bleibt, also während des ganzen Umlaufes mit sich selbst parallel bleibt. An dem Monde unsrer Erde finden wir keine um sich selbst drehende Selbstbewegung, sondern nur ein Hin- und Herschwanken des Mondkörpers um wenige Grade. Dieser Himmelskörper erscheint also insofern ohne selbständiges Leben. Die 11 Planeten, die wir bis jetzt kennen, sind in den vorhin erwähnten gesetzmässig fortschreitenden Entfernungen ausgetheilt und halten sich alle, mit Ausnahme der vier letztentdeckten kleinen Planeten, innerhalb eines Ringes von ungefähr 20 Graden im Thierkreise; dahingegen die Kometen auch ausserhalb dieser Grenzen sich bewegen, überhaupt in den verschiedensten Richtungen, während alle Planeten, die wir jetzt kennen, in derselben Richtung um die Sonne gehen. Die Kraftmitte der nach der Sonne hin obern Planetenreihe Mars, Erde, Venus, Mercur scheint in die Gegend der Erde zu fallen, und die untere Reihe der Planeten Jupiter, Saturn, Uranus scheint von der obern abgesondert, zugleich aber auch mit selbiger wieder verbunden zu sein durch die vier kleinen Planeten, welche in ihren Lufthüllen, in ihrem Lichtwechsel und in ihren Bahnen und in noch andern Eigenschaften vieles Kometenartige zeigen.

Was nun unsre Erde betrifft, als den dritten untern Planeten, so zeigt dieser Himmelskörper in allen seinen Eigenschaften und Beziehungen, wie kein andrer Planet der ganzen Reihe, ein mittleres, harmonisch-gemässigtes Verhältniss an Grösse, Dichtheit, Rundung, Excentrität der Bahn, Neigung der Erdaxe, die ungefähr ein Viertel des rechten Winkels beträgt. — Durch diese gemässigten, harmonischen Verhältnisse ist für diese Erde ein mittleres Gleichmass und die Beständigkeit und die Harmonie aller ihrer Lebensprocesse bedingt und gesichert Selbst darin, dass die Erde nur einen Mond hat, scheint sich mir diese harmonische Vollendung zu erweisen, da das vollkommenste Verhältniss der Vereinigung das des Einen mit dem Einen ist. Auch dieser Mond steht in einem mittlern angemessenen Grössenverhältnisse zu dieser Erde, und auch seine Entfernung ist in einem mittlern Verhältnisse, so dass etwa dreissig Erden, in gerader Linie aneinandergesetzt, bis zum Monde reichen würden. Der Mond ist also der Erde näher, als man gewöhnlich denkt. Dass die Erde in allen wesentlichen Hinsichten ein wohlgemässigtes, mittleres, harmonisches Verhältniss zeigt, das bewährt sich auch noch in folgender Hinsicht. Die Gebirge haben auf der Erde eine wohlgemessen mittlere Höhe, so auch das Meer eine mittlere Tiefe, in wohlgemessner Menge des Wassers und einer wohlgeordneten Vertheilung seiner Fläche, welche letztere bald weiter geschildert werden soll. Dagegen sind die Gebirge auf der Venus, soweit sie erkennbar sind, sowie auch die Gebirge auf dem Merkur verhältnissmässig viel zu hoch, als dass es dem organischen Processe überall gedeihlich sein könnte, und der Mond z. B. hat dabei auch noch viel zu wenig Wasser. Die Bewegungsverhältnisse aber der Erde sind sehr zusammengesetzt. Die vorwaltenden sind die Selbstdrehung, oder die Axendrehung, und die umbahnende um die Sonne, aber ausserdem kommen noch einige Bewegungen des Erdkörpers vor; denn ihre Axe beschreibt erstlich um die Pole der Ekliptik einen Kreis in ungefähr 25,000 Jahren, wodurch die Erscheinung der Verrückung der Nachtgleichepunkte entsteht, die Präcession der Nachtgleiche genannt. Es beträgt diese Fortrückung ungefähr in 6000 Jahren drei Himmelszeichen im Thierkreise. Der Abweichungswinkel ist jährlich nur 0,014 Theile eines Grades. Man nennt diese grössern Perioden auch das platonische Jahr, weil Platon verschiedne mythische Vorstellungen über die höhern Perioden des Lebens mitgetheilt hat. Wir kennen aber bis jetzt den Einfluss dieser grossen Periode auf das Leben der Erde noch gar nicht. Eine vierte, kleinere Bewegung der Erde ist das sogenannte Wanken (Nutation) der Erdaxe, wonach diese Axe in neunzehn Jahren einen kleinen Kreis, dessen Halbmesser nur neun Secunden eines Grades beträgt, um die Pole der Ekliptik beschreibt. Diese Bewegung rechnet man dem Einflusse des Mondes zu. Die beiden ersten Hauptbewegungen der Erde, verbunden mit dem Winkel, den die Erdaxe mit der Erdbahnfläche macht (dem Winkel von $23\frac{1}{2}$ Graden), sind die für das Leben der Erde entscheidendsten. Denn sie vorzüglich bestimmen mittelst der Jahreszeiten die Sonnenlage, das Klima, gemäss der Lage der Länder nach den Polen hin, und bestimmen auch vornehmlich die Vertheilung des Landes und des Wassers. So kommt daher der Ueberschuss des Landes, mithin auch der Ueberschuss der Wärme nach dem Nordpol, und der Ueberschuss des Wassers und der Kälte nach dem Südpol hin, besonders aus dem Grunde, weil die nördliche Halbkugel im Winter der Sonne am nächsten ist, im Perihelium der elliptischen Bahn steht, woselbst die Bewegung der Erde am schnellsten ist, weshalb die nördliche Halbkugel sieben kalte Tage weniger hat, als die südliche; — dies, durch Jahrtausende fortgesetzt, giebt einen bedeutenden Ueberschuss der Wärme und zugleich wegen der Verschiedenheit der Kräfte des Umschwunges bei der schnellern Bewegung in der Sonnennähe eine verschiedne Beschaffenheit der Wasserkugel und der Atmosphäre nach den Polen hin. Eine bemerkenswerthe Erscheinung in dieser Hinsicht ist, dass das Eis, wenn man dem Nordpol, oder dem Südpol sehr nahe kommt, wieder verschwindet, wie mehrere kühne Schiffer gefunden haben; unter andern noch im Jahre 1823 wurde das Meer im vierundsiebzigsten Grade südlicher Breite offen und ohne Eis gefunden, und von Walfischen wimmelnd; daher die Vermuthung an Wahrscheinlichkeit gewinnt, dass in der Nähe der Pole Land zu Tage steht, welches für die Entwicklung des Lebens der Menschheit auf der Erde in der Zukunft gar nicht gleichgültig wäre. Folgende Grössenverhältnisse an der Erde selbst und ihrer Bewegung verdienen, hier noch erwähnt zu werden. In der Erdbahn um die Sonne könnten 76,000 Erdkugeln neben einander stehen; und die Erde durchläuft in jeder Secunde vier Meilen und noch $1/10$ und $5/100$ Meilen. Die Aussermittigkeit oder Excentrität der Erdbahn beträgt nur etwa $1/60$ des Erdbahndurchmessers, genauer $160/10000$ davon, wenn man den Halbmesser der Erde = 1 setzt. Daher ist die Erde in der Sonnennähe der Sonne näher um 815 Erdhalbmesser, oder gegen 700,000 Meilen, als in der Sonnenferne. Was die Gestalt der Erde betrifft, so weicht sie von der Kugelgestalt sehr wenig ab; denn sie ist an jedem Pole nur etwa um $2^{1}/_{2}$, nach Andern um 3,10 Meilen abgeplattet; ob sich aber nicht an andern Theilen der Erdoberfläche eben so grosse, oder noch grössre Abweichungen von der Kugelgestalt vorfinden werden, dies müssen erst genauere Beobachtungen in der Zukunft darthun. Der ganze Erddurchmesser beträgt $1719^{1}/_{2}$ Meilen und der Erdumfang 5400 Meilen, die Erdoberfläche über 9,000,000 Quadratmeilen und der Körpergehalt gegen 2660 Millionen Kubikmeilen. Die mittlere Entfernung des Mondes von der Erde ist 60 Erdhalbmesser, oder gegen 51,000 Meilen. Der Durchmesser des Mondes ist 468 Meilen, sein Umfang 1470 Meilen, also verhält sich der Monddurchmesser zum Erddurchmesser wie 1 zu 3,70...; die Mondoberfläche zur Erdoberfläche nahe wie 1 zu 13 und der Körpergehalt des Mondes zu dem der Erde nahe wie 1 zu 50. Der Mond zeigt einen bedeutenden Einfluss auf das Leben der Erde, zunächst in Ansehung der Ebbe und der Fluth der Meere, obschon dabei eine ursprüngliche Thätigkeit der Erde mitzuwirken scheint, wo nicht diese letztere selbst dabei erstwesentlich wirkt. Dann zeigt auch der Mond wesentlichen Einfluss auf den chemischen Process, indem z. B. das Mondlicht alle Fäulniss befördert; auch hat der Mond wesentlichen Einfluss auf den organischen Körper im gesunden und im kranken Zustande. Die merkwürdigsten Erweise davon sind: die sogenannte Mondsucht oder das Nachtwandeln, welches mit einer eignen Fähigkeit, mit erleichterter Schwere nach oben zu klimmen, und mit einer eignen Hellsicht verbunden ist, wie im lebensmagnetischen Zustande; und dann die wesentlichen Perioden im produktiven System des weiblichen Leibes. — Es scheint überhaupt, dass zu vollwesentlicher Ausbildung eines Planeten ein angemessnes Verhältniss desselben wenigstens zu einem Monde erfordert wird; obschon man nach dem jetzigen Zustande der Naturwissenschaft behaupten möchte, dass die Erde auch ohne Mond im Erstwesentlichen ihr Leben vollführen könnte.

Wenden wir uns nun zur kurzen Betrachtung des eigenthümlichen innern Lebens der Erde, so finden wir sie bestehend aus dem Erdkerne, dessen Beschaffenheit uns empirisch unbekannt ist, der aber, vielleicht von der Mitte der Erde an zusammenhängig fest, im Erdlande unter dem Meere emporsteht; — dann aus dem Wasser als Meer und als Landseen und Flüsse; dann aus der Lufthülle oder Atmosphäre, deren Erstreckungen in die Höhe noch nicht genau bestimmt werden können. Auch die Tiefe des Meeres ist zum grossen Theil unbekannt; doch kann man aus Wahrscheinlichkeitsgründen vermuthen, dass an den tiefsten Punkten die grössten Erdmeere gegen zwei Meilen tief sein mögen. In diesem dreigliedigen Ganzen des Erdkernes, der Wasserhülle und der Lufthülle nun entfaltet sich eine ganze Stufenfolge von Naturthätigkeiten oder Processen, und eben so viele Reihen von Naturgebilden oder Naturprodukten. Man unterscheidet den dynamischen Process und rechnet darunter als Theilprocesse die Processe der Cohäsion, der Schwere, des Lichts, des Feuers und der Wärme, des Magnetismus und der Elektricität. Innerhalb dieses allgemeinsten Processes bildet sich der sogenannte chemische aus, worin die sich entgegengesetzten Produkte oder die differenten Stoffe sich durchdringen und vereinbilden und so das ganze sogenannte unorganische oder vororganische Reich gestalten. Dabei ist eine Hauptthätigkeit der Kreislauf des Wassers, welches aus den Meeren sich erhebt, als Regen niederfällt, nun als Rinnwasser die Erscheinung der Landseen grösstentheils und des Flussnetzes über der Erde giebt, wodurch das Wasser eine Grundbedingung des chemischen Processes stetig erfüllt und zugleich auch den organischen Process mit unterhält. Denn, sowie der chemische Process sich innerhalb des dynamischen bildet, so gestaltet sich wieder innerhalb des chemischen Processes ein noch mehr inniger, noch reichhaltigerer Lebensprocess, der organische, in seinen beiden Hälften, des Pflanzenlebens und des Thierlebens, worin wiederum die Bildung der Menschengattung, als des vollwesentlich, vollständig, organisirten

8   II. Haupttheil. Angewandte Philosophie der Geschichte.

Thieres, das innerste Heiligthum ausmacht. — Unerschöpflich ist die Mannigfaltigkeit des organischen Lebens auf der Erde; wir zählten vor mehreren Jahren nach Cuvier schon 661 jetzt lebende Arten Säugethiere, 5000 Arten Vögel, 700 Arten Amphibien; 2,500 Arten Fische, 44,000 Arten Insecten und 56,000 Pflanzenarten, welche Zahlen gerade in den letzten Jahren seitdem bedeutend vermehrt worden sind; — und wir kennen noch lange nicht die ganze Fülle des organischen Lebens der Erde. Das Innre von Afrika, von Amerika und ganz vorzüglich das Innre von Neuholland sind in dieser Hinsicht noch wenig bekannt. Es zeigt sich hierbei das bemerkenswerthe Gesetz, dass die Reihe der Thiere und Pflanzen aller Haupterdländer zwar eine durch alle Gebilde hindurchgehende Aehnlichkeit haben, aber dabei doch einen ganz eigenthümlichen Charakter zeigen, so dass auch eine jede der Hauptreihen der Organismen der Haupterdländer ganz eigenthümliche Glieder enthält, die in den andern fehlen. Die merkwürdigsten Beispiele hiervon und die grössten Contraste in allen Gebieten der organischen Schöpfung zeigt Neuholland, welches Land überhaupt auch in andern Hinsichten das merkwürdigste Gebilde des ganzen Erdlandes zu sein scheint.

Was nun insbesondre die Menschengattung auf Erden betrifft, so leben zwischen 700 bis 1000 Millionen Menschen. In jeder Secunde ungefähr stirbt einer, und einer wird geboren, jedoch so, dass der Geborenwerdenden ein Ueberschuss ist, ungefähr in dem Verhältnisse von 81 zu 80. Von dieser Bevölkerung der Erde durch Menschen rechnet man auf Europa gegen 200 Millionen Menschen, auf Asien 300—400, oder mehr, auf Afrika über 100 Millionen, auf Amerika 40—50, aber auf Polynesien erst gegen 2 Millionen. In Anschung aber dieser Angaben muss ich bemerken, dass die von Asien und Afrika viel zu gering zu sein scheinen, von Asien zuverlässig, wenn man die neuesten statistischen Berichte des sinesischen Reiches und Ostindiens liest und würdigt; und es kann leicht die alte Angabe hierüber die richtige sein, dass 500—600 Millionen Menschen Asien bewohnen. Was aber Afrika betrifft, so vermuthe ich dort deshalb eine grosse Menschenmenge, weil nun von dort schon seit fast drei Jahrhunderten im Durchschnitt wohl gegen 80,000 Neger jährlich und zusammen über 40 Millionen ausgeführt worden sind. Hiernach lässt sich rückwärts berechnen, dass die Bevölkerung allein der Neger jene angebliche Zahl der Bewohner von Afrika weit übersteigen muss, zumal, da eine Abnahme der Negerbevölkerung in Afrika dadurch nicht hervorgebracht worden zu sein scheint. Nehmen wir nun 700 Millionen Menschen auf dieser Erde an, so kommen auf eine Quadratmeile Landes, im Durchschnitt gerechnet, erst 300 Menschen.

Setzen wir aber auch, es wären 400, und rechnen von dem bewohnbaren Lande noch alle bekannten Wüsten ab und die spärlich bewohnten Hochrücken der Gebirge, so können wir doch behaupten, dass noch fünfmal so viel Menschen, als jetzt leben, ganz bequem und sogar im Ueberfluss auf der Erde wohnen könnten, selbst wenn alle solche Länder wie Grönland, Island nicht bewohnt wären. Das ist eine wichtige Wahrheit für die Philosophie der Geschichte dieser Erde, weil Einige behauptet haben, wenn die Vermehrung der Menschen so wie jetzt fortginge, so würde bereits nach einigen Jahrhunderten die ganze Erde erfüllt sein, und die Menschen würden sich morden müssen, um nur bestehen zu können.

Dies wird aber um so weniger erfolgen, als, bei der Veredlung und Vervollkommnung des gesellschaftlichen Zustandes und bei der höhern Ausbildung der nützlichen Wissenschaften und Künste, immer mehr Menschen, und zwar dabei immer bequemer und behaglicher, auf demselben Gebiete leben können. Auch bedürfen die Menschen zu einem vernunftgemässen Leben weit weniger an Essen, Trinken und andern leiblichen Dingen, als jetzt Viele aus Thorheit, Lustgier und Uebermuth verbrauchen, — oder auch wegen Angewöhnung nöthig haben.

Betrachtet man die Vertheilung der Menschen über die Erde nach untergeordneten Rücksichten, so kommen sehr bemerkenswerthe Ergebnisse hervor, die ich aber hier der Zeitkürze wegen nicht entfalten kann; besonders auch in der Hinsicht, wenn man dabei Rücksicht nimmt auf den Gegensatz der Geschlechter und der Lebensalter und die Gesetze bemerkt, welche sich an den Lebensaltern bei beiden Geschlechtern in verschiednen Menschenrassen und in verschiednen Klimaten zeigen. Ich empfehle in dieser Hinsicht die älteren Schriften von Silberschlag und Butte's Arithmetik des menschlichen Lebens und dessen jüngst erschienene Biotomie, wo ein grosser Reichthum von Thatsachen mit sinnreichen Vergeistigungen zu finden ist. Nur noch eine Hinsicht will ich erwähnen, wonach die Menschen verschieden auf der Erde ausgetheilt sind, die Religions-Bekenntnisse, welche zum Theil von Volkheit abhängig sind, zum Theil auch nicht. So ist der Mosaismus von der Persönlichkeit des israelitischen Volkes abhängig, so das Brahmathum oder die Religion der Brahmaverehrung ist ebenfalls abhängig von dem Bestehen der indischen Völker, und zwar vom Bestehen ihrer Kasteneintheilung. Daher können auch diese Religionssysteme sich gar nicht anderwärts ausbreiten, da ein Fremdling nie Aufnahme finden kann. Dahingegen die christliche Religion und der Islamismus und der Buddhismus von Volkheit nicht abhängig sind, also Bekenner aus allen Völkern

10 II. Haupttheil. Angewandte Philosophie der Geschichte.

haben können. Folgendes ist die Vertheilung der Religionsgenossen nach einer Angabe, die ich im Jahre 1823 mir angemerkt habe:

Christen	240 Mill.	Brahmaverehrer	80 Mill.
Katholiken	122 „	Schamanen	50 „
Griechen	74 „	Lamaverehrer	40 „
Protestanten	44 „	Buddhisten und	
Moslemim	120 „	Fohisten in China	100 „
Juden	5 „	Fetischanbeter	70 „

Zusammen: 705 Millionen.

Nach einer neuen Angabe verhält sich die Anzahl der verschiednen Religionsbekenner auf folgende Weise:
1. Monotheisten 371—375 Millionen. Nämlich:
 a. Juden gegen 7 Millionen (in Europa 4 Millionen), welche Angabe leicht zu gering sein kann, weil Afrika sehr viele Genossen des Mosaismus enthält.
 b. Christen gegen 232 Millionen.
 c. Muhamedaner zusammen 122 Millionen. Sie sind zertheilt in drei Parteien, welche verschieden stark an Anzahl sind. Nun sind noch zu erwähnen unter den Monotheisten die Feueranbeter nach dem Zendavest, die Anhänger des Kon-fu-tse in China und einige chinesische und japanesische Secten, die man zusammen über 10 Millionen anschlägt, welches aber leicht viel zu wenig sein kann.
2. Polytheisten gegen 500 Millionen. Darunter sind nun aber freilich Viele gebracht, die eigentlich Verehrer eines Gottes sind, wohl aber dabei zum Theil auch untergeordnete Götter oder gottähnliche Wesen verehren. Erstlich Lamaiten 60 Millionen, Brahmaverehrer 120 Millionen, eigentliche Buddhisten 180 Millionen, Fetischverehrer 128 Millionen. Diese Angaben sind aus einer Schrift des D. Paulus genommen, das Leben Jesu und die Evangelien betitelt. Aus diesen Angaben erhellt, dass etwa der vierte Theil aller lebenden Menschen Christen sind, welche Anzahl verhältnissmässig sehr gross ist, weil noch viele Völker in zu untergeordneten Stufen der Lebensentwicklung zurückgehalten sind, als dass das Christenthum unter ihnen schon hätte Fortgang finden können, und weil diese Anzahl gegen die kurze Zeit von noch nicht 2000 Jahren seit Stiftung des Christenthums sehr beträchtlich ist; wenn man nun dabei überlegt, dass das Christenthum überallhin in den verschiedensten Ländern und den verschiedensten Völkern verbreitet ist, so geht daraus die Aussicht hervor, dass die Ausbreitung des Christenthums mit der Zeit noch wachsen kann. Auch ergiebt sich aus dieser Tafel die erfreuliche Bemerkung, dass die Stärke der Zahl der Bekenner der verschiednen Religionsbekenntnisse schon

dem innern Werthe dieser Religionsweise einigermassen gleichverhaltig angemessen ist. Denn, wenn man nur nicht das Christenthum allein allen andern zusammengenommen entgegenstellt, so ist die Anzahl seiner Bekenner die grösste gegen alle andern, sowie das Christenthum an innerm Gehalt und an Würde allen andern der jetzt bestehenden Religionsbekenntnisse vorangeht. Doch hierüber wird bald bei der Würdigung der Entfaltung der Religion selbst bestimmter und und ausführlicher die Rede sein. — Kehren wir jetzt zurück zu dem allgemeinen Gemälde des Lebens auf Erden.

Das ganze Leben der Erde hat mehrere Hauptperioden gehabt, und besonders scheint auch der organische Process, nach mehrern grossen Katastrophen des vororganischen Lebens, mehrmals von neuem begonnen worden zu sein. Die Pflanzenwelt und die Thierwelt, deren Ueberreste das Innre der Erde noch birgt, und die den frühern Perioden gehörten, war riesenhaft; aber bei alle dem sind beide in ihren Organismen der jetzigen Thier- und Pflanzenwelt ähnlich. Viele Gewächse, die jetzt nur als Stauden sich finden, wuchsen zuerst als grosse Bäume; Thiere, die jetzt in mittler Gestalt noch leben, waren früher riesengross; aber es scheint, dass auf unsrer Erde das erste Mal in dieser letzten Periode, in welcher wir stehen, ein Menschengeschlecht gebildet worden ist; denn unter allen Ueberbleibseln der Vorwelt auf Erden, von der der letzten Gebirgsformation vorhergehenden Zeit, die unbezweifelt sind, hat sich kein einziges menschliches Knochengerüst gefunden. Was aber eben diese letzte Periode des Erdenlebens betrifft, so scheint sie ihrer Reife sehr nahe zu sein; welches schon daraus abgenommen werden kann, dass die Gestalt des Erdlandes ein in sich geschlossnes, organisches Ganzes ausmacht, wie hernach gezeigt werden wird, und dass, so viel wir das Leben der Erde kennen, nirgends mehr eine ursprüngliche Zeugung organischer höherer Thiergebilde stattfindet; — und es ist offenbar, dass in dieser Vollendetheit des Lebens die Natur vor der Vernunft in der Menschheit vorauseilt. Die Natur hat auf Erden die schönsten Wohnplätze für Menschen gebildet, aber in paradiesischen Ländern fehlen die Bewohner noch, oder sind dort nur sparsam; während an andern ungünstigen Wohnorten die Menschen durch das Unglück der noch nicht freibesonnenen Lebensentfaltung in übermässiger Zusammendrängung leben.

Der nächste Gegenstand, der hier betrachtet zu werden verdient, ist die Bildung des Erdlandes, so wie es als ein natürliches, vollständiges Ganzes jetzt aus dem Meere hervorsteht. Noch vor kurzem wurde angenommen, dass die Bildung des Erdlandes ein Werk des regellosen Zufalls sei; und es ist wahr, bei dem ersten Blick auf noch unzweckmässig

gezeichnete Karten scheint es auch, als wenn es gesetzlos über
die Erdfläche vertheilt sei; wenn man aber auf die Bildung
des Landes Rücksicht nimmt, in Ansehung der Hauptverhältnisse
der Höhen, die sich überall durch die Richtung des
Rinnwassers kundgeben, durch das Adernetz der Flüsse und
durch die Reihen der Hochseen, die den Hochgebirgen folgen:
so erkennt man bald, dass hier ein einfaches Grundgesetz
waltet. Zuerst muss noch erwähnt werden, dass die Erdfläche
unter dem Meere, was die Höhen-Verhältnisse und die
Verhältnisse der Abdachung und die Bestandtheile der Gebirge
betrifft, dem hervorstehenden Lande ganz ähnlich ist;
es zeigen sich am Meeresboden dieselben Abwechslungen von
Höhe und Tiefe, nach demselben Gesetze. Hieraus sieht man,
dass die Bildung des Landes unter und über dem Wasser
ein grosses Ganze der Wirkung derselben Naturthätigkeit ist
und gleichem Gesetze gefolgt ist. Auch die reihenweise über
dem Meeresspiegel hervorstehenden Berghäupter verrathen
uns die Hauptrichtungen der Landhöhen unter dem Wasser,
und selbst schon ziemlich weit ausgearbeitete Seekarten geben
über die Bildung des Landes unter dem Wasser viele Aufschlüsse.
— Alles Land nun scheint unter dem Wasser gebildet
zu sein, und fast alle Gebirgsarten und Grundbestandtheile
des Festen lassen sich als chemische Niederschläge
aus dem Wasser auch künstlich darstellen. Auch zeigen die
auf den höchsten Bergspitzen anwesenden Versteinerungen
von Conchylien, dass auch diese höchsten Höhen einst unter
Wasser gestanden haben. Der Process aber der Landbildung
unter dem Wasser ist den allgemeinen Gesetzen der Krystallisation
gefolgt und scheint vorzüglich mitbestimmt worden
zu sein durch den magnetischen und elektrischen Process.
Sehen wir nun lediglich das Land an, das jetzt über dem
Wasser emporsteht, so bemerken wir eine symmetrische und
harmonische Anordnung; denn zunächst deutet es durch die
Richtung der Haupthöhen auf die Pole hin, und das meiste
Land ist nach dem Nordpol hin geordnet. Alles trockne
Erdland zeigt sich als ein Ganzes, dessen zwei Haupttheile
den Nordpol umringen und in der Hauptrichtung von Norden
gegen Süden sich erstrecken, so dass man sagen kann, dass
ein grösster Höhenzug, der beinah einen grössten Kreis um
die Erde bilden würde, sich in zwei Hälften theilt, wovon die
eine Hälfte das alte Erdland bildet, Asien, Afrika und Europa,
die andre Hälfte aber das neue Erdland oder Amerika
bestimmt. Es sei zur Erläuterung der Punkt N der Nordpol,
so beginnen $23\frac{1}{2}$ Grad abwärts nach dem Gleicher unter
der sogenannten Beringsstrasse diese beiden Haupthöhenzüge
des Erdlandes. Der eine in weiter Ausbreitung bildet Asien
bis zur Landenge von Suez, wo nun ein neuer Bogengang

angeht, der kleiner ist und sich ins Vorgebirge der guten
Hoffnung endet, der andre Höhenzug aber, der unter der Beringsstrasse beginnt, bildet mit seinem obern Bogen Nordamerika, und in der Landenge von Panama bricht sich ebenfalls dieser Höhenzug um und bildet das Land von Südamerika,
geht aus in das Cap Hoorn, d. h. er endet sich, so weit er
über dem Meere zu sehen ist, in das Cap Hoorn, aber es scheint,
dass diese beiden Haupthöhenzüge unter dem Meere fortgesetzt werden und ineinander greifen, wie dies die Richtung
der Inseln anzeigt, und besonders die zuletzt, im Jahre 1819,
entdeckten Inseln. Diese beiden Höhenzüge wenden sich
die hohlen Seiten ihrer Bogen zu und würden, wenn man
die mittlern Richtungen herausnimmt, einen grössten Kreis
bilden, wie z. B. ein jeder Meridiankreis, oder der Aequa-
torkreis ist. Wenn der Nordpol z. B. in Spanien wäre, so
würden die Hauptrichtungen dieser Haupthöhen einen Aequator
bilden, und wenn der Nordpol in der Beringsstrasse läge,
so würden diese Haupthöhen alle in der Nähe eines und desselben Meridians liegen. Das Meer also, was zwischen den

Beringsstrasse.

Panama. Suez.

Cap d. g. H.

Cap Hoorn.

S.

beiden sich zugekehrten Halbbogen ist, der sogenannte Atlantische Ocean, ist dadurch ein in sich geschlossnes Meer.
Betrachten wir nun jede Hälfte dieses Haupthöhenzuges in
sich, so zeigt sich, dass diese beiden untergeordneten, ge-
brochenen Theilbogen wiederum vereint sind durch einen
dritten Höhenzug, der für das eine Land Europa giebt, für das
andre Land Westindien, — die Inseln. Es erscheinen also diese
beiden Länder, Europa auf der einen Seite und Westindien
auf der andern Seite, als Vereinländer (synthetische Erdländer);
und so zeigt sich auch, dass die Bildung der Menschheit in
diesen Vereinländern eine Vereinbildung ist aus der Bildung
der Menschheit der beiden Hauptländer, deren Vereinland es
ist. So z. B. Europa ist das Vereinland von Asien und Afrika;
aber auch die Bildung der europäischen Völker hat ihre erstwesentlichen Anfänge aus der Bildung asiatischer und afrikanischer Völker genommen; und merkwürdig ist es in dieser
Hinsicht, dass gerade in der Nähe der Punkte, wo die Hauptländer sich berühren, auch der Ort der Durchdringung der

14 II. Haupttheil. Angewandte Philosophie der Geschichte.

entgegengesetzten Lebenseigenthümlichkeit der Hauptvölker ist. Z. B. in der Nähe der Landenge von Suez hat sowohl der Mosaismus, als auch das Christenthum seinen Anfang genommen. Was Westindien betrifft, so zeigt sich schon ein Aehnliches auch in der Geschichte der amerikanischen Menschheit, die der Ankunft der Europäer vorangegangen ist, noch mehr aber ist dies jetzt bereits zu ersehen, wo die Kultur von Nordamerika sich in dieser Inselflur immer mehr harmonisch durchdringt. Dies nun ist die allgemeine Beschreibung der beiden Haupterdländer, die bestimmt sind durch die beiden Hauptböhenzüge und ihre beiden Vereinländer. Nun aber zeigt sich auch ferner noch ein davon unabhängiger Höhenzug, welcher beinahe rechtwinklig auf diesen grössten Kreis der beiden Hauptböhenzüge aufgesetzt ist, und welcher diese beiden Hauptböhenzüge gerade da, wo sie sich von einander am weitesten entfernen, wiederum verbindet. Dies ist der Höhenzug, welcher die sogenannte Inselflur oder Polynesien (Australien) bestimmt, mit Asien steht er in Verbindung durch die Halbinsel Malaka und geht in einem weiten Bogen fort in Sumatra, Java, Neuguinea, giebt dann die Hauptreihe der Freundschafts- und Gesellschaftsinseln und setzt sich hier bis an die Nähe von Amerika fort und enthält die Höhen der Gallopagos-Inseln und auch die Höhen einiger Inseln, die oberhalb derselben sind. Wenn man nun die Bildung des durch diesen Vereinbogen bestimmten Landes betrachtet, so findet man wieder einen zweigliedigen Gegensatz und eine Vereinigung davon, so dass der eine Theil des Landes sich an Asien anschliesst, der andre Theil aber an Amerika, und der dritte Theil nach oben nach dem Nordpol hingekehrt ist in den am meisten nördlichen Inselgruppen; wobei auch bemerkt zu werden verdient, dass der erste Landtheil, der sich an Asien anschliesst, der grösste, der mächtigste ist, indem zu ihm Neuholland gehört; der andre Theil aber, der nach Amerika hinsicht, weniger Land und mehr in Inseln zertheiltes Land enthält; so wie auch überhaupt ganz Amerika gleichsam schlanker ist, als das andre Erdland, auch weniger Land gegen seine innern Gewässer enthält. — So erscheint mithin das Erdland als ein organisch gebildetes Ganzes, bestehend in zwei entgegengesetzten Haupttheilen, dem alten und dem neuen Erdlande, die dann wieder vereint sind durch ein drittes grosses Länderganzes, durch die Inselflur der Südsee. Es folgt also diese Bildung dem ewigen grundwesentlichen Gesetze des wahrhaften Gegensatzes aus zwei Gliedern und des Vereinsatzes dieser zwei Glieder. Ferner ein jeder dieser drei ersten Theile des Erdlandes ist ganz auf dieselbe Weise gebildet, als das Ganze. — Denn das alte Erdland besteht wieder aus zwei wesentlich entgegengesetzten Hälften, aus Asien und Afrika, welche beide ein durchgehends eigenthümliches Leben haben, und diese beiden Glieder sind synthetisch verbunden durch Europa. So gleichen sie, alle drei zusammengenommen, wiederum dem Gesammtlande der ganzen Erde. Dasselbe findet sich in Ansehung des neuen Erdlandes, wo Nordamerika und Südamerika in aller Hinsicht einen ähnlichen Gegensatz bilden, als Asien und Afrika, und wogegen das Vereinland Westindien ein ganz ähnliches Verhältniss hat, als Europa gegen Asien und Afrika. Und ein Aehnliches findet in Ansehung der Inselflur statt. Daher ist das Erdland zuerst bestehend aus drei Theilen, jeder dieser drei Theile wieder aus drei Theilen, und zwar in gleicher Proportion. So wie das alte Erdland überhaupt das ausgebildetste ist, so ist auch sein Vereinland das vollendetste und zeigt in seinen allgemeinen Gebirgs- und Gewässerverhältnissen das am meisten schöne, rhythmische Ganze auf der ganzen Erde; sowie dagegen Amerika überhaupt ein neueres Gebilde zu sein scheint, so waltet in diesem Haupterdlande auch noch jetzt das Wasser vor, und das Vereinerdland Westindien ist noch eine Inselflur, wie vor mehrern Jahrtausenden ohne Zweifel Europa gewesen ist. Und so wie endlich die grosse Inselflur der Südsee das neueste Land, mithin auch ein Ganzes, eine grosse Gruppe von Inseln ist; so ist auch das Vereinland dieses dritten grossen Ganzen noch erst wenig ausgebildet und zeigt sich erst in einer Reihe von vielen, aber unbeträchtlich grossen Inseln; — aber die Landbildung in Australien geht noch jetzt fort, von Jahr zu Jahr nimmt die Anzahl der Inseln zu, und die vorhandenen Inseln gewinnen an Land, vorzüglich durch den grossen Bildungsprocess der Korallenriffe, worin wiederum das Thierreich in einer seiner untersten Gestaltungen mitwirkt, neues Erdland zu bilden, oder wenigstens bis zum Hervorragen über das Wasser zu erhöhen.

Dieser gesetzmässig gestaltete Schauplatz der Menschheit zeigt schon, gleichsam prophetisch, die Hauptfolge der Entwicklung der Menschheit auf Erden an. Denn zuerst, so weit unsre Geschichte reicht, scheinen sich die Völker Asiens und Afrikas ausgebildet zu haben. Die Bildung dieser Völker aber scheint sich wiederum vereinigt zu haben in der europäischen Menschheit, eine Vereinigung, die noch jetzt nicht vollendet ist, und die Kraftmitte dieser Vereinigung sind die grossen Binnenmeere des alten Erdlandes, das Mittelmeer, das Schwarze Meer, das Kaspische Meer und der Aralsee. Hierauf scheint gefolgt zu sein die Ausbildung der Völker in Nord- und Südamerika. Während diese Völker noch nicht verbunden waren mit den Völkern von Asien, Afrika und Europa, und noch vor der Ankunft der Europäer im neuen

Erdlande scheint sich die nord- und südamerikanische Bildung in Westindien vereinigt durchdrungen zu haben. Nunmehr aber trat die grosse Aufgabe ins Leben der Menschheit ein, die Menschen der beiden Haupterdlande im Leben zu vereinen; und was zuvor für die Geschichte der Menschheit des alten Erdlandes dessen Binnenmeere waren und für die Menschheit des neuen Erdlandes das grosse Mexicanische Binnenmeer und das Karaibische, das wird nun der Atlantische Ocean; dieser wird nun zur Kraftmitte der Verbindung des Lebens des grossen Ganzen der Menschheit; und während nun die Menschheit des alten Erdlandes und die des neuen nach harmonischem Gesetze sich entfaltet hat, waren auch die kindlichen Völker Australiens schon einigermassen herangereift, und jetzt sehen wir das Leben der Menschheit schon so weit gediehen, dass bereits das grösste Erdmeer, das Südmeer genannt, zwischen Afrika und Amerika die Kraftmitte der Vereinigung des Lebens der Völker aller Haupterdländer wird, und dass die höhere menschliche Bildung, sowohl vom alten Erdlande aus, als auch vom neuen Erdlande aus, zu den Völkern der Südsee gebracht wird. Aber die Vollendung der Menschheit wird dann sein, wenn sich die Menschheit der Inselflur zu der ganzen Menschheit so verhalten wird, wie sich jetzt die europäische Menschheit verhält zur asiatischen und afrikanischen Menschheit.

Jetzt will ich zunächst noch die Gesetze der Land- und Wasserbildung für Europa kurz entwickeln. Europa ist durch einen Höhenzug bestimmt, der in schiefer Richtung von Nordost nach Südwest streicht und die beiden Haupthöhenzüge von Asien und Afrika verbindet, so wie von der andern Seite Westindien in einem Haupthöhenzuge Nord- und Südamerika verbindet. Unter dem 62.° n. Br. und 74.° ö. L. sondert sich von der fast in der Richtung des Meridians streichenden Höhe des Uralgebirges ein untergeordneter Höhenzug in südwestlicher Richtung ab, der sich, ohne durch Wasser unterbrochen zu werden, bis zum 36.° n. Br. und zum 62.° ö. L. erstreckt, wo er sich an das Atlasgebirge in Afrika ansetzt, nur unterbrochen durch die fünf Meilen breite Meerenge von Gibraltar. Die Hauptrichtung dieses Höhenzuges von Europa ist, wenn man auf die einzelnen Krümmungen fürs Erste nicht Rücksicht nimmt und die mittlern Richtungen herausnimmt, beinah in der Richtung eines grössten Kreises, der, in schiefer Lage gegen den Aequator und gegen den Wendezirkel, den Meridian unter einem Winkel von 40° schneidet, also ist die Richtung dieses Haupthöhenzuges von Europa zwischen Asien und Afrika schiefdurch, diagonal. Hierdurch ist die südwestliche Lage von Europa gegeben, und die Mannigfaltigkeit seines Klima. Dieser ununterbrochene Höhenzug, von wo aus alle europäischen Rinnwasser nach entgegengesetzten Seiten abfliessen, ist in mehrere, durch die sprungweise Abänderung seiner Richtung unter bestimmten Winkeln gesonderte Theile getheilt, nämlich in acht Ringgebirge, wovon vier Ringe nach Norden und die vier untern nach Süden gekehrt sind. Hierdurch wird die ganze Naturabtheilung von Europa bestimmt. Gehen wir vom Uralgebirge aus, so erstreckt sich der Haupthöhenzug von 62" n. Br. und 74" ö. L in einem Bogen, der nach Süden erhaben ist, herabwärts bis zum 59" n. Br. und 64" ö. L., wo sich dieser Bogen wieder nach Norden erhebt, bis zum 61½" n. Br. in der Nähe des Gestades des Onegasees. Dieser Bogen ist ungefähr 150 Meilen lang; von da beginnt unter einem spitzigen Winkel mit dem ersten ein zweiter Bogen, der ebenfalls nach Süden erhaben ist, über 150 Meilen weit bis zum Fichtelgebirge herab, also unter 50" n. Br. und 30" ö. L. Von da an beginnt der dritte Theilbogen, ebenso wie die beiden ersten gelegen, nach Süden hin erhaben. Er geht über den St. Gotthard bis zum 43" n. Br. bei 13" ö. L., also über 100 Meilen weit von Norden nach Süden, bis zum Fusse der Pyrenäen an die Quellen des Ebro. Hier schliesst sich nun endlich der vierte Bogen des Haupthöhenzuges von Europa an, der von da an über die spanischen Sierrengebirge, gerade gegen Osten hin erhaben, sich bis zum 36." n. Br. erstreckt und bis zum 12." ö. L., und sich dann bis zur Meerenge von Gibraltar verläuft und Europa mit Afrika vereint. Man kann sich von dem Dasein dieser vier Hauptbogen der Haupthöhenlinie von Europa durch jede Landkarte überführen, wenn nur die Flüsse mit einiger Sorgfalt gezeichnet sind; denn wenn man zwischen den Quellen aller Flüsse hindurch Linien zieht, so entdeckt man die Haupthöhen von Europa, wo sich dann auch die untergeordneten Bogengänge zeigen. Durch diese Haupthöhenlinien nun wird Europa in einen nordwestlichen Theil und in einen südöstlichen Theil gesondert. Diese Eintheilung muss in der Erdbeschreibung von Europa zum Grunde gelegt werden; und die Geschichte zeigt, dass dadurch auch der Hauptgegensatz der Entwicklung der europäischen Völker bestimmt wurde, indem die Völker der untern Hälfte von Europa in Kultur vorangegangen sind, schon weil sie sich nach Asien und Afrika zu wenden. Wenn man aber die durch die vorhin beschriebenen vier Hauptbogen der Höhenlinie bestimmten, acht untergeordneten Ringgebirge von Europa betrachtet, welche nach der äussersten Seite hin meist durch Wasser unterbrochen sind, doch aber unter dem Meere fortgesetzt werden, so ergeben sich die acht Hauptabtheilungen von Europa als acht Hauptwitterungsgebiete, welche dann auch die Entwicklung der Völker in Europa bestimmt haben und noch

Krause, Angewandte Philosophie der Geschichte. 2

bestimmen. — Jetzt noch einige Bemerkungen zu diesen allgemeinen Gesetzen der Erdlandbildung.

Erstlich zeigt sich, dass dem ganzen Haupthöhenzuge des Erdlandes Reihen von Hochseen oder Gebirgseen folgen, die dann auch für die Entwicklung der Gebirgsvölker von Bedeutung sind.

Zweitens findet sich folgendes untergeordnete Gesetz der Landbildung. Die grösste Höhe des Landes zeigt sich allemal gegen die Mitte einer Bogenlinie hin, z. B. für Asien ist die höchste Höhe im Himalayagebirge, wo man in den letzten zehn Jahren durch genaue Messungen gefunden hat, dass die Höhe dieses Gebirgsstandes viel beträchtlicher, als die des Chimborasso ist, indem sich Himalaya zu Chimborasso etwa wie 5 zu 4 in der Höhe verhält. Von diesem Haupthöhenorte in Asien an senkt sich nun sodann der Gebirgszug im Ganzen nach beiden Seiten der Haupthöhenlinie wieder abwärts, denn bis zur Landenge von Suez und bis zu der Beringsstrasse ist eine so bedeutende Höhe nicht mehr, sondern auch im Fortgange des Hochgebirges nimmt die Höhe des Landrückens nach beiden Seiten hin ab. — Das ganze Land von Asien senkt sich nun von der soeben beschriebenen Haupthöhe an abwärts, diesseits nach Süden und jenseits nach Norden. Dasselbe findet sich in Afrika, wo die grössten Höhen in Habesch noch nicht gemessen sind, so dass auch Afrika wieder so bestimmt ist, dass das höchste Hochland gegen die Mitte der Haupthöhen liegt; und obschon die Berggipfel der afrikanischen Haupthöhe mehr verwittert, zerklüftet und eingestürzt sind, als die der Haupthöhen Asiens und Amerikas, so vermuthe ich doch, dass die Hochebenen in Afrika eben so hoch aufsteigen, als die in Asien und Amerika, und dass man daher bei genauerer Untersuchung eben so bedeutende Berghöhen in den habessinischen Alpen finden wird, als in Asien und Amerika. — Von der Haupthöhe des Haupthöhenzuges an senkt sich nun das Land von Afrika nach allen Seiten hin abwärts. Ganz dieselbe Landbildung findet sich an den ähnlichen Punkten in Amerika, oberhalb und unterhalb der Landenge von Panama, wo ebenfalls die höchsten Berggipfel nicht nur, sondern die höchsten Hochebenen gefunden werden. (Neuerdings sind in Südamerika in Bolivia Höhen gefunden worden, die den höchsten in Asien wohl gleichkommen. Siehe Morgenblatt 1828, October.) Und ganz das Gleiche wird, jedoch nach einem etwas kleinern Massstabe, auch in Europa gefunden, wo die höchste Höhe des Landes durch den Schweizergebirgszug bestimmt wird und ebenfalls in die Mitte des Haupthöhenzugs von Europa fällt.

Drittens ist zu bemerken das Gesetz der Bildung der Gebirgsringe, aus welchen die ganze feste Fläche der Erde

Vorbereitung. 19

sowohl über, als unter dem Wasser zusammengesetzt ist.
Alle die Haupthöhenlinien, von denen ich zuvor geredet habe,
werden dadurch gebildet, dass die Grenzen zweier Reihen
solcher Ringe in diese Haupthöhenlinien zusammenkommen;
so wie z. B. in Europa, dessen Haupthöhenlinie durch das
Zusammenstossen von acht Ringgebirgen gebildet wird. Dieselbe
Bildung bemerken wir auch am Monde. In früherer
Zeit der Entwicklung der Erde, auch noch in dieser ihrer
letzten Periode, waren viele von diesen ihren Ringgebirgen
noch über dem Wasser geschlossen und unzertrennt; und
gegen die Mitte des Ringes hin, und zwar an der Seite, wo
der steile Abhang der Höhe ist, fanden sich Binnenseen durch
das Rinnwasser gebildet, dergleichen sich zum Theil auch
noch jetzt in Ringgebirgen finden, deren Ringe noch geschlossen
sind; zu Beispielen dienen das kaspische Meer, der
Aralsee und andre Seen von Asien. Aber gegenwärtig sind
die meisten Ringgebirge schon durchrissen, und dadurch haben
sich zusammenhängende Binnenmeere gebildet, sowie auch
grössre Ströme, die nun das Rinnwasser aus mehrern untergeordneten,
sich ineinander in einer Reihe eröffnenden Ringen
zugleich in sich aufnehmen. Zur Erläuterung kann die Elbe,
oder der Rhein, oder die Donau dienen, wo man allemal an
solchen Stellen, wo der Fluss seinen Lauf unter einem grossen
Winkel verändert, sieht, dass er in ein andres Ringgebiet
übertritt. So ist wahrscheinlich das schwarze Meer sonst abgesondert
gewesen vom mittelländischen Meere und das mittelländische
wiederum vom atlantischen Erdmeere; – und wenn
auch die bekannten geschichtlichen Mythen dieser zwiefachen
Durchreissung nicht mehr da wären, so zeugt doch die Beschaffenheit
der Meerengen, dass dort Durchreissungen geschehen
sind.

Noch folgendes vierte Gesetz verdient hier angemerkt
zu werden. Um alle die vorhin erklärten Hochpunkte herum
befindet sich die höchste Ausbildung der organischen Schöpfung
des Pflanzenreichs und Thierreichs, und auch der Menschheit.
So finden sich in den nächsten Gebirgsthälern um das Himalayagebirge
herum, vorzüglich in Kaschmir, alle europäischen
und asiatischen Hauptarten und Gattungen von Pflanzen und
Thieren, die sich zum grossen Theile von daher über Asien
und über Europa scheinen verbreitet zu haben. Ein Aehnliches
gilt von den Höhen von Habesch und von den Höhen
von Amerika, auf deren einer sich Quito befindet. — Es ist
sehr vermuthlich, dass diese höchsten Gegenden der Erde
schon lange Zeit über dem Wasser gestanden haben, als die
übrigen noch unter dem Wasser waren, dass also die Natur
auf dieser Erde dort ihre Schöpfung am frühesten vollendet
habe. — Es scheint sich auch noch jetzt im Allgemeinen die

2*

Masse des Meerwassers zu vermindern; doch ist hierüber ein ganz bestimmtes Resultat noch nicht zu Stande gekommen, weil an einigen Küsten das Meer zurückweicht, an andern dagegen Land verschlingt. Dass aber Europa sonst, etwa vor 300 Jahren, noch bei weitem mehr unter Wasser gestanden hat, als jetzt, ist geschichtlich gewiss, besonders was die baltischen Länder betrifft.*)

Wenden wir uns nun nochmals zurück zu der Betrachtung der Ausbreitung des Menschengeschlechts über die so zweckmässig zu dessen Wohnort ausgebildete Erde. — Da begegnet uns nochmals zuerst die Frage, ob wohl diese Menschen von einem Menschenpaare entsprossen sind, oder von mehrern Urpaaren? Geschichtlich kann diese Frage bis jetzt nicht entschieden werden; sie könnte es also jetzt nur durch die weitergediehene Naturphilosophie, im Verein mit der empirischen Naturwissenschaft, wozu aber noch erfordert würde, dass wir die Bevölkerung der Erde selbst schon geographisch hinlänglich kennten. In Hinsicht dieser Frage aber ist es für uns hier wichtig, dass wir uns erinnern, dass es für die Pflichten und Rechte des Menschen ganz gleichgültig ist, ob alle Menschen von einem, oder mehrern Paaren abstammen, oder ob die Natur anfangs, vor dem geschlechtlichen Verhältnisse, per generationem aequivocam, vielleicht Jahrtausende lang, auf dieser Erde Menschen unmittelbar erzeugt habe; denn, da alle Menschen, welche sich auf dieser Erde finden, bei aller Verschiedenheit der leiblichen und geistlichen Bildung, den gleichen Vernunftcharakter an sich tragen, so haben sie auch alle gleiche Würde, gleiche Ansprüche auf allgemeine Achtung und Liebe und gleiche Befugnisse des Rechts, wie das schon oben in der reinen Philosophie der Geschichte gezeigt wurde. Nun aber findet sich in Ansehung der Menschheit dieser Erde eine vielfache Grundverschiedenheit ihrer leiblichen Bildung, die sich zunächst zu erkennen giebt durch die Verschiedenheit der Hautfarbe, welche bleibend ist, indem sie aus dem Organismus selbst hervorgeht, mithin auch durch Zeugung unverändert fortgesetzt wird. Denn diese Verschiedenheit der Hautfarbe ist nur ein untergeordneter Erweis oder ein Einzelsymptom einer innern Grundverschiedenheit

---

*) Es konnte hier das von mir zuerst im Jahre 1808 gefundene organische Gesetz der Erdlandbildung nur nach seinen Hauptpunkten entfaltet werden. In den Vorlesungen wurde dasselbe durch eine Kartenzeichnung erläutert.

Neue Hülfslinien für die Höhenverhältnisse, a) die Haupthöhen im natürlichen Zickzack, b) die mittlern Richtungen in einer Bogenlinie. In Zeune's Erdansichten ist meine Eintheilung des Erdlandes erwähnt und ein kleines Kärtchen von mir beigegeben. Dann siehe im Tagblatt des Menschheitlebens, 1811, die von mir gezeichnete Karte und Erklärung des Gegenstandes S. 2 ff., 35 f.; auch Urbild der Menschheit, S. 246—256 (1. Aufl.; S. 146—149, 2. Aufl.).

der ganzen organischen Bildung, welche Verschiedenheit sich ganz besonders zeigt an dem Verhältnisse des Nervensystems zum Muskelsystem, mithin ganz vornehmlich im Bau des Gehirns und des Nervensystems des Gesichts. Daher auch diese Verschiedenheit schon erkannt wird an dem Knochenbau des Schädels und der Gesichtsknochen, besonders auch an dem Verhältnisse der Kinnlade zu denjenigen Knochen, die das Gehirn aufnehmen. Bei einigen dieser verschiednen Menschenbildungen scheint die Muskelkraft zu überwiegen, wie bei den Negern. Bei andern dagegen ist die Muskelkraft unterwiegend, wie z. B. bei der mongolischen Rasse. — Es ist nicht zu verkennen, dass diese Grundverschiedenheit des ganzen leiblichen Organismus auch eine verschiedne Entwicklung der geistigen Vermögen mitbedingt. Ja es zeigt sich diese Verschiedenheit sogar in den Sprachorganen und den Sprachen dieser verschiednen Rassen. In der weissen oder sogenannten schönen Menschengattung ist das Nervensystem und Muskelsystem im schönen, kraftvollen Gleichgewichte, welches sich ausspricht schon durch die Schönheit der Rhythmik und Symmetrie des ganzen Gliedbaues. Auch schon der Schädel dieser gleichförmig gebildeten Menschengattung ist in gleichförmiger Schönheit gebaut. Auch die Sprachwerkzeuge dieser Menschenbildung sind die vollkommensten, — daher auch ihre Sprachen die vollkommensten sind. Die Mongolen dagegen können mehrere Laute schwer, oder gar nicht aussprechen, und diese Menschenrasse giebt in der sinesischen Sprache sogar das Beispiel einer Tonsprache, welche gegen die in diesem Volke übliche Zeichensprache fürs Gesicht sehr arm ist. Deshalb muss die Verschiedenheit der verschiednen Rassen als eine den ganzen leiblichen Organismus und mittelbar auch den geistlichen Organismus betreffenden angesehen und anerkannt werden, welche eben deswegen zugleich die leibliche und geistliche Entwicklung der Völker mitbestimmt. Doch ist diese Verschiedenheit keine solche, dass in ihr irgend ein Grundcharakter des Menschen verloren ginge. — Denn, wie verschieden auch die Menschen in dieser Hinsicht sind, so haben sie doch alle die allgemeine und ewige Wesenheit des Menschen ganz und ungetheilt an sich und sind alle fähig, dieselbe auf allein eigenthümliche Weise in der Zeit darzustellen; sie sind alle der ewigwesentlichen und unbedingten Erkenntniss empfänglich, sie vermögen es, Gott zu erkennen, und auch Vernunft, Natur und Menschheit nach ihrer ganzen ewigen Wesenheit zu schaun; sie haben alle das Vermögen des Gottgefühles, und auch des Gefühles der Menschenwürde, des Gefühles für das Gute und Schöne, der Liebe zu Gott, zu den Menschen und zu der Menschheit. Menschen aus allen diesen sogenannten Rassen sind es fähig, das erkannte Gute rein zu wollen und zu vollbringen, rein darum, weil es gut ist; sie zeigen sich auch alle der Wissenschaft- und der Kunstbildung empfänglich. Ja es zeigen sogar die verschiednen Rassen der Menschen in allen menschlichen Dingen ganz eigenthümliche Anlagen des Geistes und des Leibes. Aber eben die ganze Vernunftanlage macht die Würde und die Wesenheit des Menschen aus; demnach haben wir auch alle Menschen aller Rassen als unsre Menschengeschwister, als Brüder und Schwestern in der Menschheit, anzuerkennen, sie als gleichwürdige, gleichfähige und gleichberechtigte Wesen zu betrachten, und demgemäss mit ihnen vereinzuleben. Schon die Natur selbst giebt diese Gleichheit aller Menschenrassen dadurch zu erkennen, dass sie, alle mit allen verbunden, fruchtbarer Zeugung fähig sind, wodurch eine unzählige Menge von Mischarten oder Spielarten entsteht. Dass aber, was ich vorhin gesagt, nicht etwa bloss eine ewige Wahrheit ist, von der bezweifelt werden könnte, ob sie auch hier auf Erden besteht, das zeigt die Geschichte solcher farbiger Rassen, welche unter die Bedingungen gesetzt sind, sich rein menschlich zu entwickeln: — selbst aus dem erniedrigten Sklavenstande der Neger Amerikas haben sich grosse Geister in Wissenschaft, Poesie und Redekunst und in Musik und in allen nützlichen Künsten hervorgethan. Das grösste und belehrendste Beispiel dieser Art giebt das Negervolk von Haiti oder Domingo, wenn man den jetzigen Zustand mit dem vor einem Menschenalter vergleicht. Eine Bibliothek von Negerschriften würde schon sehr zahlreich ausfallen und sich in alle Hauptfächer des menschlichen Wissens erstrecken. Gleichwohl behaupten noch viele Naturforscher und Philosophen, der ewigen Wahrheit und dieser Erfahrung zuwider, dass die schwarzen Stämme, so auch der mongolische Stamm, Vernunftwesen niedrer Art seien zwischen Menschen und Affen, denen also auch nicht die gleichen Rechte mit den weissen Menschen zukommen können. Hierhin neigte sich anfangs sogar Steffens, und früher Meiners in seiner Schrift von den verschiednen Menschennaturen. Was nun aber den Ursprung dieser verschiednen Geschlechter der Menschen auf Erden betrifft, so scheint mir hierüber Folgendes das Wahrscheinlichste. Die verschiednen Rassen scheinen nicht aus einander entstanden, sondern jede scheint ursprünglich erzeugt worden zu sein. Es scheint, dass diese Verschiedenheit gleich bei der ersten Erzeugung des Menschengeschlechts ausgebildet worden sei, und dass sie hervorgegangen sei aus den klimatischen Gegensätzen im Verbande mit innern, organischen Grundverschiedenheiten; — zumal da die klimatischen Gegensätze in der Urzeit viel ausgebildeter und stärker gewesen zu sein scheinen, als jetzt. Zu dieser Meinung giebt insbesondre die neuere genaue Kunde dieses Gegenstandes Anlass; wonach man weiss, dass der dreigliedrige Gegensatz der Menschenarten, der schwarzen, der mittelfarbigen und der weissen, auf jedem der Hauptländer der Erde sich in bestimmter Eigenthümlichkeit wiederholt. Wenn man z. B., wie Blumenbach, fünf Menschenrassen annimmt, so finden sich fünf ähnliche in Asien, in Afrika, in Nordamerika, in Südamerika; ebenfalls auf der Inselflur können sie nachgewiesen werden. Blumenbach hat diese fünf Menschenrassen örtlich benannt: die kaukasische, weisse, schöne, weil unter andern am Kaukasus sie sich in schöner Bildung findet, dann die mongolische, die äthiopische, die amerikanische und die malaiische. Um nun aber die verschiednen Grundbildungen der Menschen in allen Erdländern wiederzuerkennen, muss man die Wesenheit dieser Rassen ins Auge fassen und von den örtlichen Beziehungen absehen. So finden sich in Asien auch ursprünglich Neger, die von den afrikanischen ganz verschieden sind, z. B. die Haraforo-Neger auf den indischen Gebirgen bis herab zu den Sunda-Inseln. So finden wir dagegen auch in Afrika weisse Stämme, die durch die Eigenthümlichkeit ihrer Bildung zeigen, dass sie sich nicht an die weissen Menschen Asiens anschliessen. So der arabische Stamm der Berben oder Berbern; ebenfalls die Habessynier, wobei man die zufälligen Hautfärbungen durch die Lebensart von der ursprünglich angebornen und sich fortpflanzenden Hautfarbe zu unterscheiden hat, welche von der organischen, innern Beschaffenheit der Haut selbst herrührt. — So finden sich auch in Afrika olivengrüne Stämme, wie in Ostindien. Und Afrika hat auch seine Stämme, die den Mongolen gleichen, wie z. B. die Gallas, Kaffern, Hottentotten. — Dabei ist es merkwürdig, dass diese einem jeden Haupterdlande eigenthümlichen Rassen oder Grundstämme sich auf jedem Haupterdlande in ähnlicher Vertheilung nach den Haupthöhen desselben und nach den dadurch bestimmten Hauptabtheilungen des ganzen Landes finden. Auch in Amerika können alle diese Verschiedenheiten an den Urbewohnern des Landes nachgewiesen werden. Freilich giebt es dort viele kupferfarbige Menschen, aber ähnliche sind auch in Asien zu finden. Dagegen sind die Stämme der Arkansas-Indianer und die Nadowessier meist von vorzüglich schöner Bildung, sowie besonders die Chichimeken sich durch Schönheit auszeichnen. Olivenfarbig sind die Cherokier, und die Indianer in Granada sind fast orangegelb, wie die Bewohner von Timor. — Ich kann diesen Gegenstand nicht verlassen, ohne noch bemerkt zu haben, dass es auch für unsre Menschheit eine für die Vollendung ihres ganzen Lebens grundwesentliche Aufgabe ist, dass rein menschliche Bildung in allen Theilen der menschlichen Bestimmung, über alle diese verschiednen Grundstämme verbreitet werde, und dass sie alle, in Liebefrieden vereint, in Gerechtigkeit, einst, vollwesentlich reich an entgegengesetzter und harmonisch vereinter Eigenthümlichkeit, die Idee der Menschheit auf Erden darstellen. Weitere Belehrung über diesen wichtigen Gegenstand finden Sie in folgenden Schriften: J. Blumenbach's Abbildungen naturhistorischer Gegenstände, welche zugleich Musterbilder ausgezeichneter Individuen von den verschiednen Rassen enthalten. Das Bekannte hat zusammengestellt: Malte-Brun in seinem System der Geographie. Meiners in der Schrift über die verschiednen Menschennaturen hat vieles Geschichtliche zusammengestellt. Neuerdings hat Lawrence in den „Lectures on physiology, zoology and the natural history of man, London 1819", diesen Gegenstand ausführlich behandelt, und ein neues Werk darüber ist im Jahre 1828 von Prichard erschienen.

Betrachten wir nun noch kurz die allgemeinen Gesetze der Verbreitung der Menschen über die Erde, und insbesondre des Ganges, welchen die vorwaltende Kultur unter den Völkern der Erde genommen hat. Die Ausbreitung der verschiednen Menschenrassen und Völkerstämme erfolgt zum Theil durch freiwillige, zum Theil aber auch durch gezwungne Auswandrungen und Pflanzbevölkerungen oder Kolonien, und zwar gemäss dem Grundbau des Erdlandes in grössern und kleinern Gebieten. Was aber dabei den Entwicklungsgang der menschlichen Bildung selbst betrifft, den Kulturgang der Völker, so ist dieser zuinnerst bestimmt durch das ewige, allgemeingültige Gesetz der leiblichen, geistlichen und menschlichen Lebensentwicklung, welches wir in der allgemeinen Philosophie der Geschichte dargestellt haben. Dabei entscheiden also die wesentlichen Grundideen, die in das Leben der Völker stufenweis eintreten, so die Idee der Kastenverschiedenheit bei den Indern und Aegyptern; oder der leitende Gedanke, dass ein Volk von der Gottheit auserwählt sei, wie z. B. bei den Hebräern die Idee eines Lebensbundes oder bestimmten Vertrages mit Jehovah, oder bei den Römern die Idee einer allgemeinen Herrschaft über den ganzen Erdkreis durch sie als durch das von Gott eigens hierzu erwählte Volk; oder die höhere Idee des Christenthums der Gleichheit aller Menschen vor Gott als Geschwister in dem einen Reiche Gottes. Aber nächst diesem innern geistigen Grunde der Verbreitung der Kultur und auf demselben ist wiederum die gesetzmässige Bildung des ganzen Erdlandes der vorwaltende Bestimmgrund.

Sehen wir z. B. auf die geschichtliche Wichtigkeit der beiden Vereinpunkte der Haupterdländer hin, auf die Landenge von Suez und gegenüber auf die Landenge von Panama;

betrachten wir die geschichtliche Bedeutung der grossen Binnenmeere, z. B. des kaspischen und schwarzen Meeres, und die Bedeutung der Inselfluren, z. B. für die Entwicklung des griechischen Volkes, so werden wir finden, dass diese Binnenmeere und die Flüsse und die Meerumflossenheit der Inseln, ebensowohl anfangs Mittel der Trennung der Völker sind, damit sie sich selbständig entwickeln, als hernach Mittel der innigsten Vereinigung der zu selbständiger Bildung gelangten Stämme und Völker, wenn die Schifffahrt schon herangereift ist.

Aus dem Einfluss der Grundbildung des Erdlandes erklären sich insonderheit folgende Thatsachen über die Ausbreitung der Völker und ihrer Bildung über die Erde.

Erstlich, die Bevölkerung und die vorwaltende Kultur des alten Erdlandes eilt der Zeit nach vor der Bevölkerung des neuen und neusten Erdlandes und der Kultur desselben. Als die Entwicklung der Menschheit im Abendlande schon ziemlich gleichförmig Asien, einen Theil von Afrika und Europa umfasste, fand man die amerikanische Menschheit bei Entdeckung dieses Erdlandes noch wenig zahlreich und an Bildung kaum auf der Stufe, auf welcher die Ostindier, wie nunmehr geschichtlich erwiesen ist, vor mehr als 5000 Jahren gestanden haben; und bei genauerer Entdeckung Polynesiens in der zweiten Hälfte des letzten Jahrhunderts traf man die Menschheit dieses jüngsten Erdtheiles im Verhältniss weniger zahlreich, als damals in Amerika, und noch viel weiter zurückgeblieben in allen Theilen der menschlichen Bestimmung. — Wir sehen also hieraus im Allgemeinen, dass die Entfaltung der Menschheit nach und nach den ganzen Schauplatz der Erde erfüllt und dabei dem Organismus des Erdlandes folgt, indem auch die Kultur vom alten Erdlande ausgeht, zunächst das neue umfasst und erst zuletzt, von diesen beiden ausgehend, auch das Vereinland oder die Inselflur. Jedoch bemerken wir bei diesem Entfaltganzen zweitens, nicht etwa lediglich, oder zumeist Ueberlieferung des Alten, sondern immer neue und immer höhere, umfassendere Ideen werden erkannt und wirken ein in das Leben und das Streben der Völker. So zuhöchst hinsichts der Erkenntniss Gottes und des Verhältnisses Gottes zur Welt und zur Menschheit; — neu erkannte Wahrheit in diesem höchsten Gebiete erhebt und veredelt das Leben. Grundirrthümer aber hierin hemmen die Kultur am mächtigsten und bewirken, dass diejenigen Völker, bei denen die Bildung in der Gotterkenntniss und in der ganzen Gottinnigkeit noch auf untergeordneten Stufen steht, bei den grössten Vernunftanlagen dennoch zurückbleiben und andern Völkern den Vorrang und die Leitung der Kultur überlassen müssen, welche darin bereits höhere

Stufen erstiegen haben. — Das sehen wir z. B. bei den urgeistigen Völkern der Inder, von welchen einst die Kultur überhaupt, und die religiöse Kultur insbesondre, über Asien, Afrika und Europa sich ausgebreitet. Da sie aber in den Irrthum verfielen, dass Welt- und Menschenleben an sich ein nichtiges Spiel, dass der Mensch Gott durch Nichtsthun ähnlich werde, und dass die Trennung der Menschen in Kasten eine göttliche, für immer beständige Stiftung sei: so stehen diese Völker, bei den reichsten und schönsten Anlagen des Geistes und des Herzens, noch heute auf derselben Stufe, als vor 3000 Jahren. So wurde die Entfaltung des hebräischen Volkes dadurch aufgehalten, dass sie glaubten, Gott habe lediglich sie auserwählt, und die höhere Ausbildung der Völker hänge lediglich von dem Bestehen ihres Volkes ab, daher ging denn die entscheidende Uebermacht der Bildung zu den christlichen Völkern über, bei denen sie noch steht, da es ein Grundgedanke des Christenthums ist: dass Gott alle Menschen in Liebe und Gerechtigkeit umfasse. Dagegen findet sich wiederum eine ähnliche, die höhere Bildung hemmende Beschränkung, als bei den Hebräern und Indern, im Muhammedanismus oder Islamismus, welcher zwar auch darauf ausgeht, alle Völker auf Erden in diesem Glauben an einen Gott zu vereinigen, aber durch rohe Gewalt, und so, dass eigentlich allen andern Bekennern Gottes kaum das Recht zu leben gebühre, wenigstens nicht das Recht, frei zu leben; wozu noch kommt, dass die Gläubigen des Islam zugleich sich die äussre Herrschaft, und zwar die des Schwertes, anmassen. Aber eben deswegen kann sich dieser Gottglaube des Islam nur unter solchen Völkern vorzüglich ausbreiten, die, noch auf einer niedern Stufe der Bildung zurückgehalten, in einem noch gesetzlosern Despotismus stehen, als die Sultanei ist, wodurch aber grade dieser Glaube ein wesentlich vermittelndes Glied wird für die niedrigsten Stufen menschlicher Bildung, vornehmlich in Afrika, mit der höhern Civilisation und Kultur der europäischen Völker. — Aber auch an diesem vorwaltenden Theile der Entwicklung der menschlichen Bildung, an der Entfaltung der Religion, zeigt sich, dass die Ausbildung der Völker dem Grundbau des Erdlandes folgt. Denn die uns bekannten ältesten Religionen sind in Indien und Persien gestiftet; die Ausbildung aber der höhern Stufen des religiösen Lebens, die des Mosaismus und die der christlichen Religion, so wie dann auch die des Islamthums, hatten ihre Anfänge nicht weit von jener Stelle, die Asien und Afrika unter einander verbindet, und ein Aehnliches zeigt sich auch in Amerika in Ansehung der Religionsbekenntnisse der Urbewohner dieses Landes.

Fassen wir nun insbesondre noch den Gang der Menschheitlebenbildung ins Auge, wie er sich in dem alten Erdlande zeigt, so erkennen wir in Anschung der drei Haupterdtheile des alten Erdlandes denselben Gang wieder, der sich in Anschung der ganzen Erde zeigte. Zwar verlässt uns für die älteste Zeit urkundlich zuverlässige Geschichte, aber, so weit die Sagenkunde rückwärts geht, stimmt Alles mit dem bezeichneten Gange überein. Vielleicht, dass wir aus der indischen, sinesischen und ägyptischen Literatur nun bald tiefre Aufschlüsse erhalten, vorzüglich über die älteste Geschichte von Asien und Afrika, und von daher auch mittelbar für die älteste Geschichte von Europa. — Die ältesten Mythen finden sich zusammengestellt in Görres' Mythengeschichte der asiatischen Völker. Indess geben schon jetzt die Sprache und die ältesten heilig gehaltenen Religionsbücher der Völker, sowie auch die ältesten Denkmale früheren Lebens und der höhern Bildung, einigen Aufschluss über die Ursprünge und Anfänge der europäischen Bildung. Die Hauptergebnisse der neusten Forschungen hierüber scheinen mir folgende zu sein. — Die erste höhere Bildung in Wissenschaft, in Kunst, in Religion und im gesellschaftlichen Leben war in den Hochebenen Asiens, und zwar nach dem äussern südlichen Abhange des Landes hin, besonders im Hochthale Kaschmir, welches in Anschung seines Naturlebens leicht das schönste und fruchtbarste Land Asiens sein mag, und wo wir auch früh weisse Volksstämme, mit farbigen Menschenstämmen unvermischt, mit höherer Bildung finden. Von dort ging die Sanskritsprache aus und die eigenthümliche Verfassung des indischen Volkes, die Brahmareligion und die Vedantaphilosophie. Diese eigenthümliche Bildung verbreitete sich von dort kreisstrahlig nach allen Seiten, vorzüglich aber nach den indischen Halbinseln, wo sie dann einen Hauptsitz gewonnen zu haben scheint in Ceylon oder Selan, dann in andern Strahlen über das Land am Sind, und dann nach Persien, woselbst diese Bildung im Leben der sogenannten Zendvölker, in der Zendreligion und Zendphilosophie eine theilweise Umgestaltung und wesentliche Reinigung erfuhr; ja bis an das schwarze Meer scheint sich diese hochindische Bildung verbreitet und dort die Grundlage der Orphischen Religion und Wissenschaft gelegt zu haben.

Dagegen ist die Urgeschichte der afrikanischen Menschheit in undurchdringliches Dunkel gehüllt. Erst in späterer Zeit tritt selbige in einem ihrer Abzweige, in der ägyptischen Kultur, in das Reich der bekannten Geschichte hervor. Da aber das afrikanische Hochland Habesch und Nubien wahrscheinlich eben so alt, als das Hochland Asiens ist, wie schon die Verwitterung der Hochgebirge und die Beschaffenheit der Flussbecken kundthut; so ist zu vermuthen, dass in frühern Jahrtausenden Afrika eine der Urkultur der Inder ähnliche Bildung hatte. Es ist ferner sehr wahrscheinlich, dass in frühern Jahrtausenden bereits auch Europa von Afrika aus, vorzüglich über Spanien, bevölkert wurde und auch von da aus mehrere seiner alten Sprachen erhielt, so dass der Lage und Bedeutung Europas im Ganzen der Erdbildung gemäss dasselbe die Anfänge seiner höhern Bildung von zwei entgegengesetzten Seiten, von Asien und Afrika aus empfing; wenigstens sind die keltischen Sprachen und die überaus merkwürdige, tiefsinnige baskische Sprache mit den asiatischen Sprachen und mit dem ganzen Hauptsprachstamme, zu welchem auch die Sanskritsprache gehört, nicht verwandt; dahingegen die persische, griechische, lateinische und deutsche Sprache nahe verwandte Schwestersprachen, oder auch Tochtersprachen des Sanskrit sind. Mir scheint auch der ganze sogenannte semitische Sprachstamm afrikanischen Ursprungs zu sein, zumal da der Erdlandbildung gemäss Arabien zu Afrika gerechnet werden muss; da noch jetzt verwandte Sprachen im afrikanischen Hochlande gefunden werden, und da zugleich diese Mundarten den Charakter der Einfachheit einer uralten Sprache haben, als deren höhere und reichere Ausbildung die arabische Sprache erscheint, welche zu den vollkommensten Sprachen der Erde gehört. Ein ähnlicher Gang der Bevölkerung und der Kultur scheint nun auch in Ansehung der entsprechenden Hochebenen und der westindischen Inseln Amerikas stattgefunden zu haben, bevor die Europäer hinkamen, worüber vorzüglich Humboldt neue Aufschlüsse gegeben, und worüber neuere Aufklärungen uns noch bevorzustehen scheinen.

Der Sitz der ältesten Kultur wären also die Hochebenen in Asien und Afrika, vorwaltend in ihrer Abdachung nach dem grossen Erdmeere hin, gewesen; dann wanderte aber die Kultur Asiens aus ihrem ältesten Hauptsitze auch in das Land, welches von dem kaspischen See, vom schwarzen Meere, vom Mittelmeere, vom arabischen und persischen Meerbusen abhängig ist, und ebenso auch die afrikanische Kultur herab nach Aegypten und dem nördlichen Abhang des ganzen Höhenzuges des Atlasgebirges entlang und herüber nach Sicilien, Sardinien, Corsika und Spanien, so dass sich dann die asiatische und afrikanische Kultur vielfach in den um das Mittelmeer herum gelegnen Ländern durchdrangen. Diese Bildung zeigt ihren Hochpunkt des asiatischen Hauptzweiges im assyrischen, babylonischen und persischen Reiche, deren Kultur ein Mittleres und zugleich schon ein Vereintes aus asiatischer und afrikanischer Kultur zu sein scheint, indessen das südwestliche Europa überwiegend unter dem Einflusse der afrikanischen Urbildung sich weiterbildete. Nachdem aber jene vorderasiatischen Reiche ihr Leben vollführt hatten, nahm die vorwaltende Kultur des Menschengeschlechts ihren Sitz am Mittelmeere, das ist am alterdlandlichen Vereinmeere, im Landgebiete des südlichen Abhanges der Haupthöhen von Europa und in den Küstenländern um das Mittelmeer. Die Hauptmomente dieser Periode bildet das Leben der hellenischen Volksstämme und des römischen Staates, in welchem letztern Staate schon das Streben sich zeigt und zum Theil auch realisirt ist, Europa in einer Kultur zu umfassen. Nachdem auch diese Völker ihr Eigenleben nach ihrer eignen Idee vollführt hatten, tritt auf einem grössern Lebensschauplatze die europäische mittelalterliche Geschichte ein, deren historische Aufgabe zu sein scheint, ganz Europa in einer Kultur gleichförmig zu umfassen unter der vorwaltenden leitenden Idee des Reiches Gottes, im Christenthume. — Da ist nun schon die Haupthöhenlinie von Europa die vorwaltende Lebensmitte geworden; und diese ganze Lebensentfaltung theilt sich hierdurch, der Naturabtheilung des Landes von Europa gemäss, in eine südöstliche und eine nordwestliche Hälfte, wo anfangs die südöstliche an Kultur überwiegt, bis endlich beide die Gleichförmigkeit erlangt haben. Untergeordnet nun der obern Hälfte bildete sich eine dem Mittelmeere ähnliche Lebensmitte der Völker um die baltischen Binnenmeere. Seit nun aber die Aufgabe des Mittelalters im Wesentlichen gelöst ist, haben dann die europäischen Völker die höhere Aufgabe ergriffen, ihr eignes Leben nach der Idee des Organismus gleichförmig in sittlicher Freiheit auszubilden, und dabei die europäische Kultur überallhin auszubreiten, und sie mit der Kultur der andern Völker der Erde in Verbindung zu setzen, besonders mit der uralten, noch jetzt blühenden Kultur Ostindiens. — Amerika wurde gefunden, und so ist nun schon seit einigen Jahrhunderten der atlantische Ocean ebenso die umfassendere Lebensmitte der neuen höhern Entfaltung geworden, wie es früherhin das europäische Mittelmeer war und dann, von der andern Seite, das baltische Meer. Jetzt aber, in unsrer Gegenwart, hat die höher aufstrebende Menschheit schon fast seit vier Jahrhunderten angefangen, eine noch höhere und für diese Erde die ganzumfassende Lebensmitte der Kultur zu erreichen und zu gewinnen in dem grossen Erdmeere, welches der stille oder der südliche Ocean genannt wird; — und so werden wenige Jahrhunderte vergehen, wenn der Fortgang der Bildung kein Hinderniss findet, und es wird dann dieses grosse Erdmeer für die Menschheit dasselbe sein, was früherhin das atlantische Meer und noch früherhin das europäische Mittelmeer und das baltische Meer waren.

Dies nun sind die allgemeinsten geschichtlichen Grundzüge der Verbreitung der anwachsenden Bildung des Mensch-

heitlebens über die Erde; welche es deutlich zeigen, dass die
Menschheit bei dieser Entwicklung ihres Lebens wirklich dem
Grundbau des Erdlandes folgt, — wie dies oben aus ewigen
Gründen behauptet und erwiesen wurde. — Da der Plan dieser
Vorträge nur die bis hierher gelieferte kurze Schilderung
des gesammten Lebens auf Erden gestattete, so mache ich
noch auf einige Schriften aufmerksam, worin ein kurzer
Ueberblick der Völkerkultur nach ihrer Erscheinung zugleich
mit literarischen Nachweisungen gegeben wird. Diese sind:
Meiners, Geschichte der Menschheit, 1793, und in Ansehung
der Religion: dessen allgemeine kritische Geschichte der Religionen.
2 Bände. 1806. Hier heisst aber Geschichte Beschreibung,
in dem Sinne, wie man Naturgeschichte nimmt,
indem keine Würdigung der Geschichte nach den Ideen darin
gegeben wird. - Dann: Iselin, Geschichte der Menschheit,
5. Ausgabe 1786. — Herder's Ideen zur Philosophie der
Geschichte der Menschheit. 4 Theile. — Und: Görres,
Mythengeschichte der asiatischen Welt. 1810. 2 Bände.

11. Ueberblick der Geschichte der Menschheit insbesondre.

Jetzt liegt mir zunächst noch ob, diese Darstellung aus
der reinen allgemeinen Geschichtswissenschaft mit einem
kurzen Ueberblicke der ganzen geschichtlichen Entfaltung der
Menschheit zu beschliessen, worin aber ebenfalls nur die
Hauptmomente ganz kurz angedeutet und die in der vorausgegangnen
allgemeinen Schilderung des Lebens auf Erden
erklärten Hauptpunkte kurz zusammengefasst werden können;
da eine ausführlichere Schilderung davon der reinen Geschichtswissenschaft
gehört, welche selbst ausserhalb unsres
Planes liegt.*)

Der Ueberblick des organischen Ganzen des Erdlandes
und des darüber verbreiteten Naturlebens, so wie Kenntniss
der verschiednen, rhythmisch ausgetheilten Menschenstämme,
im Einklang mit den ältesten Mythen der Urvölker und mit
dem gegenwärtigen Zustande, worin wir die Völker der Erde
und ihre Bildung finden, zusammengenommen mit den Lehren
der Philosophie der Geschichte, — alles dies scheint zu der
Annahme zu berechtigen, dass die Menschheit sich zuerst
von den beiden Haupthochebenen Asiens und Afrikas aus, in
allen ihren verschiednen Stämmen ausgebreitet habe, um zu-

---

*) Die hier folgende Darstellung ist mit wenigen Veränderungen
aus den zu Dresden im Jahre 1823 gehaltenen Vorlesungen (welche im
Jahre 1829 gedruckt worden sind) genommen.

erst diese beiden Haupterdländer zu bevölkern, sodann zusammenzutreffen in entgegengesetzten Richtungen in Europa als in ihren Vereinlande, und um dann in Europa eine allgemeine Durchdringung der Völker zu bilden, und dann den übrigen Völkern der Erde in der Entfaltung des Lebens zu allererst vorauszugehen, und die reifere Bildung zuerst über die ganze Erde zu verbreiten.

Die Geschichte der Hauptentfaltung des einen Hauptzweiges der Menschheit in Asien, und von Asien aus in Europa, ist uns nunmehr, wenigstens den Grundzügen nach, geschichtlich bekannt; aber die Geschichte des zweiten afrikanischen Hauptzweiges der Menschheit nach seiner Ausbreitung über Afrika und Europa ist fast ganz untergegangen. Nur noch in einigen sehr dunkeln Sagen ist sie angedeutet durch das frühe Dasein der keltischen (gallischen) und baskischen Völker, und durch ihre uralten Sprachen, sowie durch ihre noch übrigen Denkmale, ist sie dem Forscher noch jetzt angezeigt; denn diese Völker mit ihren Sprachen, Sitten und Einrichtungen können durch den asiatischen Hauptzweig und seine Kultur keine genügende Erklärung finden. Wie früh aber die Menschheit in Amerika ihren Ursprung genommen, und wann zuerst Menschen aus dem alten Erdlande von Asien und vielleicht von Afrika aus über das Südmeer und von Europa aus über das atlantische Meer dorthin gekommen, ist geschichtlich noch nicht entschieden; — nur dies ist erwiesen, dass zur Zeit der neuern Entdeckung und Besitznahme von Amerika durch Europäer dasselbe nur erst wenig bevölkert gefunden wurde, und dass damals dessen Bewohner kaum den Zustand der Bildung und Sittigung erreicht hatten, worin die Urbewohner Indiens vor wenigstens fünf Jahrtausenden, oder die griechischen Stämme vor wenigstens vier Jahrtausenden standen, indem die gebildetsten amerikanischen Völker noch nicht die Sittigung der von Homer später besungenen hellenischen Heldenzeit errungen hatten. Sowie sich ebenfalls hernachmals bei der Entdeckung Polynesiens auf den schönsten Inseln eine noch weniger zahlreiche, obwohl ebenfalls an Geist und Leib urkräftige und überaus bildungsfähige Menschheit fand, welche aber ein noch ganz kindliches Leben führte, und es im Ganzen noch jetzt führt.

Die Bevölkerung der Erde und die Entwicklung der Völker geht, wie im Vorigen gezeigt worden, im Allgemeinen nach bestimmten Natur- und Geistgesetzen, von den ursprünglichen Hauptsitzen der Völker kreisstrahlig vorwärts, bis alle Lebensgebiete erfüllt sind, wobei Flüsse, Seen und Meere die Völker anfangs trennen, aber im Verfolge des Lebens bei weitem noch mehr sie vereinen.

So weit nun unsre jetzt bekannten urkundlich geschichtlichen Nachrichten zurückreichen, finden wir vor etwa viertausend Jahren Asien, Afrika und Europa schon weithin bevölkert, aber die Zahl und die Sittigung und die allgemeine Bildung der Bewohner zeigt sich in abnehmendem Verhältnisse nach Massgabe der abnehmenden Nähe und Lebensgemeinschaft mit den Urvölkern. Das älteste allgemeinmenschlich gebildete Völkerleben in Wissenschaft und in Kunst, in Religion und im Staate und im gesammten Gesellschaftsleben finden wir in Ostindien, und zwar schon vor mehr als 4000 Jahren in einer durchaus eigenthümlichen, sehr weit gediehenen, sehr durchgebildeten (individuirten) Gestaltung, welche selbst nur als das Ergebniss mehrtausendjährigen frühern Gesellschaftslebens erklärbar ist. Daher mehrere gründliche und dabei unbefangne Geschichtsforscher, z. B. Majer, in der Schrift: Brahma, sich überzeugt halten, dass das Alter des indischen Volkes zum wenigsten 8000 Jahre anzusetzen sein möchte. So wie Indien als Land ein vollständiges Gleichnissbild der ganzen Erde ist, so hat sich auch schon vor wenigstens viertausend Jahren das Leben des indischen Volkes zu einem sinnvollen und die reifere Zukunft der Menschheit vorverkündenden Gleichnissbilde des Lebens der ganzen Menschheit erhoben. Die persischen, griechischen, deutschen, tatarischen und slavischen Völkerstämme zeigen alle in ihrer Sprache und besonders in ihrem ältesten Gesellschaftsleben Verwandtschaft mit den Völkern der Hochebenen Asiens und wenigstens Spuren ihres frühern Lebenvereines mit den uralten Völkern Indiens; sowie dagegen die Araber, die Aethiopen und alle noch jetzt bestehenden Völker Afrikas, nebst den westlichen und nordwestlichen Urbewohnern Europas, besonders durch die baskische Sprache nach Afrika, als auf den gemeinsamen Ausgangspunkt ihrer Bildung hinweisen. — Während sich nun indische Urkultur durch Pflanzvölker und Handel schon mit den afrikanischen Völkern, besonders in Aegypten, vom indischen Meere her und von den östlichen Küsten Afrikas aus vereint hatte; während die Bevölkerung in Asien und Europa nordwärts und zugleich nach Osten und Westen fortschritt, und während nun auch schon um die europäischen untern und obern Binnenmeere, besonders aber um das Mittelmeer, die Vereinbildung der europäischen, afrikanischen und asiatischen Völker begonnen hatte, bildeten sich, nun schon weniger abhängig von Indien und Hinterasien, mehrere grosse Völker und Reiche, in den schönen Ländern zwischen dem kaspischen, schwarzen, persischen und rothen Meere; unter denen das assyrische Reich, dann das babylonische, endlich das persische nach einander vorwalteten.

Diese vorderasiatischen Reiche machen das eine und zwar asiatische Glied der Vermittlung der hernachmaligen Vereinbildung der Urvölker Asiens, Afrikas und Europas aus. Aber auch die älteste Geschichte der Phöniker, der Araber und der Aegypter gehört als das zweite und zwar afrikanische Glied der Reihe dieser Vermittlungen an. Das Leben jener vorderasiatischen Reiche ist immer noch dem Leben des indischen Urvolkes vorwaltend ähnlich und ahmt es auf gleichen Grundlagen und gemäss den klimatischen Verhältnissen nach. Dennoch erreichten die in jenen Reichen vereinten Völker die Reife und die Allseitigkeit der Bildung der asiatischen Urvölker nicht und erhoben sich nicht über den Zustand der Kindheit des Volkslebens. In welchem Verhältnisse aber das Leben des ägyptischen Reiches und das der Phöniker zu der Urkultur auf den Höhen Afrikas gestanden, das fängt erst jetzt an, durch die Ergebnisse neuster Forschung einigermassen enthüllt zu werden. In Afrika selbst, und zwar in Aethiopien und Aegypten, scheint sich die asiatische Lebensbildung durch Kolonien und Handelsverkehr sehr frühzeitig mit der afrikanischen vereint zu haben. Uebrigens bilden, wie vorhin gesagt, alle diese vorderasiatischen Staaten, oder eigentlich das Leben dieser vorderasiatischen Völker, zugleich mit dem Leben der Phöniker und der Aegypter, in der Entwicklungsgeschichte der Menschheit ein wesentliches Glied der Verbindung, der Vermittlung und der Vereinigung der Kultur von Asien und Afrika, und sie stellen demnach die älteste Vereinkultur des Alterdlandes dar, aus welcher sodann wieder neue Keime höhern Lebens für das Mosesthum, Hellenenthum und Römerthum hervorgegangen. — Die schon damals über Europa ergossenen Urvölker asiatischen Stammes, deren Kraft jedoch durch die Strenge des Himmels, welche Arbeit und Besonnenheit fordert, wenn Menschen leben sollen, vielseitig geweckt und eigenthümlich gerichtet wurde, zeigen aber ebenfalls mit der indischen Urkultur in allen menschlichen Dingen Aehnlichkeit und Verwandtschaft.

Auf diesen Grundlagen gewann etwa 2000 Jahre vor Christus das Leben der Menschheit einen neuen Trieb, denn es keimten zwei Hauptstämme höhern Lebens auf im Volke der Hebräer und in dem Volke der Griechen. Abraham, der Stammvater eines Hirtenvolkes, in welchem die reinere Erkenntniss Gottes keimte, liess sich gegen 2000 Jahre vor Christus in noch wenig bewohnten Fluren Mesopotamiens nieder; dann ging dieser Stamm nach Kanaan, von da breitete er sich in Aegypten aus und wurde endlich durch Moses 1500 Jahre vor Christus aus Aegypten geführt, um in seinen ältern Wohnsitz zurückzukehren. Moses erkannte die uralte Grundlehre seines Vaterstammes von dem lebendigen Gotte, dem Schöpfer des Himmels und der Erde, an, der diesen Stamm zum Liebling erwählt, mit ihm einen Lebensbund geschlossen habe und ihn beschütze und zu einem ausgebreiteten, ihm gewidmeten Volke erheben werde. — Moses traf innre und äussre Mittel und Einrichtungen, diese Lehre von aller Abgötterei des Polytheismus zu reinigen und rein zu halten, und bildete eine freie Volkslebenverfassung unter der leitenden Idee Gottes und des von Gott geoffenbarten Gesetzes, worin Gottinnigkeit, Recht und Tugend gleichförmig als ein organisches Ganze umfasst werden, welche Verfassung zugleich Willkürmacht jedes einzelnen Menschen ausschliesst, die gleiche Würde aller einzelnen Menschen in diesem Volke, welches nach Moses Plan ein Volk von Gottgeweihten, von Priestern sein sollte, anerkennt und sichert, und wodurch mithin ein wesentlicher Anfang reinen und freien, in der Idee Gottes gestifteten, gehaltenen und gestalteten Menschheitlebens gewonnen war; — als ein erstes Werk des begonnenen Lebensalters der reifern Kindheit der Menschheit, und zugleich als ein sicher Grund noch höherer Lebensgestaltung in der Zukunft.*)

Gleichzeitig mit dem Mosesthum nun gründete und bildete sich auch der andre, nach Europa hindeutende und -strebende Hauptzweig des Vereinlebens der Völker in dem Volke der Hellenen, welches, wenn auch in seinen verschiednen, sehr eigenthümlich gebildeten Stämmen getheilt, ja

---

*) Diese Grundansicht des Mosaismus hatte ich bereits auch druckschriftlich ausgesprochen, als die Abhandlung von Paulus: „Rückblicke auf Moses und Abrahams leitende Gedanken", im Conversatorium der Theologie und Exegese, Heidelberg 1822, erschien. Daselbst sagt Paulus übereinstimmig mit dem vorhin Ausgesprochnen folgendes: „Ein Hauptgedanke ist es, welcher durch das hebräisch-jüdische Volk „in diese Erdenwelt eingeführt wurde, das ehrfurchtsvolle Denken an „die Gottheit, an ihr heiliges, wohlthätiges Wollen, — die eigentliche „Gottesandacht oder Religion soll das ganze Leben der Menschen durch-„dringen, es soll nicht bloss Lehre sein, sondern Leben, Volksleben wer-„den. Diese gradsinnige, rechtwollende Gottergebenheit soll nicht nur „der Einzelnen Leben ganz pflichtlehrend oder moralisch leiten, son-„dern vornehmlich auch das Leben patriarchalischer Familienvereine „und ganzer Völker, nach Art einer Gottesregierung, oder theokratisch, „umfassen und bestimmen. Der Erdenzustand soll wie eine Gottes-„regierung werden, wo nichts gelte, was Gottes nicht würdig anerkannt „werden müsste. Dieser Hauptgedanke ist der fortlaufende Zusammen-„hang und der sich immer reiner ausbildende Inhalt der heiligen Bücher „hebräischer, jüdischer und urchristlicher Religionslehren." Soweit Paulus. Aber das Eigenthümliche des gesammten Mosesthumes im Leben und Lehren ist ausführlich und ohne alles Vorurtheil dafür oder dawider geschildert in der Schrift von Salvador: Loi de Moïse ou système religieux et politique des Hébreux par J. Salvador. Paris 1822, und in seiner neusten im Jahre 1828 erschienenen Schrift über diesen Gegenstand.

oft feindlich getrennt, dennoch sich bald in seiner Sprache, seinen Religionsbegriffen, seinen Sitten und in den Grundsätzen seiner öffentlichen Lebensführung zur Einheit des Volkes erhob und dann immer im Erstwesentlichen ein Volk geblieben ist. Das griechische Volk scheint sich vornehmlich aus zwei Grundstämmen gebildet zu haben: aus den Pelasgern, einem asiatischen Stamme im Süden, und aus dem Stamme der eigentlichen Hellenen, welcher aus dem Norden Griechenlands kam, also zunächst als ein europäischer Stamm erscheint, der aber ursprünglich wohl ebenfalls ein asiatischer Stamm sein möchte. Die Urgrundlage des höhern und gebildetern griechischen Lebens ist offenbar indisch und altpersisch, jedoch nahmen die Griechen schon früh durch Handelsverkehr und durch Pflanzvölker auch phönikische und ägyptische*) Bildung und Einrichtungen in sich auf, aber sie gestalteten alle diese verschiedenartigen Grundlagen zu einem in sich vollendeten, ureigenthümlichen Leben und erreichten eine organische**), vollständige, gleichförmige Bildung im ganzen Gebiete der Bestimmung der Menschheit, besonders aber in Wissenschaft und Kunst. Sie sind, so viel wir wissen, das erste Volk der Erde, welches in Freiheit des Geistes den Gliedbau der Wissenschaft als reine Wahrheit und zugleich den Gliedbau der Kunst als reine Schönheit nach allen Theilen gleichförmig durchzubilden unternommen hat, sowie auch das erste Volk, innerhalb dessen die ersten Anfänge der freien, vernunftgemässen Staatsverfassung — der Gemeindeverfassung — gefunden werden; — und eben vornehmlich durch alle diese Bestrebungen hat sich das griechische Volk, nach den Indern in dieser Hauptperiode zuerst, zu einem einzelnen, innerhalb seiner geschichtlichen Idee vollständigen Gleichnissbilde des einst vollendeten ganzen Menschheitlebens ausgebildet, und zwar in reinerer Wesenheit und Schönheit, als es früher den indischen Völkern gelungen. Wenn im Mosesthume, welches seiner leitenden Grundidee nach über das Hellenenthum erhaben ist und diesem auf der Bahn des Lebens in Gottinnigkeit vorangeht, das Menschliche nur in seiner Beziehung zur Idee des lebendigen Gottes belebt und gebildet wurde, so erscheint dagegen in dem griechischen Leben das Mensch-

---

*) Diesen Theil der Grundlegung der griechischen Bildung haben vorzüglich Plessing und neustens Champollion (auch hinsichts der Baukunst) ins Licht gesetzt.
**) Freilich ist das hellenische Volksleben ein noch beschränktes Gliedbauleben, ein beschränkter Organismus; — noch nicht der vollwesentliche, der erst im dritten Hauptlebensalter der Menschheit aufleben kann. Weshalb eben für unsre Gegenwart die hellenische Bildung nicht mehr der Musterbegriff und das Musterbild sein kann. Ein grundwichtiger Punkt für unsre Erziehung.

liche zunächst in sich selbst, in einzelnen Hinsichten zu Göttlichkeit in Schönheit verklärt. Als nun beide, das Mosesthum und das Hellenenthum, ihre Hochbildung erreicht hatten, dann erhob sich noch weiter westlich, um die Mitte des südlichen Europas hin, das ganz eigenthümliche Kraftleben des Römervolkes, welches sich, eben so wie das hebräische als ein auserwähltes Volk Gottes betrachtete; jedoch freilich mit einem grundwesentlichen, das ganze römische Leben eigenthümlich bestimmenden Unterschiede, das ist, nur als den erwählten Liebling eines der gedichteten überirdischen Wesen unter den olympischen Götterbildern. — Das Streben dieses urkräftigen Volkes war vorwaltend auf die Ausbildung des Staates und auf die Vereinigung aller Völker unter der Regierung Roms gerichtet. So verderblich durch dieses einseitige, der Idee der Menschheit widersprechende Streben der Unterordnung aller Völker unter den Römerstaat das römische Leben dem Leben der einzelnen Völker geworden ist, so erhob es sich dadurch dennoch dazu, dass es das gemeinsame Gebiet höherartigen Vereinlebens der Völker wurde, besonders für die feste Begründung und Ausbildung des Christenthums, welches zunächst als die Vereinbildung des hebräischen und griechischen Lebens, vornehmlich innerhalb des Römerreiches, erscheint, obgleich das Christenthum seiner eigensten Wesenheit nach eine neue Bildung höherer Art und Stufe ist. Der Gedanke, dass und wie das Christenthum hebräische und griechische Bildung in sich vereint habe, ist ausgeführt in Eberhard's Schrift: Geist des Urchristenthumes, ein Handbuch der Geschichte der philosophischen Kultur. 1807 und 1808. III Theile. — Daher verdient das Christenthum hier zunächst unsre Betrachtung. — In und durch Jesus wurde sich die Menschheit aufs neue in ihren vorwaltend gebildeten Völkern und, wie es scheint, seit jener kindlichen Urzeit in Indien, das erste Mal Gottes selbst, als des einen Urwesens, als des Vaters des Lichtes und des Lebens für alle Völker und für alle Menschen, bewusst, und zwar im reinen Denken, nicht erstwesentlich, oder zumeist als in einem poetischen Gebilde der Phantasie; sowie auch des für alle Menschen gültigen und an alle Menschen ergehenden Berufes: Gott zu erkennen, zu lieben, und ihn im Leben nachzuahmen. Dadurch erweist sich das Christenthum als Grundlage und als der erste Beginn des Jugendalters der Menschheit, worin sie sich Gottes, als des einen Urwesens, und aller Dinge und alles Lebens, auch aller Menschen und ihres Lebens, als in und durch Gott bestehend und lebend, bewusst wird und somit den Anfang macht, sich zu ihrem vollbewussten, Gotte vollähnlichen Leben zu erheben. Denn, obgleich auch vor Jesus und mit ihm zugleich viele Einzelne dieselbe Grundeinsicht gehabt haben konnten, wie dies von Sokrates, Platon, Aristoteles und dem Vereine der Essäer unbezweifelt ist: so fehlte doch, soweit die Geschichte reicht, ihnen allen grade die entscheidende Einsicht, dass die Lehre von Gott, dem einen Urwesen, dem Schöpfer, Erhalter und Regierer der Welt, und von dem gottähnlichen, gottvereinten Leben — vom Reiche Gottes — allöffentlich zur Sache des Volkes und aller Völker zu der nächstwesentlichen Angelegenheit der ganzen Menschheit gemacht werden solle und könne; und sie fühlten und erkannten entweder nicht die Verpflichtung, für diesen gottgebotnen menschheitinnigen Zweck zu wirken, oder sie folgten doch nicht dem Rufe dieser Verpflichtung; — und schon insofern steht Jesus einzig da in seiner Zeit und, so viel wir wissen, in der ganzen Geschichte der Menschheit. Grade aber dies, die Offenkundigkeit und Allgemeinheit der religiösen Erkenntniss und des religiösen Lebens für alle Menschen und Völker ist der erstwesentliche und ihm in der bekannten ganzen Geschichte bis zu seiner Entstehung allein eigenthümliche Grundgedanke des Christenthums und der christlichen Kirche, welcher vorher, soweit die Geschichte reicht, nicht nur selbst nirgends, vielmehr aber überall sein Gegentheil gefunden wird; das ist der menschheitverderbliche Wahn, dass die reine Gotterkenntniss und Gottinnigkeit nur für sehr wenige, vorbegünstigte Menschen bestimmt sei, nicht aber für das ganze Volk und als ein gemeinsames Gut für alle Völker. Dazu kommen die (wenigstens von Jesus verkündigten) reinsittlichen Grundsätze über die Art der Verbreitung dieser Grundlehren und über das Verhalten der sie darzuleben entschlossnen Gemeinde; nach welchen Grundsätzen nur Gutes durch Gutes, nicht aber Gutes durch Böses, oder durch rohe geistliche und leibliche Zwanggewalt erstrebt und bewirkt, ja selbst dem Bösen nicht mit Bösem widerstrebt werden soll. Ob nun gleich diese Grundsätze und überhaupt jene ganze Grundlehre in ihrer ganzen Reinheit und Strenge damals, und selbst noch jetzt, nur von wenigen Christen und Christengemeinden eingesehen, anerkannt und befolgt worden sind und schon damals und noch jetzt nur theilweis befolgt werden: so ist doch gleichwohl gewiss, dass seit Jesus lebte, schon diejenige Annäherung zu jener sittlichen Reinheit, welche sich bei den Christen und in den christlichen Kirchen im Allgemeinen schon wirklich, und zwar weitergediehen findet, als in irgend andern gesellschaftlichen Gemeinden auf Erden, — dass schon diese Annäherung an einen den Grundlehren des Christenthums gemässen Zustand dahin mitgewirkt hat und mitwirkt: das Leben der Menschheit zu reinigen, zu veredeln, es höher zu heben, und dasselbe zu befähigen, dass es, dadurch vorbereitet, sein Alter der Reife einst antreten könne. Nachdem nun nach einigen Jahrhunderten das Christenthum schon das ganze Leben der griechischen, der römischen, vieler vorderasiatischen und vieler europäischen Völker durchdrungen, die Vielgötterei und die isolirende und verkrüppelnde Völkerselbstsucht zum Theil beseitigt hatte, begann eine neue grosse, aber äussre Lebensregung der Völker, und zwar zunächst und vornehmlich der europäischen Völker, die vorzugsweise sogenannte Völkerwanderung, welche vom nördlichen und östlichen Asien ausging und die Veränderung der Wohnsitze der meisten obereuropäischen Völker selbst zur Folge hatte. In der neuen Lebensbildung dieser hierdurch erregten und vielfach vermischten Völker gestaltete sich nun das gesammte Leben auf der Grundlage des Christenthums mit der Kraft der ersten Jugend; und zugleich vom siebenten Jahrhunderte an im streitenden Gegensatze mit dem Muhammedanismus*) weiter fort; — und noch jetzt sind die Völker Europas in der Vollführung dieser neuen Lebensbildung begriffen. In dem ersten Zeitkreise derselben, das ist, während des sogenannten Mittelalters, stand die Ausbildung aller einzelnen Theile des Menschheitlebens, auch das Leben und die Bildung des Staates — den Urstaaten Indiens ähnlich — unter der vormundschaftlichen Leitung der christlichen Hierarchie, vornehmlich der römisch-katholischen; aber eben in der hierdurch gewonnenen Einheit gelangten die erstarkten Völker zu immer vollerem Selbstbewusstsein ihrer Bestimmung und ihrer Kräfte. — Das höhere Gedeihen der Wissenschaft und der Kunst und der Staaten, die Erfindung der Buchdruckerei, die Neubelebung der Wissenschaft und der Kunst, in Mitwirkung der aus dem unterjochten Vaterlande geflohenen Griechen; der innigere Verein Europas mit dem Oriente durch den Handel, die Entdeckung des Weges um Afrika nach Indien, die Wiederfindung von Amerika: alle diese Begebenheiten mussten die ersten Bestrebungen des beginnenden Jünglingsalters der Völker fördern und beschleunigen, mussten zunächst jene noch jetzt nicht vollendete Veränderung des Verhältnisses des gesammten Lebens zu dem christlichen Kirchenvereine und zu dessen bis dahin allein herrschendem Oberhaupte herbeiführen, welche allgemeine Veränderung gewöhnlich, aber nur einseitig und ungenügend, mit dem Namen der Reformation vorzugsweise benannt wird. Denn dieses Neuleben erscheint zwar allerdings zunächst als

---

*) Die Kreuzzüge sind eine wesentliche Gegenwirkung des Europäismus gegen den Muhammedanismus und zugleich ein Streben nach Vereinbildung mit letzterem.

Umbildung und Wiederherstellung der Kirche in ihren ursprünglichen Zustand; aber ihrer innern Wesenheit nach ist sie eine Verbesserung und Höherbildung (eine Conformation und Perfection) auch der Kirche. — Aber die Neubelebung der christlichen Kirche ist nur ein einzelner Erweis dieser höhern und kräftigern Lebensentfaltung. Denn von da an strebt die Menschheit in allen Theilen der menschlichen Bestimmung immer mehr nach organisch-gesetzmässiger Ausbildung, nach freier Selbständigkeit, nach besonnener Mündigkeit.

Während dessen hat sich auch das äussre Lebensgebiet der vorwaltend höhern Bildung der Völker über die Erde weiter ausgebreitet. — Denn, was früher die Griechen, was hernachmals alle Völker um das Mittelmeer waren, das sind jetzt die Völker um das atlantische Meer. — Ein grosser Theil von Amerika ist schon in die höhere Kultur aufgenommen, und nur noch die Hauptinselflur Polynesien, als das Hauptvereinland der Erde, ist noch fast ganz in der ersten Kindheit zurückgeblieben; doch auch dort ist nun schon europäische Bildung aufgelebt und wächst schneller, als jemals zuvor bei andern Völkern, — in hoffnungsreichem Gedeihen. Schon mehrere, und zwar die schönsten Inseln Australiens sind seit etwa einem Menschenalter für christliche Sittigung gewonnen worden; und wenn einst das Menschheitleben in seinem reifen, männlichen Alter stehen wird, dann ist nach dem gegenwärtigen Zustande des Lebens der Völker zu hoffen, dass das grosse Südmeer, als das Hauptmeer der ganzen Erde, das für die Menschheit sein wird, was jetzt das atlantische Meer ist und früherhin das Mittelmeer Europas war. Auch das uralte Leben Asiens, welches sich besonders in Indien in seinem kindlichen Zustande bis heute erhalten hat, wird dort bereits jetzt mit europäischer Bildung vereint; es geschehn soeben jetzt darin durch die zusammenstimmigen Bemühungen erleuchteter Engländer und Brahmanen wesentliche Fortschritte, und es ist jetzt gegründete Aussicht da, dass die indischen Urvölker durch innre und äussre und durch eine aus beiden vereinte Lebensanregung von den Greueln des Götzendienstes, des Kastenunwesens, der häuslichen Unterdrückung der Frauen und der Kinder werden befreit werden; und dass die alte indische Wissenschaft und Kunst, indem sie ihre Schätze mit der europäischen vereint und durch selbige gereinigt und vollkommen gestaltet wird, ein neues Leben in freiem, freudigem Umschwunge gewinnen werde. Auch die Wiedergeburt des griechischen Volkes und der Völker Italiens steht nahe bevor; — und so ist das Bestreben der Menschheit bereits im Erfolge unverkennbar, dass sie ihr organisch vollendetes Leben einst über das ganze

Erdland gleichförmig verbreite. (Siehe hierzu die Ergänzung in den im Jahre 1829 gedruckten Grundwahrheiten der Wissenschaft.)

III. Darstellung verschiedner Eintheilungen der Geschichte der Menschheit und Vergleichung derselben mit der hier dargestellten.

Dies nun ist es, was ich aus der reinen Geschichtswissenschaft zwischen die reine Philosophie der Geschichte und die angewandte Philosophie der Geschichte einschalten wollte, um die in der angewandten Philosophie der Geschichte zu leistende Würdigung der Vergangenheit und der Gegenwart auch von Seiten der Geschichte zu begründen. Ehe ich aber an die Darstellung der angewandten oder harmonischen Philosophie der Geschichte gehe, will ich noch die hauptsächlichsten Eintheilungen der Geschichte der Menschheit kurz vortragen und kritisch beleuchten, welche sich in geschichtlichen Schriften und in den Systemen der Geschichtsphilosophen finden. Zuerst also die gewöhnliche Eintheilung der Geschichte in die alte, mittlere und neue.

Diese Eintheilung ist bloss äusserlich, zeitlich und quantitativ und daher in dieser Ausdrückung willkürlich und unbefriedigend. Es ist in ihr gar keine Aussage enthalten über den Gehalt und Werth des Lebens in diesen Perioden. Sieht man aber auf den Inhalt der drei so bezeichneten Zeiträume selbst, so entspricht diese Eintheilung dennoch wesentlichen Entwicklungsstufen der Menschheit, wirklichen Grundperioden des Lebens selbst. Denn, betrachtet man das ganze Schauspiel des Lebens der Menschheit, soweit es durch diese Eintheilung umfasst wird, mit Hinsicht auf den ganzen Schauplatz des Lebens und mit vorwaltender Hinsicht auf diejenigen Völker, bei denen die überwiegende Kultur war, so entspricht diese Eintheilung drei Akten oder Handlungen dieses grossen Dramas. Der erste Akt, die sogenannte alte Geschichte, geht freilich in der noch immer gewöhnlichen Gestaltung der Geschichtswissenschaft nur von Vorderasien und Oberafrika aus; aber die Völker, welche in dieser Periode dort auftreten, waren gerade diejenigen, welche damals den Fortschritt der Lebensbildung auf Erden bestimmten, weil, wie schon erwähnt, bei den indischen Völkern ein wesentlicher Fortschritt nicht erfolgte, und weil insonderheit die indischen Völker, in sich selbst befriedigt, auf äussre Verbreitung und auf Eroberungen nicht ausgehen. In dieser Periode der alten Geschichte wird das Leben der Völker von Europa im Anfange erst vorbereitet, damit sie späterhin, im weitern Verlaufe der alten Geschichte, die Inhaber und die Verbreiter der überwiegenden Kultur werden; denn in der zweiten Hälfte der alten Geschichte gehen schon die europäischen Völker am Mittelmeere an eigenthümlicher Bildung des Lebens den übrigen Völkern Europas voran.

Der zweite Akt, oder die mittlere, vielmehr die vermittelnde Geschichte, zeigt vornehmlich die organische Ausbildung von ganz Europa, als eines nach und nach sich immer mehr in sich abschliessenden, selbständigen Ganzen des Völkerlebens; des Lebens einer Gesammtheit von Völkern, die auf einer gemeinsamen Grundlage des Christenthums nach gemeinsamer, gleichförmiger Bildung streben in allen Theilen der menschlichen Bestimmung. —

Der dritte Akt, oder die neuere Geschichte, zeigt hierauf die Verbreitung der vorwaltenden Kultur durch die europäischen Völker von Europa aus über die andern Erdtheile und zunächst Streben nach gleichförmiger Kultur der Völker gemäss der Idee der sittlichen Freiheit und des Organismus. Beziehen wir aber diese drei Akte des Völkerlebens, welche in der sogenannten alten, mittlern und neuen Geschichte dargestellt werden, auf die hier in der reinen Geschichtswissenschaft erwiesenen Hauptlebensalter der Menschheit und ihre Perioden, so finden wir, dass diese drei Akte sämmtlich dem zweiten Hauptlebensalter gehören, indem sie die zweite und den Anfang der dritten Periode dieses Hauptlebensalters in Ansehung eines Theiles der Völker der Erde befassen, das ist, der europäischen Völker, welche allerdings noch jetzt die vorwaltend gebildeten und bildenden Völker der Erde sind. — Aber es ist nicht zu verkennen, dass bei dieser noch immer gewöhnlichen Behandlung der Geschichte der Menschheit, oder der sogenannten Weltgeschichte oder Universalgeschichte, auf die Völker Asiens und Afrikas viel zu wenig Rücksicht genommen wird. Diese Vernachlässigung hat ihren geschichtlichen Grund darin, dass die Urgeschichte der Völker Asiens erst kaum seit einem Menschenalter aus den ursprünglichen Quellen angefangen hat, erforscht und bekannt gemacht zu werden. Daher denn auch die neusten, mehr wissenschaftlich gestalteten Bearbeitungen der allgemeinen Geschichte sich nach und nach von dieser Einseitigkeit und Mangelhaftigkeit befreien. Aber die Geschichte der Völker Asiens, besonders die der indischen und sinischen Völker, ist vornehmlich aus zwei Gründen für die ganze Geschichte der Menschheit grundwichtig; einmal, weil in ihr allein die erste Periode des zweiten Hauptlebensalters noch geschichtlich erkennbar ist, und weil zugleich in der ältesten Geschichte dieser Völker mythisch-historische Sagen enthalten sind über das erste Hauptlebensalter der Menschheit, wovon

alle urkundliche geschichtliche Kenntniss uns gebricht, aus
welchen Sagen dann erst die Sagen der vorderasiatischen
Völker ihren Ursprung genommen. Zweitens aber ist die
Geschichte der Urvölker Asiens deshalb für die Geschichte
der Menschheit vom grössten Belang, weil geschichtlich erwiesen
ist, dass alle Grundlagen und Anfänge der Lebensbildung
derjenigen Völker, welche in Vorderasien und Europa
zuerst geschichtlich hervortreten, in dem Leben jener Urvölker
enthalten waren und von ihm aus sich verbreiteten,
und weil eben jetzt endlich die Zeit gekommen ist, wo das
bis jetzt eigenthümlich bestehende Leben dieser Völker mit
dem Leben der höchstkultivirten Völker von Europa organisch
und harmonisch vereint werden soll.

Ich wende mich nun zu der geschichtsphilosophischen
Eintheilung der Geschichte der Menschheit und der Völker.
— Zuerst müssen in dieser Hinsicht die ältesten religiösen
Volkssagen erwähnt werden, welche insgesammt von einem
uranfänglichen Leben rein unschuldiger Göttlichkeit reden in
einem paradiesischen Zeitalter, welches sie wohl auch bildlich
das goldne nennen; dann weiter die Lostrennung des
Menschengeschlechts von dem innigen Vereinleben mit Gott
und der Geisterwelt schildern, indem jene Sagen behaupten,
dass dann die Menschheit, sich selbst überlassen, zu einem
schlechtern Leben herabgegangen, mithin in Zeitalter von
geringerm Gehalte hineingerathen sei, welche sie bildlich
durch geringere Metalle bezeichnen, und wovon sie das letzte,
das gegenwärtige, als das Zeitalter der listigen Gewalt, als
das eiserne, schildern. — Alle diese uns bekannten Sagen
scheinen aus der indischen Sage hierüber entstanden zu sein,
die ich also hier kurz vortragen will, nach Anleitung der
Darstellung hiervon, die sich findet in der Schrift: Brahma,
von Friedrich Majer. Die Schilderung selbst ist genommen
aus dem Gesetzbuch des Manu, welches noch jetzt unter den
indischen Völkern das gültige ist. Es wird also von dieser
Sage gelehrt, dass es unzählige Schöpfungen und Auflösungen
des Weltalls giebt. Das höchst erhabene Wesen, Brahma
oder Oum genannt, schafft die Welten dichtend und gleichsam
spielend durch seine göttliche Phantasie, Maja, um Seligkeit
den endlichen Wesen zu schaffen. Die Reihe der verschiednen
Weltschöpfungen erfolgt durch abwechselndes Wachen
und Ruhen der Gottheit. Denn, versenkt sich das höchste
Wesen wie in einen sanften Schlummer, dann schwindet das
Weltall dahin, die bekörperten Seelen werden kraftlos und
kehren daheim in Brahma, um in seiner Ruhe verschlungen
zu bleiben, bis Brahma wieder erwacht, und das Weltall abermals
von ihm gebildet wird. Das Einschlafen Brahmas geschieht
am Ende eines seiner Tage, — das göttliche Erwachen

erfolgt am Ende einer Nacht des Brahma. Um die Länge dieser Zeiten beurtheilen zu können, müsse man ermessen, dass die Sonne bei Göttern und Menschen die Abtheilung in Tag und Nacht verursacht; ein Monat des Menschengeschlechts ist ein Tag und eine Nacht der Erzväter im Monde, ein Jahr des Menschengeschlechts ist ein Tag und eine Nacht der Götter, d. h. der Schutzgeister und Vorsteher des Ganzen; 12,000 Erdenjahre nehmen ein Zeitalter der Götter ein, 71 solche Götterzeitalter geben die Regierungszeit eines Manu, also 852,000 Jahre; aber ein Tag und eine Nacht des Brahma währen 12,000,000 Jahre. Nun wird ein Zeitalter der Götter in vier Jogs oder Menschenzeitalter getheilt, deren erstes 4000 Jahre der Götter enthält. Die ihm vorausgehende Dämmerung aber ebensoviel hundert Jahre, und die darauf folgende Dämmerung eine gleiche Anzahl. Die Weisen haben diese Zeitalter genannt: Krita oder Satja, Treta, Divapara, und Kali oder Kal, deren Summe ein Zeitalter der Götter beträgt. Im ersten Zeitalter der Menschen, im Krita-Jog, steht der Gott der Wahrheit und des Rechts vor; aber in jedem der folgenden Zeitalter wird die Gottheit des Rechts gekränkt und beraubt durch ungerechten Gewinn und Lust. Im Treta gelangen die Menschen, befreit von Krankheit, zu allen Arten glücklichen Wohlstandes und leben hundert Jahr. In jedem der folgenden Zeitalter aber wird ihr Leben allmählich bis um ein Viertel verkürzt. Im Verhältnisse zur Abnahme der Länge ihres Lebens erfüllen gute Menschen in jedem Zeitalter einige Pflichten, vorzugsweise im Krita Andacht, im Treta göttliches Erkennen, im dritten Zeitalter Opfer und im vierten, im Kali, worin jetzt nach der indischen Meinung die Menschheit steht, die Freigebigkeit. Denn dieses vierte Zeitalter ist das eiserne, das Zeitalter der Gewalttthätigkeit. (Siehe Brahma S. 66—69.)

Ich habe diesen Mythus vorzüglich deshalb angeführt, weil der platonische Mythus, welcher im Politikos vorgetragen ist, in seinen Grundzügen ganz damit übereinstimmt; dann auch deshalb, weil selbst in diesen Mythen das älteste Zeitalter der Menschheit dargestellt wird als ein Zeitalter der ungetrennten Vereinigung mit der Gottheit und mit der Natur, ganz übereinstimmig mit der Idee des ersten Hauptlebensalters der Menschheit.

Folgendes ist in diesen indischen Mythen der Wesenheit der geschichtlichen Entfaltung selbst gemäss:

1) Dass das Leben der Menschheit als in dem Leben Gottes enthalten betrachtet wird, als durch Gott in Gott hervorgerufen, und als bestimmt, wieder in das Leben Gottes zurückgenommen zu werden; daher denn auch das einzige Streben der indischen Weisen und Religiösen dies ist, schon

in diesem Leben mit Gott vereint zu werden. Nach der indischen Vorstellung dieses Mythus schlafen und ruhen die Seelen in Gott, wann und sofern Gott ruht; sie wachen und wirken in Gott, wann und sofern Gott wacht und in der Zeit wirkt. Dieser Gedanke ist allerdings unklar und mit menschlichen Beschränktheiten vermischt, aber das Wahre daran ist, dass alle wesentliche Wirksamkeit der endlichen Vernunftwesen eine in Gott begründete ist, welche mit Gott in wesentlicher Einheit ist.

2) ist die Grossheit und Erhabenheit der Hauptperioden in diesem Mythus bloss emblematisch ausgedrückt durch grosse Zahlen und darin die Wahrheit ahnend erkannt, dass die Perioden des Lebens der Völker, die wir geschichtlich kennen, nur untergeordnete Theilganze sind in vielumfassigeren, höherartigen Perioden des Lebens dieser Menschheit und des ganzen Lebens der Welt in Gott. Aber nicht zu verkennen ist von der andern Seite, dass diesem Mythus die wissenschaftliche Tiefe und die Bestimmtheit mangelt. Es ist darin kein bestimmter Eintheilgrund ersichtlich und auch kein möglicher Fortgang zur höhern Vollendung bis zur Reife des Lebens; — vielleicht aber, dass wir bei genauerer Bekanntschaft mit dem ganzen Mythenkreise des indischen Volkes noch auf genauere und würdigere Schilderungen der Periodik des Lebens der Völker geführt werden. Uebrigens ist diesem Mythus der alten Inder und jedem andern Mythus durchaus kein eigentlich wissenschaftlicher Werth zuzugestehen, sondern er ist nur als wissenschaftliche Ahnung der historischen Wahrheit zu betrachten und zu würdigen.

Der indischen Mythe steht diejenige am nächsten, welche Platon in seinem Politikos vorgetragen hat, und die ihren Ursprung aus Asien nicht verleugnen kann, obschon Platon sie nach seiner Weise mit eignen poetischen Zügen ausgestattet hat, um sie seinem System näher zu bringen. (Sie findet sich im Politikos S. 269—274, in Ast's Ausgabe des Platon im zweiten Bande S. 407—419.) Ich erwähne darüber nur, dass Platon lediglich zwei Lebensalter schildert, das eine des Kronos, das andre des Zeus. Im ersten Lebensalter ist die Natur ganz auf umgekehrte Weise thätig, als in dem zweiten. Die Sonne ist rückläufig, und die Menschen stehen in Unschuld unter der weisen Regierung des Kronos, ohne durch Sinnlichkeit und durch äussre Bedürfnisse zum Bösen verleitet zu werden. Aber das zweite Lebensalter unter Regierung des Zeus befasst nach Platon noch die griechische Zeit. Dann sind die Menschen zur Selbstheit gelangt, haben sinnliche Begierden und neigen sich zur Gewaltthat und Ungerechtigkeit. Zeus regiert zwar über die Menschen, aber gleichsam nur von fern. Er wird ermüdet und lässt nach und nach von der Weisheit seines Vaters ab. Weiterhin wird die Mythe nicht entwickelt, und man sieht daraus die allgemeine Uebereinstimmung mit jener indischen Mythe, sowie auch die Uebereinstimmung in philosophischer Ahnung mit dem hier entfalteten ersten und zweiten Hauptlebensalter der Menschheit. Ich will hier kurz vortragen, was über diese platonische Mythe Ast bemerkt in seiner Schrift: Platon's Leben und Schriften, p. 235. — —

Ich wende mich nun zu der Schilderung der Periodik der Geschichte, welche von neuern Geschichtsphilosophen gegeben ist; unter diesen zuerst die Periodik der Geschichte, wie sie Ast annimmt und dargestellt hat in seinem Entwurf der Universalgeschichte, 1810. Ast theilt die Geschichte in vier Epochen und legt als Eintheilgrund den Gegensatz des äussern und des innern Lebens unter, d. h. eigentlich des sinnlich äussern Lebens und des innern geistigen Lebens. Die erste seiner Perioden oder Epochen ist das Leben der Menschheit vor diesem Gegensatze und ohne ihn. Die zweite und die dritte Periode befasst das Leben der Menschheit innerhalb dieses Gegensatzes; und als die vierte Periode wird bestimmt die Vereinigung dieses Gegensatzes. Ast sagt hierüber auf Seite 20 ff., §. 4, um diese Eintheilung zu rechtfertigen, folgendes: „Der Gegensatz des Aeussern und „Innern erzeugt sich aus der Einheit des Lebens und bildet „sich wieder zur Einheit zurück. Das Leben an sich ist „Einheit, in seiner Besonderheit gedacht, entweder Aeusser„lichkeit (centrifugal, expansiv), oder Innerlichkeit (centripetal, „contractiv); in seiner realisirten Harmonie aber Eintracht „des Aeussern und Innern. Ebenso entfaltet sich das Leben „der Menschheit aus seiner Einheit (Idee) in den Gegensatz „des Wirklichen und strebt in sein höheres (ursprüngliches) „Wesen zurück. Die Menschheit hat demnach vier Momente „ihrer Bildung, also vier Epochen ihrer Geschichte."

Bei dieser Eintheilung ist nun vorzüglich und überwiegend der Gegensatz in der sinnlichen Natur gemeint, welcher auf dem Gegensatze von Geist und Leib beruht. Aber dieser Eintheilungsgrund ist einseitig, weil darin nicht die ganze, ungetheilte Idee des Lebens der Natur und der Menschheit erfasst ist, sondern eben nur diese einseitige, entgegengesetzte Beziehung; aber es ist gegründet, dass auch diese Entgegensetzung innerhalb der ganzen Entfaltung des Lebens wesentlich mitbegriffen ist, und zwar so, dass das Leben vor und über dieser Entgegensetzung in das von mir geschilderte erste Hauptlebensalter fällt; das Leben aber der Menschheit innerhalb dieser Entgegensetzung in das von mir geschilderte zweite Hauptlebensalter fällt; und dass die harmonische Vereinigung dieser entgegengesetzten Richtungen eine Grundwesenheit des dritten Hauptlebensalters der Menschheit ausmacht, welches für diese Menschheit erst noch werden soll. Auch zeigt sich diese von Ast betrachtete Eintheilung des Lebens schon an der Geschichte jedes einzelnen Menschen. Denn im ersten Lebensalter, in der ersten Kindheit, steht der Mensch auch noch nicht in dieser Unterscheidung des äusserlich sinnlichen und des innern Lebens; verloren und zerstreut ist er in die äussre Sinnlichkeit und setzt Geist und Leib noch gar nicht mit klarem Bewusstsein entgegen; im reifern Kindesalter aber, im Knabenalter bis in das Jünglingsalter hinein, überwiegt das äusserlich sinnliche Leben; aber im Jüngling erwacht dann dagegen mächtiger das geistige Leben, und gegen das Ende des Jünglingsalters erstrebt der Mensch schon, oder soll erstreben, das Gleichgewicht des sinnlichen und des geistigen Lebens; und diese organische Harmonie des äussern und innern Lebens ist das Eigenthümliche des männlichen Alters, wo dieses zur Darstellung seiner Idee vollendet wird. Zu Ende des männlichen Alters aber nimmt umgekehrt das sinnliche Leben ab, und das geistige Leben überwiegt an Kraft und Innigkeit, und in dem Greisenalter erlischt dieser Gegensatz gänzlich, denn der Greis wird umgekehrt ein Kind am Geiste. Es hat also Ast eine Grundwesenheit des Lebens der Menschheit im Allgemeinen richtig erfasst und durchgeführt, keineswegs aber die Eintheilung der Lebensalter nach der ganzen Wesenheit des Lebens entwickelt. Nach dem erklärten Eintheilgrunde nun schildert Ast die vier Hauptperioden folgendermassen: „Das erste Mo„ment ihres Lebens ist die Epoche ihrer Ursprünglichkeit, „d. h. ihrer noch ungetheilten Einheit, aus welcher erst der „Gegensatz der Elemente hervorgeht. Das zweite Moment „ihres Lebens (die zweite Epoche ihrer Geschichte) ist das „Hervortreten ihrer ursprünglichen Einheit in den Gegensatz „des wirklichen und äussern (gleichsam thätlichen) Lebens: „die centrifugale Bewegung. Das dritte Moment oder die „dritte Epoche der Menschheitgeschichte ist das Streben des „Aeussern, in sein inneres, ursprüngliches Wesen zurückzu„kehren, und in ihm sich zu erkennen (zu verklären): die „centripetale Bewegung der Menschheit. Das vierte Moment, „die vierte Epoche der Menschengeschichte, ist die lebendige „Eintracht des Innern und Aeussern, indem der Geist, nach„dem er sich selbst und die Welt erkannt hat, mit Bewusst„sein und Freiheit sich äusserlich bildet, seine eigne Welt „sich schaffend."

Nach dieser rein idealen Schilderung würdigt nun Ast die wirkliche Geschichte der Völker der Erde, ebendaselbst S. 21 f., § 5 und 6. „Das erste Moment, die ungetheilte, „in sich verhüllte Einheit des ursprünglichen Lebens, aus

„dessen Entzweiung das besondre und eigentlich zeitliche
„Leben der Menschheit hervorgegangen, erkennen wir in der
„orientalischen Menschheit; denn diese ist, nicht nur der
„Mythologie, sondern auch der Geschichte und der philo-
„sophischen Ansicht gemäss, der Aufgang des Menschenlebens.
„— Das zweite Moment der Menschenbildung, die Epoche der
„aus der Einheit des ursprünglichen Lebens hervorgetretenen
„äussern Bildung, ist in der sogenannten alten Welt darge-
„stellt, in der Geschichte der Griechen und Römer, deren
„Wesen freie, äussre Bildung und politische Herrschaft war.
„Das dritte Moment der Bildung der Menschheit, die Epoche
„des geistigen (centripetalen) Lebens, tritt in der christ-
„lichen Welt hervor, die, vermöge ihrer idealen Bildung,
„die Verklärung des äussern und politischen Lebens zum re-
„ligiösen bezeichnet. Die vierte Bildungsepoche der Mensch-
„heit beginnt mit der neuen Welt, die sich ebenso durch
„Freiheit und Selbsterkenntniss charakterisirt, wie die frühere
„des Mittelalters durch den unbedingten religiösen Glauben
„und ihr sehnsüchtiges Streben. Wir bezeichnen den Anfang
„der neuen Welt mit der Reformation, deren Gegenbild im
„Politischen die Revolution ist.

„§ 6. Die vier Epochen der allgemeinen Geschichte der
„Menschheit sind demnach folgende:

„1) Epoche der orientalischen Menschheit, von den
„ältesten mythischen Zeiten an bis zum Verfalle der persi-
„schen Herrschaft, 330 v. Chr.

„2) Epoche der alten (griechischen und römischen) Welt,
„bis zum Untergange des west-römischen Reichs, 476 n. Chr.

„3) Epoche der christlichen Welt bis zur Reformation,
„1517.

„4) Von der Reformation bis auf die neuesten Zeiten."

Hierzu nun einige kritische Bemerkungen. — Wir sehen
hieraus, dass nach Ast die gewöhnlich sogenannte alte Geschichte zwei seiner Perioden umfasst; wobei insbesondre zu
bemerken ist, dass nicht nur das Leben der Griechen und
Römer die Ausbildung des äussern sinnlichen Lebens bezeichnet, sondern noch vielmehr die vorderasiatischen, ihm
vorhergehenden Reiche, und dass sogar schon die indischen
Völker zu der Zeit, wo ihre urkundliche Geschichte beginnt,
aus der Wesenheit des ersten Hauptlebensalters der Menschheit herausgetreten erscheinen, in Naturdienst und Bilder-
dienst versunken. Dagegen hat Ast übersehen, dass das
Volk der Hebräer und die ganze Kaste der Brahmanen in
Indien, die Völker, welche schon vor der Römer- und Grie-
chenzeit dem Buddhismus anhingen, sowie auch die fälschlich sogenannten Feueranbeter in Persien, welche den Zendavest anerkennen, niemals die ursprüngliche Geistigkeit auf-

gegeben haben, was Ast die Centrifugalität des Lebens nennt. Zweitens muss bemerkt werden, dass das Christenthum die reine Geistigkeit im Gegensatze mit der leiblichen Sinnlichkeit nicht allein und nicht erstwesentlich als höchsten Zweck setzt; sondern vielmehr die Erkenntniss Gottes, die Aehnlichkeit mit Gott und die Vereinigung mit Gott; worin das Christenthum übereinstimmt mit der Vedamreligion, mit der Zendreligion und mit dem Islamismus; daher ist das Hervortreten der idealen Geistigkeit im Mittelalter, welches Ast als Grundcharakter des Mittelalters hervorhebt, nur ein einzelner, untergeordneter Erfolg der weit höhern Wirksamkeit des höchsten Lebensprincipes der Religion für die ganze Menschheit; - und das Eigenthümlich-Wesentliche des christlichen Geistes und Strebens besteht nach meiner Ueberzeugung vielmehr in jenen Hauptpunkten, die ich vorher schon berührt habe und bald genauer schildern werde; in der Allgemeinheit der Gottinnigkeit für alle Menschen und in der gottinnigen, sittlichen Freiheit. — Drittens ist zu bemerken, dass eigentlich die Heimkehr aus der Zerstreuung des leiblich und geistlich sinnlichen Lebens erst recht beginnt zur Zeit der Reformation und der höhern Staatenbildung, welche Ast einseitig als Revolution charakterisirt. Und wenn viertens Ast behauptet, dass diese vollkommne Harmonie der Aeusserlichkeit und Innerlichkeit schon jetzt der Hauptsache nach errungen sei, indem er diese gegenwärtige Zeit mitten in seiner vierten Epoche erblickt, so kann ich ihm in dieser Hinsicht keineswegs beistimmen, weil ich die Menschheit dieser Erde von der organischen, vollstimmigen Harmonie des Lebens zur Zeit noch weit entfernt erkenne, indem nur erst wenige Völker der Erde sich in der dritten Periode des zweiten Hauptlebensalters befinden, und nur erst wenige wissenschaftliche, gottbegeisterte Seher den ersten Anfang des dritten Hauptlebensalters in dieser Menschheit gegenwärtig begründen und freithätig beginnen. Ferner hat Ast diese vierte Epoche eben bloss negativ bezeichnet als Reformation und Revolution; da doch ihre innerste Wesenheit bejahig ist, einen bestimmten Inhalt fordernd, und diesen in der Menschheit gesellig, positiv, begründend. Allerdings, wenn neue, den Geist der durchlebten Zeit überfliegende Ideen ins Leben hereinleuchten, — Ideen, welche Neues, Höheres fordern: so genügt das Bestehende dem höher strebenden Geiste, dem tiefer fühlenden Gemüthe der Menschheit nicht mehr: es erscheint verfehlt, unrein, unpassend, — verlebt. Also kehrt sich dann allerdings die im höhern Lichte erwachte Lebenskraft zum Theil wider das Bestehende, — sie zerstört es zum Theil und bildet es neu; aber sie gründet und schafft auch Neues, und dies ist ihr eigenthümliches Werk, nicht das Zerstören und Umbilden, das Revolviren und Reformiren. Was aber die Menschheit vom Beginn ihres Jünglingsalters an sucht, ist ein höheres Bejahiges, als das vordem Geschaute, Ersehnte und Erstrebte. Es ist vernunftgemässe Erkenntniss und Verehrung Gottes, vernunftgemässe Staatsverfassung; dies ist's, wonach die gebildetern Völker Europas seit den letzten 400 Jahren gestrebt haben und noch streben. Die Verbesserung der Kirche und die Revolution einiger Staaten sind nur ein einzelnes, symptomatisches Phänomen dieses grundwesentlich bejahigen Bestrebens der Menschheit. Hieraus wird endlich offenbar, dass die einseitige Eintheilung der Geschichte nach Ast nicht einmal die Grunderscheinungen der schon bis jetzt vollführten Geschichte befassen und begreifen könne. Dies kann nur geschehn durch die echtwissenschaftliche Geschichtseintheilung, welche das Leben des ganzen Menschen und der ganzen Menschheit erfasst, das Leben des Menschen und der Menschheit als einen Organismus erkennt und immer ganz im Auge behält, welche dann die Hauptlebensalter und die untergeordneten Lebensalter der Menschheit in der Wesenschauung und in der darin wissenschaftlich gewonnenen metaphysischen Einsicht der Idee des einen Lebens in Gott entwickelt.

Nach der von Ast aufgestellten Ansicht verdient, zunächst berücksichtigt zu werden, die Darstellung, welche Stutzmann mitgetheilt hat. Zuerst hat dieser tiefsinnige Denker sich hierüber erklärt in der Schrift: Die Philosophie des Universums, 1806. Daselbst sagt er S. 124 ff.:

„Das göttliche Existiren unter der Form der Einheit „(die auch hier im relativen Geschiedensein wiederkehrt) ist „das Existiren in der Zeit oder im Nacheinandersein, „mit Unterordnung, obgleich nicht mit gänzlicher Aus„schliessung des Räumlichen. Dieses Existiren ist ein Wer„den, eben weil es ein Nacheinandersein ist. Der Inhalt „dieses Werdens ist die göttliche Idee, und zwar die Idee der „vollkommnen Einheit des Affirmirenden und Affirmirten, „des Wissens und Seins, folglich die Idee des Menschen, „wie sie in Gott ist und aus ihm stammt. Dieses Werden „der unendlichen Idee des Menschen in der Zeit, welches wie „eine unendliche Linie der Zeit sich in unendlich vielen ein„zelnen Momenten (deren jedes ein Menschenleben ist) re„präsentirt und als ein relatives Ganze darstellt, ist das Wesen „und die Bedeutung der Geschichte der Menschheit. Der „Anfangspunkt dieser Geschichte verhält sich zu den folgen„den Perioden der Weltgeschichte, wie sich in der allgemeinen „Formel des Wissens x zu $a = a$ verhält: in dieser ersten „Periode der Geschichte waren die Menschen in allem ihrem „Wissen und Sein dem Ungetrennten, Reinen und Ursprüng-

„lichen (mochte es sich auch als roh und ungebildet aus-
„sprechen) noch verwandt; ihr Wissen war noch Ahnung und
„religiöse Kontemplation, ihr ganzes Wollen und Sein noch
„Unschuld und ungekünstelte Natur. Dies ist der Charakter
„der ältesten Welt des Orients, wo die Gottheit ihr Eben-
„bild, den Menschen, zuerst erzeugte, weil dort (denn auch
„ein Sohn der Natur sollt' er sein) das der Vernunft ent-
„sprechende Lichtprincip vorherrschend ist. Dessenungeachtet
„waren auch schon in diesem Kindesalter der Menschheit die
„Keime späterer Zeiten vorhanden. — Die folgenden zwei
„Weltperioden verhalten sich zu einander wie Reales zu dem
„Idealen, Objektives zu dem Subjektiven, äussres Leben zu
„dem innern. Daher die äussre Grösse der klassischen Alten
„und die intensive der Neuern, jener Muth, Stärke und Na-
„tionalgeist, dieser Demuth, Frömmigkeit und Gottesliebe;
„daher jener herrliche Organisation des äussern Lebens, in
„dem Wissenschaft, Religion und Kunst öffentlich wurden,
„und die Zurückziehung dieser in das innerliche Leben, das
„Wissenschaft und Kunst in Hörsäle und Stuben verwies und
„die Religion im Ganzen zu einem häuslichen Gottesdienst
„umschuf. — Die diesen beiden folgende, dritte Periode wird
„auf eine höhere Stufe führen, welche der Einheit jener bei-
„den gleichen dürfte, obgleich sie am Ende wieder (nach dem
„Gesetze a = a) in die neue Hervorhebung der Gegensätze
„übergehen muss. — Den genannten Charakter der zuerst ge-
„nannten drei Weltperioden, der ältesten, alten und neuen,
„theilt auch a) sowohl die Geschichte der Organisation ihres
„äussern Lebens (die Geschichte ihrer Staaten), als b) die
„ihres innern. Das letztere mag nun in Rücksicht auf die
„Wissenschaft, oder die Religion und Kunst betrachtet
„werden." — So Stutzmann.

Wir sehen, dass bei dieser Eintheilung der Gedanke
ungetrennter Wesenheiteinheit vorwaltet, wodurch die erste
Periode bestimmt ist, dass dann darauf der Gedanke der Entfaltung des Gegensatzes eintritt, wonach Stutzmann eine
zweite Periode bestimmt, die er aus zwei untergeordneten
Theilperioden bestehen lässt, aus der einen, wo das innre
Leben, aus der andern, wo das äussre Leben vorwaltet; dass
dann hinzukommt der Gedanke der Vereinigung des Gegensatzes zu einem Leben, welches der ersten Periode wieder
ähnlich ist, welches zur uranfänglichen Einheit wieder zurück-
kehrt. Auch ist der Gedanke zu bemerken, der zum Schluss
geäussert wird, dass aus dieser dritten Periode endlich aufs
Neue wieder der Gegensatz der zweiten erzeugt wird. Hieraus
ist offenbar, dass in dieser Periodik die Grundwahrheit der
drei Hauptlebensalter geahnt ist, obschon sie weder grund-
wissenschaftlich abgeleitet, noch in rein philosophischer Er-

kenntniss durchbestimmt ist. Die hierbei eingestreute Würdigung unsrer wirklichen Geschichte ist in der That noch sehr einseitig und zum Theil noch irrig; allein sie ist auch für diese Stelle seiner Schrift Nebensache, wo die Hauptsache war, die reine Idee der Perioden philosophisch auszusprechen. Diese jetzt dargestellte Periodik hat aber Stutzmann ausführlicher entwickelt in der 1808 erschienenen „Philosophie der Geschichte der Menschheit." Aber die neuste Darstellung seiner Periodik der Geschichte hat er niedergelegt in einem Aufsatze, der im Jahre 1811 im Tagblatt des Menschheitlebens (No. 46, S. 181—184; No. 49, S. 195 f.) erschienen ist und die Ueberschrift führt: „Welche Zeit ist es im Reiche Gottes?" Hieraus will ich die entscheidendsten Stellen jetzt anführen, indem ich das Nachlesen des Ganzen Ihnen selbst überlasse.

Bei der Würdigung dieser von Stutzmann aufgestellten Perioden ist die rein philosophische Bestimmung der Perioden genau davon zu unterscheiden, wann er diese Perioden in unsrer wirklichen Geschichte dargestellt findet. Was nun das erste betrifft, so ist hier Stutzmann von der Dreizahl ohne Grund abgewichen, indem er die zweite Hauptperiode gar nicht in ihrer Einheit schildert, sondern sie ohne Weiteres in zwei Perioden zerlegt, welche er als Hauptperioden betrachtet, und die sich wie Subjektives zum Objektiven verhalten sollen. Diejenige Hauptperiode, welche demnach Stutzmann als die vierte betrachtet, ist seiner eignen, richtigen, frühern Schilderung gemäss eigentlich die dritte. Die Eintheilung aber des zweiten Hauptlebensalters in zwei Perioden, unter dem Charakter des Subjektiven und des Objektiven, ist nur einseitig und von dem Verhältnisse des Innern zum Aeussern hergenommen, welches fehlerhaft ist, da der Grund der Entgegensetzung des Lebens eines jeden Wesens ein innrer sein muss. Aus dieser der Ast'schen ähnlichen, einseitigen Bestimmung dieser beiden Perioden erklärt sich dann die gewaltsame und einseitige Einreihung und Würdigung des Christenthums und des Heidenthums in diese Perioden. Was aber das zweite betrifft — die Würdigung der wirklichen Geschichte nach dieser Periodik —, so kann ich in der Hinsicht nicht beistimmen, dass in dem uns geschichtlich bekannten ältesten Leben der sogenannten Orientalen, d. h. der indischen Völker, vornehmlich die erste Hauptlebensperiode der Menschheit ersichtlich sei. Ich kann deshalb nicht dieser Meinung sein, weil auch die älteste Kunde, die wir hiervon haben, die indischen Völker schon darstellt in einer eigenthümlichen, durchgeführten Entfaltung aller geistlichen und leiblichen Anlagen; also diese Völker darstellt als begriffen in der ersten Periode des zweiten Hauptlebensalters. Nur durch den geschichtlichen Inhalt der in diesen ältesten Nachrichten beschriebenen

Gegenwart nöthigen sie, auf das älteste Leben der indischen Völker im ersten Hauptlebensalter zurückzuschliessen; allerdings aber weisen die ältesten indischen Urkunden selbst mythisch zumeist auf ein Leben im Geiste des ersten Hauptlebensalters. Was aber insonderheit den Gegensatz des Heidenthums und Christenthums betrifft, so ist dieser von Stutzmann nur einseitig aufgefasst und, wenn ich recht sehe, verkehrt. Ihm ist nämlich der Hauptcharakter des Heidenthums Oeffentlichkeit der Wissenschaft, der Kunst und der Religion, und dagegen der Charakter des Christenthums häusliche Heimlichkeit dieser Bestrebungen. Damit verhält es sich aber geradezu auf umgekehrte Weise. Was zu heidnischer Zeit die am weitesten gediehenen Geister sich kaum häuslich und heimlich mittheilen konnten, was ahnungsweise vielleicht in einigen Mysterien, also heimlich, gelehrt wurde, wenn es anders überhaupt darin gelehrt worden ist, das wurde durch Jesus und durch die Nachfolger seiner Lehre gerade öffentlich gemacht, — das sollte Gemeingut des Geistes und Gemüthes für alle Menschen und für alle Völker werden. Dass nun eben dadurch auch das innerste Gemüthsleben geweckt und gehoben wurde, ist allerdings geschichtlich richtig, macht aber nicht das Erstwesentliche der Entfaltung des Christenthums aus. Darin aber stimme ich mit Stutzmann überein, dass zur Vollendung dessen, was im Geiste des Christenthums erstrebt wird, noch gar vieles Wesentliche zu thun ist, bevor das dritte Hauptlebensalter der Menschheit von mehrern vereinten Menschen, Ehethümern und Völkern begonnen und weitergebildet werden kann.

Zunächst wende ich mich nun zur Darstellung der Periodik der Geschichte, welche Schelling in einer seiner frühern Schriften aufgestellt hat, in seinem System des transscendentalen Idealismus im Jahre 1800. Schelling hat seitdem über die Philosophie der Geschichte tiefer nachgedacht und schon seit dem Jahre 1808 eine ausführliche Schrift angekündigt: Von den vier Weltaltern; und hat auch in den letzten Jahren zu München Vorlesungen über die vier Weltalter gehalten. Da mir aber von deren Inhalte noch nichts Bestimmtes bekannt geworden, so will ich seine ältere Abhandlung über die Philosophie der Geschichte dem Hauptinhalte nach darstellen und würdigen.

Schelling kommt zur Abhandlung der Philosophie der Geschichte im System des transscendentalen Idealismus von Seiten des Staates, wobei er das Verhältniss der sittlichen Freiheit zu der Willkür zu bestimmen sucht. Auf Seite 416 legt er den Grund zu seiner Periodik. Seite 438: „Es folgt nun aus dem Bisherigen von selbst, welche Ansicht „der Geschichte die einzig wahre ist. Die Geschichte als

Darstellung verschiedner Eintheilungen der Geschichte. 53

„Ganzes ist eine fortgehende, allmählich sich enthüllende Offen-
„barung des Absoluten. Also man kann in der Geschichte
„nie die einzelne Stelle bezeichnen, wo die Spur der Vor-
„sehung, oder Gott selbst, gleichsam sichtbar ist. Denn Gott
„ist nie, wenn Sein das ist, was in der objektiven Welt sich
„darstellt; wäre er, so wären wir nicht: aber er offenbart
„sich fortwährend. Der Mensch führt durch seine Geschichte
„einen fortgehenden Beweis von dem Dasein Gottes, einen
„Beweis, der aber nur durch die ganze Geschichte vollendet
„sein kann. Es kommt alles darauf an, dass man jene Alter-
„native einsehe. Ist Gott, d. h. ist die objektive Welt eine
„vollkommene Darstellung Gottes oder, was dasselbe ist, des
„vollständigen Zusammentreffens des Freien mit dem Bewusst-
„losen, so kann Nichts anders sein, als es ist. Aber die
„objektive Welt ist es ja nicht. Oder ist sie etwa wirklich eine
„vollständige Offenbarung Gottes? — Ist nun die Erscheinung
„der Freiheit nothwendig unendlich, so ist auch die voll-
„ständige Entwicklung der absoluten Synthesis eine unendliche,
„und die Geschichte selbst eine nie ganz geschehene Offen-
„barung jenes Absoluten, das zum Behuf des Bewusstseins,
„also auch nur zum Behuf der Erscheinung, in das Bewusste
„und Bewusstlose, Freie und Anschauende sich trennt, selbst
„aber, in dem unzugänglichen Lichte, in welchem es wohnt,
„die ewige Identität und der ewige Grund der Harmonie
„zwischen beiden ist."

Schelling versteht dadurch, dass er(S. 416)die Willkür für
die Göttin der Geschichte erklärt, keineswegs die gesetzlose,
freche Willkür, sondern den individuellen Willen des Menschen, welcher als individueller ein unendlich bestimmter ist,
also allerdings als solcher im voraus nie berechnet, von keiner
Theorie erreicht werden kann. Es ist ganz richtig, dass
der Grund und der Thätigkeitsquell des ganzen
Lebens die Darstellung Gottes in einem ewigen
Göttlichwerden ist; dass dasjenige, was ewigwesentlich
ist, auf einzig individuelle, einmalige Weise in der Zeit durch
den freien, sittlichen Willen hergestellt werden soll. Dass
dieses der Sinn der Schelling'schen Behauptung ist, wird
Jeder finden, der dieses Werk im Ganzen durchdenkt. — Die
Perioden nun, welche Schelling in der Geschichte der Menschheit realisirt anerkennt, sind folgende drei. S. 439 ff.: „Wir
„können," sagt er im transscendentalen Idealismus, „drei Pe-
„rioden jener Offenbarung, also auch drei Perioden der Ge-
„schichte annehmen. Den Eintheilungsgrund dazu geben uns
„die beiden Gegensätze, Schicksal und Vorsehung, zwischen
„welchen in der Mitte die Natur steht, welche den Uebergang
„von dem Einen zum Andern macht."

„Die erste Periode ist die, in welcher das Herrschende

„nur noch als Schicksal, d. h. als völlig blinde Macht, kalt
„und bewusstlos auch das Grösste und Herrlichste zerstört;
„in dieser Periode der Geschichte, welche wir die tragische
„nennen können, gehört der Untergang des Glanzes und der
„Wunder der alten Welt, der Sturz jener grossen Reiche,
„von denen kaum das Gedächtniss übrig geblieben, und auf
„deren Grösse wir nur aus ihren Ruinen schliessen, der Un-
„tergang der edelsten Menschheit, die je geblüht hat, und
„deren Wiederkehr auf die Erde nur ein ewiger Wunsch ist."
„Die zweite Periode der Geschichte ist die, in welcher,
„was in der ersten als Schicksal, d. h. als völlig blinde Macht
„erschien, als Natur sich offenbart, und das dunkle Gesetz,
„das in jener herrschend war, wenigstens in ein offnes Na-
„turgesetz verwandelt erscheint, das die Freiheit und die
„ungezügeltste Willkür zwingt, einem Naturplan zu dienen,
„und so allmählich wenigstens eine mechanische Gesetzmässig-
„keit in der Geschichte herbeiführt. Diese Periode scheint
„von der Ausbreitung der grossen römischen Republik zu
„beginnen, von welcher an die ausgelassenste Willkür, in all-
„gemeiner Eroberungs- und Unterjochungssucht sich äussernd,
„indem sie zuerst die Völker allgemein unter einander ver-
„band, und was bis jetzt von Sitten und Gesetzen, Künsten
„und Wissenschaften nur abgesondert unter einzelnen Völkern
„bewahrt wurde, in wechselseitige Berührung brachte, be-
„wusstlos, und selbst wider ihren Willen, einem Naturplan
„zu dienen gezwungen wurde, der in seiner vollständigen
„Entwicklung den allgemeinen Völkerbund und den univer-
„sellen Staat herbeiführen muss. Alle Begebenheiten, die in
„diese Periode fallen, sind daher auch als blosse Naturerfolge
„anzusehen, sowie selbst der Untergang des römischen Reichs
„weder eine tragische, noch eine moralische Seite hat, sondern
„nach Naturgesetzen nothwendig und eigentlich nur ein an
„die Natur entrichteter Tribut war."
„Die dritte Periode der Geschichte wird die sein, wo
„das, was in den frühern als Schicksal und als Natur er-
„schien, sich als Vorsehung entwickeln und offenbar werden
„wird, dass selbst das, was blosses Werk des Schicksals, oder
„der Natur zu sein schien, schon der Anfang einer auf un-
„vollkommene Weise sich offenbarenden Vorsehung war."
„Wann diese Periode beginnen werde, wissen wir nicht
„zu sagen. Aber wenn diese Periode sein wird, dann wird
„auch Gott sein."

Die Hauptmomente der Beurtheilung dieser Periodik sind
folgende: zunächst ist es eine einseitige Betrachtweise der
ganzen Geschichte, sie lediglich als Bedingung des Rechtszu-
standes anzusehen und zu würdigen. — Allerdings ist der
Rechtszustand, wie oben bewiesen worden ist, ein wesentlicher

Theil der menschlichen Bestimmung; aber weder der ganze Zweck des Lebens, noch der erste untergeordnete Zweck. Ferner ist es ebenfalls nur eine einzelne Wesenheit der Geschichte, dass sie Vereinigung der Nothwendigkeit mit der Freiheit sei, also auf dem Gegensatze des Schicksals und der Vorsehung beruhe. Ueberhaupt Schicksal und Vorsehung und Natur fallen gar nicht periodisch der Zeit nach ausser einander. Die göttliche Vorsehung ist ewig die gleiche. Sie wird nicht erst, sie offenbart sich auch nicht, wie hier gesagt wurde, irgend wann auf unvollkommene Weise; auch kann man nicht sagen, dass die Menschheit auf untergeordneten Stufen ihrer Entwicklung weniger unter der Obhut und Leitung der göttlichen Vorsehung stehe, als in vollendeten Perioden ihrer Lebensentfaltung. Zwar ist begründet, dass, je mehr das Leben der Menschheit der Reife sich naht, desto inniger auch ihr Verhältniss zu Gott werden werde, desto reicher also und vielseitiger auch Gottes Offenbarung an die Menschheit und die Menschen. Gottes Vorsehung aber ist immer die gleiche zu allen Zeiten auf allen Stufen des Lebens endlicher Wesen; und was die Natur betrifft, von welcher Schelling redet, so meint er damit die ewige, unwandelbare Gesetzmässigkeit, die aber der Willkür gegenüber als Nothwendigkeit erscheint. Diese aber ist ebenfalls zu allen Zeiten die gleiche, wenn sie sich auch in verschiednen Zeiten verschieden erzeigt und äussert. Was aber den Gedanken des Schicksals betrifft, so verschwindet dieser vor der Idee der göttlichen Vorsehung; und es kann dabei nur gemeint sein das ganze Gebiet des Zusammentreffens gegen einander zufälliger Lebensbestrebungen endlicher Wesen. In diesem Sinne ist aber auch das Schicksal immer das gleiche. So wahr endliche Wesen endlich sind, so wahr sind sie auch immer im Gebiete des Schicksals, — welches aber unter der göttlichen Vorsehung steht und in Ansehung Gottes gar nichts Zufälliges enthält. Was aber die von Schelling beigefügte besondre Würdigung der wirklichen Geschichte betrifft, so ist die Geschichte nur theilweis erfasst, nur von einzelnen Seiten aus beurtheilt. Auf die uralten Völker in Indien und in China ist gar nicht Rücksicht genommen, und die drei vorderasiatischen Reiche sind viel zu hoch eingeschätzt. Es ist gar nicht abzusehen, wie Schelling sich befugt halten konnte, zu sagen: dass in diesen Reichen die edelste Menschheit gelebt habe, deren Wiederkehr nur ein ewiger Wunsch sei. Denn bei manchem Grossartigen in dem Leben jener Reiche zeigt sich doch ihr Leben weder als ein ursprüngliches, noch als ein vollständig und harmonisch ausgebildetes; — die höchsten Greuel des Despotismus und der Wuth der Sinnenlust beflecken die Geschichte dieser Reiche.

Vielmehr soll man also sagen: möge solch ein heilloser Zustand auf Erden nie wiederkehren! — Was ferner vom Römerstaate gesagt ist, dass die Entwicklung dieses Staates bloss einer Naturgewalt gleiche, das gilt noch viel mehr von jenen so hoch gepriesenen Reichen. Ueber den Römern sind die in vieler Hinsicht für die Menschheitgeschichte wichtigern Griechen vergessen. Und wenn gleich das Römerthum nicht ohne Menschheitswidriges ist, so ist doch auch in ihm die Richtung auf die Vollendung des Staates nicht zu verkennen; ferner verdient auch das religiöse Element des ganzen Römerlebens betrachtet zu werden, woran sich auch die römische Staatsidee anschloss. Das ganze Mittelalter ferner wird von Schelling übergangen, und insonderheit das Christenthum wird hier nicht gewürdigt, wobei aber erinnert werden muss, dass eine geistreiche geschichtliche Würdigung des Christenthums unter dem Titel: „Ueber die historische Construction des Christenthums" von Schelling mitgetheilt worden ist in der Schrift: „Ueber die Methode des akademischen Studium"(Vorlesung 8, S. 165—168). Endlich giebt hier Schelling gar nicht an, wann und womit die dritte Periode angehen werde, welche vorwaltend unter dem Charakter der Vorsehung stehe. Wenn man aber den Geist dieser Schelling'schen Eintheilung erwägt, so darf man behaupten, dass die von ihm gemeinte Periode auch auf dieser Erde schon begonnen worden ist, mit Sokrates, Platon, und bestimmter mit dem Christenthume. Denn es ist offenbar, dass im Christenthume eine bestimmende Grundidee die Idee der göttlichen Vorsehung ist, wonach sogar das Haupthaar gezählt und jeder Sperling auf dem Dache behütet ist. Merkwürdig aber ist Schelling's Erklärung in Ansehung des Seins Gottes, dass er sagt: wenn diese dritte Periode einmal sein wird, dann wird auch Gott sein. Diese seine Aeusserung ist sehr missverstanden worden, indem man daraus abfolgerte, als lehre Schelling hiemit: Gott existire noch nicht, sondern werde erst einstens anfangen, da zu sein. Dies ist aber gar nicht der Sinn seiner Behauptung; denn in dem Vorhergehenden ist ausdrücklich von ihm gesagt, dass das Absolute, oder Gott, unbedingt ist. Es wird aber behauptet, dass in der vollendeten Menschheit die Gottheit sich in der Zeit offenbare, also insofern zum zeitlichen Dasein gelange in der gottähnlichen Menschheit. Allerdings aber ist, auch so verstanden, diese Behauptung in dieser Allgemeinheit irrig; denn auch Gottes zeitliche Daseinheit, Gottes zeitliches Wirken, Gottes einiges Leben ist in der unendlichen Gegenwart gleich-vollwesentlich, unänderlich da. Der richtige Sinn aber dieser Behauptung ist dieser: dass in der gottähnlichen Menschheit auch die göttliche Wesenheit immer reiner und voll-

Darstellung verschiedner Eintheilungen der Geschichte. 57

wesentlicher auch auf dieser Erde zum Dasein kommt.
— Mit diesen Lehren Schelling's ist nun noch zu vergleichen, was er über den Geist der Geschichte mitgetheilt hat in der Schrift: Vorlesungen über die Methode des akademischen Studium, 1803, welche Schrift unverändert im Jahre 1813 wieder erschienen ist; — dann das, was er über die Entwicklung der Menschheit vorträgt in der Schrift: „Philosophie und Religion", vom Jahre 1804.

Hieran schliesst sich zunächst die Periodik der Geschichte, welche Hegel aufgestellt hat in den „Grundlinien der Philosophie des Rechts", 1821, neue Ausgabe 1827. Ausführlicher wird es in der bald darauf erschienenen Philosophie der Geschichte von Hegel dargestellt.

Nachdem Hegel von der Idee des einzelnen Menschen und seiner Sittlichkeit sich erhoben hat zu der Idee der Völker und ihrer Moralität, wie er sagt, zu den Völkergeistern, so erhebt er sich endlich zu der Idee dessen, was er Weltgeist nennt, worunter, wie es scheint, der Geist der gesammten Menschheit dieser Erde zu verstehen ist. Denn, sagt Hegel (S. 349): „Die konkreten Ideen, die Völkergeister, „haben ihre Wahrheit und Bestimmung in der konkreten Idee, „wie sie die absolute Allgemeinheit ist, — dem Welt-„geist, um dessen Thron sie als die Vollbringer seiner Ver-„wirklichung und als Zeugen und Zierathen seiner Herrlich-„keit stehen. Indem er als Geist nur die Bewegung seiner „Thätigkeit ist, sich absolut zu wissen, hiermit sein Bewusst-„sein von der Form der natürlichen Unmittelbarkeit zu be-„freien, und zu sich selbst zu kommen, so sind die Prin-„cipien der Gestaltungen dieses Selbstbewusstseins in dem „Gange seiner Befreiung, — der welthistorischen Reiche, „vier."

Man vergleiche hierüber weiter Hegel's Encyclopädie der philosophischen Wissenschaften, 1817, zweite Ausgabe 1827, § 548 ff., S. 491 ff. über die Weltgeschichte. Da aber die dort befindliche Charakterschilderung der Geschichtsperioden wegen der eigenthümlichen Sprache ausser dem Zusammenhange doch nicht würde verstanden werden, so trage ich sie hier nicht vor und erwähne nur, dass der Eintheilgrund seiner vierzahligen Periodik eben der stufenweise Fortschritt von dem ersten Für-sich-selbst-sein bis zu dem Wissen des absoluten Weltgeistes ist. Wie nun ferner grade vier einzelne Völkerstaaten aus der ganzen Geschichte der Menschheit ausgehoben werden, um diese viergliedrige Eintheilung zu bewähren, das muss ebenfalls in jener Schrift selbst nachgelesen werden. Diese vier Reiche sind folgende: das orientalische, das griechische, das römische, das germanische. Aber unter den orientalischen werden auch von Hegel nur die

vorderasiatischen Reiche verstanden, wie es scheint; — und
die Inder und Siner sind vergessen. Die Würdigung dieser
vier hervorgehobenen Reiche ist nur nach einzelnen Hinsichten abgefasst, und lediglich nach dem einseitigen Eintheilgrunde, der angenommen worden ist. Das aber darf ich nicht
unbemerkt lassen, dass Hegel als die höchste Vollendung
des reinen Lebens lediglich nur das setzt: sich absolut zu wissen
(s. unter andern Philosophie des Rechts, S. 355 und Encyclopädie
1817, S. 553 f.), worin er mit Aristoteles und, wie ich nachher
zeigen werde, mit Fichte übereinstimmt. Allerdings nun ist
die Vollendung der Erkenntniss als Wissenschaft ein wesentlicher Vernunftzweck; aber dennoch nur ein theilweiser, untergeordneter Zweck, und es muss vielmehr bei der Eintheilung
der Geschichte der Menschheit auf die ganze Aufgabe des
Lebens Rücksicht genommen werden. Ueberhaupt erscheint
in diesem Systeme der Philosophie die Idee der Menschheit
selbst eigentlich gar nicht; die Menschheit wird darin nicht
erkannt als in Gott oder dem Absoluten begründet; sondern
in diesem System ist nur zu finden: die absolute Idee oder
Gott, dann die Natur und der Geist. Ferner wird bei der
Hegel'schen Ansicht der Geschichte vermisst die wissenschaftliche Ableitung der Idee des Lebens und der ganzen Aufgabe
oder Bestimmung des Lebens. Doch ist nun von seiner
grössern Schrift hierüber zu erwarten, ob er seitdem in der
Wissenschaftsforschung eine andre Ueberzeugung gewonnen,
oder nicht.

Zunächst erwähne ich noch die Fichte'sche Philosophie
der Geschichte. Diese ist nach seinem Tode erschienen im
Jahre 1820, unter dem fremdartigen Titel: Die Staatslehre,
oder über das Verhältniss des Urstaates zum Vernunftreiche.
Es sind eigentlich Skizzen zu seinen Vorlesungen darüber,
die er im Jahre 1813 gehalten. Das Buch sollte eigentlich,
nach Fichte's eigner Entscheidung, heissen: Angewandte
Philosophie, und Fichte gedachte darin zu zeigen, wie die
Menschheit dieser Erde sich nach und nach von dem unbewussten Zustande aus, hindurch durch die Staatenbildung und
die verschiednen Religionsbekenntnisse, zu einem freien gottähnlichen Reiche der Vernunft heranbilde. Er würdigt also
im Verlaufe dieser Schrift die wichtigsten Erscheinungen dieser Staatbildung, und insbesondre die mosaische und christliche Religion, mit einer Freimüthigkeit und einem Scharfsinne, wie vor ihm noch kein deutscher Philosoph; und es
scheint, als wenn er darauf ausgegangen wäre, seine Würdigung des Christenthums der vorhin erwähnten Construction
desselben, von Schelling, entgegenzusetzen. — Er behauptet
unter andern in Ansehung des Christenthums, dass es allerdings eine individuelle Anstalt der göttlichen Vorsehung sei,

dass es aber bestimmt sei, von der Person Jesu nach und nach ganz unabhängig zu werden, insbesondre aber die der Sittlichkeit hinderliche Versöhnungslehre aufzuheben; — und dass vornehmlich der Wahn vernichtet werde, als wenn irgend ein einzelnes Individuum der individuelle Vermittler für jedes menschliche Individuum werden könne. — Durch diese Behauptung hat sich Fichte freilich in offnen Widerstreit gegen die Lehren der jetzt herrschenden christlichen Kirche gesetzt und gegen das erneute Bestreben der protestantischen Kirche, den alten Satzungsglauben wieder emporzubringen, und so wider den Protestantismus selbst zu protestiren. Allein Fichte's Behauptungen verdienen, philosophisch gewürdigt und, was daran wahr ist, anerkannt zu werden, und sie können und werden auf viele Geister als eine heilsame Arznei wirken. — Was aber den Staat betrifft, so betrachtet Fichte auch in dieser Schrift alle menschlichen Staaten als blosse Nothanstalten, wie er sagt, als Nothstaaten, und behauptet, dass, wenn das frei-sittliche göttliche Reich auf Erden beginnen werde, dann alle diese Staaten nicht mehr sein werden, weil die Menschheit deren nicht mehr bedürfen werde. Da aber der Staat der Verein für die gesellschaftliche Herstellung des Rechts ist, so kann er unmöglich jemals überflüssig werden, so wenig als es möglich ist, dass der Religionsverein jemals überflüssig werde. Im Gegentheile, je vollkommner und harmonischer das Leben der Menschheit werden wird, desto vollkommner und harmonischer wird auch ihr Rechtsleben, ihr Staat, werden. — Ueberhaupt, da auch Fichte annimmt, dass das eigentlich letzte Ziel aller menschlichen Bestrebungen die reinwissenschaftliche Erkenntniss sei, so muss ihm die richtige Würdigung vieles Grundwesentlichen in der Geschichte entgehen. — Daraus (vgl. S. VIII f., S. 291 f.) ist unter andern folgende Aeusserung zu erklären, welche Fichte am Ende der erwähnten Schrift macht: „Wir können darum ruhig sein über „die Weltereignisse, sogar unsre Ruhe verstehen und Rechen-„schaft ablegen über den Grund derselben. Die sich der „Wissenschaft widmen, denen bleibt das beste Theil, — ein „Ewiges, unberührt vom verworrenen und zuletzt doch in „Nichts endenden Treiben der Welt." Aber, sage ich, die Wissenschaft ist wohl ein guter Theil, das ganze Leben aber doch ein besserer und die vollwesentliche Ausbildung des Lebens, worin dann auch die Wissenschaft mit enthalten ist, der beste Theil.

Weiter verdient noch die Periodik der Geschichte erwähnt zu werden, welche J. Jac. Wagner in verschiednen Schriften aufgestellt hat.

1) Zuerst zwar in der Schrift (siehe Organon, S. XXV): „Ideen zu einer allgemeinen Mythologie der alten Welt", 1808.

60 II. Haupttheil. Angewandte Philosophie der Geschichte.

2) Dann in der Schrift (daselbst S. XXVI): Religion, Wissenschaft u. s. w., 1819.

3) Zuletzt in der Schrift: Organon der menschlichen Erkenntniss, 1830. Darin wird von S. 285 an bis S. 318 eine sogenannte Welttafel aufgestellt. Darin kommt der Verfasser auch (S. 315 ff.) auf die vier Perioden, § 405 und 406.

Bemerkungen hier nur zu § 406.

Diese vier Perioden umfassen nur das Leben der Menschheit bis zu seiner Reife.

Zu Periode I, S. 316 f. Das Leben der Menschheit ist nicht zuerst, oder allein in einem tellurischen Gegensatze gegründet.

Der grundwesentliche Charakter des ersten Hauptlebensalters ist nicht beachtet: Grundlegung aller Thätigkeiten, Kräfte und Organe. Auch nicht das eigenthümliche Verhältniss der Theilmenschheit zu Gott, Vernunft, Natur und Menschheit des Weltalls.

Zu Periode II, S. 317. Es ist nicht gezeigt, dass die selbheitliche Ausbildung der Glieder der Gegensätze das Eigenthümliche dieser Periode ist; sondern bloss das Erwachen derselben ist beachtet.

Der Geschlechtsgegensatz ist fälschlich zu dem Erstwesentlichen und die ganze Gestaltung Bestimmenden erhoben; da er doch auch nur ein besondrer Gegensatz von mehrern ist.

Zu Periode III, S. 317. Der Ausdruck Kultur ist hier unbestimmt und nicht charakteristisch genug; schon von der II. Periode müsste dies gesagt werden.

Auch verhält sich die zweite Periode zu der dritten Periode nicht, wie Volk zu Staat.

Zu Periode IV, S. 318. Hier ist die Reife der Menschheit grundfalsch bloss als Genesung von Krankheit dargestellt; als wenn Kindheit und Jugend eine Krankheit wäre.

Allgemeine Bemerkungen. Da Wagner die Vierheit als die Grundform des Gliedbaues der Wesen und der Wesenheiten annimmt, so hat er die ursprüngliche Dreiheit der Hauptlebensalter nicht erkannt.

Er setzt als Eigenthümlichkeit seiner vier Hauptlebensalter: 1) das Leben ohne Gegensatz, 2) Erwachen (Setzen) des Gegensatzes, 3) Ausbildung des Gegensatzes, 4) Aufhebung des Gegensatzes und verwechselt Vereinigung, Harmonie, der Glieder des Gegensatzes, welche Gestaltung des Lebens ist, mit Vernichtung des Gegensatzes, welches Vernichtung des Lebens, — Tod ist, — nicht: Genesung von Krankheit.

Nun ist noch der neuste Versuch einer Periodik der Geschichte zu erwähnen, der von Butte, in seiner Biotomie, 1830.

1) S. 577 ff.: „Von der muthmasslichen Skala des Lebens der Menschheit." Erste Periode. Jugend der Menschheit. 4374 Jahre. Zweite Periode. Zeit der Kraft. 15309 Jahre. [Hochpunkt (noch nicht erreichter) im Jahre 9741 $\frac{1}{2}$]. Dritte Periode. Alter. 4374 Jahre.

2) zeigt Butte von Seite 581 an bis Seite 592 die Beziehung dieser Periodik des Menschheitlebens zum grossen Sternenjahr oder zu dem platonischen Jahre, wovon wir oben auch geredet haben; — und ergänzt dadurch auch die Dauer der von ihm sogenannten Unzeit, oder der Basis des Lebens (= 6561 Jahre).

Die Hauptsätze finden sich S. 581 f. „Unsre Erde erscheint in eine dreifache Bewegung verflochten: in die um die eigne Achse, um die Sonne, und mit dieser um einen tiefer liegenden Weltpunkt X, wodurch sie an Aussenzeit den zwei ersten Bewegungen die bekannten Tage und Jahre verdankt, durch die letzte aber ihr Aeon (oder ihre Aeonen) zu gewinnen vermuthet werden muss."

Noch einen Denker darf ich bei der Darstellung der verschiednen Aufstellungen der Periodik der Geschichte nicht unerwähnt lassen — Kant, der in einer Abhandlung unter dem Titel: „Ideen zur allgemeinen Geschichte in weltbürgerlicher Absicht", eine Reihe von Grundsätzen aufgestellt und erklärt hat, welche vieles grundwichtige Wahre enthalten, was zum richtigen Verständniss und der richtigen Würdigung der Geschichte der Menschheit dient. — Diese Abhandlung findet sich in Kant's vermischten Schriften, von Tieftrunk herausgegeben, Band II, S. 663 ff. Ein Hauptvorzug dieser Kant'schen Abhandlung ist dieser, dass die Idee des ganzen Menschengeschlechts in ihrem richtigen Verhältnisse zu den Ideen des einzelnen Menschen und der einzelnen Völker erkannt wird; daher denn Kant besonders einschärft, dass derjenige, der die Geschichte der Menschheit auf dieser Erde erforschen, darstellen und würdigen wolle, immer das ganze menschliche Geschlecht auf dem ganzen Schauplatze der Erde vor Augen haben und im Auge behalten müsse. Wesentliche Gedanken über die Geschichte der Menschheit hat Kant auch mitgetheilt in der ausführlichen Kritik von Herder's Ideen zur Philosophie der Geschichte der Menschheit, welche Kritik sich auch in der Sammlung von Tieftrunk findet; und dann in seiner Schrift: „Zum ewigen Frieden."

Erster Abschnitt
der angewandten Philosophie der Geschichte.

Vorbemerke: a) Dass und warum die reine Philosophie der Geschichte der vorwichtige Theil dieser ganzen Arbeit. b) Dass und warum die hier folgende Würdigung nur Hauptsachen würdigt und nur die Hauptmomente der Würdigung durchführt.

Es ist uns als letzte Aufgabe unsrer Arbeit nur noch übrig: der synthetische, oder angewandte Theil der Philosophie der Geschichte, das ist, die Anwendung der reinen Philosophie der Geschichte auf die wirkliche Geschichte der Menschheit; — wovon wir also die Grundzüge nun zu entwerfen haben. — Zuerst soll eine allgemeine übersichtliche Würdigung der Geschichte dieser unsrer Menschheit mitgetheilt werden, nach der Zeitfolge und nach den Völkern; sodann soll, dem oben entwickelten Plane gemäss, die Würdigung der Vergangenheit und der Gegenwart nach dem Urbegriffe und dem Urbilde der Menschheit, geordnet nach den Theilen der ganzen Bestimmung der Menschheit, als das Hauptergebniss unsrer Betrachtungen das Ganze schliessen.

Zeitfolgliche Würdigung der Geschichte.

Zuerst also lassen Sie uns die Geschichte der Menschheit nach einzelnen Zeiträumen und Völkern an der Idee und dem Urbilde der Menschheit würdigen. Ich befolge dabei die Ordnung der Lebensalter und ihrer Perioden, weise aber auch zugleich bei der ältesten Geschichte jedes Volkes auf seine ganze Lebensentfaltung bis heute hin. Denn für die angewandte Philosophie der Geschichte muss eine genauere Bekanntschaft mit der reinen Geschichte, insonderheit aber ein gleichförmiger Ueberblick derselben vorausgesetzt werden. Da, wo unsre urkundliche Geschichte beginnt, finden wir die Menschheit in ihren ältesten vorwaltenden Völkern schon weit hinein vorgerückt in des zweiten Hauptlebenalters erste Periode, d. i. in die selbständige Entfaltung aller einzelnen Theile und Glieder der menschlichen Bestimmung; vorzüglich zwar bei den ältesten Völkern Asiens und Afrikas. Wir sehen am Anfang unsrer urkundlichen Geschichte die Völker schon weithin über ganz Asien, über einen grossen Theil von Afrika, sowie schon über Europa ausgebreitet. Aber in Anschung der Frage, ob die ersten Völker der Haupterdländer daselbst ursprünglich gewesen, oder nicht, entscheidet nicht die wirkliche Geschichte, — sondern lediglich die reine Philosophie der Geschichte müsste hier den Ausschlag geben, welche, wie oben gezeigt wurde, bis jetzt bloss die Wahrscheinlichkeit begründet, dass in einem jeden der Haupterdländer des alten Erdlandes drei verschiedne Grundstämme uranfänglich gewesen seien. Würde dies angenommen, so würden auch eben so viele Uranfänge der Bildung der Menschheit auf dem alten Erdlande angenommen werden müssen. Wie dem aber auch sei, soweit unsre vorhandnen und bis jetzt bekannten Denkmale, besonders Sprachen, Religionsschriften und religiöse Mythen, reichen, scheint es doch sehr vermuthlich, dass zwei dieser Anfänge der menschlichen Bildung den übrigen vorangeeilt seien: der hochasiatische oder indische, und der hochafrikanische oder äthiopische und habessinische; und dass wieder unter diesen beiden an Lebenstiefe und Fülle und an Harmonie der Bestrebungen der indische vorgewaltet hat, in dem das Leben der indischen Völker sich besonders in der ältesten Zeit als entscheidend hervorgethan hat, sowie auch noch jetzt das Leben der indischen Völker eine der vorwaltenden Entfaltungen des Lebens auf der ganzen Erde ist, man mag nun auf die Bevölkerung der Zahl nach und auf die Grösse des äussern Lebensgebietes, oder auf die Fülle und Schönheit des Lebens selbst sehen. — Uebrigens bedürfen alle alten historischen, chronologischen Angaben der Inder, Römer und Aegypter, wohin, wenigstens ihrer Grundlage nach, auch die mosaischen Urkunden über die erste Ausbildung der Erde und der Völker gehören, noch viel genauer gekannt und noch in weit tiefer gehendem und dabei sorgfältiger vergleichendem, kritischen Geiste geprüft zu werden, als bis jetzt geschehen. Bis dahin nun, dass dies geleistet sein wird, werden die Geschichtsforscher bekennen müssen, dass sie nicht nur über die Zeit des Ursprungs dieser Erde im Himmelsbau und in diesem Sonnensysteme nichts

Bestimmtes wissen, sondern eben so wenig über die Zeit des
Ursprungs des Menschengeschlechts, insonderheit über das ganze
erste grundwesentliche Hauptlebensalter der Menschheit und über
die frühere Dauer der ersten Periode, des zweiten Hauptlebensalters bis an die Stelle, wo unsre urkundlichen Sagen und Nachrichten beginnen. Es wäre denn, dass ganz neue, in urkundlichen Nachrichten weiter zurückreichende Quellen der Geschichte uns eröffnet würden, oder die weiter ausgebildete
Naturphilosophie und Geistesphilosophie es möglich machten,
aus den bis jetzt bekannten Quellen mit Sicherheit weitre
und tiefre Rückschlüsse zu machen.

So weit uns nun die wirkliche Geschichte über die erste
Periode des zweiten Hauptlebensalters Auskunft giebt, finden wir diese in zwei Epochen bestehen; in der ersten
Epoche, welche die Geschichte der Völker und der Reiche befasst, die der Blüthe des griechischen und römischen Volkes
vorhergehen, und in der zweiten, welche vorwaltend die Geschichte der Griechen und Römer befasst. — Die erste Epoche
enthält erstlich die Geschichte der hochasiatischen ältesten
Völker, das ist der ältesten indischen Völker, der ältesten
sinischen Völker und der sogenannten Zendvölker oder persischen Völker. Dann die Geschichte der ältesten afrikanischen Völker und Reiche, d. i. der äthiopischen Völker, der
ägyptischen und arabischen Völker. Zweitens die Geschichte
der vorderasiatischen Völker und Reiche, namentlich des babylonischen, assyrischen und persischen Reichs und des Reichs
der Phöniker. Drittens die Urgeschichte des Volkes der Israeliten,
dessen Bildung durch den volksthümlichen Monotheismus für
den Fortgang der höhern Bildung entscheidend wurde.

Die zweite Epoche der ersten Periode des zweiten Hauptlebensalters befasst die Zeit, wo das Leben der griechischen
Völker und hernach des römischen Volks überwiegend war,
wobei wiederum die Hellenen an Allseitigkeit der Lebensbildung und selbst in Hinsicht der äussern Stellung ihres
Gebiets den Juden entsprechen, das Römerreich aber den
drei grossen vorderasiatischen Reichen, im Gegensatz mit den
Indern. Sodann enthält diese zweite Epoche auch die weitere
Geschichte der vorderasiatischen und afrikanischen Völker,
vornehmlich die weitere Entwicklung des hebräischen Volkes
bis zu dem Ursprung des Christenthums.

Zuerst also habe ich das Leben der Völker Asiens würdigend zu schildern; — wobei ich verhältnissmässig am ausführlichsten sein werde, weil die geschichtlichen Kundnisse
hiervon nicht so allgemein verbreitet sind.

Zunächst also die Würdigung des Lebens der alten indischen Völker. Es werden hierunter verstanden die ältesten
Völker am Sind, Gang (Ganges) und Buramputerflusse, am

ganzen südlichen Abhange der Hochgebirge Asiens, über beiderseitige Halbinseln bis nach Selan (oder Zeilon) und die Halbinsel von Malaka. — Diese Völker bilden schon seit wohl 4000 Jahren vor Christus ein grosses, gemeinschaftliches Ganzes, durch eine gemeinsame Sprache, die sich in einen grossen, an 16 Sprachen reichen Sprachbaum entfaltet hat; durch eine gemeinsame Religion, welche ursprünglich die Verehrung des Brahma oder Oum war, durch eine gemeinsame Wissenschaft und Kunst und durch gemeinsame Grundeinrichtungen der Gesellschaft. Die ältesten heiliggehaltenen Schriften dieser Völker, die Veds oder der Vedam, wenigstens die drei ersten Bücher davon, sind nach der Meinung der indischen Gelehrten, welches sich auch europäischen Forschern sehr glaublich erwiesen, 4000 Jahre vor Christus zusammengestellt; aber der Inhalt dieser Schriften und ihre Form deutet noch viel weiter zurück.

Der geistreiche Auszug aus den Vedams, worin nur das Wissenschaftliche aufgenommen ist, welcher den Titel: Oupnek'hat führt, soll 2000 Jahre vor Christus aus den Vedams ausgezogen worden sein und ist uns durch Anquetil Duperron's wörtliche Uebersetzung leicht zugänglich gemacht. — Ueber das Alter der Vedams sind noch zu sehen: Anquetil Duperron in der Vorrede und den Anmerkungen zum Oupnek'hat, dann mehrere Abhandlungen hierüber in den Asiatic Researches, vornehmlich im achten Bande von S. 377 an. Dann die schon erwähnte Schrift von Majer, betitelt: Brahma. — Zu diesen Vedams nun kommen zunächst noch die Vedantas, wovon Majer am angeführten Orte S. 107 handelt, dann 18 Bücher Purana's, die von Vyassa herrühren sollen, der noch einige 1000 Jahre vor Christus gelebt haben soll, und dessen philosophisches System den Lehren des Vedams am angemessensten und den scholastischen Systemen des christlichen Mittelalters, etwa dem von Thomas von Aquino, zu vergleichen ist; — da sich Vyassa eben so an die Vedams hält, als die Scholastiker an die Bibel. Aber eine Hauptquelle zur Würdigung des uralten indischen Lebens ist das Gesetzbuch des Manu, welches so ausführlich ist, wie das mosaische Gesetzbuch, und welches wie kein mir bekanntes Volks-Gesetzbuch das ganze Leben des Volkes umfasst und noch jetzt auch von den Engländern als Grundlage des indischen Rechts anerkannt wird. Es erschien in Calcutta 1794 in einer Uebersetzung von William Jones, 1797 in einer deutschen von Hüttner. Aber noch lehrreicher sind die von der andern Seite ältesten epischen Gedichte der Inder: Mahabharata und Ramajana, die sich an Tiefe und Umfang der Poesie zu den homerischen Gedichten so verhalten, wie das ganze Leben der indischen

Völker zu dem hellenischen frühern Leben. Aus diesen einzelnen Gedichten sind schon mehrere Bruchstücke bekannt gemacht, und sie sind ohne Zweifel bis jetzt die grössten und inhaltreichsten epischen Gedichte dieser Erde. Eine Episode davon hat Bopp herausgegeben unter dem Titel: Nalus oder Nala, und Kosegarten hat sie deutsch metrisch übersetzt. Diese Episode enthält eine, tiefsinnige Philosophie der Geschlechtsliebe und der Ehe, insbesondre der weiblichen Treue. Eine andre Episode ist von Schlegel herausgegeben worden, Bhagawadgita, mit lateinischer Uebersetzung. Darin ist eine tiefsinnige Philosophie über den Krieg enthalten, in Ansehung deren mir in der ganzen Literatur nichts Aehnliches bekannt ist, was ihr könnte an die Seite gesetzt werden. Alle diese und noch viele andre Quellen der indischen Geschichte und Literatur stellen das indische Volk schon mehrere Jahrtausende vor Christus in seiner völligen Ausbildung dar, wie es noch heute den Grundzügen nach lebt und besteht; — und das Leben der jetzigen Inder ist ihrem urvolklichen Leben bei weitem noch ähnlicher, als das jetzige Leben des zerstreuten Volks der Israeliten ähnlich ist ihrem frühern Leben etwa zur Zeit des Moses. — Besonders merkwürdig aber ist der Grundzug der alten indischen Bildung: dass in ihrem ganzen Leben die Wissenschaft vorwaltet, und zwar die reine Wissenschaft, der oberste Theil der philosophischen Erkenntniss, den wir gemeinhin Metaphysik nennen. Die Grunderklärungen aller indischen Einrichtungen des Lebens finden sich in den obersten Grundüberzeugungen ihrer Wissenschaft, wie diese ausgesprochen sind in den Vedams und in den andern vorhin erwähnten, nach den Vedams ältesten Werken. Und was die frühe Bildung der Wissenschaft bei den Indern betrifft, so ist besonders dies merkwürdig, dass die Vedams auf eine lange Reihe von Weisen und Wissenschaftslehrern, von Maha-Pischi's, zurückweisen, deren Aussprüche und Unterredungen mit ihren Schülern zum Theil noch in den Vedams enthalten sind. Vorzüglich bemerkenswerth sind die Grundbehauptungen der indischen Wissenschaft, woraus die Grundgestaltung des indischen Lebens erklärlich wird. Nach dem indischen Wissenschaftssystem ist Wissenschaft Gotterkenntniss. Gott ist das eine Wesen, das Eine, was ist, es hat an sich keinen Gegensatz und ist daher nach keiner besondern Eigenschaft zu erkennen und zu benennen, es ist weder bloss das Unendliche, noch bloss das Endliche, und weder blosses Thun, noch blosses Leiden; ausser ihm ist Nichts. — alles Endliche, was ist, besteht durch dasselbe; und es selbst, das unnennbare Wesen, ist in Allem gegenwärtig und waltet in Allem in selbständiger, freier Macht, in Güte, in Weisheit und in Gerechtigkeit. Des Menschen Bestimmung und Würde ist: Gott zu erkennen, zu lieben, Gott ähnlich zu werden, mit Gott vereint zu werden in diesem Leben und jenseits. Tugend ist Gottähnlichkeit, muss frei gewollt werden, unabhängig von Furcht und Hoffnung, von Lohn und Strafe; die Weise ist liebinnig, liebthätig, friedfertig, allen Wesen giebt und lässt er Frieden, hat keine Vorliebe für nahe Freunde und Verwandte auf Kosten der Menschlichkeit, liebt den Feind und thut ihm wohl und begehrt dafür nichts, weder von Gott, noch von den Menschen. —

Dieses sind die Grundwahrheiten des indischen Systems, welche sich ganz klar und bestimmt in dem Oupnek'hat finden. Aber diese indische Lehre hat auch ihre Schattenseiten, ihre Grundirrthümer, die ich nicht darf unerwähnt lassen, um so weniger, als jetzt bei vielen deutschen Forschern eine unbedachte Ueberschätzung des indischen Lebens einzutreten scheint. Es wird gelehrt, dass die Welt nur ein Spiel sei der göttlichen Phantasie, der Maja, und dass die Gottähnlichkeit des Menschen in Eigenschaftslosigkeit, in Reinheit von aller Qualität besteht, also in Thatenlosigkeit, Nichtsdenken, Nichtswollen, Nichtsthun und im Losreissen von allen irdischen, menschlichen Geschäften. Zwar wird in dem Vedam gelehrt, dass die Tugend begierdelos sein müsse, und nichts beabsichtigend, als das Gottähnliche, aber es wird auch von den Brahmanen gelehrt, dass die Völker in Masse, dass die niedern Kasten inbesondre, gar nicht fähig seien, zur reinen Gotterkenntniss zu gelangen, dass mithin die Mehrzahl der Menschen auch zur reinen Sittlichkeit und Tugend nicht geführt werden könne; — dass man daher den Völkern vorspiegeln müsse einen Himmel der Lust und des Lohnes und eine Hölle des Schmerzes und der Strafe, damit man die reiner Gotterkenntniss nicht fähige Mehrzahl wenigsten doch mit Hülfe der Phantasie und der sinnlichen Begierde bändige und zähme. — Aus dieser unseligen Trennung der Wahrheit und der reinen Liebe in Ansehung der Völker als Völker entspringt auch die den Indern ganz eigenthümliche lebenhemmende Kasteneinrichtung. Diese Einrichtung hat zwei geschichtliche Gründe. Erstlich, die äussre Veranlassung dazu, welche in der grösstentheils unwillkürlichen Vereinigung des Brahmanenstammes mit mehrern Volksstämmen enthalten ist, welche auf niedrer Bildungsstufe waren, als der Brahmanenstamm. Da es dem Brahmanenstamm gelang, diese andern Stämme durch den brahmanischen Religionsbegriff und durch ihre höhere geistliche und gesellschaftliche Bildung sich unterzugeben zu machen, so wurde nun dem einen dieser Stämme die äusserliche Staatsverwaltung, dem andern der Krieg übertragen; einem dritten aber die Gewerbe; und nach und nach bildete sich eine vierte, niedrigste Kaste, die ursprünglich aus dem rohsten dieser Stämme bestanden haben mag, und in welche dann alle die

Einzelnen zusammengekommen sind, welche aus den höhern Stämmen ausgestossen wurden.*) Die oberste Kaste aber, die Brahmanen, erhielt die Leitung des Ganzen und behielt sich auch den Besitz der höhern Wissenschaft vor. Aber der zweite geschichtliche Grund des Kastenwesens ist ein intellektueller, — die Grundlehre, dass die Menschen überhaupt vermöge einer göttlichen Einrichtung ursprünglich von stufenweis verschiednen, nicht zu vermischenden Stämmen seien, und dass nur ein auserwählter Stamm, als die vollendete Menschengattung, zu reiner Wissenschaft und zu reiner Gottinnigkeit geboren und fähig sei. Allerdings nun ist diese Kasteneinrichtung ganz im Grundcharakter der ersten Periode des zweiten Hauptlebensalters: denn in ihr gelingt ganz vorzüglich die selbständige, aber auch alleinständige, isolirte, und einseitige Ausbildung aller menschlichen Fähigkeiten und Kräfte. Es ist diese Einrichtung einem allgemeinen Fabrikwesen zu vergleichen, wo durch die Vertheilung der Arbeit alles Einzelne als solches vollkommner gemacht wird. Daher zeichnet sich auch das indische Volk vorzüglich durch die vollendete Individuirung seiner Kultur in allen Theilen der menschlichen Bestimmung aus. Aber eben deshalb wird auch das indische Volk im Zustande dieser Lebensperiode bis heute zurückgehalten, und daher zeigt sich in diesen Völkern noch jetzt bei so vielem Vortrefflichen auch alles Greuelhafte dieser ersten Periode des zweiten Hauptlebensalters der Menschheit in ungeheurem Masse, wie in der ganzen Geschichte dieser Menschheit nirgends, und zwar noch jetzt vornehmlich in der grauenvollsten Idololatrie, in Menschenopferungen, gegen die im Ganzen selbst die amerikanischen nicht in Vergleich kommen; zugleich auch mit aller Schande der thierischen, wilden Wollust, verbunden mit der schauderhaftesten Selbstaufopferung der Gesundheit und des Lebens, so z. B. der nun endlich von der englischen Regierung ihnen verbotnen Selbstverbrennung der Wittwen. Um sich davon zu überzeugen, darf man nur die Beschreibung des Götzendienstes zu Jaggernaut lesen, z. B. in Best's Briefen über Indien, dann in Solvyn's Werke und am ausführlichsten in Buchanan's Reise-

---

*) In der asiatischen Gesellschaft zu London wurde in einer der letzten Versammlungen eine Abhandlung von dem Obersten Harriot über die Sprache und den Ursprung der Zigeuner verlesen; ein beträchtliches Verzeichniss von Wörtern, die der Verfasser selbst aus dem Munde englischer Zigeuner aufgenommen hatte, wird mit verschiednen orientalischen Sprachen, besonders dem Hindustanischen, verglichen; darauf folgten einige Bemerkungen über den Ursprung der Zigeuner, den Obrist Harriot nach Indien zurückführt. Ihre Einwanderung in Persien erfolgte, wie aus Ferdusi's Schah Nameh und andern Quellen erwiesen wird, im fünften Jahrhundert. (Frankfurter Abendblatt. Zeitbilder, n. 74, 15. März 1830.)

beschreibung. Aber der Umstand, dass die Brahmanen die reine Gotterkenntniss für sich behielten, das Volk dagegen mit Absicht zum Götzendienst verleiteten, konnte auch keine andern Folgen haben, als dass die reine Gotterkenntniss und Gottinnigkeit selbst unter den Brahmanen fast erlöschen musste, wie Rammohon Roy, der Brahmane, zeigt in seinen Schriften über die sittliche Verderbtheit seines Volkes. Dazu kommt noch die Annahme der Seelenwandrung selbst durch Thierleiber hindurch; dann die Unterdrückung der Frauen, nicht nur im Hause, sondern im ganzen Volksleben, dass den Frauen gar keine eigentliche Erziehung zu Theil wird. Aus allen diesen Umständen ist auch erklärlich, weshalb das indische Volk, bei den urgeistigsten poetischen Anlagen, dennoch in den darstellenden Künsten, in Malerei, in Plastik und in Musik nicht ähnliche Fortschritte hat machen gekonnt, als die Griechen und die neuern europäischen Völker.

In der Musik zwar haben es die Hellenen nicht weiter gebracht, als die Inder, wohl aber in allen Gestaltkünsten, vielleicht mit Ausnahme der höhern, mimischen Tanzkunst; indem bei den Indern in der Baukunst zwar riesenhafte Grossheit mit reicher Mannigfalt der Gestaltung und mit bewundernswürdigem Fleisse im Kleinsten hervortritt, während bei den Griechen in Allem die reine Schönheit in freier, poetischer Begeisterung erstrebt wird. — Kurz, das indische Volk ist ein lehrreicher Erweis, dass und wie ein Volk bei den besten und schönsten leiblichen und geistlichen Anlagen, auf dem schönsten Lebensgebiete der Erde, sogar erleuchtet von der Urwissenschaft in ihren ersten Anfängen, und durch mancherlei Bildung in den besondern Wissenschaften bekräftigt, zu einer individuellen, durchgeführten Gestaltung des ganzen Lebens gelangen und eine fixirte Bestandheit gewinnen kann, welche allen wesentlichen Fortschritt in der höhern Bildung ausschliesst, dabei aber aller äussern Unterdrückung und Unterjochung dennoch widersteht, — und, auch äusserlich unterjocht, dennoch ihre Eigenthümlichkeit nicht aufgiebt, nicht ändert. — So wie Indien in seinen Klimaten und Produkten, hinsichts der ganzen organischen Natur und der durch die Menschen höher gebildeten Natur, ein Abbild der ganzen Erde ist, so ist auch die indische Menschheit das erste und bis jetzt reichste und grösste Abbild der ganzen Menschheit in einem Volke. Es ist daher die Gesammtheit der indischen Völker zu betrachten als eine ganze Theilmenschheit, als das erste in sich vollständige innre Lebensganze der Menschheit auf Erden, unter dem Vorwalten der Ganzheit und der abgesonderten Vertheiltheit der Lebensfunktionen in Kasten. So wie ferner von dem indischen Lande die edlern Pflanzen und Pflanzenprodukte, Getreide, Obst und Wein, und alle edlern Hausthiere ausgegangen zu sein scheinen über Asien und über den grössten Theil von Europa, so haben sich auch von den indischen Völkern und Stämmen nach Westen hin Perser, wohl auch die ältesten Germanen, und die Urstämme der Griechen verbreitet, und die innige Verwandtschaft der römischen oder lateinischen und der Sanskritsprache gerade in dem geistigsten Theile der Sprache, in den Flexionen, beweist, dass auch altitalische Völkerstämme mit Indien zusammenhängen. — Da nun dieses grosse und einzige Volk in seiner erhabnen und schönen Eigenthümlichkeit, obschon entweiht durch die vorhin erwähnten Greuel, noch heute besteht und blüht, und da sein Volksleben ein erstwesentlicher, mitbestimmender Theil des jetzt blühenden Lebens der gebildetsten Völker ist, so steht zu hoffen, und wenigstens ist es eine der Menschheit gebotne Aufgabe, dass dieses Volk nun immer mehr aufgenommen werde in den Kreis der freien Ausbildung der vorwaltenden Völker der Erde. Dies ist auch der Wunsch erleuchteter Brahmanen und der Wunsch wohlgesinnter Europäer, und in neuer Zeit ist schon Vieles, besonders von Franzosen und Engländern, gethan worden und wird jetzt täglich immer Mehreres und Gründlicheres und Ausgeführteres gethan, um die Vereinbildung des indischen Volkslebens mit dem europäischen auch in Wissenschaft und Kunst und in Handel und Gewerben einzuleiten, zu befördern und weiter auszubilden.

Den indischen Völkern nun zunächst fordern die Siner und Japaner unsre Betrachtung; weil ohne die richtige Würdigung dieser Völker die Würdigung des Fortschritts der Bildung der Völker dieser ganzen Erde mangelhaft bleiben müsste.

Die Siner oder Chinesen zeigen sich im Körperbau und in Geist- und Gemüthanlagen als mongolische Völker, d. h. als Völker, die zu der Rasse gehören, welche jetzt die mongolische genannt wird, und sie sind in dieser Hinsicht den Indern entgegengesetzt, daher sind unmöglich die sinesischen Hauptstämme als aus Indien gekommen zu betrachten, ob es wohl geschichtlich gewiss ist, dass indische Kschetri's oder Krieger nach Sina ausgewandert sind, indem dies ausdrücklich in Manu's Gesetzbuch behauptet wird. Die chinesischen Völkerstämme zeigen ganz ausserordentlich grosse Anlagen; aber auch sehr grosse Beschränktheit an Geist und an Leib. Man kann sagen, dass sich Inder und Siner verhalten wie Allgemeines und Besondres, wie Urbegriffliches zu Zeitleblichem, wie Ideales zu Realem. Denn die Siner bildeten von jeher, und bilden noch jetzt, mehr die äussre, natürliche, praktische, verständige und gewerbfleissige Seite des Lebens aus. Bei ihnen waltet das Familienleben und die Familien-

Zeitfolgliche Würdigung der Geschichte. 71

liebe vor. Der ganze Staat, jetzt vielleicht 200 Millionen
Bürger fassend, hat nach der ausdrücklichen Erklärung ihres
Grundgesetzes die Form einer Familie, deren Vater und
Patriarch der jedesmalige Kaiser ist. Aeusserst arbeitsam
ist dieses Volk, in allem Mechanischen unerschöpflich erfind-
sam und in allen nützlichen Künsten von einziger Originalität,
welche sich ganz besonders in ihrer Baukunst zu erkennen
giebt, auch in ihrer Schiffsbaukunst und Wasserbaukunst; aber
vorwaltend ist, nach dem Charakter der Familie, der Ackerbau und der Gartenbau, welche Gewerbe bei ihnen über alles
geschätzt werden; — der Kaiser selbst muss jährlich ackern.
Aber ihr Land macht auch diesen Fleiss nothwendig. Denn
sie haben es, durch theils noch beschwerlichere Arbeiten, als
die der Holländer, erst dem Wasser abgewinnen und urbar
machen müssen, sie haben grosse Landseen ausgetrocknet,
Berge geebnet und Felsen gesprengt und die ungeheuersten
Brücken auf Erden gebaut. — Das ganze Volk neigt sich
überhaupt hin zum stillen, beschaulichen, schweigsamen Leben, besonders zur beschaulichen Bewundrung des Naturlebens und der Naturschönheit. Ihre Sittenlehre ist eine Reihe
eigentlich häuslicher Pflichten, der Vorschriften der Volkssitte und der Lebensklugheit. Da es aber widernatürlich ist,
das ganze Leben nach dem Gleichniss der Familie führen
zu wollen, und da das Familienleben in den frühern Perioden
der Geschichte selbst seiner Idee nur theilweis gemäss, theilweis aber ungemäss ist: so ist daraus hervorgegangen, dass
dieses Volk in einem gesellschaftlichen Ceremoniendienste der
freien Geselligkeit mehr ausweicht, als sie ausübt; und dass
zugleich die Unvollendetheit und einseitige Ausbildung ihres
Familienlebens in ihr Volksleben und Staatsleben hinaufwärts
übertragen ist und so als ein nach aussen und oben abge-
spiegeltes Zerrbild erscheint. — Aus dem Grundcharakter
ihrer einsamen Beschaulichkeit und aus der beschränkten Anlage und Ausbildung desjenigen Theiles ihres Nervensystems,
welcher sich auf das Sprechen bezieht, ergiebt sich auch die
bei ihnen schon in der ältesten Zeit entstandne Erscheinung,
dass ihre Sprache eine sehr reiche Bildersprache ist, — eine
reine Gestaltsprache, — welcher ihre überaus arme Tonsprache oder Lautsprache bei weitem nicht gleichkommt, daher ihre ganze wissenschaftliche Bildung und ihre ganze
Poesie in dieser Gestaltzeichensprache niedergelegt ist und
auch in ihr nur weiter ausgebildet werden kann. Diese Erscheinung hat zwar allerdings auch noch ihren Grund in der
Mangelhaftigkeit der Sprachorgane dieser Stämme, wonach
sie mehrere Konsonanten nur mit grosser Schwierigkeit hervorbringen; aber die Gemüthlosigkeit, der Mangel an musi-
kalischem Ausdruck ihrer Sprache, ja die gemüthwidrige

Betonung ihrer Wörter, um dadurch derselben Silbe verschiedne Bedeutung zu geben, weist noch auf tiefer liegende und allgemeinere Mängel ihrer geistlichen und leiblichen Anlagen zurück. — Eine Schriftsprache nach unsrer Art haben sie nicht und brauchen sie nicht; bei ihrer Schriftsprache hören sie nicht gleichsam mit dem Auge, wie wir, sondern umgekehrt, indem sie sprechen, sehen sie gleichsam mittelst des Ohres, indem sie sich bei den Schällen der Tonsprache an die entsprechenden Zeichen der Schriftsprache erinnern. Diese Erscheinung kommt nur noch zum Theil bei den Aegyptern wieder, welches Volk überhaupt, wie ich bald erwähnen werde, mit den sinesischen Völkern eine grosse Aehnlichkeit hat. Merkwürdig ist auch die Vorliebe der Siner zu dem Lichte und zu der Buntheit in den Farben, wodurch sich ihre eigenthümliche Kindlichkeit, ihre vorwaltende Anlage und Neigung für den Gesichtssinn wiederum kundthut. In Allem streben die chinesischen Völker nach der höchsten Einfachheit; so war ihr ältestes Zahlensystem dyadisch, obschon sie jetzt das dekadische haben; so bewähren sie auch diesen Charakter der Einfachheit in allen ihren Künsten, besonders in der Mechanik und dem Maschinenbau, wo sie durch die einfachsten Mittel die zusammengesetztesten Erfolge zu erlangen verstehn. — Da nun ihr ganzes Volksleben nach der Idee des Familienlebens bis aufs Einzelnste individuirt ist, so sind auch die chinesischen Völker auf der Stufe der ursprünglich gewonnenen Bildung seit einigen Jahrtausenden im Erstwesentlichen stehen geblieben. So wie aber die Inder die Blüthe und die Ehre sind des weissen Stammes der Menschheit, so sind es die Siner, und dann auch die ihnen sehr ähnlichen Japaner, für die mongolische Menschheit. Was ihre wissenschaftliche Bildung betrifft, so zeigen sie das Eigenthümliche, dass unter allen menschlichen Dingen Wissenschaft und Gelehrsamkeit nächst der Poesie am höchsten geschätzt wird, daher denn auch ihre Kaiser ihre höchste Ehre darein setzen, die ganze sinesische Wissenschaft und Gelehrsamkeit zu umfassen, und sich auch in Poesie auszuzeichnen. Unter den drei von den Chinesen am höchsten geachteten Menschen ist Kon-fu-tse (Confucius), der im sechsten Jahrhundert vor Christus gelebt hat. Kon-fu-tse hat aus den ältern sinesischen Schriften das Beste ausgewählt und es in fünf Bücher, oder Kings, geordnet. Der erste, Yking, enthält die ältesten Philosopheme, von Kon-fu-tse erklärt und wohl auch umgebildet. Der zweite, Schuking, giebt die Geschichte des chinesischen Reichs; der dritte, Schiking, enthält eine Auswahl der ältesten sinesischen Lieder und Gedichte; der vierte, Lyking, und der fünfte, Yoking, enthält die heiligen Gebräuche und die Liturgien. Diese fünf Bücher sind bei den Sinern so geachtet, als die Vedam bei den Indern, auch haben sie mit den Vedam gleichen Zweck und manche innre Aehnlichkeit. Besonders wichtig sind die philosophischen Schriften des Meng-tseu, des angesehensten Schülers des Kon-fu-tse. Da diese Schriften zum Theil schon übersetzt sind, so konnte ich mich überzeugen, dass Kon-fu-tse und Meng-tseu sich bis zur reinen Sokratik aufgeschwungen haben, obschon sie den platonischen Geist nicht erreichten.

Das nächste Volk nun, welches unsrer Betrachtung werth ist, ist das sogenannte Zendvolk, oder die Urperser, auch Parsen, oder Altperser genannt, das ist: das Glanzvolk, Lichtvolk, weil pars in der altpersischen Sprache Licht bedeutet.

Die Geschichte dieses sogenannten Zendvolkes ist freilich noch im Dunkeln, und das Meiste zur Aufklärung dieser Geschichte hat, so viel ich weiss, bis jetzt Anquetil Duperron, sodann Rhode geleistet in der Schrift: „Die heilige Sage des Zendvolkes", 1820; früher auch Malcolm in seiner History of Persia, 1815; 2 Bände, wovon eine zweite Ausgabe erschienen.

Indessen soviel ist gewiss, dass der persische Volksstamm und seine Urkultur aus Hochasien gekommen ist, wahrscheinlich aus der Gegend von Kaschmir. Dies hat unter andern Malcolm zu zeigen gesucht und aus dem persischen Geschichtsbuch, Dabestan genannt, bestätigt. Die Geschichte dieses Volkes ist für die Geschichte der ganzen Menschheit grundwichtig, hauptsächlich ihres Gehaltes wegen, dann aber auch deshalb, weil von ihm die Kultur andrer Völker ausgegangen; denn es ist nunmehr erwiesen, dass die Grundlehre des Moses, sowie viele Grundeinrichtungen des Mosaismus, ursprünglich parsisch sind; dann aber späterhin hat auch der Parsismus Einfluss auf die Ausbildung der christlichen Sekten und mittelbar auch auf Ritual und Liturgie der christlichen Kirche gehabt. Dies hat Rhode in der erwähnten Schrift besonders anschaulich dargethan, und es kann keinem Forscher entgehen, welcher das heilige Buch der Parsen, den Zendavest, und die Bücher Mosis genauer kennt.

Die Hauptgrundlage der Lebensbildung des sogenannten Zendvolkes war in seinen heiligen Büchern enthalten, die ursprünglich einen gleichen Umfang hatten, als die Vedam der Inder; aber von den 21 heiligen Büchern der Perser hat sich nur ein einziges erhalten; da bei der Eroberung Persiens durch Alexander den Grossen alle Exemplare dieser heiligen Schriften zerstört wurden, theils von dem siegenden Heere, theils aber auch, und wohl noch mehr, von den Persern selbst, um ihre heiligen Schriften vor Entweihung sicher zu stellen. Das Ganze des Zendavesta heisst das lebendige Wort, und das einzige davon übrige Buch heisst Vendidad und enthält gerade das, was für das äussre Bestehen dieser Religion das Nothwendigste ist, allgemeine Gesetze, Gebräuche, Liturgien, Gebete; keineswegs aber den Zusammenhang der parsischen Religionslehre, welche mehr in den verloren gegangnen Büchern enthalten war, wie schon die noch erhaltenen Titel dieser übrigen Bücher zeigen.

Zerduscht, oder Zoroaster, der etwa 500 Jahre vor Christus gelebt, ist nicht der Verfasser dieser heiligen Bücher, sondern nur ein Prophet zweiter Ordnung nach dem Hom, auf den sich Zerduscht bezieht. Die Grundlehre aber, soweit sie in dem noch übrigen Theile des Zendavesta enthalten ist, ist folgende:

Im dunkeln Urgrunde der Ewigkeit ist ein unaussprechliches Wesen (Zerwane akerane), welches hinwiederum zwei Grundwesen hervorgebracht hat, die in der Zeit wirken. Das Gute, Lichtwesen, Ormuzd, und das Böse, Nachtwesen, Ahriman, welche in gemessnen Zeiträumen, in bestimmten geschichtlichen Perioden, miteinander streiten, bis endlich das reine Gute, Ormuzd, siegt. — Licht, das ist Erkenntniss, Reinheit des Herzens, Friede in rein gutem Willen, das sind die Grundzüge dieser uralten Lehre, welche im Zendavesta sehr klar und eindringlich ausgesprochen ist. Der gute Mensch ist ein Diener und Genosse des Ormuzd, der böse dient dem Ahriman. Der gute Mensch soll rein sein in Gedanken, Worten und Werken. Dies ist der Inhalt aller ihrer Gebete. Wie der Mensch rein und des Himmels würdig ist erschaffen worden, so wird er aus dem Dienste des Bösen wieder rein durch das Gesetz der reinen Ormuzddiener, das Gesetz, welches die Reinheit selbst ist, — wenn der Mensch sich weiht in Heiligkeit des Gedankens, in Heiligkeit des Wortes, in Heiligkeit der That. Der Hauptunterschied dieser parsischen Grundlehre von der altbrahmanischen des Vedam und der Vedantaphilosophie besteht in folgenden Hauptpunkten, welche für die Entwicklung der Völker des alten Erdlandes von grosser und heilsamster Wirkung gewesen sind.

1) Der ganz bestimmte, scharfe Gegensatz des Reinguten und Heiligen und des Bösen und Ungöttlichen.

2) Dann die Vorschrift, dass jeder Mensch unermüdlich und treu kämpfen soll wider alles Böse, um dem Guten den Sieg auf Erden zu erleichtern; — dass also ein Jeder alles Leben wecken und schonen, alles Nützliche erhalten und pflegen solle, Quellen graben und Bäume pflanzen und schuldlose, nützliche Thiere hegen und erziehen. Durch dieses Lebensprincip der reinen Gesinnung und der rüstigen Arbeit und kühnen, heldenmüthigen That für das Gute ist diese Lehre so lebenweckend, so lebenwirksam geworden und stellt sich jener brahmanischen Vorschrift des Nichtsthuns

und der Theilnahmslosigkeit an dem Schicksal der Völker geradezu entgegen. — Da nun gleichwohl diese parsische Lehre ihrer obersten und innersten Grundlage nach aus Indien gekommen ist, so bewährt sie sich mithin als die eine, westlich entfaltete Seite des zum Bessern umgestalteten Brahmanensystems und entspricht somit der östlichen Umbildung des Brahmanismus in der veredelten Gestalt des Buddhismus.

Wenn uns nun an dieser Stelle nicht die wirkliche Geschichte so gänzlich verliesse, so würde sich an die Würdigung der ältesten Völker Asiens zunächst hier anschliessen müssen die Würdigung der Urgeschichte der Urvölker Europas, also der griechischen Urstämme und der urdeutschen Stämme, welche mit den Persern durch Sprache und leibliche Bildung verwandt sind, vielleicht auch mit ihnen einerlei Ursprung haben. Auch müsste dann hier eine Würdigung der grossen Urvölker der Kelten und der Iberer und der aus ihnen vereinten Kelt-Iberer stehen, aber auch in Ansehung dieser Völker sind wir ohne urkundliche Geschichte. Dasselbe gilt von der Urgeschichte der slawischen und tatarischen Völker, welche beide schon in der ältern Geschichte der Menschheit von entscheidender Wichtigkeit gewesen zu sein scheinen, und der aus ihnen gemischten Stämme. Die slawischen Stämme, deren Wichtigkeit für die Ausbildung des Lebens der Menschheit jetzt in steigendem Wachsthum ist, sind wahrscheinlich alle aus ihnen ursprünglich gemischt, denn die slawischen Sprachen insgesammt scheinen zuerst auf indischer Grundlage gebildet, aber sind dann offenbar mit andern Sprachstämmen vermischt worden. Hierüber könnten wir nur durch Eröffnung neuer Geschichtsquellen bestimmtere Belehrung erhalten.*)

---

*) Frankfurter Zeitblatt 1830, 2. März.

Der höchste bewohnte Punkt der Erde.

Der Dr. Gerard, dessen Bruder das Himalayagebirge bereiste, hat kürzlich das Suledsch-Thal besucht und in diesem, von den höchsten Berghäuptern des Erdkreises umgebenen Thale, welches zugleich der höchstgelegne bewohnte Ort der Erde ist, merkwürdige wissenschaftliche Beobachtungen angestellt.

In dieser hohen, den europäischen Gelehrten lange Zeit unzugänglichen Region begegnete Herr Gerard einem der unerschrockensten Philologen, den die Geschichte aufzuweisen hat. Derselbe ist ein Ungar Namens Csoma de Körössy. Dieser Reisende verliess sein Vaterland im Jahre 1819, ging durch die Walachei und Bulgarien nach Rumänien, schiffte sich hier nach Aegypten ein und nahm seinen Weg nach Syrien, über Bagdad nach Persien, wo er sich einige Monate zu Teheran aufgehalten; dann setzte er seine Reise über Khorassan, Bochara, Kabul, Kaschmir und Ladak fort, wo er im Jahre 1822 anlangte. Er hat sich zu Kunauar in Tibet niedergelassen, in dem Kloster Kanam, wo er mitten unter Mönchen der Lamaischen Religion wohnt. Der Zweck

Hierauf folgt nun die Würdigung der Urvölker Afrikas.
Aber in Ansehung dieser sind wir wiederum gänzlich im
Dunkeln, weil uns da nicht nur die urkundliche Geschichte
verlässt, sondern auch die mythische. Die afrikanischen
Sprachen, die wir bis jetzt kennen, und die Betrachtung der
Völkerstämme, welche sie geredet haben und reden, zeigen,
dass in Afrika ursprünglich drei Menschenstämme gelebt
haben, welche den drei asiatischen Hauptstämmen entsprechen.
Der arabische Stamm nämlich, oder überhaupt der weisse
Stamm, dann die eigentlichen Negervölker, entsprechend den
Negervölkern Asiens, z. B. den Haraforonegern auf den Hochgebirgen Südindiens. Dann die Gallasvölker, die Hottentotten
und überhaupt die Bewohner des südlichen Afrika, entsprechend den mongolischen Stämmen. Dass wir über die
Urgeschichte Afrikas keine Nachricht haben, sowie, dass auch
noch jetzt unsre Länder- und Völkerkunde in Ansehung
Afrikas am mangelhaftesten ist, das hat seinen Hauptgrund
in der Erdlage dieses Haupterdlandes, indem es fast ganz in
der heissen Zone und nur zum Theil in der gemässigten liegt;
da im Gegentheil Asien nur zum Theil unter der heissen
Zone, zum grössten Theil in der gemässigten Zone und in
der kalten sich erstreckt. Die Landenge von Suez ist 30 Grad,
also nur 450 Meilen über dem Aequator. Hieraus hat sich
ergeben, dass die Gebirge Afrikas bei weitem mehr verwittert
und zerklüftet sind, und dass das ganze Land schmaler ist
und zugleich die Wüsten grösser und öder sind, als in Asien,
und dass in Afrika die schwarze Menschheit die überwiegende
ist, so wie in Asien die weisse. Arabien, das Land und das
Volk, rechne ich zu Afrika, weil dieses die organische Ab-

---

seiner so unermüdlichen Forschungen ist, sich mit der Sprache der Ti-
betaner, sowie mit den Büchersammlungen bekannt zu machen, die in
den dortigen Klöstern aufbewahrt werden. Mit Hülfe eines sehr unter-
richteten Lama's hat er es schon sehr weit in dem Studium der tibetanischen Literatur gebracht. Schon vor einem Jahre war er mit
der Ausarbeitung einer Grammatik und eines Wörterbuches der Sprache
dieser Gegend fast fertig geworden. Er hat in diesen gänzlich unbe-
kannten Regionen eine Encyclopädie der Künste und Wissenschaften
entdeckt, die aus nicht weniger als 44 Bänden besteht; der medizinische
Theil allein nimmt 5 Bände ein. Eine unermessliche, in den Archiven
der Klöster befindliche Menge gedruckter Urkunden kann neues Licht
über die Geschichte und Erdkunde geben. Man weiss bereits, dass die
Lithographie schon seit undenklichen Zeiten in der Hauptstadt Tibets
geübt wird, und dass man sich derselben bedient hat, auf 60 Blättern
die Anatomie der verschiednen Theile des menschlichen Körpers darzustellen. Wie es scheint, sind es die Verfolgungen der Kaste der Brahmanen gewesen, durch welche die Künste und Wissenschaften gezwungen
worden, die Ebnen Hindostans zu verlassen, um eine Zuflucht in den
rauhen Gebirgen Tibets zu suchen, wo ihre der übrigen Welt bisher
völlig unbekannt gebliebnen Schätze verborgen worden sind.

theilung des Erdlandes so zeigt, und weil die arabische Sprache ihrem uralten Grundbestande nach dieselbe ist, welche in dem Hochlande Afrikas geredet wurde und noch jetzt geredet wird. Unter dem ganzen Sprachstamme der sogenannten semitischen Sprachen ist die arabische Sprache bei weitem die ausgebildetste, sie ist also für die afrikanische Menschheit dasselbe, was die Sanskrit- und Prakitsprache für die Völker Asiens ist, so wie denn auch die arabischen Völker dem Gehalte ihrer leiblichen und geistigen Bildung nach und in Ansehung ihres Einflusses auf die Bildung der ganzen Menschheit der Erde den indischen Völkern charaktervoll gegenüber stehen. Aber auch mehrere Negersprachen sind hochgebildete Sprachen, z. B. die der Mandingoneger, der Fullahneger und der Senegambier. Diese Sprachen deuten auf eine hohe Kultur in früher Vorzeit zurück; und in der baskischen oder altiberischen Sprache, wie sie noch in einem Theile von Frankreich und Spanien jetzt geredet wird, sowie in der Berbernsprache, scheinen sich die afrikanischen Ursprachen erhalten zu haben.

Zuvörderst würdige ich nun das Bemerkenswertheste aus dem Leben und der Geschichte der Araber. Dieses Volk steht, wie vorhin schon erklärt, den indischen Völkern gegenüber und ist ihnen auf eigne Weise entgegengesetzt. So wie den indischen Völkern, so ist auch den arabischen Stämmen das Amt der Erhaltung und der Fortpflanzung der wissenschaftlichen, der kunstlichen und der religiösen Bildung, und zwar in verschiednen Zeiten, übertragen gewesen und liegt ihnen noch jetzt ob. Dies war schon vor Muhammed der Fall, noch mehr aber seitdem, und besonders zum Besten der afrikanischen Menschheit; auch war dieses Volk zu allen Zeiten für den allgemeinen Handel von vorwaltender Wichtigkeit; — von ihm scheinen auch die Phöniker ausgegangen zu sein. So allseitig zwar, wie das indische Volk, konnte das Volk der Araber niemals ausgebildet sein, wegen der eigenthümlichen Beschaffenheit des Landes, welches keineswegs so schön, so fruchtbar und so vollständig an allen Naturgaben, als Indien ist; aber zu aller Zeit hat dies Volk sich ausgezeichnet durch wissenschaftlichen Geist, wie schon im Buch Hiob und in Lokman's Fabeln und Sprüchen sich offenbart und durch urgeistige, tiefsinnige und lebenreiche Poesie. Die arabische Sprache ist noch jetzt, nächst der indischen und deutschen, vielleicht die am höchsten und reichsten ausgebildete Sprache auf dieser Erde. In diesem Volke herrscht das Leben der Familie und das damit innig verkettete der durch gleiche Abstammung und durch die gleiche Grundlage der Bildung verwandten Stämme vor. Daher war es unmöglich, dass jemals bei den Arabern eine Kasteneinrichtung eingeführt wurde; denn der Freiheitssinn dieses Familienstammlebens, welcher genährt und befördert wurde durch die Beschaffenheit des Landes, leidet durchaus keine blinddespotische Beschränkung, und nie hat dieses Volk ganz unterjocht werden können. Dagegen waltet in diesem Volke das religiöse Streben vor, und in ihm entflammt, hat es sich späterhin um das ganze Mittelmeer und bis nach Hinterindien ausgebreitet. Besonders aber ist das arabische Volk durch den Islam für die Kultur der übrigen Völker, vornehmlich Afrikas, jedoch auch für die Kultur vieler Völker Asiens, wohlthätig geworden; und auch für das Leben des christlichen Mittelalters hat die arabische Lebensbildung weckend und bildend gewirkt, vornehmlich in Kunst und Wissenschaft, in Poesie und Philosophie. Neuerdings aber gewinnt das arabische Volk wieder eine wesentliche Beziehung zu der Höherbildung der Menschheit auf Erden durch das Bestreben der Wachabiten, welche das islamische Religionsbekenntniss und die islamische Religionsverfassung im freien, altarabischen Geiste reformiren, mithin dort jetzt die dritte Periode des zweiten Hauptlebensalters beginnen, indem der Islamismus zu der Religion der Wachabiten sich verhält, wie der Katholicismus zum Protestantismus.

Hierauf sollte nun eine gleichförmige Würdigung des altäthiopischen Volkes folgen, welches in dem jetzigen Nubien und Abessynien wohnte und sich nach und nach auch nach Aegypten hinabgezogen. Aber die Geschichte dieses Volkes liegt im Dunkeln. Thebä in Oberägypten soll eine äthiopische Kolonie sein. Von daher soll Aegypten seine Religion, seine Bildschrift und alle Anfänge seiner Bildung erhalten haben. Da aber von der andern Seite nicht geleugnet werden kann, dass in eben dieser Grundlage der ägyptischen Bildung gar vieles Brahmanisch-Indische sich findet, und da es gewiss ist, dass die indischen Völker von Hochafrika bereits mehrere Jahrtausende vor Christi Geburt durch Handel und Kolonien verbunden gewesen sind, so muss man erst weitre Aufschlüsse der wirklichen Geschichte erwarten, wenn man über die uranfängliche Bildung der Aethiopen urtheilen sollte.

Auch darf ich hier die Frage nicht unberührt lassen, ob wohl auch die Menschen der schwarzen Rasse, die Negervölker in Afrika, eine Urkultur gehabt. Dass es so gewesen, ist nach dem allgemeinen organischen Entwicklungsgange einer Theilmenschheit auf einem Himmelskörper zu vermuthen; und leicht ist es möglich, dass, wenn die Europäer erst ins Innre von Afrika vorgedrungen sein werden, ganz unerwartete Entdeckungen hierüber sich ergeben. — Diese Erwartung wird vielleicht in Kurzem erfüllt werden; denn die vor Kurzem aus Aegypten heimgekehrte französische und toskanische wissenschaftliche Expedition verspricht nach einem Bericht aus Florenz vom 6. Febr. 1830 hierüber ganz neue Aufschlüsse Das Portefeuille der toskanischen Expedition enthält 1300 Zeichnungen, einige davon haben Bezug auf Geschichte, andre auf Religion, und noch andre auf das öffentliche und Privatleben des alten Aegyptens. Die erstern enthalten nicht nur kostbare und unerwartete Notizen über die ältesten Epochen der ägyptischen Geschichte, sondern auch über die Geschichte der berühmtesten Völker Afrikas und Asiens in Zeiten, bis zu denen die geschriebene Geschichte nicht zurückreicht. (Hamburger Corresp. 1830, Nr. 32 vom 24. Febr.) Was nun die darauffolgende Bildung der ägyptischen Völker betrifft, so ist gerade auch dieses Volksleben an sich ein wesentliches, ganz eigenthümliches Glied des Lebens der Menschheit, und es ist zugleich für die Weiterbildung der Menschheit von entscheidendem Einfluss gewesen. Das Land Aegypten ist klein und nur unter Voraussetzung einer regelmässigen, kunstvollen Kultur von einem zahlreichen Volke bewohnbar; es ist selbst zum Theil erst spätern Ursprungs durch die Anschwemmung des Landes am Ausfluss des Nils. Das Land belohnt aber seine Bearbeiter reichlich. Daher wurden die Völker Aegyptens gezwungen, sich wie die Siner und das Zendvolk, auf die äussre Werkthätigkeit zu legen; sowie auch der ganze Volkscharakter der Aegypter bis auf einzelne Züge mit dem sinesischen Charakter übereinstimmt. Allerdings finden wir, dass dieses Volk sich auch in Wissenschaft und Kunst hervorgethan; aber die Anfänge dieser Bildung scheinen grösstentheils indischen Ursprungs zu sein. Auch die Werke ihrer Baukunst haben in der Grundanlage mit denen der indischen Baukunst wesentliche Aehnlichkeit; aber die ägyptischen Kunstwerke sind einfacher und des indischen Schmuckes grösstentheils beraubt, dagegen die indischen viel riesenhafter und dabei weit mehr ins Einzelne ausgebildet und reich verziert sind. Die ägyptischen Tempelgebäude und Tempelanlagen erscheinen wie kahle, nackte indische Pagoden im kleinern Massstabe. — Aus der eigenthümlichen, zur äussern Arbeitsamkeit zwingenden äussern Lage dieses Volks ging hervor, dass sie in der Schwermuth ihres Sinnes die Musik und die freien und schönen Leibesübungen verschmähten, ja sogar, dass die Künste gesetzlich verboten wurden. Von ägyptischer Poesie ist nichts bekannt, obgleich ihr Götterdienst auch Hymnen enthalten hat. — Die Geschichte Aegyptens zeigt drei untergeordnete Epochen. In der ältesten war das Ganze in drei Reiche getheilt, und besonders das thebanische Reich, begünstigt durch seine Lage, zeichnet sich vor andern aus, weil der ganze Karavanenhandel von Asien und Afrika dort durchging. Zu Ende dieser ersten Zeit finden wir den Volksstamm der Hyksos herrschend, welche vielleicht eine ausgewanderte niedre indische Kaste sind. In der zweiten Epoche aber wandte sich das ägyptische Volksleben, besonders unter Sesostris, nach aussen, und zwar erobernd bis nach Indien an den Ganges und bis nach Thrakien und an den Don. Durch dies Bestreben wurde das ägyptische Volk besonders für die europäischen Völkerstämme überaus wohlthätig, weil die Aegypter überall hin Kunst und Wissenschaft, Viehzucht und Ackerbau verbreiteten, und so wurden die Aegypter auch Lehrer der Griechen in Wissenschaft, in Kunst und in den gesellschaftlichen Einrichtungen des Lebens, wie dieses selbst Platon anerkennt, und wie es sich aus Champollion's neusten Entdeckungen noch lichtvoller ergiebt, als es bisher nachgewiesen werden konnte. In dieser Zeit bildete sich auch die Hieroglyphenschrift aus, welche wesentliche Aehnlichkeit mit der sinesischen Gestaltsprache hat; es kann jedoch über den Werth, oder Unwerth der ägyptischen Hieroglyphensprache jetzt kein festes Urtheil gefällt werden, weil der vollständige Schlüssel dazu erst noch gefunden werden soll, indem auch Champollion nur erst die Entzifferung des untergeordneten phonetischen Theiles dieser Gestaltsprache geleistet hat, welcher phonetische Theil selbst nur ein äusserliches, fremdartiges Element der eigentlichen, reinen, der sinesischen Sprache ähnlichen ägyptischen Hieroglyphensprache ist. In der dritten Periode seiner Entfaltung gewann das ägyptische Reich, von Psammetich an, Selbständigkeit und Macht, und besonders ist hier zu erwähnen, dass schon unter Psammetich die Vereinigung griechischer und ägyptischer Kultur in Aegypten selbst begann.

Der Beschluss der Würdigung der ersten Epoche der ersten Periode des zweiten Hauptlebenalters der Menschheit möge die Betrachtung zweier Völker machen, bei denen sich ein freierer Sinn für die Ausbildung des Lebens nicht nur regte, sondern auch in bestimmter Gestalt sich zeigte und bewährte, — der Phöniker und Hebräer.

Die Phöniker sind ein semitischer Stamm, der in unangeblichen Zeiten aus der arabischen Wüste ausgegangen zu sein scheint, so wie wir ihn auch zuerst am arabischen und persischen Meerbusen wohnen finden. Daher vereinigte dieser Stamm sehr früh arabische Bildung mit babylonischer. Frühzeitig schon beschäftigte dieser Stamm Gewerbfleiss und Handel; schon 1700 Jahr vor Christus zog derselbe an das Mittelmeer und nahm an der Küste nur einen kleinen Landstrich von etwa 25 Meilen in die Länge ein, gründete aber dort die grössten Handelsstädte damaliger Zeit, weil sich seinem Gewerbfleiss und Handel im Mittelmeer ein unerschöpfliches Gebiet eröffnete. Dieses Volk, welches Gewerbfleiss und Handel zum überwiegenden Lebensberuf machte, verbreitete infolge dieser Bestrebungen Künste und Gewerbe und auch alle diejenigen wissenschaftlichen Kenntnisse, welche dem Kunstfleiss und dem Handel unentbehrlich sind, über das ganze Lebensgebiet seiner Wirksamkeit, welche sich bald über das ganze Dreieck verbreitete, welches ich oben das historische Dreieck dieser Periode des Lebens der Menschheit nannte, und das durch die Hauptgebirge Europas, Afrikas und Vorderasiens bestimmt wird, welche das mittelländische Meer umziehen. Besonders verbreitete das phönikische Volk die Kunst, die Metalle zu bearbeiten, und die Kunst der Weberei, auch Buchstabenschrift und mathematische Erkenntniss. Ueberhaupt jedes gewerbtreibende Volk muss Kultur befördern, schon um Sinn und Bedürfniss für seine Handelsartikel zu wecken; es muss bestrebt sein, den innern Wohlstand aller der Völker, mit denen es Handel treibt, heraufzubilden, damit es von da Geld und rohe Produkte ziehen könne. So wurde das phönikische Volk Gründer und Förderer und Vermittler der Bildung der Völker Asiens, Afrikas und Europas. Aber ein reingeistliches, gemüthinniges Leben für Religion, Wissenschaft und Kunst kann eben deshalb von diesem Volke nicht erwartet werden. Ihr Götzendienst war fürchterlich, schauerlich und grausam und blieb es bis zu ihrem Untergang. Schade ist's, dass ihre historischen Werke verloren sind; aber für Philosophie und vorzüglich für Naturphilosophie mögen sie wohl minder Beträchtliches geleistet haben, Bedeutendes aber für Mineralogie, Technologie, besonders für Nautik, Schiffs- und Wasserbaukunst. Der Priester Sanchuniathon, ungefähr 2000 Jahr vor Christus, ist einer ihrer ausgezeichnetsten Denker, Kosmolog und Historiker, von dessen Schriften sich auch einige Fragmente, jedoch in griechischer Sprache, erhalten haben. Vieles wird ohne Zweifel den Phönikern als Erfindung angerechnet, was die Griechen nur zuerst von ihnen kennen lernten, z. B. Buchstabenschrift und Glasschmelzerei und die Anfangsgründe der Arithmetik, welches alles die Phöniker ohne Zweifel von Arabern, Babyloniern und Indern gelernt haben. Die höchste Blüthe der Phöniker fällt in die 5 Jahrhunderte 1000—500 vor Christus. Dieses Volk ist ein lehrreiches Beispiel davon, dass auch ein weniger zahlreiches, aber charaktervolles Volk, welches bürgerliche Freiheit errungen hat und einen wesentlichen einzelnen Theil der menschlichen Bestimmung mit Eifer als vorwaltenden Beruf ergreift, ein wesentliches Glied für den Fortgang der Kultur der ganzen Menschheit werden kann.

Die Hebräer und das Mosesthum. *)

Das Volk der Hebräer ist ebenfalls ein semitischer Stamm und hat sich gleichzeitig mit den Phönikern, auch zum Theil in derselben Richtung und in demselben Lande ausgebildet. Abraham ging von Haran in Mesopotamien aus und liess sich ums Jahr 2000 vor Christus nieder in den für die Viehzucht geeigneten Auen Palästinas. Dieser Volksstamm ist ursprünglich nomadisch und hat daher immer Ackerbau und Viehzucht als äussern vorwaltenden Beruf ergriffen, aber in eigentlicher Wissenschaft und Kunst, auch in Gewerben und Handel, zur Zeit seines selbständigen Volkslebens die Phöniker nie erreicht. In Aegypten wurde dieser Stamm zum Volke ausgebildet und von Moses als Volk wieder in das ursprüngliche Vaterland heimgeführt. Die höchste und reinste Blüthe dieses Volkslebens war unter David und Salomo im elften Jahrhundert vor Christus. Die Hauptgrundlage aber der innern Bildung dieses Volks ist folgende: Erstlich, das arabische, patriarchalische Princip des Familienlebens und der chethumlichen Verfassung, erweitert zu der leitenden Idee der Stammschaft, und dann zu der noch höherstufigen Idee der freien Vereinigung freier Stämme, deren Stammväter Brüder waren, in ein Volk. Zweitens, die Erkenntniss und Verehrung Gottes, und zwar ohne Bild und Hülle; Gottes als des allgewaltigen, freiregierenden Wesens über der Welt, als des Schöpfers und Herrn des Himmels und der Erde, als Vaters der Menschen, zunächst aber vorzüglich des Volks der Hebräer, welches er sich aus den übrigen Völkern selbst zum Eigenthume erwählt, weil es ihm und seiner Verehrung treu geblieben, und unter der ausdrücklichen Bedingung, dass es ihm auch in der Folge treu bliebe, und zwar dies mit der ganz eigenthümlichen Bestimmtheit, dass Jehova mit ihren Urvätern, zuerst mit Noah, dann mit Abraham, in sinnlicher Erscheinung einen individuellen Bund und Bundesvertrag geschlossen, welchen heiligen Kontrakt Jehova dann durch Moses auf Sinai wiederum bestätigt und erneut habe. Drittens, diese beiden genannten Hauptmomente der ganzen Bildung im Verein, als theokratische Volksverfassung, welche unter dem göttlichen, von Moses bekannt gemachten Gesetze und unter Leitung der göttlichen individuellen Offenbarung die zwölf Stämme dieses Volks in eine Republik verband. In der vorhin aus-

---

*) Der Mosaismus ist ein wesentlicher Uebergang vom Kastenthum und Despotismus zu organisch geordnetem Volksleben mit vorwaltendem hierarchischen Elemente. Daher wurde er auch der Boden, worin das höherartige Gewächs des Christenthums keimen und seine erste Nahrung nehmen konnte.

gesprochnen Lehre, die zuerst in den dem Noah geoffenbarten sieben Geboten, dann durch Abraham und seine Nachkommen hervortritt, leuchtet die Grunderkenntniss Gottes noch aus dem ersten Hauptlebensalter der Menschheit herein in das zweite; auf ähnliche Weise wie in der uralten, reinen, durch Vielgötterei noch unentstellten Lehre der Brahmanen; nur mit dem für das Fortschreiten der Menschheit grundwichtigen Unterschiede, dass die Brahmanen die reine Gottlehre als das dem Volke nie zu entdeckende Geheimniss (als Oupnek'hat) aufbewahrten und nur in ihrer Priesterkaste fortpflanzten, dass dagegen die Stammväter der Hebräer eben diese Lehre als gemeinsames Gut des ganzen Stammes erhielten, und dass Moses selbige für das ganze Volk, als für ein Volk von Priestern, bestimmte und selbige innerhalb seines Volks öffentlich machte, auch den übrigen Völkern mittelst der noachidischen Gebote ihren Antheil an Jehovas Offenbarungen verstattete. Was Hom und späterhin Zerduscht für das Zendvolk waren, das wurde Moses für die Hebräer. Die mosaische Gesetzgebung ist eins der grössten historischen Kunstwerke der ganzen Geschichte der Menschheit dieser Erde bis jetzt; und folgende Grundzüge seiner Weisheit verdienen in der Philosophie der Geschichte bemerkt zu werden:

1 Das Verbot alles Stoffbildlichen, oder Materiellen, in dem Gedanken und in der Verehrung Gottes, in der Vorschrift: Du sollst dir kein Bildniss machen von Gott. Hierdurch wurde das Götzenthum und die Fetischverehrung auf einmal ganz abgehalten und ausgeschlossen.

2) Dass Moses Alles unberührt liess, was den Menschen jenseit dieses Lebens erwartet. Dadurch hielt er den schädlichen Einfluss der unendlichen Furcht und der unendlichen Hoffnung eines seligen, oder unseligen Zustandes nach dem Tode von seinem leidenschaftlichen, zur Sinnlichkeit geneigten Volke ab und vermied dadurch zum Theil das Unglück, welches der Wahn eines sinnlich ausgestalteten Himmels und einer dem Himmel entgegenstehenden Hölle bei den Indern, sowie auch bei den Aegyptern, gestiftet hat und noch heute bei den Islamverehrern, ja sogar zum Theil bei den Christen, stiftet. Dadurch lenkte Moses den Sinn seines Volkes zurück auf das Thun und Lassen, das Hoffen und das Fürchten dieses Lebens auf Erden.

3) Dass Moses zwar ein Priesterthum stiftete, dies auch einem Stamme anvertraute, — diesen Stamm aber nicht als Kaste einsetzte und bevorrechtete. Er stellte vielmehr die Priesterschaft in gesellschaftlicher Hinsicht den andern Stämmen gleich und machte das Priesterthum in Ansehung seines ganzen Bestehens von einem jeden der übrigen Stämme auf eigenthümliche Weise und von allen zugleich gänzlich ab-

hängig. Dadurch machte er jene heillose Despotie des Priesterstandes unmöglich, welche die indischen und die vorderasiatischen Völker und die Aegypter unterdrückte. Doch darf die Philosophie der Geschichte auch die Beschränktheiten der mosaischen Einrichtungen nicht übersehen, welche vornehmlich in drei Hauptpunkten bestehen:

1) Der Vatervolksinn, oder Patriotismus, nahm das Gewand der selbstischen oder egoistischen Betrachtung Gottes um und artete in ungerechte Vorliebe für das eigne Volk aus. Doch muss bemerkt werden, dass der mosaischen Verfassung gemäss die Aufnahme der Frommen unter den Heiden in den Vorhof des israelitischen Heiligthums mittelst der sogenannten noachidischen Gebote ein schöner Erweis echter Duldung ist.

2) Obschon der Priesterstand das Volk nicht unterjochen konnte, so behielt er doch, aus innern Gründen der geistigen und gemüthlichen Ueberlegenheit, einen noch allzu überwiegenden Einfluss auf die Leitung des ganzen Volks, wodurch dann grössten Theils auch die äussern Schicksale des Volks, sowie dessen Benehmen gegen das in ihm aufkeimende Christenthum mit bestimmt worden sind.

3) Ein drittes Gebrechen des Mosesthums ist der Ceremoniendienst und die bis ins Einzelnste bestimmten Gebräuche desselben, welche sich in die kleinsten Angelegenheiten des häuslichen Lebens und des Lebens jedes einzelnen Menschen erstrecken; wodurch die Frömmigkeit, an äussre Formen gefesselt, den Einfluss auf das Leben verliert, und der gesellschaftliche Fortschritt in der Gottinnigkeit unmöglich gemacht wird, solange diese Formen nicht gebrochen werden. — Daher auch dieses Volk, unter die Völker der Erde zerstreut, noch in den äussern Formen seiner Religion, soweit nur immer möglich, beharrt ist bis heute.

Und an diesen lähmenden Ceremoniendienst schliesst sich 4) auch die Hinweisung auf Lohn und auf Strafe, die den Ungerechten, oder seine Kinder und Kindeskinder, nicht zwar jenseits, sondern vielmehr noch auf Erden betreffen, sowie zugleich das Recht der Rache, jus talionis, Auge um Auge, Zahn um Zahn, welches ebenfalls zur Schattenseite des mosaischen Gesetzes gehört.

In der Entwicklung der Geschichte des hebräischen Volks und des Mosesthums sind nun zwei Hauptepochen zu unterscheiden. Erstlich die rein mosaische Periode, wo das Leben dieses Volks im Erstwesentlichen rein erhalten wurde. Dann die Periode des gemischten Lebens, — wo vorzüglich durch die Auswanderung nach Babylon der Mosaismus vermischt wurde mit chaldäischer und parsischer Denkart, wovon indess schon im ursprünglichen Mosaismus sich Hauptelemente der Uebereinstimmung in Lehre und Volksleben finden. — Dann trat aber die neue, den Mosaismus erweiternde Idee des Messias, als des von Jehova gesandten Erretters des Volks, hinzu, welche weiterhin sich als geschichtlicher Keim einer höhern Lebensentfaltung erwiesen hat. — Aber noch weiterhin vermischte sich hebräische Bildung auch mit hellenischer Wissenschaft und Lebenskunst, am meisten in dem Jahrhunderte, wo Jesus geboren ward. Diese Vereinigung concentrirte sich gleichsam in der mystischen Gesellschaft der Essäer und Therapeuten und trat in ihrer Vollendung hervor im Leben des neu entstehenden Christenthums, wodurch diese Vereinigung dann menschheitgeschichtlich geworden ist, indem die vorhin erwähnten Hemmnisse der höhern Lebensentwicklung, welche den Mosaismus zurückhalten, durch das Christenthum grösstentheils beseitigt wurden; das ist: der eigentliche Priesterstand und die Blut- und Sühnopfer auf Salem, dann der Wahn einer Vorgunst Gottes für die Hebräer und das Leben lähmende und hemmende Ceremonialgesetz, nebst dem ganzen Ceremoniendienste. Dann konnte die hohe Idee des Reiches Gottes, welche schon von hebräischen Sehern und Propheten klar verkündigt worden war, nun als die vorwaltende, lebenleitende Idee hervortreten in Wort und That, als die Idee des allgemeinen Reiches Gottes oder des Himmelreiches, welches bestimmt ist für alle diejenigen Menschen, die zu den Erwählten dieses Reiches gehören.*)

Ehe wir aber von hier aus den Fortschritt zu der Betrachtung des Christenthums nehmen, welches den Anfang der zweiten Periode des zweiten Hauptlebensalters der Menschheit für die Völker um das Mittelmeer gebildet hat, ist noch kurz das Leben der zweiten Epoche der ersten Periode des zweiten Hauptlebensalters zu schildern, worin für den Hauptschauplatz der Kultur um das mittelländische Meer herum nächst den Arabern, Phönikern, Aegyptern und Hebräern die vorherrschende Bildung den Hellenen und den Römern übertragen ist, und während welcher Epoche die Kultur sich immer mehr nach Westen zieht und das ganze historische Dreieck dieser Periode nach und nach ausfüllt, auch bereits anfängt, dieses Gebiet durch die Meerenge von Gibraltar

---

*) Aus dieser Darstellung geht hervor:

a) Dass mit Abraham die zweite Periode des zweiten Hauptlebensalters der Menschheit für die vorderasiatischen Völker gekeimt hat; dass dann selbige

b) mit Moses aus Licht geboren worden und in den Propheten der Hebräer ihre Kindheit angetreten,

c) mit Jesus die Entwicklung ihres reifern Alters begonnen und dann im europäischen Mittelalter in der römisch-katholischen und der griechisch-katholischen Kirche ihre Reife gewonnen hat.

hinaus und über den Hochgebirgszug von Europa zu überschreiten, und den britischen Inseln, sowie den baltischen Ländern die ersten Anfänge der nun gewonnenen Vereinbildung der genannten Völker zu überbringen. — Sowie jene grossen vorderasiatischen Reiche nebst den Phönikern und Hebräern die erste, frühere Synthesis der Kultur von Asien und Afrika vorstellen, so bilden vornehmlich die Griechen und Römer die zweite, und zwar in Kleinasien und Europa an der Westküste von Asien und an der Nordküste von Afrika, um das Mittelmeer. Das Volk der Griechen zeigt sich allseitig für die ganze Bestimmung der Menschheit bestrebt, wie die Inder; das römische Volk dagegen einseitig, mit überwiegender Ausbildung des Staates unter der Herrschaft der zwingenden Gewalt. Das griechische Volk ist nach den Indern das erste Volk, welches sich zu einem einzelnen vollständigen Gleichnissbilde der ganzen Menschheit vollendet hat, indem es mit bewusster Freiheit nach gleichförmiger, organischer Vollendung in Wissenschaft und Kunst, in Staat und Religion, in seinen vorwaltenden Geistern strebte, und eben dadurch wurden die Griechen, sowie im grossen Lebenskreise die Inder, fähig, für die mitlebenden und die kommenden Völker sich als Lehrer und Erzieher zu Menschlichkeit und zu wahrhaft menschlicher, sittlich-freier Geselligkeit zu erweisen.

Wenn auch die Grundlagen der hellenischen Bildung indisch, persisch, ägyptisch, phönikisch, wohl auch thrakisch waren, so gewannen doch alle diese einzelnen Anfänge bald durch die Griechen eine höhere Einheit, eine wohlgemessene, übereinstimmige Vereinheit und eine urgeistige Eigenthümlichkeit, so wurde doch alles Einzelne von den hellenischen Völkern in eine Harmonie des eigensten Lebens verbunden und dann mit urgeistiger, originaler Freiheit weitergestaltet. Der Grundcharakter aber des Hellenenthums ist Freiheit, d. i. Leben in eigner, selbständiger Kraft, welches sich selbst die Richtung giebt, also innre und äussre Freiheit, und dazu Vervollkommenbarkeit (Perfectibilität) in Bewusstsein der reinen Idealität, das ist, Bewusstsein des Urbegrifflichen und Urbildlichen, zugleich mit dem Bewusstsein der Befugniss, dass das Reinideelle, das ist das Ewiggute und Ewigschöne, im Leben dargebildet werden solle. — Daher finden wir bei den griechischen Stämmen selbständige, eigne Forschung des freien Geistes im Gebiete der Wissenschaft und das in dieser Freiheit des selbständigen Forschens nach reiner Wahrheit gegründete Streben, die Wissenschaft volksthümlich, exoterisch, zu machen, angegen jenem Streben der Brahmanen nach abgesonderter Innerlichkeit der Wissenschaft, und die Mysterien sind eine im eigentlich griechischen Leben untergeordnete, von aussen stammende Erscheinung. — Daher konnte auch bei den Hellenen die Wissenschaftsforschung in Pythagoras, Anaxagoras, Sokrates, Platon und Aristoteles die reine Erkenntniss Gottes als des einen unbedingten Wesens erreichen, obschon diese Erkenntniss nicht bis zum Volke hindurchzudringen vermochte, weil der Polytheismus eine Grundlage des hellenischen Volkslebens war. — Aber in der schönen Kunst gedieh die freie Gestaltung nach Ideen und Idealen bis zur Entfaltung eines ganzen Organismus der schönen Künste, in welchen jedoch die Poesie und die Darstellung der Gestaltung und der Bewegung des Leibes vorwaltend blieben; die Musik aber als die Kunst des schönen Gemüthslebens verhältnissmässig zurückblieb, weil die Erkenntniss und das Gefühl Gottes selbst, als des einen Wesens, nicht volksthümlich wurde. Denn die Religion dieser Völker blieb, bis zur Ausbreitung des Christenthums unter ihnen, polytheistisch; — aber nach der Idee der freien, schönen, lebenskräftigen Menschheit. Ihr Götterthum, oder vielmehr Götterbilderthum, oder Gottahnbildthum ist eine idealisirte Menschheit, in einen gesellschaftlichen Organismus von göttlich vollendeten, eigenschönen Individuen ausgestaltet; — das Leben ihrer phantasirten Götter ist ein idealisirtes griechisches Menschheitleben. Auch hinsichts der griechischen Staaten waltet die Idee der Freiheit vor; — denn sie ruhen insgesammt auf dem Grunde der persönlichen Freiheit des Einzelnen, dann der höhern persönlichen Freiheit der Familien und der Stämme. In Staaten, welche so durch Freiheit geordnet und belebt waren, konnten auch unter den Griechen, vielleicht nach den Phönikern zuerst, freie Zunftvereine für die nützlichen und schönnützlichen Künste, $\varphi\varrho\alpha\tau\varrho\iota\alpha\iota$ und $\dot\varepsilon\tau\alpha\iota\varrho\iota\alpha\iota$ gebildet werden, die dann auch zu den Römern unter Numa übergingen und, ins christliche Mittelalter fortgesetzt, durch ihre vernunftgemässe Gemeindeverfassung das Bürgerthum gründen halfen und noch jetzt zum Theil bestehen als ein Beförderungsmittel des Kunstfleisses und der Gewerbe. Aber die eigentliche Gemeindeverfassung, das ist die echtrepublikanische Verfassung, — bildete sich bei den Griechen auch aus in Städteverfassung und Stammverfassung; in welchen politischen Verfassungen sich zugleich Sitte und Gebrauch mit dem aus dem Gemeindewillen in Form der Volksbeschlüsse hervorgehenden Rechte durchdrang und verband.

Ja die Hellenen erhoben sich zu der Idee des allgemeinen, alle menschlichen Dinge umfassenden, freien, gemeinsamen Volkslebens, in den an religiöse Volksfeste sich anschliessenden Volksspielen oder Lebenspielen, worin sich das in Harmonie vereinte Gesammtleben der griechischen Stämme gesellschaftlich darstellte, erhielt, verjüngte, nährte, und wo-

durch jene höhere geistliche und gemüthliche Volkseinheit des
Hellenenthums befestigt und erhalten wurde, welche in der
geistigen Einheit der deutschen Volksstämme noch jetzt ihr
Aehnliches hat, obschon diese Einheit deutschen Geistes und
Gemüthes ein Gleiches, wie die griechischen Volksspiele waren,
noch nicht errungen hat. — Dies nun sind die Lichtseiten
des griechischen Volkslebens; — aber die Philosophie der
Geschichte hat auch der Grundmängel des hellenischen Lebens
zu gedenken. Unter diesen steht oben an der Mangel der
höchsten Grunderkenntniss Gottes bei dem Volke, welche Erkenntniss nur im Hochpunkte der Reife des hellenischen
Lebens von einigen wenigen ihrer Urgeister errungen und
vornehmlich durch Platon für die folgenden Jahrhunderte
allen gebildeten Völkern verkündigt und aufbewahrt wurde;
aber die Grunderkenntniss Gottes gewann für die Hellenen
selbst keine belebende Kraft, da sie nicht Allgemeingut des
Volks, nicht volksthümlich wurde. Und so blieb das griechische
Leben vielgötterisch und götzendienerisch, polytheistisch und
idololatrisch, obschon in einem Götzendienste, der durch
Poesie und schöne Kunst, durch freies Bürgerthum und durch
Wissenschaftsbildung gemildert und von seinen sonstigen
Greueln, vornehmlich von Menschenopfern und sinnlicher Aus-
schweifung, stufenweis und grösstentheils gereinigt wurde.
Zweitens ist ein Hauptflecken in der griechischen Bildung die
Sklaverei in den verschiedensten Gestalten; so dass selbst
noch Aristoteles dem Sklaven die Persönlichkeit abspricht.
Diese Sklaverei ist bei den Griechen als ein Aehnliches des
Kastenwesens und als ein Ueberrest der barbarischen Kriegs-
gebräuche zu betrachten. Drittens findet sich bei den Griechen
Vernachlässigung der weiblichen Hälfte des Volkes in vieler
Hinsicht, — doch nicht jene asiatische, gänzliche Unter-
drückung der Frauen, sondern wenigstens reine Achtung der
Schönheit und Anerkenntniss des Werthes der treuen Häus-
lichkeit; nicht jene asiatische Beraubung der Frauen von
aller Erziehung und Bildung; denn wir sehen bald die
griechischen Frauen sogar an freier, öffentlicher Wissenschaftsforschung und Ausübung der schönen Künste theilnehmen.
Die Ursachen aber, weswegen das griechische Leben seit der
platonischen Zeit nicht höher und schöner, mit steigender
Kraft und Kühnheit, sich aufschwang und entfaltete, sind mehr
äussre, als innre. Indessen hat das Leben des griechischen
Volks, wenn es gleich in seiner freisten und schönsten Entfaltung gehemmt wurde, dennoch für die Weiterbildung der
Völker, vornehmlich aller Völker Europas, näher noch und
inniger, als das Leben der indischen Völker, gewirkt und
wirkt noch jetzt dafür durch seine Literatur und durch seine
Kunstwerke. — Daher ist auch die äussre Befreiung und

Herstellung des griechischen Volks eine nähere Aufgabe des Lebens der Menschheit, ja eine nähere Rechtspflicht, als die jetzt auch schon vorbereitete Befreiung des indischen Volks. Eben deshalb geht die Befreiung der Griechen, ganz dem Lebensgeiste der Menschheit gemäss, der Herstellung der Inder auch der Zeit nach voran, — am Morgenrothe des grossen Tages der Befreiung der Völker, — welcher uns jetzt aufgeht.

Würdigen wir nun ebenso das Leben der Römer nach seinen Hauptmomenten. Auch das Leben der Römer ist ursprünglich eine Vereinkultur, wie das griechische, nur zum Theil aus noch andern, und überhaupt aus mehrartigen Elementen gemischt. — Es findet sich in dem Römerthum ein urgriechisches Element, durch die frühsten griechischen Kolonien; aber daneben ist auch das etruskische Leben als ein ebenso wesentlicher Faktor in das Römerthum aufgenommen, welches etruskische Leben selbst wiederum ein Vereinleben zu sein scheint aus keltischer, iberischer, wohl auch phönikischer Kultur, zu welchen Elementen in Etrurien schon früh auch griechische Kultur beigemischt war, noch ehe Rom gegründet wurde. — Von dem Hellenenthum nun unterscheidet sich das Römerthum vornehmlich durch seine einseitige Richtung des Lebens auf äussre Werkthätigkeit, auf das äusserlich Praktische, und durch Mangel an Sinn für freigeistige Gestaltung der Wissenschaft und der Kunst, dagegen durch überwiegende Neigung zu Krieg und Gewaltthat für die Ausbreitung ihrer Alleinherrschaft über alle Völker des Erdkreises. Ein freudeloser Grundzug von strenger, herber Gewalt zeigt sich im häuslichen, wie im öffentlichen Leben der Römer. Auch der Priesterstand musste sich bald dieser einseitigen Richtung fügen. Zur leitenden Idee, oder vielmehr zum leitenden geschichtlichen Musterbegriffe des grossartigen öffentlichen Lebens der Römer wurde die Verheissung der äussern Herrschaft über alle Völker durch die Götter erhoben. Hierin sind die Römer den Hebräern ähnlich; — nur dass das rein monotheistische Mosesthum in seiner Entfaltung zu der Idee der freien Vereinigung aller Völker im Geist und in der Wahrheit führte, während dagegen das polytheistische Römerthum bloss äusserliche Einheit der Völker im Staatsleben erstrebte.

Was den Hebräern der Tempel auf Zion war und in Hoffnung noch ist, das war in untergeordneter Beziehung den Römern ihr Capitolium; durch diesen entschiednen, nie verleugneten Grundcharakter wirkte nun das grosse Volk der Römer zu Ausbreitung seiner Machtherrschaft überallhin; — zwar das Eigenleben der Völker lähmend und unterdrückend, doch aber auch die Völker, wenn schon meist nur durch Zwang, zu gesellschaftlichem Leben vereinend; — zwar zunächst dem Leben der höhergebildeten Griechen verderblich, aber dabei dem Leben aller weniger gebildeten Völker förderlich; indem es die Völker zu Höherem weckte und die höhere Bildung durch ihre gesellschaftlichen Einrichtungen fest begründete. Dadurch bewährte sich späterhin selbst noch das entartete Römerthum als Mittel (Vehikel) der Verbreitung griechischer Bildung in Wissenschaft und Kunst im ganzen Lebensgebiete dieses Zeitraums, und zwar dann noch in einem grossen Theile der zweiten Periode des zweiten Hauptlebensalters, vornehmlich als Träger und Beförderer der Verbreitung des Christenthums, in gesellschaftlicher, wenn schon äusserlich erzwungner, hierarchischer Einheit, und übereinstimmig zugleich als Träger und Verbreiter der äussern Gesittigung über ganz Europa, vornehmlich durch Verbreitung der edlern Pflanzenarten, des Getreides, des Obstes, des Weines, und der nützlichen Thierarten über das obere Europa, — dann durch Verbreitung aller Zweige der Baukunst und der nützlichen Gewerbe der Zünfte, vornehmlich durch Einführung der freiern römischen Städteverfassung. Hierzu wirkten auch die römischen Legionen bedeutend mit, welche nicht nur als Kriegsleute gebraucht wurden, sondern auch zur Kultur aller eroberten Länder arbeiten mussten, überall Strassen und Aecker und Gärten anlegend, und wohnbare Städte, meist um römische Lager und Stationen, gründend. — Und ebenso hoch und noch höher ist die völkerbildende Wirksamkeit des Römerthums durch seine Literatur und durch seine Kunstwerke anzuschlagen, wodurch dasselbe noch jetzt auf die gebildetsten Völker der Erde, ihre Bildung miterhaltend und fördernd, einwirkt; obgleich im Allgemeinen die bildende Kraft des Hellenenthums und des Römerthums in der Wirksamkeit auf die neuzeitigen Völker stufenweis abnehmen muss, weil und sowie höhere, das Leben der Griechen und der Römer überfliegende Ideen in den folgenden Lebensaltern der Menschheit die das Leben der Völker begründenden und leitenden werden.

Nach dieser ausführlichern Würdigung der ersten Periode des zweiten Hauptlebenalters wende ich mich zur kürzern Betrachtung der zweiten. Die allgemeine Vergleichung theils der allbekannten, theils der oben übersichtlich geschilderten Momente der Geschichte der Menschheit mit den rein philosophisch entwickelten Hauptlebensaltern und Perioden desselben zeigt, dass die zweite Periode des zweiten Hauptlebens alters der Menschheit für das vordere Alterdland mit dem Christenthum beginnt, und zwar bei denjenigen Völkern, welchen noch jetzt die Fortbildung der Menschheit überwiegend anvertraut ist.

Bei andern Völkern hat dieselbe zweite Periode auf ähnliche Weise begonnen; so bei den indischen Völkern in dem Buddhismus, früher vielleicht, als das Mosesthum, und früher, als das Christenthum; bei den Arabern und durch sie bei andern Völkern des Alterdlandes — nach dem Christenthum mit dem Islamthum. Ich habe oben diese Periode des Menschheitlebens unter andern auch mit dem Namen der vermittelnden Periode benannt, worin sich zugleich der Ursinn der Benennung des Mittelalters zeigt, welche Benennung aber gewöhnlich nur von dem Mittelalter der christlichen Völker gebraucht und verstanden wird. Es darf also das mittelalterliche Bestreben der Menschheit, als ganzer Menschheit, nicht mit dem gewöhnlich so genannten Mittelalter verwechselt werden, worunter man meist nur die mittlere Geschichte der europäischen Völker versteht. — Es ist oben gezeigt worden, dass der entscheidende Charakter dieser Periode die Anerkenntniss eines Gottes ist, zugleich mit der Anerkenntniss, dass es die Bestimmung aller Menschen und aller Völker ist, Gott in Geist und in der Wahrheit zu erkennen, ohne Unterschied der Völker und der Stände, das ist ohne Unterschied der leiblichen Abstammung und des besondern Berufes. — Diese Ueberzeugung ist nun wenigstens ahnungsweise in der von Jesus ausgesprochenen, noch unentfalteten Idee des Reiches Gottes enthalten, welche erst nach und nach im Christenthume zu bestimmter Erkenntniss entwickelt wurde. Denn selbst in den christlichen Religionsurkunden ist der Gedanke der in der wahren Gotterkenntniss und in der Nachahmung Gottes in sich und mit Gott vereinten Menschheit nicht klar und nicht bestimmt ausgesprochen, viel weniger aber wissenschaftlich in seinen innern Gliedbau entwickelt; nicht einmal der Name Menschheit, oder des ganzen menschlichen Geschlechts in seiner Einheit, Gesammtheit und Vereinheit, findet sich dort. Auch scheint es, dass Jesus selbst sich erst nach und nach zu dieser rein und allgemein menschlichen Anerkenntniss erhoben habe, wenn er anders nicht von seinen Schülern unverstanden geblieben. — Erst in den letzten Jahrhunderten seit dem Beginn der dritten Periode des zweiten Hauptlebensalters, vornehmlich infolge der Reformation und der höher gebildeten Wissenschaft, ist der geschichtliche Begriff des Christenthums bis zu der Idee erweitert und erhoben worden, dass dasselbe als allgemeine Religion die ganze Menschheit gleichförmig umfassen soll, so dass die Menschheit in reiner Erkenntniss Gottes, in freisittlicher, gottinniger Gesinnung einig und vereint sei. — Betrachten wir nun den Geist dieser zweiten oder mittlern Periode bestimmter, so finden wir, dass in ihr das Satzungswesen, der Positivismus, die Geltung äussrer Autorität, und zwar mit überwiegender Religiosität, vorwaltet; mithin als zwingherrschend, nicht in sittlicher, gottinniger Freiheit des

Lebens. Ebenderselbe Grundcharakter der mittlern Zeit findet sich übrigens sowohl in der christlichen Welt, als im Buddhismus, als auch, zum Theil in grauenvoller Uebertreibung, im Islamismus. Diese Vorherrschaft des Autoritätenglaubens unter Vorwendung des unmittelbar göttlichen Ursprungs menschlicher Lehren und Einrichtungen kommt aus Mangel an organischer Vollendung der reinen Wissenschaft, besonders aus Mangel an Unterscheidung der ewigen und der zeitlichen Ursachlichkeit Gottes, und aus Mangel der hierauf beruhenden Unterscheidung der ewigen und der zeitlich individuellen Offenbarungen Gottes an die Menschheit. Ferner beruht der blinde Satzungenglaube in der Vorstellung, dass Gott nur ausser der Welt sei, und die Welt nur ausser Gott; dass Gott sich nur durch einen, oder durch einige wenige Menschen für immer an die ganze Menschheit offenbare, und dass Gott nur durch diesen einen und durch diese einigen alle übrigen Menschen, die ganze Menschheit, wiederum mit sich vereinige; und es macht diese Vorstellung einen in der Entwicklung der Menschheit wesentlichen Uebergang vom Polytheismus in den reinen Theismus.

Nachdem nun auch die zweite Periode des zweiten Hauptlebensalters der Menschheit geschichtsphilosophisch beurtheilt ist, haben wir zunächst den Anfang und Verlauf der dritten Periode des zweiten Hauptlebensalters in der wirklichen Geschichte aufzusuchen und zu würdigen; — wobei ich die oben geleistete, rein ideale Schilderung dieser Periode als noch im Geiste gegenwärtig voraussetze; — auch dasjenige nicht wiederhole, was schon oben als Zeichen dieser Periode in der Gegenwart unsrer wirklichen Geschichte angeführt worden ist. — Der oben aufgestellten, rein philosophischen Idee dieser dritten Periode gemäss wird der Anfang dieser dritten Periode überall da als wirklich anzuerkennen sein, wo in irgend einem Volke die dieser Periode characteristische Einsicht gewonnen wird in das ganze Verhältniss Gottes und der Welt, und zwar sowohl in Ansehung der ewigen Wesenheit Gottes und der Welt, als auch in Ansehung des individuellen Lebens; dann die Einsicht, dass die Wissenschaft als selbständige, ewige Wahrheit für die Menschen möglich sei; und insonderheit auch die Anerkenntniss der Befugniss, dass die rein erkannte ewige Wahrheit, dass die ewigen Ideen in der Zeit hergestellt, dargelebt werden. Wo diese Einsichten keimen, da wird auch eingesehen, dass alle behaupteten frühern individuellen göttlichen Offenbarungen, bestehen sie nun in Lehren, oder in Begebenheiten, der Idee der ewigen und der zeitlichen Offenbarung Gottes entsprechen müssen, welche Idee der göttlichen Offenbarung ebenfalls nur in der reinen Wissenschaft als ewige Wahrheit gefunden wird. Es

Zeitfolgliche Würdigung der Geschichte. 93

wird also dann eingesehen die Befugniss, jede behauptete positive, individuelle, göttliche Offenbarung nach der Idee der Offenbarung zu prüfen, um zu erkennen, ob und inwieweit sie der ewigen göttlichen Wahrheit entspreche; denn, was der ewigen göttlichen Wahrheit widerspricht, das kann nicht von Gott individuell gewirkt und offenbart sein, weil Gottes ewige Verursachung oder Causalität die unveränderliche Grundlage ist aller zeitlichen Causalität Gottes als weiser und liebender Vorsehung. Daher ist es eine ewige Bedingniss, unter welcher die gereifte Menschheit individuelle göttliche Offenbarung anerkennen kann, soll und darf, dass diese individuelle göttliche Offenbarung mit Gottes ewiger Offenbarung in der ewigen Wahrheit vollkommen übereinstimme; — und mit dieser Einsicht ist alsdann die Herrschaft des blinden Autoritätenglaubens vernichtet, und das Reich des wissenden, schauenden Glaubens beginnt. Wo daher immer Einsicht in die Idee und in das Ideal der Menschheit und ihres Lebens und insonderheit ihres Gesellschaftslebens kommt und in den Erstanfängen auch äusserlich begründet wird, dort beginnt die dritte Periode des zweiten Hauptlebensalters. Da nun in der ganzen zweiten Periode dieses Lebensalters zwar die Idee Gottes als eines Gottes anerkannt wird, aber so, dass entweder das Verhältniss Gottes und der Welt unentwickelt bleibt, oder dass ausdrücklich, wie z. B. in der modernen christlichen Kirchenlehre, die Welt ganz ausser Gott und Gott ganz ausser der Welt gesetzt wird; und da mithin, wie gezeigt wurde, daraus in der zweiten Periode die Lebenserscheinung hervorging, dass der Religionsverein als äusserlich zwingherrschende Hierarchie und Klerokratie alle andern gesellschaftlichen Vereine, mithin auch den Staat, bevormundet; und da hingegen in der dritten Periode des zweiten Hauptlebensalters Gott selbst als Urwesen rein und ganz geschaut und in der reinen Gotterkenntniss die Einsicht in das Verhältniss Gottes als Urwesens und der Welt, wie sie oben geschildert worden ist, gewonnen wird; da hiedurch auch die reine und ganze Idee der Religion, als der Vereinwesenheit und des Vereinlebens Gottes als Urwesens, der Vernunft, der Natur und der Menschheit, einleuchtet, wodurch dann auch die Idee des Religionsvereins insoweit rein und ganz erfasst wird, also auch der Religionsverein anfängt, in seinem wahren Verhältnisse zum Staate erkannt zu werden; und da am Anfange dieser dritten Periode der Staat nächst dem Religionsvereine der vorwaltende Gesellschaftsverein ist, so wird der Eintritt der dritten Periode zunächst mit der Lebenserscheinung bezeichnet sein: dass das ganze religiöse Leben und die bestehende Hierarchie nach Lehre, Verfassung und Zucht überall frei geprüft und dass mittelst der bessern

Erkenntniss angekämpft wird wider die äussre Vorherrschaft der Hierarchie, oder vielmehr der Klerokratie, und zwar dies zugleich mittelst der Kräfte der erstarkten Staaten, welche nunmehr das äussre Uebergewicht über die Kirche gewinnen. Daher hat man insofern ganz richtig in der christlichen Menschheit als den Anfangspunkt dieser dritten Periode die Kirchenverbesserung, die Reformation, als Epoche machend bezeichnet, ob sie gleich nur die vorwaltende Lebensäusserung, oder das prädominirende Symptom, der höherartigen Gestaltung des ganzen Lebens ist, welche bereits früher, als die Reformation der christlichen römisch-katholischen Kirche ausbrach, begonnen hatte, auch sich nach ihrem Inhalte sowohl, als nach ihrem Gebiete unter den Völkern und nach ihrer Ausbreitung viel weiter erstreckte, als die römisch-katholische Kirche. — Denn, nachdem der eigenthümliche Geist des Mittelalters seine Darlebung in allen Theilen der menschlichen Bestimmung vollführt hatte, begann gegen die Mitte des 15. Jahrhunderts die soeben nach ihrem Hauptcharakter bereits geschilderte dritte Periode, welche man vorzugsweise auch das moderne Zeitalter, oder die neuste Zeit nennt, nachdem zuvor die Zeitgenossen des Mittelalters ihre Zeit selbst die moderne genannt hatten; und seit diesem Anfange bewährt sich an den gebildetern Völkern Europas der ganze Grundcharakter der dritten Periode des zweiten Hauptlebensalters.

Denn dieser Grundcharakter zeigt sich, der oben geleisteten, reinphilosophischen Entwicklung zufolge, überhaupt und in allen Theilen der menschlichen Bestimmung als Streben nach religiöser und sittlicher Bildung in eigner Einsicht, mit Freiheit des Geistes und des Willens und nach gleichförmiger Vollendung aller Theile der menschlichen Bestimmung als eines organischen Ganzen. Erwies sich die Eigenthümlichkeit des Mittelalters in gemüthinniger Religiosität, mit Unterwerfung der eignen Forschung unter das Statut der Kirche, und überhaupt unter das äussre Positive, so musste dagegen der Geist dieser dritten Periode sich zuvörderst zeigen als der Geist der freien, wissenschaftlichen Prüfung und Beurtheilung jedes Statuts und aller bestehenden menschlichen Einrichtungen nach der immer mehr und immer tiefer erkannten Idee, als nach der ewigen Wahrheit; mithin auch zunächst sich als gegen das nicht mehr taugliche Bestehende ankämpfend, reformirend und protestirend, verhalten. Aber man verkennt ganz den eigenthümlichen Geist und die inwohnende Würde des Strebens dieser dritten Periode, wenn man dasselbe für bloss verneinend und umbildend, für bloss negirend und reformirend, hält, da es vielmehr ursprünglich in Ansehung aller Theile und Glieder der menschlichen Bestimmung als bejahend, als reinwesentlich, frei nach Ideen bildend, affirmativ und formativ, sich erweist.

Daher sehen wir auch in dieser dritten Periode des zweiten Hauptlebensalters die Völker sich nach und nach zu der Idee der Menschheit erheben, auch als eines Gesammtganzen gleichbefugter und gleichberechtigter Menschen, und gleichbefugter und gleichberechtigter Stämme, Völker und Völkervereine; und in dieser Idee wird dann auch erkannt, dass alle einzelnen Theile der menschlichen Bestimmung, dass Wissenschaft, Kunst, Staat und Religion gemeinsame, nur gemeinschaftlich, in Gesellschaft zu vollendende Angelegenheiten der ganzen Menschheit sind.*) — In diesem sich immer freier und mächtiger entfaltenden Geiste haben nun die am weitesten gediehenen Völker der Erde seit 300 Jahren an dem Bau des Lebens der Menschheit gearbeitet. — Zwar hat diese dritte Periode des zweiten Hauptlebensalters noch in keinem Volke ihre Vollendung erreicht, sondern nur erst in einzelnen urgeistigen Denkern der gebildetsten Völker in Europa, Asien und in Amerika; zwar nur erst in einigen wenigen gesellschaftlichen Einrichtungen, vornehmlich in Staaten und in Religionsvereinen, hat sich der Geist dieser dritten Periode in seinen Bestrebungen und in seinen Werken reiner und vollkommner ausgesprochen; aber nach dem oben erklärten Gesetze des Ineinandergreifens der Hauptlebensalter und der Perioden derselben, und des Zugleichseins verschiedner Perioden bei verschiednen Völkern, schickt sich dennoch schon jetzt die Menschheit im Stillen zu der neuen, höhern Lebensbildung des dritten Hauptlebensalters an, ebenso als sich in den ersten Jahren des Christenthums das eigenthümliche, höhere Leben der zweiten Periode des zweiten Hauptlebensalters im Stillen, von den Zeitgenossen noch fast unbemerkt, aber unaustilglich gründete. Wir haben die Würdigung der wirklichen Geschichte hier bis zu dem Beginne des dritten Hauptlebensalters der Menschheit fortgeführt, welcher in unsre nächstgegenwärtige Zeit fällt. — Denn, befragen wir den Geist der gegenwärtigen Zeit, so finden wir, dass soeben der Uebergang von dem zweiten Hauptlebensalter in das

---

*) So sehen wir z. B. die Grundlagen der wahren Religion in Abraham als Familiengut, innerhalb des Familienlebens; in der Reihe der hebräischen Stammväter als Stammgut, innerhalb des Stammlebens, durch Moses aber als Volksgut, innerhalb des Volkslebens, als das erstwesentliche Band der Stämme zum Volke in Form eines Vertrages dieses Volkes mit Gott; durch Jesus aber schon als „ein Gut der Völker", oder eigentlicher der zum Reiche Gottes Erwählten aus allen Völkern und Ständen, in Form des neuen Bundes (neuen Testamentes) mit Gott; in der dritten Periode des zweiten Hauptlebensalters der Menschheit aber wird die Religion als Gemeingut der ganzen Menschheit anerkannt, erstrebt und zum Theil verwirklicht.

dritte, zuerst in Europa und im deutschen Volke, bereits im Werke ist. Erwägen wir, dass in den beiden letzten Jahrzehnten die volle, reine und ganze Erkenntniss Gottes, der Menschheit, ihres Lebens und ihres Gesellschaftsvereins bereits wissenschaftlich gewonnen und in Lehre dargestellt ist, und zwar dies zugleich mit der Anerkennung, dass danach das ganze Leben der Menschheit urneu zu gestalten und zu vollenden ist; erwägen wir, dass diese Anerkenntniss als wissenschaftliche Einsicht in Schriftwerken verkündigt und aufbewahrt ist, die nun nicht mehr untergehen können, so ist offenbar, dass der Beginn des dritten Hauptlebensalters der Menschheit in seinem gesunden, geistigen Keime bereits da ist und lebt. So wie im Beginne des Christenthums die Lehre Jesu und der Entschluss, der Idee gemäss gesellig zu leben, den ersten Eintritt des reifen Lebens jener zweiten Periode bezeichnet; ebenso bezeichnet jetzt die wissenschaftliche Lehre von Gott und der gottinnigen Menschheit und der Entschluss der Einsehenden, ihr gemäss gesellig zu leben, den Eintritt des dritten Hauptlebensalters in das wirkliche Leben unsrer Menschheit auf Erden.

In der soeben erwähnten wissenschaftlichen Erkenntniss und in dem darauf gegründeten Verständniss und Würdigung des ganzen gegenwärtigen Zustandes der Menschheit ist nun zugleich die Erkenntniss alles dessen mitenthalten, wonach die zur reinen und ganzen Gottinnigkeit und Menschheitinnigkeit Gelangten im Geiste des dritten Hauptlebensalters zu streben haben. — Zuerst dahin, dass in steter, gesetzmässiger Ausbildung der Wissenschaft, auf den hier gelehrten Grundlagen, nun auch die Ideen aller Glieder und Theile der Menschheit und ihres Lebens wissenschaftlich ins Innre mit der erforderlichen Bestimmtheit erkannt werden, dass Urbegriff und Urbild, Geschichtsbegriff und Geschichtsbild, ferner der mit dem Geschichtsbegriffe vereinte Urbegriff oder der Musterbegriff, endlich das mit dem Geschichtsbilde vereinte Urbild oder das Musterbild der Menschheit und des Menschheitlebens erkannt werden. Dadurch wird der Trieb erweckt und ausgebildet werden und der rein sittliche Wille entspringen, den erkannten Ideen gemäss, mit der Kunst gottinniger Lebensweisheit das Leben der Menschheit organisch zu gestalten und vollwesentlich auszubilden. Dann ist darauf hinzuwirken, dass ein Jeder, der im Lichte dieser Einsicht steht, zunächst für sich und in seinem ganzen Lebenskreise, im Geiste des beginnenden dritten Hauptlebensalters lebe und wirke, dann sich aber auch zugleich in diesem Geiste mit Gleichgesinnten für das ganze Leben als ganzen Menschen innig vereine und, also vereint, gesellschaftlich thätig sei. Fassen wir nun diese chronologische und ethnographische

Würdigung zusammen, so findet sich als Gesammtresultat der wirklichen Geschichte dieser Menschheit auf Erden dies, dass diese Menschheit von der Mitte der ersten Periode ihres zweiten Hauptlebensalters an durch die zweite und dritte Periode desselben sich bis jetzt hindurchgebildet hat bis an den ersten Anfang ihres dritten Hauptlebensalters der Reife.

— Zugleich bestätigt die allgemeine Vergleichung der idealen Periodik der Geschichte mit der wirklichen Geschichte auch die allgemeinen Gesetze, die wir eben für die Ausbreitung der Menschheit über die ganze Erde gefunden haben. — Denn der Hauptschauplatz des vorwaltenden Lebens und der vorwaltenden Bildung des ganzen zweiten Hauptlebensalters ist das alte Erdland, und die untergeordneten Mitten des vorwaltenden Lebens und Lebensverkehrs sind das mittelländische Meer, das schwarze und das kaspische Meer, die baltischen Meere und nach aussen der atlantische Ocean und das indische Meer.

In der zweiten Periode des zweiten Hauptlebensalters, wo die Kultur der christlichen Hierarchie überwiegend war, ist der Hauptsitz dieser Kultur das kleinere geschichtliche Dreieck, dessen eine Seite die Höhenlinie von Europa ist, die andre das Altaigebirge bis an das Himalayagebirge und noch ein Stück des Urgebirges Asiens, die dritte aber das Atlasgebirge und ein Stück des Haupthöhenzugs Afrikas.

Erst in der dritten Periode des zweiten Hauptlebensalters tritt die neue Lebensäusserung ein, dass die errungene Kultur des alten Erdlandes, vornehmlich von Europa aus, nach aussen getragen wird; zugleich, dass sich die errungene Bildung freier auch nach dem Innern des alten Erdlandes verbreitet und dass besonders der Verein europäischer Kultur mit uralter asiatischer, vornehmlich indischer und sinesischer, Kultur geknüpft wurde.

Also in dieser dritten Periode des zweiten Hauptlebensalters ist wiederum, und zwar in höherm Sinne, das vorhin beschriebene Kulturgebiet der zweiten Periode zwar noch das innerste, vorwaltende, dabei aber schreitet die Bildung bis dahin fort, dass bereits der atlantische Ocean die Kraftmitte des vereinten Völkerlebens des Alterdlandes und des Neuerdlandes wird. Unter die Anzeichen aber davon, dass eben jetzt das dritte Hauptlebensalter der Menschheit beginnt, gehört eben auch dies, dass jetzt das grösste Erdmeer, das stille Meer, oder die Südsee, schon als Kulturmitte der ganzen Menschheit wirksam zu sein anfängt, womit endlich die ganze Erde gleichförmig von dem Menschheitleben umspannt wird, so dass dann auch Australien aufgenommen wird in das höhere Menschheitleben, und zwar vornehmlich von Europa, aber auch schon von Amerika aus. Wenn nun das

98   II. Haupttheil. Angewandte Philosophie der Geschichte.

Leben der Menschheit auf Erden fernerhin gedeiht, so werden einst das alte Erdland, Asien, Afrika und Europa, und das neue Erdland, Amerika, sich in harmonischer Bildung, wie Bruder und Schwester, gegenüberstehn, und das atlantische Meer wird die Mitte ihres beiderseitigen Verkehrs sein; aber die ganze Bildung aller Völker der Erde wird dann harmonisch, vollwesentlich vereinleben in der australischen Menschheit; und dann wird das grosse Erdmeer zwischen Asien, Afrika und Amerika die grösste dynamische Mitte des allseitigen Lebensverkehrs und Vereinlebens der ganzen Menschheit sein; diese wird dann, in allen ihren Gliedern vollgebildet, wie ein grosser, vollkommner Mensch auf Erden leben.

Zweiter Abschnitt

des zweiten Haupttheiles der angewandten Philosophie der Geschichte.

Sachgeordnete Würdigung der wirklichen Geschichte der Menschheit, nach dem Gliedbau der Ideen.

Also Würdigung der Vergangenheit, Gegenwart und Zukunft nach dem Urbegriffe und Urbilde der Menschheit. Es ist zu zeigen, was für alle Theile der menschlichen Bestimmung bereits geleistet ist, was noch nicht; und was demnach zu leisten noch übrig ist. Es ist zu beurtheilen, was in dem bisherigen allartigen Streben der Menschheit taugt und wohlgelungen ist, und was nicht taugt und misslungen (ungerathen) ist.

Die Zukunft ist zwar noch nicht, aber sie schliesst sich an die eigenleblich bestimmte Vergangenheit und Gegenwart an und ist durch selbige mitbestimmt. Die Zukunft geht freilich, sowie zuvor auch die Vergangenheit, und jetzt die Gegenwart, ursprünglich, urneu hervor aus dem ewigen Vermögen des Lebens in sittlicher Freiheit; aber ihre Eigenlebigkeit, ihre individuelle, unendliche Bestimmtheit ist mitbestimmt durch die Eigenlebigkeit der Vergangenheit; und es ist selbst eine Aufgabe der sittlich-freien Lebenskunst, dass die Zukunft immer bestimmt werde in eigenleblicher, gliedbaulicher, schöner Angemessenheit und Uebereinstimmung mit dem bis an jeden Verflusspunkt schon vollführten Leben, so dass nun so das ganze Leben, wenn es als eine Vollzeit von der Geburt bis zum Sterben vollführt sein wird, ein organisches, schönes Eigenlebganzes, oder individuelles Ganzes sei. — Von der jetzt sich so nennenden historischen Schule, die da annimmt: dass die Vergangenheit der einzige zureichende Bestimmgrund der Gegenwart und der Zukunft sei. Daher die Vorurtheile: „Nichts Neues unter der Sonne!" „Die alte gute Zeit!" (Zu ihrer Zeit war sie sogar nur zum Theil gut, sofern sie ihrem Musterbegriffe und Musterbilde entsprach.) „Nur erhalten!" (Stabilität, status quo) Wohl gar: „Rückwärts!" (kein andres Vorwärts, als ein Vorwärts zum Rückwärts!) — „Jeder Mensch sei nur ein Produkt seines Zeitalters", da doch urgeistige, urgemüthige Menschen ihr Zeitalter überfliegen und dasselbe höher fliegen lassen und auf der Lebensbahn Andern vorausgehn! „Es werde sich schon alles in Zukunft von selbst machen!" — Da doch der Mensch, jeder in seinem Selbstleben für sich, und Alle, vereint, ihr Leben als vernünftige Wesen mit sittlicher Freiheit und besonnener Lebenskunst an ihrem Theile selbst machen, selbst bilden sollen, können, ja müssen.

Die Geschichte wird nicht bloss, sie wird mit Freiheit gemacht, — sie geht mit Freiheit hervor in Gott und in Natur, Vernunft und Menschheit. — Die echte, ihres ganzen Gegenstandes mächtige Schule ist die philosophisch-historische, die geschichtsphilosophische Schule. Sie lehrt Lebenskunst und ist fruchtbar für das Leben an Gutem und Schönem, selbst in Güte und Schönheit. — Wer immer in dem Geschichtlichen das Vernünftige, Ewigwesentliche, ewig Gute erkennt, der erkennt dies doch nur in Kraft nichtgeschichtlicher Ahnung, oder wissenschaftlicher Einsicht; die aber wird mit denselben Augen und Blicken auch sehen, womit die Lebenbildkraft noch im Schosse der Ewigkeit schwanger geht, — also auch das Beste und Schönste erkennen, was für diese Erdmenschheit noch weit zurück ist; so auch das Gute, was sie gleichsam schon auf der Zunge, schon vor und unter den Händen hat.

Jede endliche Vergangenheit, Gegenwart und Zukunft macht, als eine endliche Lebensvollzeit betrachtet, eine endliche Gegenwart aus. So auch das Leben der Menschheit. Das gegenwärtige Leben dieser Menschheit ist theils vergangen, theils, nach untergeordneten Zweckbegriffen und Lebensperioden, vom Verflusspunkte an rückwärts und vorwärts gegenwärtig, theils zukünftig.

Sofern nun unsre jetzige Zukunft bereits durch die Vergangenheit und nähere Gegenwart mitbestimmt ist und in freier Lebenskunst, gemäss dem Urbegriffe und Urbilde der Menschheit, aber zunächst gemäss ihrem individuellen Musterbegriffe und Musterbilde, mit sittlicher Freiheit, übereinstimmig mit ihrer Vergangenheit und mit ihrem gegenwärtigen Zustande, als ein individuelles Kunstwerk weiter gebildet werden soll: insofern ist unsre bestimmte, individuelle Zukunft auf Erden ein Gegenstand der angewandten Philosophie der Geschichte.

Bei Aufstellung des Musterbegriffes und des Musterbildes sind folgendes die Hauptmomente:

Sachgeordnete Würdigung der wirklichen Geschichte u. s. w. 101

a) Was kann bleiben? d. h. was ist dem bisherigen und zugleich dem nun folgenden Musterbegriffe gemäss?
b) Was soll und kann anders werden?
α) das Mangelnde zu ersetzen (was fehlt?),
β) das Fehlgebildete zu heilen, oder zu entfernen; besonders die irregeleiteten Lebenskräfte richtig zu leiten, auf die rechte Bahn zu bringen (was ist missbestimmt?),
γ) das Neugebotne, Neugesollte dem Geiste des neuen Lebensalters gemäss urgeistig, schönkünstlerisch zu bilden.

Bei der nun zu leistenden sachgeordneten Würdigung des Lebens der Menschheit auf Erden folgen wir der oben in der reinen Philosophie der Geschichte beobachteten Ordnung der Gegenstände.

Lehrbaubemerk.

I. Selbwesen (Personen).
  A. Die Nebenselbwesen, Selbwesen, Gesellschaften der Menschheit.
    1) Grundselbwesen, Grundpersonen und Grundgesellschaften.
    2) Werkselbwesen, Werkpersonen, Werkgesellschaften.
    3) Beide in ihrem Gliedvereinsein.
  B. Verhältniss der Menschheit der Erde als Inselbwesen zu ihren Um- über-Wesen, zu Vernunft, Natur, Menschheit des Weltalls in Gott.
  C. A und B (Inneräussre Selbwesenverhältnisse).
II. Werke. Wissenschaft, Kunst, Wissenschaft und Kunst, Lebenskunst, Erziehung, Sprachen.
III. Selbwesen und Werke. Dann Vereinschaun der ganzen Entwicklung und Aufschaun inzu Wesen.

alle Glieder zu allen — urbegrifflich, geschichtlich, urbegrifflich-geschichtlich.

Hiernach ist die folgende sehr kurze Darstellung gearbeitet.

Und dabei gehen wir von den untergeordneten Gliedern und Theilganzen stetig fort zu den Nebengliedern und Nebenganzen und zu den Höhergliedern und Höherganzen.

Ueberhaupt von dem Besondern zu dem Höherumfassenden, Allgemeineren. Also analytisch-synthetisch, so dass wir mit der allgemeinsten, die ganze Menschheit der Erde mit einem Blick umfassenden Würdigung schliessen. Wir haben also das Leben der Menschheit zu würdigen:
1) nach den Selbwesen oder Personen,
2) nach den Werken des Lebens,
3) nach beiden vereinten Hinsichten zugleich.

Würdigung des Lebens der Menschheit nach den Selbwesen oder Personen.

Nämlich nicht, wie in der ersten Abtheilung, wie sich die Personen in der Menschheit nach und nach in der Zeit gebildet und über die Erde verbreitet haben, sondern: inwieweit die Personen in der Menschheit bis jetzt ihren Urbegriff und ihr Urbild (ihre Idee und ihr Ideal) dargelebt haben, und welches nun, nach Massgabe ihres heutigen Zustandes, ihr Musterbegriff und ihr Musterbild ist; nach den Hauptmängeln, Hauptgebrechen und den Hauptmomenten ihrer Weiterbildung bis zur Reife.

Dieses Kapitel besteht aus folgenden Momenten:
I) Die Selbwesen in der Menschheit als einem geselligen Ganzen sind, wie wir oben sahen: die Grundpersonen und die werkthätigen Personen und beiderlei in ihrer Vereinigung.

Grundpersonen: der Einzelmensch, dann die Grundgesellschaften: Ehe, Freundschaft, Freigeselligkeit, Stamm, Volk, Völkerverein, Erdlandmenschheit, Menschheit der Erde.

Werkpersonen: wieder der Einzelmensch zu unterst, dann die werkthätigen Vereine für die Grundwerke und für die Grundformen (Wesenheiten) des Lebens (Wissenschaft, Kunst, Wissenschaft und Kunst; Gottinnigkeit, Tugend, Recht, zuhöchst für das ganze Leben als ein Kunstwerk).

Grundpersonen und Werkpersonen im Lebenverein, die Werkthätigkeit innerhalb der Grundpersonen, die Grundpersonen innerhalb der Werkvereine, z. B. Ehethum, Freundthum, Ortsgenossenschaft, Freigeselligkeit inzum Rechtbunde, Religionsbunde.

In der einen Menschheit sind und kommen alle ihr untergeordnete Selbwesen (Personen) zusammen, wie in einen Menschen, wie in einer Werkthätigkeit.

Hierin sind Einzelmensch und Einzelmenschheit einander vollähnlich.

Würdigung des Lebens der Menschheit nach den Personen.

II) Die Menschheit ist, als eine Person und nach allen ihren innern Personen, nach dem Ganzgliedbau ihrer Intheilselbwesen oder Ingliedselbwesen lebenvereint mit:

Wesen als Urwesen
Geistwesen | Leibwesen
Geistleibvereinwesen
und mit Menschheit
(mit Höherganzen der Menschheit des Weltalls in Gott).

Auch dieses ihr Lebensverhältniss muss hier hinsichts dieser Erdmenschheit geschichtsphilosophisch gewürdigt werden.

III) I und II in Wechselbestimmung.

A. Würdigung der Erdmenschheit als Selbwesen in ihrem Eigenleben nach ihren Inselbwesen oder innern Personen.

Zunächst der Grundpersonen. Des Einzelmenschen.

Das Leben der einzelnen Menschen macht die untere Grundlage des ganzen Lebens der Menschheit aus. In allen Theilen des Menschheitlebens gehen Einzelne voran, vermöge des Genies und Talentes geweckt und getragen, und gehoben von der Gesellschaft; — sie zeigen den Weg, führen an und leben musterbildlich vor. Das Leben jedes Einzelmenschen ist zwar mitbedingt und zum Theil zu erklären aus dem Leben der Gesellschaften, in welchen er geboren und ausgebildet wird; aber gerade die Eigenthümlichkeit jedes Einzelmenschen als solchen ist aus seiner gesellschaftlichen Umgebung nicht zu erklären; sie beruht vielmehr in ihm selbst und wird erstwesentlich bestimmt durch die ihm angeborne Anlage.

Plan der einst ausführlichern Abhandlung über das Leben des Einzelmenschen.

Es ist würdigend zu betrachten: das Leben des Einzelmenschen

I. für sich, als solchen; sein Eigenleben ist zusammengesetzt α) aus seiner angebornen Eigenanlage, β) aus dem, was er hier auf Erden gesellschaftlich angewinnt.

A. Im Allgemeinen.
   a) In Ansehung der allgemeinmenschlichen Bildung;
      aa) der reinsittlichen Vollendung, reingottinnigen, reingerechten, reinschönen Bildung;
      bb) der Allumfassendheit der eigenfernscheinlichen, gleichförmigen, allumfassigen Vollwesenheit (der Universalität) der Bildung;

dieselbe ist bedingt durch Vollwesenschauung, also durch Wissenschaft.

b) In Ansehung des Lebens-Vorberufes
   aa) der selbwesentlichen Tüchtigkeit, dann:
   bb) dass selbiger allübereinstimmig mit dem Geiste
   der Menschheit geführt werde.
B. Nach den Grundverschiedenheiten der Menschen:
   Anlage und Charakter, Geschlecht, Lebensalter, Menschenrasse.
   II. In wesengliedbauverhaltlicher Hinsicht.

Jeder Mensch ist als individuelles Vernunftwesen ewig in Gott, vor diesem Leben, wie nach diesem Leben; und steht an sich in unmittelbarer Beziehung und Verbindung mit Gott. Daher sehen wir auch in der Geschichte dieser Menschheit auf Erden alle wesentlichen Fortschritte im Guten, — auch des gesellschaftlichen Lebens, von einzelnen Menschen ausgehen; und eben daher bewährt sich auch die Reife des gesellschaftlichen Lebens vornehmlich darin, dass in ihm die einzelnen Menschen ihre angebornen Anlagen zu eigner Vortrefflichkeit und zum allgemeinen Besten der Gesellschaft entfalten können. Die Geschichte der Menschheit zeigt es, dass die Einzelnen und die Gesellschaft, in diesem Gebiete zuhöchst: die Einzelnen und die Menschheit sich wechselseitig Selbstzweck und Mittel sind und mit der steigenden Vollendung des Menschheitlebens es immer mehr werden. Der Einzelmensch kann nur innerhalb der Grenzen der Vollendung der geselligen Menschheit vollendet, vollwesentlich ausgebildet (vollbereitet, vollgebildet) sein und werden, — und von der andern Seite: die gesellige Menschheit kann nur im Leben im Guten bis zur Reife fortschreiten, indem urgeistige und urgemüthige Einzelmenschen, unter Gottes Leitung, und geweckt und gehalten durch die schon gewonnene Lebensbildung der Gesellschaft, ihre angeborne Anlage entfaltend, der Gesellschaft ihr Musterbild vorhalten und im Darleben des Guten vorangehn.

Sehen wir nun zunächst darauf hin, inwieweit der Mensch jetzt auf dieser Erde seine Bestimmung erreichen, die Idee und das Ideal des Einzelmenschen auf eigenschöne Weise darleben könne, so müssen wir freilich dabei unterscheiden, bis zu welchem Lebensalter das Volk herangereift ist, worin er geboren und erzogen wird. Denn die Völker der Erde stehen noch auf allen Stufen und in allen Altern des Lebens, von der untersten bis herauf zu der dritten Periode des zweiten Hauptlebensalters. Unter den günstigsten Umständen für die persönliche Vollendung leben die Genossen der Völker von europäischer Kultur, die da alle wenigstens in der zweiten Periode des zweiten Hauptlebensalters stehen; am meisten die Genossen der Völker, welche die dritte Periode des zweiten Hauptlebensalters erreicht haben, — und unter diesen wie-

Würdigung des Lebens der Menschheit nach den Personen. 105

derum am meisten die Deutschen. Im deutschen Volke beginnt das dritte Hauptlebensalter der Menschheit, und diejenigen, welche dahin gelangen, sich im Geiste dieses Hauptlebensalters persönlich auszubilden, können die auf Erden jetzt mögliche höchste individuelle Bildung erlangen. Zu der Vollendung der individuellen Bildung des Einzelmenschen wird erfordert, dass der Einzelmensch die allgemeinmenschliche Bildung mit bestimmter, ihm allein eigenthümlicher Individualität erreiche. Die allgemeinmenschliche Bildung aber besteht vornehmlich in Weseninnigkeit, in Religiosität und allgemeiner Liebinnigkeit, in reinsittlicher Gesinnung, welche das Gute lediglich, weil es gut ist, das ist, weil es göttlich ist, will und vollbringt, und in allgemeiner Gerechtigkeit; dann aber in allumfassender, universaler, gleichförmiger Empfänglichkeit und Ausbildung im ganzen Gebiete der menschlichen Bestimmung. Oder mit kürzern Worten: die allgemeinmenschliche Vollkommenheit des Einzelmenschen besteht in dem reinmenschlichen Sinn und in gleichförmiger, universaler Ausbildung. Diese Vollkommenheit aber zu erringen, ist dem Einzelmenschen nur möglich nach Massgabe der Lebensstufe und des Lebensalters, in welche er mit seinem Volke aufgenommen wird. Und da diese Vollkommenheit nach ihren beiden Momenten darauf beruht, dass in reiner, ganzer Erkenntniss Gottes, der Vernunft, der Natur und der Menschheit auch die Bestimmung des Lebens rein erkannt werde, und dass die Wissenschaft die hierzu erforderliche Ausbildung habe, so ist daraus erklärlich, weshalb diese harmonische Ausbildung des Einzelmenschen zuerst in der zweiten Periode des zweiten Hauptlebensalters bemerkbar wird und erst in der dritten Periode desselben höher gedeiht. Aber erst in dem dritten Hauptlebensalter der Menschheit wird die Reife der allgemeinen Selbstvollendung des Lebens einzelner Menschen erreichbar sein. Denn nur, wer Gott erkennt, fühlt, will und die Menschheit und in Gott und in der Menschheit auch sich selbst erkennt, fühlt und will, ist reiner Weseninnigkeit, reiner Sittlichkeit und allgemeiner Gerechtigkeit fähig und vermag es auch nur, seine Bestimmung als einen Gliedbau zu erkennen, zu fühlen, zu wollen und in vollwesentlicher, allgliediger Schönheit eigendarzuleben. Die also in sich den im Vorigen geschilderten, jetzt auf Erden zuerst auflebenden Geist des dritten Hauptlebensalters der Menschheit in sich beleben, vermögen es auch, zu der für sie als Einzelmenschen jetzt möglichen, reinmenschlichen, höchsten Ausbildung zu gelangen. Die Möglichkeit reiner Religiosität, Sittlichkeit und Gerechtigkeit beruht zu innerst auf der organischen Ausbildung der Wissenschaft als der Wesenlehre. —
Aber zu der individuellen Vollendung jedes Endlichen

gehört auch, wie oben gezeigt, dass er sich irgend einem bestimmten Lebensberufe vorwaltend widme und es darin zur Tüchtigkeit und Vollkraft, zur Virtuosität, bringe. Jeder besondre Beruf hat allerdings seine selbständige Wesenheit, und in gewissem Sinne und bis zu einer bestimmten Grenze kann es der einzelne Mensch, vornehmlich mittelst urgeistiger angeborner Anlage, in einzelnen Theilen der menschlichen Bestimmung zu grosser Ausbildung bringen, ohne als ganzer Mensch in Sinn und Ausbildung harmonisch vollendet zu sein. Aber die Möglichkeit, dass der Einzelmensch einem besondern Berufe folge, ist grossentheils gesellschaftlich bedingt; je weiter und reifer sich das Leben der Völker entwickelt, einen um so reichern Organismus einzelner Berufsstände zeigt uns die wirkliche Geschichte auf; und da alle Theile der menschlichen Bestimmung an sich ein organisches Ganzes sind, worin alle Theile als lebendige Glieder sich wechselbedingen und wechselbestimmen, so sehen wir auch in den Völkern immer höhere Virtuosität in immer mehrern und höhern Berufsständen hervortreten, je mehr sich das Leben der Völker seiner Reife nähert. Im dritten Hauptlebensalter wird auch die Genialität und Virtuosität der Einzelmenschen in allen Berufsständen sich am grossartigsten, reichsten und schönsten bewähren; — und schon die Vortrefflichkeit, welche die begabtesten Einzelnen in der zweiten und dritten Periode des zweiten Hauptlebensalters in allen Berufsständen erlangen, übertrifft bei weitem die der frühern Zeiten; und die letzten Jahrhunderte zeigen in Wissenschaft und Kunst in der schönen und in der nützlichen Kunst höherartige, tiefer gegründete und reicher entfaltete Leistungen, als je zuvor.

Die Menschen zeigen ursprünglich vier Hauptverschiedenheiten: Anlage und Charakter, Geschlecht, Lebensalter und Stamm- oder Rassenverschiedenheit. — Je weiter das Leben der Menschheit sich der Reife nähert, je mehr werden den einzelnen Menschen die gesellschaftlichen Bedingungen geleistet, dass er seine eigenthümliche Anlage und seinen Charakter, mit sittlicher Freiheit, zu Förderung des Guten schön entfalte; — und in dieser Hinsicht übertrifft das jetzige Leben der gebildetern Völker bei weitem jede Vorzeit auf Erden. — In Ansehung der Geschlechtsverschiedenheit fordert die Idee und das Ideal der Menschheit, dass die männliche und die weibliche Hälfte der Menschheit zu gleich gottähnlicher, reiner, reicher und schöner Entwicklung gelangen, dass beide auf alleineigenthümliche, gute und schöne Weise zu der Vollendung des Lebens der Menschheit nach allen seinen Theilen mitwirken. Nur nach und nach sehen wir der weiblichen Hälfte der Menschheit ihre Anerkennung, ihr Recht und ihre Ausbildung zu Theil werden.

Die zweite Periode des zweiten Hauptlebensalters macht hierin den Anfang, wie die Geschichte des christlichen Mittelalters an einem Beispiele zeigt; die dritte Periode aber, deren Grundzug allgemeine Menschlichkeit und Weltbürgersinn ist, geht in der Entfaltung des weiblichen Lebens noch weiter; — und in den gebildetern Völkern der Erde sind schon jetzt die Weiber den Männern in Recht und im gesellschaftlichen, im häuslichen und öffentlichen Leben mehr gleichgestellt, — nehmen die Frauen schon an Wissenschaft und Kunst einen wesentlichen, fruchtbaren und schönen Antheil. Aber erst im dritten Hauptlebensalter kann die volle, gleichförmige Ausbildung der Männlichkeit und der Weiblichkeit und des wahrhaft harmonischen, gleichförmigen Vereinlebens beider errungen werden. — Ein Aehnliches gilt in Ansehung der Einzelmenschen, sofern sie in verschiednen Lebensaltern stehen. Sowie das Leben der Völker heranwächst, werden Kinder und Greise mehr geachtet, und insonderheit die Kunst der echtmenschlichen Erziehung im Geiste sittlicher Freiheit und Güte gewonnen und ausgeübt. Dazu gehört, dass die Erwachsnen die Kinder als gleichbefugte, gleichberechtigte, ewige Genossen im Reiche Gottes erkennen, die, als solche, weder jung, noch alt, nicht gezeugt und nicht geboren sind, und dass die Verpflichtung allgemein eingesehen wird, die Kinder, zunächst um ihrer selbst, dann aber um der Menschheit willen und zuhöchst um Gottes willen, zu erziehen, das ist: ihr Leben zu wecken und zu leiten. — Eigentliche Erziehung, Erziehungswissenschaft und Erziehungskunst kann daher erst in der zweiten und dritten Periode des zweiten Hauptlebensalters entstehen und seitdem in täglich wachsendem Gedeihen erblühn und reifen! —

Was den Gegensatz der Menschengrundstämme oder Rassen betrifft, so hat derselbe erst in der zweiten Periode des zweiten Hauptlebensalters aufgehört, ein trennender zu sein: in der dritten Periode sind die farbigen Menschenstämme weiter herangebildet und richtiger gewürdigt und zum Theil in ihren allgemeinmenschlichen Fähigkeiten, Befugnissen und Rechten anerkannt worden. Die Sklaverei der farbigen Menschen wird jetzt nach und nach abgeschafft; ein grosser, freier Negerstaat ist in schöner, kräftiger, hoffnungsvoller Blüthe in Domingo, und ein neuer, von Nordamerikanern gestifteter Freistaat befreiter Neger unter dem Namen Liberia in Afrika. Die Idee der Menschheit zeigt, dass erst in dem harmonischen Verein die eigenthümlichen Anlagen und Trefflichkeiten aller Menschenrassen das Leben der Menschheit allgliedig, vollwesentlich gestaltet werden kann, — und dass, wenn der weisse Stamm auch an Anlagen und an Schönheit vorbegünstigt ist, ihm doch deshalb keineswegs die Befugniss zusteht, die andern Grundstämme zu verachten und zu unterdrücken, so wenig es dem Genie ziemt, das Talent, und dem Talente, die untergeordnete Fähigkeit zu verachten; sondern dass dieser weisse Stamm umsomehr verpflichtet ist, seinen hohen Beruf zu erfüllen, der ihm auch geschichtlich jetzt geworden ist, den andern Geschwisterstämmen auf der Bahn des Lebens in allem Guten und Schönen voranzugehen, und sie alle mit Liebe in Frieden zu der vollwesentlichen Bildung zu erziehen, und sich mit ihnen geschwisterlich zu vereinen. — Wohl und fest begründet steht die Hoffnung, dass im nun beginnenden dritten Hauptlebensalter die Menschheit auf Erden auch dieses grosse Werk der innigen, brüderlichen Vereinigung aller Grundstämme in das eine, allharmonische Leben aller Menschen vollführen werde.

Der gleichförmigen, harmonischen Ausbildung der einzelnen Menschen stehen freilich auf Erden, und selbst unter den gebildetsten Völkern, noch mächtige Hindernisse entgegen. Hauptsächlich Kastenwesen, trennende Unterschiede der Stände durch Geburt und Lebensberuf, vornehmlich aber die in den Staaten bestehende Bestimmtheit des Privateigenthums, welche, im Geiste des zweiten Hauptlebensalters, unter dem Charakter der isolirten Selbstheit, und eben deswegen unter der Herrschaft des Glücks und Unglücks, nicht unter der Leitung des reinen Vernunftrechtes steht. — Deshalb schmachtet jetzt ein Drittel der Genossen der gebildetsten Völker, aus Mangel an Erzogenheit, an Arbeit und Erwerb, unter einer erdrückenden Arbeitslast, oder in verderblichem Nichtsthun, in äussrer Schmach, Noth und Elend. Mildernd und tröstend wirkt hier die mosaische und christliche Feier des Gott geweihten Ruhetages, — aber damit der Mensch ruhig und rein zu Gott und zu der Menschheit aufschaun und dadurch Lebenskraft und Lebenswürde gewinnen könne, wird erfordert, dass auch jeder Tag seine Sabbathzeit habe, gewidmet der Weseninnigung, der Liebe und der Freude. Ausser dieser allgemeinen Noth der Mehrzahl der Menschen entspringt aus der nicht vernunftrechtlichen Zutheilung der äussern Sachgüter, dass die heilsamsten und grössten Unternehmungen Einzelner für das allgemeine Wohl der Völker, ja der ganzen Menschheit, aus Mangel an äussern Gütern unterbleiben müssen, oder misslingen, oder ihr theilweises Gelingen mit dem härtesten Kampfe den äussern Hindernissen abgerungen werden muss. — Wenn der geschilderte Geist des dritten Hauptlebensalters in den Einzelnen und in den Völkern mächtig werden wird: dann werden alle diese Hindernisse, ohne alle Gewaltthat, ohne das Leben verwüstende Staatsrevolutionen, nach und nach, in Liebe und Frieden, in sittlicher Freiheit und Güte, aus dem Leben entfernt werden.

Ob also gleich das Leben des Einzelmenschen bedingt ist durch die menschliche Gesellschaft, durch Volkssitte, Volksstaat, zunächst durch die Familie, und obgleich der Einzelmensch, der das Reingute will, noch hart zu kämpfen hat mit Hemmnissen, Hindernissen, Unglücksfällen des äussern und innern Lebens, so ist er doch verpflichtet, diesen Kampf treu auszukämpfen, und erst, wenn ein Lebensverhältniss zu Gott sich der Vollwesenheit nahet, gewinnt es auch Kräfte und Gottes Hülfe, obzusiegen. Hinsichts des äussern, mit Menschen gesellschaftlichen Lebens ist freilich der Einzelmensch meist auf das Gesellschaftsleben im Geiste der zweiten Periode des zweiten Hauptlebensalters beschränkt, aber schon kann es ihm gelingen, mit einigen Wenigen im Geiste der dritten Periode des zweiten Hauptlebensalters zu leben; und wenn er selbst den Geist des dritten Hauptlebensalters in sich belebt und wirksam gemacht hat, so kann es ihm vielleicht auch gelingen, mit Einigen sich zu vereinen, um in diesem Geiste gesellschaftlich vereinzuleben, zunächst nach dem Lebensplane der ersten Periode des dritten Hauptlebensalters.

Der im Geiste des dritten Hauptlebensalters lebende Einzelmensch soll also sittlich frei und schön, weseninnig und wesenvereinlebinnig bestrebt sein, selbwesentlich vereinzuleben mit Gott als Urwesen, mit Vernunft, mit Natur und mit Natur im Verein mit Vernunft, und mit höhern Gesellschaftsganzen der Menschheit; — frei von der Verwechslung der Seinarten und von allen Aussensatzungen als solchen, — in reiner Wissenschaftsforschung und Wissenschaftsbildung, und in reinem Kunstbestreben und reiner Kunstbildung.

Je reiner aber der Einzelmensch bestrebt ist, im Geiste des dritten Hauptlebensalters zu leben, und seine Mitmenschen dazu fähigen zu helfen und dafür zu gewinnen: desto vielseitiger, tiefer und härter hat er zu kämpfen mit allen denjenigen Personen, Einzelnen und Gesellschaften, — der Menschheit, welche im Geiste des zweiten Hauptlebensalters leben. Aber wir sehen in der wirklichen Geschichte, dass der Ausgang dieses Kampfes der Menschheitinniger und Menschheiterzieher immer erfolghafter und siegreicher, immer weniger schmählich und für die Menschheit immer weniger demüthigend wird. — (Griechische Philosophie, kämpfend mit der Tyrannei und dem Despotismus des Heidenthums, Sokrates; Jesus und die Märtyrer im römischen Reiche, und dann im Mittelalter: Waldenser, Huss, — dagegen Luther.)

Das sind die Hauptergebnisse der würdigenden Betrachtung der geschichtlichen Entwicklung des Einzelmenschen in Vergangenheit, Gegenwart und Zukunft. — Zur Vergleichung trage ich eine kurze Schilderung der zeitlichen Wirklichkeit des Lebens der Menschen von Suabedissen vor (in seinen

„Grundzügen der Lehre von dem Menschen" 1829), S. 386 bis 388. Der Verfasser hat in seiner Schilderung mehr die Schattenseite und die Nachtseite des Lebens des Einzelmenschen hervorgehoben; — aber auch vor dieser darf der würdigende Geschichtsphilosoph sein Auge nicht verschliessen, noch davon den Blick abwenden.*)

Aber nicht Aller, setze ich hinzu; es leben und wirken schon Bessergesinnte, ja Reingutgesinnte. Wahr ist Suabedissen's Schilderung von Vielen, ja von den Meisten. Der Bessern sind Wenige, aber in diesen ruht die höhere Hoffnung der auf Gottes Hülfe vertrauenden Menschheit. — Die Heilmittel aller von Suabedissen aufgezählten Uebel sind im Geist und in der Kraft des dritten Hauptlebensalters enthalten und in diesen meinen Vorträgen bestimmt nachgewiesen.

B. Würdigung des Lebens der menschlichen Gesellschaftsvereine, oder der sogenannten moralischen Personen in der Menschheit.

Betrachten wir nun zunächst geschichtsphilosophisch die innern Grundgesellschaften in der Menschheit.

1) Die Ehe und die Familie**) zeigt sich auf Erden auf verschiednen Stufen der Entwicklung; zunächst gegründet auf den Naturtrieb des Geschlechtsvereines und auf das äussre Bedürfniss des Zusammenlebens; doch schon in mehrern Völkern heraufgebildet bis zu der eingemahligen Geschlechtsverbindung, zur ausschliessenden Monogamie. Die Geschichte zeigt, dass eben in dem Masse, als sich das Geschlechtsverhältniss der Idee der Ehe nähert, unter den Völkern auch alles übrige Menschliche gedeiht, deshalb weil nur auf der menschheitwürdigen Ehe das Gedeihen und die Ausbildung der Familie gründen kann. Doch wir sehen unter vielen Völkern auch

---

*) Suabedissen's Schilderung ist willkürlich, die Schlechteren herausgreifend und hervorhebend; und bloss von den Meisten (a plurimis, non: a potiori) zu verstehn und zu würdigen. Da aber jetzt der Einzelmensch schon im Geiste des dritten Hauptlebensalters leben kann, so wäre dies herauszunehmen (ut a potiori fiat descriptio et denominatio).

**) Lehrbaubemerk. Ehethum enthält: a) Aeltern, b) Kinder, c) Ehethumgehülfen, d) Ehethumfreunde; also auch das Verhältniss der Aeltern (von Vater und Mutter) zu Kindern (Knaben und Mädchen); aber erst das Verhältniss der Aeltern zu sich selbst (das Verhältniss des Vaters zur Mutter und umgekehrt); dann auch das Verhältniss der Kinder zu einander, dass alle selbleben als solche, alle aber auch verhaltleben. Die Völker von europäischer Bildung gehen in Vollendung des Ehethumes (Ehethumlebens, Familienlebens) voraus, vornehmlich Deutsche, Engländer, Franzosen, Griechen (Neugriechen).

die vielgemahlige Ehe, die Polygamie, in verschiednen Stufen der Annäherung an die Monogamie gesetzlich bestehen, und auch das ausserehliche Vereinleben der Geschlechter sehen wir sogar noch bei den gebildetsten Völkern der Erde wenigstens gesetzlich geduldet, wenngleich die edlere Volkssitte sich davon abwendet. Veränderliche Geschlechtsvereinigung ohne bleibende Ehetreue zeigt sich meist mit Rohheit, mit Wollustgier, obschon zugleich verfeinerter Thierheit verbunden. Die Idee der Menschheit und des Einzelmenschen lehrt, dass zwar uneheliche Geschlechtsverhältnisse auch der Idee der Liebe und des vernunftgemässen Lebens in untergeordneten Lebensaltern und Lebenszuständen theilweis angemessen sind, dass aber die vollwesentliche Gestaltung des Vereinlebens der Geschlechter nur in der eingemahligen Ehe gewonnen wird; denn diese ist das Vereinleben des Mannes und des Weibes als ganzer Menschen, an Geist und an Leib, in geistlicher und leiblicher und aus beiden vereinter persönlicher Liebe, — worin das leibliche Geschlechtsverhältniss nur ein untergeordnetes ist. — Die Ehe ist der innigste Theil der Weseninnigkeit der Menschen gegen einander; daher ist sie auch erst im dritten Hauptlebensalter der Menschheit in ihrer Vollwesenheit und schönsten Gestaltung erlangbar, wann einst jede Liebe, jedes Vereinleben, in und unter der Weseninnigkeit und dem Wesenvereinleben, der Liebe zu Gott und dem Vereinleben mit Gott steht*), — und dann auch die Ehe die religiöse Weihe und Vollendung empfängt. Bis jetzt werden in allen Formen der Ehe die Frauen auch bei den gebildetsten Völkern noch nicht als den Männern nebengeordnet, sondern als ihnen untergeordnet betrachtet, geachtet und behandelt, sogar nach den Religionsbegriffen und Staatsgesetzgebungen der gebildetsten Völker. Die Kinder werden meist der willkürlichen Behandlung der Aeltern überlassen. Und die Hausgehülfen, als das Hausgesinde, werden noch bei den gebildetsten Völkern wie Wesen untergeordneter Art betrachtet, ja bei vielen Völkern sind sie noch leibeigen, oder Sklaven. Bei den gebildetsten Völkern wird einer Reihe von Familienverwandtschaften oder Geschlechtern, die ihren Stammbaum weiter, als Andre, zurückführen, ein höherer gesellschaftlicher Rang und viele Vorrechte zum Nachtheil der Uebrigen, aus geschichtlich vorübergehenden Gründen, zugestanden; doch, je höher das Leben der Völker heranreift, je mehr wird der gesellschaftliche Werth der Einzelnen und der Familien ein selbst erworbner, von äusserer, bevorrechtender Satzung freier, dadurch weder vermehrter, noch verminderter.

---

*) Dann wird nicht mehr gelten: in peccatis concepit me mater mea.

Familien und Einzelne gelten dann, soviel sie selbst werth sind, und soweit sie sich selbstwürdig machen.

2) Die Freundschaft findet sich bei allen Völkern auf jeder Bildungsstufe, stets angemessen eben dieser Bildungsstufe, – in der verschiedensten Gestaltung; — aber auch zu allen Zeiten das Geständniss: dass echte, treue, bleibende Freundschaft schwer und selten. Im christlichen Mittelalter wurde die Freundschaft als ein heiliges Verhältniss betrachtet, nach Aehnlichkeit der Ehe, und Ritter gelobten sich am Altare Freundschaft und nahmen zur Bekräftigung ihres Treuschwures auf das Evangelium darauf das Abendmahl. — Gewiss, die Freundschaft ist, nächst der Ehe, das innigste Lebensverhältniss; sie ist ein allgemeineres Lebensverhältniss, als die Ehe; sie ist ausser und über der Ehe, aber auch in der Ehe kann und soll sie sein, sie ist die wesentliche Grundlage der Eheliebe, und wenn das Geschlechtsverhältniss im Alter erlischt, dann lebt in den Vermählten die heilige Flamme der Freundschaft verjüngt auf. — Erst im dritten Hauptlebensalter kann und wird auch die Freundschaft rein, ganz, vollwesentlich unter den Menschen ausgebildet werden, weil die vollendete Freundschaft auf der vollendeten harmonischen Bildung beruht.

3) Auch die Freigeselligkeit findet sich bei allen Völkern, aber stets nach der Art und Stufe ihres Bildungsstandes selbst die sogenannten Wilden sind durch Spiele und Feste freigesellig verbunden. Unter den Griechen und Römern hatte die freie Gesellschaft sich reich und schön ausgebildet. Am reichsten, schönsten und freiesten aber ist die Freigeselligkeit gestaltet worden in der modernen Zeit, theils in der sogenannten grossen Gesellschaft, nach dem Weltton, theils in dem gemeinsamen gesellschaftlichen Kunstleben, theils in der allgemein gebildeten (bürgerlichen) Geselligkeit auf Strassen und öffentlichen Orten. Aber allgemein ist unter den gebildeten Völkern die Klage, dass in der freien Geselligkeit wenig Herzlichkeit, wenig wahre Vertraulichkeit herrscht bei viel Verstellung und Heuchelschein, und dass die äussern gesellschaftlichen Formen oft noch viel edler und besser sind, als die Gesinnungen. Dies kann nicht anders sein, da die Formen der Freigeselligkeit meist überlieferte, willkürliche (conventionelle) sind und durch die vorerwähnten trennenden Unterscheidungen der Menschen nach Stämmen und Ständen beengt werden. Erst im dritten Hauptlebensalter, wenn einst die Einzelmenschen und die Familien die reine Edelheit und Würde der vollwesentlichen, harmonischen, universalen Bildung erlangt haben, kann auch die Freigeselligkeit in ganzer Edelheit, sittlicher Würde und Schönheit des reichsten Lebens hergestellt werden.

Würdigung des Lebens der menschlichen Gesellschaftsvereine. 113

4) Die Ortsgenossenschaft erscheint ebenso in den verschiedensten Gestaltungen, deren Hauptgegensatz das nomadische und das örtlich bleibende Zusammenwohnen ist. Die Ortsgenossenschaften, besonders grosser Städte, sind vorwaltende Sitze der menschlichen Bildung, der allgemeinen Kultur, von wo aus die Bildung sich kreisförmig verbreitet. Städte und Dörfer bilden auf der Erdfläche wie ein Netz von Ganglien der Kultur, welches mit dem steigenden Leben der Menschheit immer reichhaltiger und inniger und fester verbunden wird.

Das Ortsvereinleben und das Städteleben insbesondre hängt sehr von der Staatsverfassung ab. Unter despotischer Herrschaft kann es gross und im Einzelnen auch grossartig sein, aber es ist dann einseitig, arm, gedrückt; dagegen gedeiht es um so edler, reicher und schöner, je mehr die Staatsverfassung sich der wahren Freiheit nähert; daher das Erblühen der grossen Städte im Mittelalter und die stets steigende Vollendung des Stadtlebens, des Landlebens und des Vereins beider, vornehmlich in den neuern europäischen Staaten und in dem freien Amerika, besonders die vorher auf Erden nie gesehene Ausbildung des Lebens der grossen Hauptstädte Europas.

5) Ein Aehnliches gilt von den Stämmevereinen, auch hinsichts des in ihnen zu entfaltenden Gegensatzes von Stadt- und Landleben. Je weniger die Stämme gebildet sind, desto isolirter, einsamer, feindlicher stehen sie sich gegenüber, und desto weniger sind sie geneigt, sich in Völker zu vereinen. Dies zeigen die mehr oder weniger ungebildeten Stämme der sogenannten Indianer in Amerika und der Neger und andrer Stämme in Afrika. Die Verschiedenheit der Stammsprachen erschwert dann die Vereinigung der Stämme in ein Volk. In dem Vereinleben der höheren Stämme mit mächtigen Völkern, die eine ihnen überlegene Bildung haben, aber selbst noch nicht im Lebensalter der Reife stehen, gehen viele Stämme gänzlich unter, viele werden mit despotischer Gewalt den Volksstaaten einverleibt, und erst in der dritten Periode des zweiten Hauptlebensalters fangen die übermächtigen Völker der Erde, die mit blossen Stämmen noch weniger gebildeter Menschen in ihrer Nähe vereinleben, an, diese menschlicher, gerechter zu behandeln, sie in schützende Vormundschaft zu nehmen, und zur Freiheit und zum höhern Volksleben heranzuerziehen, — wie wir dies besonders in Nordamerika sehen.

6) Die Völker der Erde zeigen sich von verschiedner Ausbildung der Art und Stufe nach, — an Leib und Geist, und sind nur mit einander verbunden nach Massgabe der Art und Stufe ihrer Bildung; je weiter die Völker in der

menschlichen Bildung zurückstehn, desto mehr stehen sie allein und sind zuerst nur durch den Krieg mit einander in Verkehr. Auch trennen sie sich in mehrere hundert Sprachen, die zwar in wenigere Hauptsprachstämme zusammenkommen, aber auf einen gemeinsamen geschichtlichen Ursprung sich nicht zurückführen lassen. So weit die Geschichte zurückreicht, finden wir schon grosse Völker mit eigenthümlicher Bildung, nach den in der Idee des Volkes enthaltenen Grundwesenheiten. Doch sehen wir auch einige vaterlandslose Völker, welche durch ihre charaktervolle, durchgestaltete Individualität die Einheit ihres geistigen und leiblichen Lebens dennoch erhalten und, durch Unglück und Unrecht aus dem Vaterlande vertrieben, doch der Verschmelzung und dem Verschwinden unter andern Völkern jahrtausendelang durch jene innre Lebenseigenthümlichkeit widerstehen; so das hochachtbare Volk der Hebräer und das Volk der Ziganen oder Zigeuner. — Die Geschichte zeigt ferner in dem Leben der Völker den Unterschied, dass das Volksleben in geschiedenen Kasten, oder in freien Ständen geführt wird; ersteres hauptsächlich bei den Altindern und Aegyptern, das zweite bei den hellenischen, deutschen und andern Völkern. Das Kastenwesen hat sich als durchgehends dem Fortschreiten der Bildung hinderlich erwiesen.

7) Je gebildeter die Völker werden, desto vielseitiger wird auch ihr Bedürfniss und ihre Fähigkeit, mit andern Völkern umzugehen, und mit ihnen einen Lebensverein zu stiften. Anfänglich führt sie der Krieg zusammen; dieser wird aber nach und nach geschlichtet. Nur erst im modernen Zeitalter finden wir zwischen den gebildetsten Völkern einen wechselseitig gleichförmigen, auf Achtung und Gerechtigkeit gegründeten Lebensverkehr hinsichts der Haupttheile der menschlichen Bestimmung, in Wissenschaft, Kunst, Recht und Religion, in Handel und Gewerbe. Früherhin zeigt die Geschichte, dass stärkere Völker schwächere unterdrücken, oder gar austilgen. Jetzt aber bilden sich schon viele Völkervereine, besonders in Europa und Amerika, und zwar durch Wissenschaft und Kunst, Handel und Gewerbe und hauptsächlich durch die Religion; freilich noch nicht in bleibender, das ganze Vereinleben umfassender Rechtsgesetzgebung, freilich noch gar nicht sichergestellt gegen Krieg und Unterdrückung.

8) Ja es haben sich schon mehrere Völkervereine in einen europäischen Völkervereinverein gebildet, in welchen seit mehrern Jahrhunderten, oder bei einigen wenigstens seit mehrern Menschenaltern, auch die slawischen Völker aufgenommen werden, und auch das türkische Volk nunmehr einzutreten beginnt. Da die gebildetsten europäischen Völker gemeinsame Grundüberzeugungen, gemein-

Würdigung des Lebens der menschlichen Gesellschaftsvereine. 115

same Sitten und Lebensweise haben, wechselseits in vielen Individuen ihre Sprachen verstehn, und alle durch Wissenschaft und Kunst, durch Handel und Gewerbe verbunden sind, so dürfen wir mit Fug von einer sich stufenweis bildenden **europäischen Menschheit** reden.

Ein Aehnliches fängt schon an von den gebildeten europäischen Pflanzvölkern in Amerika zu gelten. — Auch sehen wir schon die europäische und die amerikanische Menschheit ein Vereinleben für die ganze menschliche Bestimmung erfolgreich beginnen.

Zweitens. Betrachten wir nun ebenso die **innern werkthätigen Vereine** unter den Menschen.

1) Für **Sittlichkeit und Tugend** sehen wir noch nirgends auf Erden bleibende, bestimmt organisirte Geselligkeit unter den Völkern. Einen Anfang davon bezeichnen einige geheime Gesellschaften, auch der ausdrücklich sogenannte, nun erloschene deutsche Tugendbund; aber Geheimheit verträgt sich nicht mit der freigesellschaftlichen Entwicklung der Sittlichkeit und giebt zu vielseitiger Entartung der Gesellschaft Anlass.

2) Desto allgemeiner aber ist unter den Menschen der **Verein für das Rechtsleben, der Staat**. Freilich in der verschiedenartigsten Gestaltung nach Inhalt des Rechts und der Form der Verfassung, überall und immer in nothwendiger Angemessenheit an den jedesmaligen Bildungsstand der zu Recht vereinten Menschen. Der Staat geht von der Familie und Freundschaft aus, und diese Form hat sich sogar in einem der grössten Staaten auf Erden, im chinesischen Reiche, erhalten. Von den Familien aus verbreitet sich dann weiter der Staat über Ortsgenossenschaften, Stämme und Völker. Es wird schon eine hohe Vollendung der Menschen und der Völker vorausgesetzt, wenn in ihrem Rechtsleben das Recht selbst durch Vernünftigkeit, nicht aber durch willkürliche Gewalt herrschen soll, welche noch jetzt auf Erden überwiegend herrscht. Je mehr der Volksstaat der Idee des Rechtes gemäss ist, desto kräftiger, reicher und schöner gedeiht das Volksleben. Dies zeigen in neuester Zeit der nordamerikanische Freistaat und die andern jüngern Freistaaten in Amerika, vornehmlich der Negerstaat auf Domingo. Die Ausbildung der Staaten der Völker in Europa und Amerika hat in den letzten Menschenaltern grosse Fortschritte gemacht, und zwar mit steigender Schnelligkeit und Gediegenheit des Wachsthums. Seit einigen Jahrhunderten hat sich auch ein meist auf dem Gebrauche beruhendes Völkerrecht praktisch ausgebildet, wodurch aber der Rechtsverein der Völker und der Völkervereine erst vorbereitet wird. Völkervereinstaaten mit gemeinsamer Gesetzgebung und gemeinsamem Gericht, ohne Krieg, hat diese Erde noch nicht.

8*

Vornehmlich in frühern Epochen der Völkergeschichte, und zum grossen Theil noch jetzt, sehen wir die Volksstaaten, das ist das Rechtsleben der Völker, vielfach von andern Gesellschaften bevormundet; von dem Religionsvereine und dessen Oberhäuptern, den Priestern, in der Theokratie; von vorherrschenden Familien, in der erblichen Monarchie und der Adelsaristokratie; dann vom Stande der an äussern Gütern Reichen, in der Timokratie; auch wohl vom Stande der Krieger, in sogenannten militärischen Staaten, und zu Zeiten des Uebergangs von einer Staatsform zu der andern; oder wohl auch von der grossen, noch ungeordneten Masse des Volks, in der Demokratie. Aber die Geschichte zeigt, wie die Völker unaufhaltsam danach ringen, ihr Rechtsleben von dieser Vormundschaft zu befreien, und zu Selbständigkeit des Rechtlebens in der freien Gemeindeverfassung zu gelangen. Die konstitutionelle Monarchie bezeichnet den Uebergang despotischer Staaten zu der freien Gemeindeverfassung.*) Aber jugendliche Völker, welche selbstkräftig und selbstmächtig ihr Rechtsleben gründen, haben nicht nöthig, durch die Mittelform der konstitutionellen Monarchie hindurchzugehen, sondern vermögen es, sich sogleich in der freien Gemeindeverfassung als selbständiges Volk zu konstituiren, und sich selbst zu regieren. Dies zeigen die neuen Staaten in Amerika.**)

Dagegen sehen wir aber auch jetzt viele Staaten selbst eine Vormundschaft ausüben über die Religionsgesellschaft, über die Geselligkeit für Wissenschaft und Kunst und für Erziehung, welche Vormundschaft sich nicht immer innerhalb der Beziehung aller menschlichen Dinge und Gesellschaften zum Rechte hält. Unter allen gebildeteren Völkern der Erde waltet jetzt der Staat und das Leben und die Wirksamkeit des Staates vor über alle andern menschlichen Angelegenheiten und Bestrebungen.

Erst im dritten Hauptlebensalter kann der Staat in Inhalt und Form völlig vernunftgemäss werden und mit allem Guten, Schönen und Heiligen vollübereinstimmen; erst dann kann der Sachgüterbesitz gerecht und menschheitwürdig geordnet sein; erst dann können die menschheitwidrigen Todes-

---

*) Zwei Stufen der constitutionellen Monarchie: a) Volksrepräsentation hat nicht die Befuguiss, Gesetze vorzuschlagen; b) hat diese Befugniss.
**) Sobald in einem Volksstaate die Stimmen der Einsichtigen durch die Volksrepräsentanten, d. h. die Volksstellvertreter, und durch die freie Druckerpresse offenkundig zu Worte kommen, so werden die grössten Fortschritte des Rechtslebens gemacht. Dies zeigt besonders auch der französische Staat seit dem Jahre 1789. Man sehe die schätzbare Sammlung aller öffentlichen Reden der Volksstellvertreter in Frankreich in dem Werke: Choix des Rapports etc.

strafen, Leibesstrafen und Schandstrafen sich in die gerechte Aufsicht und Erziehung der Unmündigen verlieren; erst dann können auch Völkerstaaten und Völkervereinstaaten gegründet werden, innerhalb deren dann wohl gesellschaftliches Gericht, nicht mehr aber Krieg stattfindet, — und erst in der dritten Periode des dritten Hauptlebensalters, wann die Menschheit die Reife ihres ganzen Lebens gewonnen haben wird, kann und wird Gerechtigkeit die ganze Menschheit in dem einen Erdstaate umschlingen.

c) Zunächst verdient der gesellschaftliche Verein für Gottinnigkeit und Gottvereinleben, für die Ausbildung des Lebens in Bezug zu Gott — der Religionsverein — geschichtsphilosophisch gewürdigt zu werden. In der chronologischen Würdigung ist bereits gezeigt worden, wie sich die Völker stufenweis von der Vielgötterei zu der Erkenntniss und Verehrung Gottes, als des Einen, erheben; wie die Eingottinnigkeit, — der Monotheismus, — selbst stufenweis zu ganzer Reinheit und Vollwesenheit aufsteigt, und wie die Menschen dabei stufenweis auch von dem Satzungenglauben, der ohne eigne Einsicht ist, zu dem schauenden, wissenden Glauben sich erheben, welcher auf die in eigner Einsicht anerkannte Wissenschaft gegründet ist. — Die Religionsvereine der gebildetern Völker, namentlich die christliche Kirche, das Islamthum und einige Zweige des Buddhismus, gehören noch grösstentheils der zweiten Periode des zweiten Hauptlebensalters an und haben sich nur erst dem kleinern Theile nach zu dem Geiste der dritten Periode des zweiten Hauptlebensalters erhoben, — namentlich die christlichen protestantischen und reformirten Kirchen, die Wachabiten und einige Religionsparteien in Indien. Am höchsten unter den Anhängern eines positiven Religionsbekenntnisses stehn jetzt hinsichts der religiösen Erkenntniss die Einsichtigen unter den Christen, Islamiten, Buddhisten und Brahmanen[*]. Diejenigen aber, welche im Geiste des dritten Hauptlebensalters denken und leben, sind von allen geschichtlich-überlieferten, positiven und statutarischen Religionsbegriffen, als solchen, frei und unabhängig. Aber alle jetzt bestehenden Religionsgesellschaften auf Erden sind noch nicht von Aberglauben, von einsichtslosem Satzungenglauben, mithin auch noch nicht von Unduldsamkeit und Wahneifer, rein und frei.

Keiner der jetzt bestehenden Gottinnigkeitsvereine erkennt das Verhältniss der ewigen und der individuellen Offenbarungen Gottes gründlich, alle verwechseln noch Geschichtlich-Individuelles mit Ewigwesentlichem und geschichtliche Beweise dessen, was geschehen, mit dem wissenschaft-

---

[*] Z. B. Rammohon Roy.

lichen Beweise der ewigen Wahrheit; alle setzen die von ihnen
anerkannte partielle individuelle Offenbarung Gottes statt der
einen, ganzen, universalen individuellen Offenbarung Gottes
an diese Menschheit, welche dieser Menschheit erst in ihrem
dritten Lebensalter ganz und vollwesentlich ertheilt werden
wird; — und alle bisherige Gottinnigkeitsvereine auf Erden
haben daher auch den Wahn gemeinsam, dass in ihrer statutarischen Ueberlieferung und in ihrem religiösen Leben
schon die Religion und das religiöse Leben der Menschheit
vollendet sei, und dass es höherer und tieferer und innigerer
und überhaupt weiterer ewiger und zeitlicher Offenbarungen
Gottes an diese Menschheit für ihr Heil nicht mehr bedürfe.
— Mehrere Religionsgesellschaften, obschon sie sich zu der
Eingottlehre und Eingottverehrung bekennen, vermengen doch
noch die Gedanken: Gott und Mensch, erweisen einzelnen
Menschen göttliche Ehre und wähnen, dass Gott in einem,
oder in einigen Menschen, selbst in seiner ganzen Wesenheit,
vollwesentlich erscheine. — Dabei giebt auch kein einziger
von allen bisherigen Religionslehrbegriffen wissenschaftlichen
und geschichtlichen Aufschluss über die bestimmte Vorzeit
und die bestimmte Zukunft der Einzelmenschen und der
Menschheit auf Erden, weder vor, noch nach diesem Erdenleben; — die bisherigen Religionslehrbegriffe enthalten hierüber nur gottinnige, noch sehr durch Irrthum, Irrgefühl und
Irrwillen verunreinte Ahnungen*). — Erst die vollendete
Offenbarung Gottes an diese Menschheit in deren dritten
Hauptlebensalter, wird auch über alle diese lebenswichtigen
Gegenstände individuelle geschichtliche Belehrung enthalten;
wenn anders ein solches überhaupt einer Menschheit, die auf
einem Planeten lebt, beschieden ist. — Seit dem Eintritt der
dritten Periode des zweiten Hauptlebensalters sind einzelne
gotterleuchtete, gottinnige Menschen darauf bedacht gewesen,
die Religionslehre und den Religionsverein von Satzungenglauben und Willkürherrschaft zu reinigen, eine reinvernunftgemässe Gottlehre, den reinen Theismus, zu bilden, und
darauf ein religiöses Gesellschaftsleben zu gründen. — Während der französischen Staatsreformation unternahmen es
gottinnige Menschen, die im Geiste der dritten Periode des
zweiten Hauptlebensalters lebten: eine satzungenfreie Gottinnigkeit gesellschaftlich auszubilden**); unter dem Namen

---

*) Dahin gehören auch die Swedenborg'schen Nachrichten aus dem
Himmel und der Erde.
**) Früher hatten aufgeklärte Einzelne, z. B. Thomas Payne, D. Bahrdt
u. A. m.; auch aufgeklärte Geheimvereine, einige mosaische und der
in seinem Zweck ehrwürdige Illuminatenbund eben dahin gearbeitet und
vorgearbeitet. (Vergl. den von Krause gearbeiteten Artikel: „Illuminaten" in Henning's, bez. Mossdorf's Encyclopädie der Freimaurerei,
1. Aufl. Bd. II, S. 84—105. (Leipzig, Brockhaus 1824.)

Würdigung des Lebens der menschlichen Gesellschaftsvereine. 119

der Gottmenschenfreunde, und des Gottmenschenfreundthums, der Theophilanthropen und des Theophilanthropismus, vornehmlich in Paris *). Aber der Grundlage gebrach die wissenschaftliche Tiefe, überhaupt die bestimmte, gehaltige, bejahige (positive und affirmative) Einsicht und das ganze Streben dieses Theophilanthropismus ist daher überwiegend bloss verneinend und umbildend (negativ und reformativ); — da es ihm also an innerm wesenhaften Lebensgrunde und an kräftigem Lebenstriebe gebrach, so musste die gesellschaftliche Ausübung desselben mit der Umgestaltung des Staates wiederum erlöschen. — In Deutschland verlautet in den letzten Jahren, auch in mehrern öffentlichen Blättern, ebenfalls der Gedanke und Entwurf, einen Religionsverein, ohne positiven Satzungenglauben neu zu gründen; aber ein gesellschaftliches Streben dafür ist mir nicht bekannt geworden. Auch in England und in Nordamerika regen sich ähnliche religiöse Bestrebungen, aber, — so viel ich weiss, — auch noch ohne bedeutenden Erfolg. Ueberhaupt gebricht es allen mir bekannten Versuchen einer reinvernunftgemässen Gottvereinlebenlehre und einer darauf gegründeten, in Gott sittlich freien, von allem positiven Satzungenglauben unabhängigen religiösen Gemeinschaft, ausser an den schon bemerkten innern Grundwesenheiten, besonders an richtiger Kenntniss in Verständniss und Beurtheilung der bisherigen, frühern, eigenleblichen Offenbarungen Gottes an diese Menschheit, der bisherigen göttlichen individuellen Leitung und Erziehung dieser Menschheit durch Gott als Urwesen. Dadurch reissen sich aber alle diese Versuche aus dem stetigen Zusammenhange der Entfaltung des religiösen Lebens in dieser Menschheit, welches ein organisches Ganzes ist vom ersten Menschen, der auf Erden lebt, bis zum letzten. — Diejenigen aber, in denen der Geist des dritten Hauptlebensalters wach und lebenswirksam geworden, wissen, dass das vollwesentliche, gesellschaftliche Weseninnesein und Wesenvereinleben im dritten Hauptlebensalter der Menschheit, durch Gottes weitere Offenbarungen und Hülfe wirklich werden wird; und sie fühlen sich verpflichtet, mit Lebensweisheit, in dankbarer Anerkennung, Erhaltung und Weiterbildung des echtreligiösen Inhalts aller bisherigen Religionslehrbegriffe und Religionsgesellschaften, für die höhere Vollendung des Wesenvereinseins und Wesenvereinlebens auf Erden im Geiste des dritten Hauptlebensalters in Liebe und Frieden, nur durch Gutes, das Ihrige mitzuwirken.

---

*) Die Lehren, Gebräuche und Geschichte des Theophilanthropismus sind in einer besondern, ausführlichen Schrift niedergelegt.

Lehrbemerkung. Hier ist zu würdigen die Wirkung des
<u>hinsichts</u>

Quäkerthums   des Eigenleb-Satzungen-
Snedenborgthums   glaubens (statutarischen
Methodistenthums   Autoritätenglaubens)
Pietistenthums

<u>theils für</u>
<u>theils wider</u>

d) Die gesellschaftliche Wirksamkeit für Wissenschaft und für Kunst und für den Verein der Wissenschaft und der Kunst gründet sich auf die stufenweise Ausbildung der wissenschaftlichen Erkenntniss und der Kunstausübung und des Kunstvermögens selbst, in den einzelnen Menschen, sowie von der andern Seite der gesellschaftliche Wissenschaftsfleiss und Kunstfleiss die wissenschaftliche und kunstliche Ausbildung der Einzelnen weckt, fördert und vollendet. Zugleich ist aber die gesellschaftliche Werkthätigkeit auch abhängig und wird bestimmt von der Lebensstufe und dem Lebensalter der Einzelnen und der Gesellschaften; und es wird schon eine hohe Ausbildung des gesellschaftlichen Lebens erfordert, damit eine selbständige, frei nach ihrem eignen, innern Gesetze sich entfaltende gesellschaftliche Wirksamkeit für Wissenschaft und Kunst entstehn könne; — und da die Ausbildung des Religionsvereins und des Rechtsvereins im Leben der Menschheit vorangeht, so werden die Gesellschaften für Wissenschaft und Kunst langehin von diesen beiden Vereinen überkraftet und bevormundet und in einer Abhängigkeit erhalten, welche nur durch die gewonnene Reife der wissenschaftlichen Einsicht und der Kunstleistungen stufenweis aufgelöst und in die freie Harmonie der Wissenschafts- und Kunstvereine mit den Religionsvereinen und mit den Staaten vollendet werden kann. — Die gesellschaftlichen Bestrebungen für Wissenschaft und Kunst gehen immer von den Familien und den Freundschaften aus und verbreiten sich über Ortschaften, Stämme, wohl auch als Vorzug eigner Kasten, dann über ganze Völker und Völkervereine; und erst später bilden sich selbständige, rein- und allgemein-menschliche Gesellschaften für Wissenschaft und Kunst aus, welche lediglich durch das sachliche Bestreben nach Erkenntniss und nach Kunstthätigkeit und Vollendung der Kunstwerke vereint sind und zusammengehalten, sowie lediglich nach den sachlichen Gesetzen der Wissenschaftsbildung und der Kunst geleitet werden. Diesen Entwicklungsgang zeigt die Wissenschaft und Kunstgeschichte aller Völker. In der zweiten Periode des zweiten Hauptlebensalters, — im Mittelalter bilden sich grosse Körperschaften oder Korporationen für Wissenschaft und Kunst unter der Leitung, der

Vormundschaft und dem Schutze des Staates und der Hierarchie aus; und zwar zuerst mit dem vorwaltenden Zweck des Unterrichtes der Jugend, — als Schulen und Hochschulen, welche letztere nach und nach zu allbefassenden Lehranstalten, zu Universitäten sich erheben. Die eigentlichen Kunstschulen zeigen sich im Mittelalter schon freier; zuerst sehen wir die Schulen aller schönen und nützlichen bildenden Künste in die grossen Baukorporationen des Mittelalters und um selbige in gemeinsamer Verfassung verbunden und von den Staaten sowie von der Hierarchie geduldet und geschützt; — der Kunstunterricht wurde in den Masoneien dieser Baukorporationen ertheilt; — zugleich aber bildeten sich um grosse Meister jeder Kunst persönliche, freie Kunstschulen aus. — So wie aber die dritte Periode des zweiten Hauptlebensalters eintritt, so entstehen wissenschaftliche und künstlerische Vereine, welche nicht überwiegend Lehranstalten sind, sondern den Ausbau der Wissenschaft und der Kunst durch ihre Meister beabsichtigen, — sogenannte Akademien und gelehrte Gesellschaften; und überhaupt die Gesellschaften und die gesellschaftlichen Institute für Wissenschaft und für Kunst befreien sich nach und nach von jener Vormundschaft und schliessen mit dem Staat und mit dem Religionsverein ein immer freieres, vernunftgemässeres Verhältniss. Nächst den Wissenschafts- und Kunstgesellschaften, welche der Staat als solcher verwaltet, bilden sich dann weiter auch freie Vereine für Wissenschaft und Kunst, als private Akademien, als Gelehrten- und Künstlervereine. Im Gebiete der nützlichen Kunst trennen sich zuerst die einzelnen Zünfte und vereinzeln sich, um dann in einen freiern und reifern Verein unter sich und mit dem Staate sich wieder zu verbinden. — In der dritten Periode des zweiten Hauptlebensalters wird auch die Idee der Geselligkeit für Wissenschaft und Kunst und für den Verein beider rein und ganz erkannt, und der Organismus des Wissenschaftsbundes, Kunstbundes und Wissenschaftkunstbundes wird selbst wissenschaftlich entwickelt*); und so wird die Grundlage in Geist und Gemüth der Menschen gewonnen, dass im dritten Hauptlebensalter die Geselligkeit für Wissenschaft und Kunst und Verein beider in selbständiger Freiheit, nach ihrem eignen Gesetze, in vollwesentlicher Gliedbauheit zur Reife gebracht werde und in allseitiger Harmonie mit der ganzen Geselligkeit der Menschheit und mit dem ganzen Menschheitleben vereinlebe.

Lehrbaubemerkung. Hier hat die Ausführung des

---

*) Diese Entwicklung habe ich zuerst geliefert im Tagblatt des Menschheitlebens, 1811, und in der Schrift Urbild der Menschheit, 1811.

oben unter II entworfenen Abschnittes aus Zeitmangel wegbleiben müssen.

Zunächst fordert nun die sachliche Ausbildung der Grundidee der Menschheit unsre geschichtsphilosophische Betrachtung. — Die Wissenschaft, als das Ganze der von der Menschheit erforschten Wahrheit, ahmt in ihrer geschichtlichen Ausbildung den Entwicklungsgang des ganzen Lebens nach; doch so, dass die Erkenntniss der Entfaltung des Lebens vorausgeht, das ganze Leben weckend und leitend, als selbst eine Grundmacht, ein Grundfaktor des Lebens und der Geschichte; — während das ganze fortschreitende Leben hinwiederum allseitig das tiefere Nachdenken weckt, neue Gesichtskreise eröffnet und neue Aufgaben der Forschung stellt.

Der eigenthümliche Charakter eines jeden Hauptlebensalters ist dem eigenthümlichen Charakter der Wissenschaft desselben gemäss. Jedes Zeitalter hat ebenso in der Wissenschaft, als in der Kunst, sein Eigenthümliches und Urneues und fördert und mehrt den Gesammtbau der menschlichen Wissenschaft um ein Wesentliches. Das Grundbestimmende der Eigenthümlichkeit der Wissenschaft in den verschiednen Lebensaltern der Menschheit ist die Art und Stufe der Erkenntniss Gottes und des Göttlichen. In der ersten Periode des zweiten Hauptlebensalters ist die Wissenschaft, der Vielgötterei, dem Polytheismus gemäss, eine Mehrheit wissenschaftlicher Erkenntnisse und Ahnungen; — denn die selbständige Wesenheit jedes besondern Gegenstandes macht es möglich, alle besondern Wissenschaften bis auf bestimmte Grenzen in Inhalt und Form auszubilden, noch ehe in der einen, ganzen Gotterkenntniss die Idee der einen Wissenschaft gefunden wird. — In der zweiten Periode aber, in welcher Gott als Urwesen gewusst wird, nehmen auch die einzelnen Wissenschaften, jede für sich und alle in ihrer Beziehung zu einander, diesen Grundcharakter an, dass sie in wesentliche Beziehung zu der Erkenntniss Gottes ausgebildet werden, und dass die reinvernünftige Erkenntniss Gottes und die geschichtliche Erkenntniss der zeitlichen Offenbarung Gottes als oberste Wissenschaft über alle andern besondern Wissenschaften gestellt wird. — In der dritten Periode des zweiten Hauptlebensalters wird die Unterscheidung der reinen, ewigen Vernunfterkenntniss und der sinnlichen und zeitlichen Erfahrungserkenntniss vollendet, und beiderlei Erkenntniss wird im Gegensatze ausgebildet; — und sodann regt sich das höhere Streben, diese beiden Arten und Gebiete der Erkenntniss in einer höhern, unbedingten Erkenntniss zu vereinigen. — Und zu Anfang des dritten Hauptlebensalters wird die Idee der menschlichen Wissenschaft als eines der Erkenntniss Gottes ähnlichen Organismus oder Systems gefunden und der Ent-

Würdigung des Lebens der menschlichen Gesellschaftsvereine. 123

wurf gemacht, die eine Wissenschaft und in ihr den ganzen Organismus aller besondern Wissenschaften nach allen Erkenntnissarten und Erkenntnissquellen gesetzmässig, stufenweis zu entfalten. — Dies nun ist der Punkt, auf welchem wir jetzt die Wissenschaft auf Erden finden.

Ein Aehnliches gilt von der Kunst und von der ganzen Kunstwelt. Während der ersten Periode des zweiten Hauptlebensalters bilden sich die einzelnen, schönen und nützlichen Künste aus. In der schönen Kunst überwiegt die mit der Völkergeschichte und mit der polytheistischen Weltansicht innig verbundene Poesie, welche sich aber nur bis zu der Idee der reinen Göttlichkeit der Schönheit und zu der Idee des Schicksals erhebt; dann die Kunst der schönen Gestaltung und Bewegung des Leibes, zugleich als Ausdrucks der Schönheit des Geistes, Plastik, Malerei, Mimik und Orchestik; dann die dramatische Kunst im Verein mit der mimischen und orchestischen Kunst. Die Musik wird dann überwiegend nach ihrem rhythmischen und melodischen Theile ausgebildet. In der zweiten Periode des zweiten Hauptlebensalters tritt im Gebiete der schönen Kunst das Gemüthsleben hervor, in seiner wesentlichen Einheit mit der Erkenntniss Gottes als des Urwesens, mit vorwaltender Andacht und Gottergebenheit; dieser höhere Aufschwung zeigt sich als romantische und als harmonische Musik; — auch die Baukunst nimmt diesen Charakter der Ahnung und des Gefühles des Unendlichen und Göttlichen an. In der dritten Periode des zweiten Hauptlebensalters erhebt sich die schöne Kunst zu der Idee der Vorsehung Gottes und zu der Würdigung des ganzen Lebens nach den göttlichen Ideen, mit tiefer Empfindung des Widerstreites des noch unvollkommnen endlichen Lebens der Wirklichkeit mit der reinen Göttlichkeit; und so wird die romantische Kunst sentimental und humoristisch. Endlich die Nähe des reifen Lebensalters der Menschheit verkündigt sich auch in der Kunst darin, dass die Kunst als eine und als der eine Organismus aller einzelnen Künste anerkannt und erstrebt wird, und dass sich die Kunst das ganze Leben des Geistes, der Natur und der Menschheit zum Gegenstande nimmt. Alle einzelnen Schönkünste werden dann als Organe der einen Poesie gebildet und vollendet. Auch die Künste der Gestaltung und der Bewegung erhalten erst in dem Hochpunkte des dritten Hauptlebensalters ihre vollwesentliche Ausbildung; — auch die Plastik und die Malerei werden dann erst ihre schönsten Werke darbilden, vollenden. Die vollwesentlich ausgebildete Musik wird dann erst mit der vollwesentlich ausgebildeten Poesie und mit der dramatischen Kunst ihre allharmonische Vereinigung feiern.

Aus der bis hieher geleisteten zeitfolglichen und sachgeordneten geschichtsphilosophischen Würdigung des Lebens der Menschheit auf Erden ergeben sich nun folgende Hauptwahrheiten. — Die Menschheit hat sich auf Erden gemäss dem allgemeinen, ewigen Gesetze aller Lebensentfaltung organisch entwickelt und ausgebildet bis an den Anfang ihres dritten reifen Hauptlebensalters, und ihr gegenwärtiger Lebenszustand, die jetzt ausgebildeten und wirksamen Kräfte in der Menschheit und die Einsicht, dass Gott als Vorsehung auch mit dieser Menschheit während ihres reifen Lebensalters sein wird, gewähren uns die Gewissheit, dass das Leben der Menschheit auch ferner gelingen, und dass auch diese Menschheit in Vereinleben mit Vernunft und Natur und mit höhern Ganzen der Menschheit im Weltall und mit Gott als Urwesen in dieser ihrer einen ganzen Lebenszeit auf Erden die Idee und das Ideal einer Theilmenschheit auf eigengute und eigenschöne Weise vollwesentlich auf dieser Erde darleben und somit ihre Bestimmung erreichen werde. Da nun aber die Menschheit jetzt nur erst in einigen wenigen Menschen in dem Anfange ihres dritten Hauptlebensalters steht, so kann sie nicht schon jetzt die vollwesentliche Ausbildung des Lebens zu einem vollständigen, endlichen Ebenbilde Gottes als wirklich darstellen, sondern die höchste Würde und Schönheit und die eigenthümliche Vollendung in allen Theilen der menschlichen Bestimmung ist ihr erst als Zweck ihres ganzen reifern Lebens und Wirkens vorgestellt und kann erst im Hochpunkte des dritten Hauptlebensalters, nach mehrern Jahrtausenden, erreicht werden. Die Völker der Erde stellen noch jetzt alle Lebensstufen und Lebensperioden vom zweiten Hauptlebensalter an wirklich dar in unerschöpflich-reichhaltiger Eigenthümlichkeit; die meisten Völker stehen in der ersten, weit wenigere in der zweiten, nur einige Völker in der dritten Periode des zweiten Hauptlebensalters, — und das Leben im Geiste des dritten Hauptlebensalters ist noch nicht volklich geworden; dieses höhere Leben geht aus dem Heiligthume des wissenschaftlichen Geistes, im Vereine mit der Gottinnigkeit, hervor und verbreitet sich auf Einzelne in öffentlichen Lehranstalten, in den Familien, in den Freundschaften, dann weiter über Stämme und Völker. Dann wird auch das Leben des Einzelmenschen wesenvoller, gesunder, kräftiger und in weiterem Kreise wirksamer. Die einzelnen menschlichen Gesellschaften, welche schon bestehen, werden gereinigt, höhergebildet, verselbständigt und mit allen andern in eine Harmonie des vollwesentlichen Lebens eingestimmt und vereingebildet. — Die bis jetzt noch auf Erden fehlenden Gesellschaften aber werden neu gegründet; — der eine gesellschaftliche Lebensverein aller Menschen der Erde für das eine ganze Wesenleben wird geschlossen, und in diesem einen organischen Ganzen menschlicher Geselligkeit wird die Menschheit als eine höchste Person auf Erden, als ein grosser Mensch, die Reife ihres vollwesentlichen Lebens gewinnen und von da an gottinnig und gottvereint ihr gottähnliches Leben vollführen bis ans Ende dieser Erdentage.

Lehrbaubemerkung. Des Zeitmangels wegen musste der Abschnitt: Was ist jetzt zunächst zu thun? weggelassen werden.

Im Abdruck sollte eine Lebwesen innigung (Geschichtweseninnigung) diese Darstellung schliessen.

Bis zu diesem allgemeinen würdigenden Ueberblicke der ganzen Geschichte unsrer Menschheit war es uns vergönnt, die Philosophie der Geschichte hier zu entwickeln und durchzugestalten. Gern hätte ich diese Wissenschaft hier noch weiter ausgeführt und das ideal-reale Gemälde der Geschichte der Menschheit ebenfalls, hätte die uns vergönnte Zeit es gestattet. — Möge uns durch diese Darstellung unsrer Wissenschaft die Idee der Geschichte und die Idee der Menschheit und ihres Lebens anschaulich geworden sein. Möge der Geist der Menschheit sich uns offenbart und uns gelehrt haben, was auch wir thun sollen und können, dass das Werk Gottes in der Menschheit dieser Erde gefördert werde und wohlgelinge. — Mögen wir uns von dieser gemeinsamen, dem Wahren und dem Guten gewidmeten wissenschaftlichen Arbeit trennen mit dem Vorsatze, dem Göttlich-Guten ein Jeder in seinem Berufe treu zu sein.

Noch nicht ganz benutzte Skizzen zu dem erstmaligen Vortrage der Philosophie der Geschichte
im Sommer 1824 zu Göttingen.

I. Reihe.

§ 1. Bildung der Einzelnen geht in allem Menschlichen voran. Geniale Einzelne zeigen den Weg und führen an.

Die einzelnen höhern Personen und Korporationen treten, folgend dem geistlichen und gemüthlichen Eintritte der Ideen (in Erkenntniss, Gefühl und Willen), nacheinander ein in aufsteigender Ordnung.

§ 2. Gesetz der Vormundschaft.

A. In aufsteigender Ordnung. Das Familienhaupt über alle Familienglieder.

---

*) Dies sind die letzten Worte, die Krause als Lehrer zu Göttingen gesprochen hat.

Ein Mensch über seine Familie, seinen Stamm, sein Volk u. s. w. Vormund
a) in innerlich-geistiger Vormundschaft, als Lehrer,
b) in äusserlich gewordner geistiger Vormundschaft als Priester, Despot, Timokrat; später als freisinniger Gottinniger, Regent, Gewerbfleissiger (Industrieller, Gewerb-Regent).

Also: Vormundschaft des Geistes und darauf gegründete äussre Obermacht (Genie und Gewalt).

B. In nebensteigender Ordnung. Ein Mensch über einen andern, ein Volk über ein Volk u. s. w.

So Theokratie, d. h. Religionsverein über jeden andern Verein,
So Dikokratie, d. h. Staatsgewalt über jede andre Gewalt.
Beide vereint über jedes andre Streben (verherrlicht durch Philosophen, Dichter, prunkvollen Gottesdienst, prunkvolles Staatsleben.)

Dann steht dagegen, davon äusserlich beengt, bemeistert und gemeistert, die freie Wissenschaft und die freie Kunst. Beide müssen dem vormundlich vorherrschenden Vereine dienen.

C. In absteigender Ordnung. Familienvormundschaft über Einzelne; Volksvormundschaft über Stämme, Stände, Familien, Einzelne; Völkervereine über Völker, Stämme, Familien, Einzelne u. s. w.; Gott als Urwesen über Alle.

Liebe und Verein der Geschlechter unter Vormundschaft der Natur und des Vernunfttriebes.

Das erste allgemeinere (generale und universale, orund omheitliche) Band wird der Religionsverein. Beweis. Denn das Einzelne, Untergeordnete kann sich nur in und durch das Allgemeine, Höhere (Uebergeordnete) entfalten.

Aber Gott schaun, fühlen, wollen ist das Ganze, das Allgemeine; daher zuerst der Religionsverein der Menschen, dann erst der Rechtsverein. Darin lebt auf das freie Geistleben, worin anfangs die Phantasie (als das Naturleben des Geistes) und Poesie (die vom Geist geschaffene Natur). Erst darin regen sich die Erstkeime der Wissenschaft (Urahnungen des Geistes, intellektueller Naturtrieb, Instinkt) und der freien, schönen Kunst.

Dann Kunstvereine, die für nützliche und für nützlich-schöne Künste gehn voraus denen für die freien, reinschönen Künste.

Während dessen haben sich Religions- und Rechtsvereine weitergebildet. Reine Religion in Geist und Wahrheit, frei von Staatenbildung, frei von Ortsbeschränkungen, frei von Volkseigenthümlichkeit.

Höhere Grundpersonen sind entstanden und gesondert,

sie haben schon ihre Selbständigkeit erstritten und durchgestritten (in Kriegen durchgekämpft, und in freiem Wetteifer).

Nun entspringt: reine, den Völkern gemeinsame Wissenschaftsbildung; reine, den Völkern gemeinsame Kunstbildung; reine, den Völkern gemeinsame Wissenschaft-verein-Kunstbildung. Während dessen ist die Menschheit an Zahl gewachsen und an Kenntniss der Erde und an Mitteln der Mittheilung.

Nun werden die Ideen der Wissenschaft und der Kunst und des Vereins beider als eines Gliedbaues (Organismus) gefasst.

Und darin erkannt: die in ihrem Gebiet höchste Idee der Menschheit des Weltalls in Gott, als in sich harmonisch vollendeten, gottähnlichen und mit Gott vereinten Wesens.

Und die Idee des Gesellschaftvereins für das ganze Leben (des Menschheitbundes und des Organismus aller untergeordneten Gesellschaften; und diese Idee erblüht in gesellschaftlichen Versuchen zuerst weniger Einzelnen.

Die erklärten allgemeinen Gesetze der Vorahnungen, Vorbereitungen, Vorversuche gelten auch von der Idee des gottinnigen Menschheitlebens und von dem Menschheitbunde.

§ 2. Reihenfolge der sich entfaltenden Wesen. Das Vollkommenste, Zarteste, Schönste, Vereinteste, Wesentliche zuletzt.

Erst der dynamische, dann der chemische, dann der innre Prozess, wo Höherkräfte einwirken (der organische vorzugsweise). Das Pflanzenreich geht voran als der allgemeine Lebenskreis. Das Thierreich, und darin das Innerste und Schönste zuletzt, das ist das vollwesentliche, panharmonische Thier, der Menschenleib.

Nun beginnt das Leben des Geistes zu erblühen, und zwar nach denselben Gesetzen.

Zuerst selbständige Bildung, dann vereinte, dann selbständige durch vereinte.

Nie ohne Vereinigung mit dem Höhern, aber erst nur ewigwesentliche, allgemein-individuell-wesentliche, dann... Ahnungen der allgemeinen Geschichte des Lebens.

1) Erst ein Planet. Anwachs der Menschheit, Vollendung derselben in sich; Verein mit Gott als Urwesen; — dann auch innigerer Verein von Seele und Leib; Menschheitbund. Gott schliesst einander die Geister auf, dann: Umgang der Menschheit
    a) mit den Seelen der Abgeschiedenen,
    b) mit dem reinen Geisterreiche.

Vollendung der Wissenschaft als eines Gliedbaues, der Kunst als eines Gliedbaues und beider als eines Vereingliedbaues in rein göttlicher Schönheit.

Dann ist die Geistkraft jedes Einzelnen hocherhöht und gestärkt in Erinnerung und Vorschauung.

Immer höher vorbereitete Geister leben dann ein in die Menschheit.

2) Dann die Menschheiten mehrerer Himmelwohnorte vereint.

Erst dann auf den einzelnen Planeten Erlöschen des Naturlebens, Erlöschen der Fruchtbarkeit des Leibes, — letzte Menschen, — noch lange hernach Thiere; Erlöschen des Thierlebens; noch Pflanzenleben. Erlöschen des Pflanzenlebens. Grosser Prozess der Auflösung oder Heimlebung eines Himmelleibes. Himmelleichname. Noch lange lebt das Andenken an die Geschichte auf jedem einzelnen Himmelwohnorte fort im Reiche der Menschheit.

3) Dann ein ganzer Sonnenbau. Das Einzelwesen, jeder Einzelgeist schreitet in diesem Ganzen aufwärts fort und breitet seinen Lebenskreis allseitig aus.

§ 3. Gesetz des Rhythmus.

Die neue Periode tritt in einzelnen Anfängen, in Individuen ein, während die vorige ihren Hochpunkt erreicht hat, — in der Reife steht*), z. B. Christenthum gegen Judenthum und Heidenthum; so Protestantismus**) gegen Katholizismus, ersterer entstand, während Katholizismus im Hochpunkte war, verherrlicht durch Philosophen, Dichter, prachtvolles Staatsleben, überfeine, freigesellige Bildung. Aber auch die Uebel, die aus dem Ermangeln des Organismus (der Vollwesenheit) hervorgehen, sind zur Zeit der Reife der frühern Periode am höchsten gestiegen, — am reifsten. Dann (wo die Noth am grössten) ist eben die göttliche Hülfe am nächsten, welche ihren Eingang findet in das Heiligthum des Geistes und Herzens gottinniger, gottgeweihter Menschheit.

Daran schliesst sich das Gesetz der Reaktion des äusserlich noch überkräftigen Bestehenden angegen das innerlich, in Gottkraft, in Gottmuth übermächtige Streben (des gottinnigen Heldenmuthes, des Gottzeugenthums) der gottbegeisterten Seher und Menschheitinniger, welche das neue Zeitalter gründen.

Gott lebt, Gott sorgt immer: nicht Gefängnisse, Folterbänke, Scheiterhaufen, nicht die Gewalt des Eisens, nicht Scharfrichter und Kanonen tragen im Leben der Menschheit den Sieg davon, sondern die ewige, stille, übermächtige Wahr-

---

*) Aehnlich einem vollen Rosenstock: während Rosen vollblühen, blühn andre halb, andre brechen auf, andre röthen sich in Knospen, andre Knospen sind noch grün u. s. w.

**) Lutherthum ist nur als Gliedtheil der beginnenden dritten Periode des zweiten Menschheitalters anzusehen. Die Menschheit sollte nun freigelassen werden.

heit Gottes (Gottes Vernunft), der gottergebne, selbstverzichtende, fromme, reingute Sinn, der in Gottinnigkeit wurzelnde reingute Wille. Der Sieg der Wahrheit ist ähnlich dem Sieg der aufgehenden Sonne über die Nacht durch Dämmerung und Morgenroth hindurch, der Wärme über Eis und Kälte, der Ausbreitung einer sich allmählich hebenden Wasserfluth, dem Wachsthume des mächtigen Baumes im Felsen, dessen Wurzeln Felsen sprengen.

Die Perioden greifen in einander ein nach Aehnlichkeit von Bogen, oder auch, wenn sie innerlich vorbereitet sind, gleichzeitig, gleichsam vielstimmig, neben einander hergehend, oder von verschiedenen Seiten aus in einem Punkte zusammenlaufend. Und auf ähnlich-verschiedne Weise erlöschen sie auch. Aehnlichkeit des Tongedicht-Gliedbaues.

§ 4. Gesetz der Menschheitentfaltung:
a) Natur geht voran, der eine Faktor.
b) Geist, als Geist, folgt.
c) Nun erst Vollbelebung der Menschheit als das Vereinleben dieser Faktoren. Nun erst Haupt zu Gegenhaupt (Rumpf im schönen, vollwesentlichen Lebensverhältnisse; so auch alle Organe zu allen. Nun erst vollwesentliche Begeisterung und Beherzigung und Bekräftigung für das Gute.

Die grosse Urkraft, durch welche sich die Menschheit bisher eigenthümlich immer neu gebildet hat, wird noch nicht rückläufig (bloss wiederbildend, gegenbildend werden und erlöschen; sie ist noch im Aufsteigen; denn die Menschheit steht für diese Erdlebenszeit in einem Punkte ihrer Bahn, welcher noch nicht der Hochpunkt ist; sie wird neues Gute, Schöne, Göttliche, gebären.

Darum ist's zu beklagen, dass diejenigen, welche das Werk der Wissenschaft zu fördern sich vornehmen, sich selbst von dem steigenden Aufschwunge des Geistlebens, ihn nicht anerkennend, sich lossagen.

Nach denselben Gesetzen, als Gesundheit und Leben, verläuft auch Krankheit und Tod.

Der tiefe Schlummer, die Andacht des Kindes im Mutterleibe und die ehrwürdige Gestalt der Leiche im Grabe gehören gleich wesentlich zur zeitlichen Entfaltung; die Jugendblüthe ist nur der Hochpunkt ebenderselben. Alle Momente der ganzen Lebensvollzeit gehören zur Darwesenung der ewigen Wesenheit.

Die Lebenskraft geht, wie die echte philosophische Methode, stets von Wesentlichem zu Wesentlichem, mit Ausnahme des Unglücks.

Einzelbemerke über das dritte Hauptlebensalter der Menschheit (1824).

§ 1. Das ganze zweite Hauptlebensalter kann Mittelalter genannt werden, und seine drei Perioden: das erste, zweite und dritte Mittelalter.

a) Erstes Mittelalter (IIa): Einheit Gottes, als entgegenstehend der bloss äussern Vielheit der Welt, so dass die Vielheit, als solche bestehend, gedacht und angelebt wird. Dunkel geahnte, unbestimmte, aber bestimmbare Idee des Reiches Gottes.

b) Zweites Mittelalter (IIb): Die Einheit wird bezogen auf die Vielheit; hinstrebend nach Oeffentlichkeit unter der Form des Naturzwanges (Hierarchie); Fortdauer der Geheimheit, Völker im Nebenvereine.

c) Sammlung der Vielheit in die Einheit, drittes Mittelalter (IIIc), mit Sehnsucht nach Vereinigung aller Glieder der (der Einheit bloss äusserlich entgegenstehenden) Vielheit mit der Einheit. Es beginnt die Ahnung des echten Verhältnisses der Einheit und Vielheit; Ahnung des Organismus, worin und worunter Thesis, Antithesis und Synthesis. Es entsteht jetzt Philosophismus, Theismus, Philanthropismus, Kosmopolitismus. Anerkennung des Wesentlichen aller frühern Perioden. Hinstreben nach Oeffentlichkeit mit theilweis, unter den Formen des Theismus, Philanthropismus, Kosmopolitismus, fortdauernder Geheimheit.

In IIIc wird die Idee und das Ideal des dritten, harmonischen Lebensalters von einzelnen Weisen aus dem Heiligthume der gottinnigen Wissenschaft offen verkündet; wie soeben durch mich in der Wesenlehre (im Wesenschaun) und in dieser Philosophie der Geschichte geschieht und vor mir noch nie geschehen ist.

Bei dem Eintritt von II 3 und III 1 lebt auf Sehnsucht nach Vereinleben; magnetische Hellsicht. Panegersie (seit Comenius) *).

Sehnsucht nach der Heimath.

III. Hauptlebensalter, synthetische Hauptperiode, wieder Kind werden, die Unschuld wiedergewinnen aus Einsicht mit Freiheit.

---

*) Vergl. Krause's deutschen Auszug aus des Comenius' Panegersia (Allerweckung) im Tagblatt des Menschheitlebens, 1811, No. 18, 22, 26, 30, 34; S. 69—72, 85—88, 101—104, 116 - 120, 133—135.

Wieder aufgenommen werden in jene frühern, innigern Lebensverhältnisse. Also Palingenesie, Wiederherstellung aller Dinge. Die ganze Erde ein Paradies.

Es schwindet Selbsteigensucht, Zwangsgewalt, Satzungenglaube und Herrschaft äussrer, endlicher Autorität.

Es schwindet alle Verwechslung der Seinarten, auch des Ewigen und des Zeitwesentlichen (Zeitlichen).

Es schwindet Krieg und Strafe (weicht dem Frieden, der Belehrung und Bildung in Liebe, oder der Liebinnigkeit und der Erziehung).

Aber keine menschliche Anstalt, die ein Wesentliches bezweckt, hört darum auf, sondern sie alle gedeihen dann in göttlicher, sittlicher Reinheit, Schönheit, Uebereinstimmung, Vereinwirkung, Schönheit und Kraftfülle.

Einzelbemerkungen. Palingenesie der Völker! Denn merkwerth ist es, dass alle Völker, welche in ursprünglichem Streben die Kultur der Menschheit wesentlich förderten, noch leben: Inder (Siner, Perser,) Hebräer, Griechen, während die Völker untergeordneten Verdienstes, die kein menschheitlich wirksames eignes Leben hatten, wie grossartig auch ihre Erscheinung war, untergegangen sind; so Aegypter, Römer.

Die erstgenannten Völker werden aus ihrer Schmach erstehen in geschichtlich-umgekehrter Ordnung: Griechen, Hebräer, Inder (Perser, Siner).

§ 2. Noch Weiteres zu der dritten harmonischen oder synthetischen (vollwesentlichen, reifen) Periode.

Die in sich selbst vollendete, gottinnige, gottvereinte Menschheit, — gebildet nach der Idee des Organismus, vereint als ein Theilorganismus der Welt in Gott.

Mit vollendeter Offenheit, deren Inhalt der aller Mysterien, welche die Menschheit bis dahin gehegt hat. Anfangs ist die Wissenschaft esoterisch und wird es im höhern Sinne; aber schon das, was davon exoterisch wird, übertrifft Alles, was bis dahin esoterisch war.

Die Menschheit gebildet nach der Idee des Organismus als ganze und nach allen Einzeltheilen und Einzelgliedern.

Echte Freiheit in Gott und Welt, echte Weseninnigkeit und Liebinnigkeit und Allschönheit; reine Sittlichkeit, reine Liebe, reiner Friede, reine Schönheit, gemäss der einen Wissenschaft, als der einen Wahrheit.

Die Seele, die leitende Idee, ist für das dritte Hauptlebensalter die Wesenschauung, die SchauungWesens als Or-Omwesens, Wesens, wie Wesen sich urwesentlich, ewig, zeitlich, urzeitewig offenbart; denn darin wird auch als Theilwesenschauung gefunden der Sollbegriff (die Idee) der Menschheit als eines in sich vollendeten und mit Gott als Urwesen und als Omwesen („mit Gott und Welt") organisch vereinten Theilorganismus.

Dabei wird also die Idee „des Reiches Gottes" in voller Klarheit als ein Organismus erkannt, worin die Menschheit ein Theilorganismus („ein einzelner Bürger"). Diese Periode beginnt gesellschaftlich, sobald als sich Menschen in dieser Idee gesellschaftlich vereinigen. Also die Menschheit

a) in sich selbst vollendet und das Naturleben vollendet,
b) mit der Natur all-lebenvereint (Hellsicht und vollwesentliche Macht) in der Natur,
c) mit höhern Ganzen des Geisterreiches und der Menschheit vereint,
d) mit Gott als Urwesen eigenlebvereint.

Es ist die Menschheit jetzt im Begriff, von der dritten Periode des zweiten Hauptlebensalters zu der ersten Periode des dritten Hauptlebensalters überzugehen.

Ich habe den Zustand dieses Lebensalters in einem ausführlichen Werke geschildert, in der Schrift: Urbild der Menschheit. Die Zeitschrift: Tagblatt des Menschheitlebens war bestimmt, die Umbildung aller menschlichen Dinge in diesem Geiste vorzubereiten und zu fördern.

§ 3. Während sich nun die Menschheit auf der ganzen Erde verbreitete, waltete vor

Erster Hauptkreis.	Erstes Urgebiet. Ur-Asien	vereint mit Griechenland	Beide Vereingebiete wieder vereint:	Mittelmeer, in der Ausbreitung Römer.	ähnlich dem um die Ostsee.
	Zweites Urgebiet. Ur-Afrika	vereint mit Aegypten.			

Beide geschieden.

Da tritt die Forderung ein: ganz Europa (auch Obereuropa) zu vereinen durch das Römerreich.

Neue Synthesis: a) mit Oberasien, Völkerwanderung, b) mit Unter- und Vorderasien, Kreuzzüge und mittelalterlicher Handel.

Bildung der einzelnen Glieder, Entfaltung der Vielheit aus der Einheit.

Zweiter Hauptkreis. Synthesis des alten und des neuen Erdlandes um das inure Erstbinnenmeer, — den atlantischen Ocean. Vorwalten der europäischen Völker, wie früherhin der Inder, Aegypter, und im synthetischen Kreise die Griechen, Römer u. s. w. Während dessen bildet sich im vorigen Kreise das Menschheitleben nach allen Theilen weiter aus. Schifffahrt, Druckerei, Wissenschaft, Kunst, Staaten, Religionsverein, Mittel der Mittheilung: Postwesen, Strassen, Fuhrwesen. Und strebt nach innrer Verkettung der Völker des Alterdlandes.

§ 4. Ergebniss der bisherigen Geschichte.

Dritter Hauptkreis. Hauptschauplatz: äussres Erdbinnenmeer (Südsee).

Hauptaufgabe. Das Erdvereinland mit aufzunehmen. Mitwirken der Völker des alten und neuen Erdlandes.

Untergeordnete fortgesetzte Aufgaben.

Als ein Volkvereinleben a) Asien, Afrika, Europa; b) Nordamerika, Südamerika, Westindien; c) asiatisches Polynesien, amerikanisches Polynesien, mittleres (Verein-) Polynesien.

Leitende Idee. Idee der Menschheit als eines organischen Ganzen. Urlebenverein der Menschheit, und die organische Gestaltung jeder einzelnen Lebensfunktion.

Was ist zunächst zu thun?

Einzelnes hierzu.

Asien zu entdespotisiren. Noch seufzt ganz Asien unter dem Joch. Auch China erliegt unter einer streng despotischen Staatsgewalt.

Afrika zu erforschen, zu entwildern, zu vermenschlichen, in den Organismus der Kultur, in den Kreislauf der geistlichen und leiblichen Güter mit hineinzubilden. Kolonialsystem im allerumfassendsten Sinne.

Wissenschaftsbau eingesetzt in seinen Werth als Zweckbegriff und als Faktor der Geschichte. Dann erst beginnt die Menschheit ihr reifes Lebensalter als eine umfassende Organisation.*)

Ueber Recht und Staat.

II. Reihe.

§ 1. Die Menschen steigen erst nach und nach auf zur Erkenntniss des einen, ganzen Rechts. Anfangs Bedürfniss, gemildert durch Liebe. Dann Berufung auf Gott (Theokratie, monotheistische und polytheistische) und Stattsetzung menschlicher Gebrechlichkeit statt Gottes; in Nichtachtung des Unterschieds der Gerechtigkeit Gottes von menschlicher Gerechtigkeit. Endlich: konstitutionelle Monarchie und Aristo-

---

*) Das sind die Einzelbemerke, welche im Jahre 1829 bei Veranlassung meiner Vorlesungen über Philosophie der Geschichte niedergeschrieben wurden, aber der Zeitkürze wegen nicht benutzt werden konnten.

kratie kommen zusammen in der gemeinverfassten (gemeindeverfassunglichen) Best-Alleinherrschaft; dass das eine und allgemeine Beste herrscht (τὸ ἄριστον ἕν, nicht bloss οἱ ἄριστοι πολλοί).

Am höchsten steht jetzt der nordamerikanische Freistaat. Owen, Mr. Wright u. s. w. werden dort als William Penn in höherer Art und Stufe wirken. Dort ist das punctum saliens des Vernunftstaates auf Erden, und in Europa sein Cerebralsystem.

§ 2. Den Staat sehen wir jetzt in freie, durch den gemeinsamen Willen der Völker gestiftete konstitutionelle Staaten, Monarchien und Republiken, sich veredeln; der alte Stamm der englischen gesetzlichen Freiheit, der neue jugendliche Stamm der nordamerikanischen Freistaaten, der französische Staat werden darüber wachen, dass das Errungne erhalten werde und im Vereinwirken guter und weiser Regenten mit den Weisen der Völker der Staat auf Erden immer besser gedeihe.

Alle Menschen als Menschen gleich, kein Mensch hat ein Recht, seine Willkür zum Rechtsgesetz zu machen (obwohl er vorübergehend Gewalt haben kann, seine Willkür statt des Rechtsgesetzes einzusetzen). Keiner ist ein Repräsentant Gottes mit individuellem Auftrag.

Es gilt herzustellen im Rechtsleben der Menschheit: ein Recht (als Grundwesenheit Gottes).

Das eine Recht als ein organisches Ganzes, und das Menschheitrecht als organisches Glied des einen Wesenlebens der Menschheit im Menschheitbunde. Und das eine Recht als in Om-Uebereinstimmung (Panharmonie) mit allem Guten (als ein besondres Gut mit dem einen Guten und allem besondern Guten); also auch mit dem Wahren und Schönen und dem Heiligen.

Dann schwindet alle Rachevergeltung, alle Strafe. Nicht: 1) Auge um Auge u. s. w.; 2) Abschreckung durch Uebel; 3) Vorbeugung durch Drohung; sondern: um Böses Gutes! um Unrecht Recht! und beständig wieder nur Gutes, und tausendmaltausendmal wieder nur Gutes.

§ 3. Vernunftgesetzmässiger Fortschritt von den Familienverfassungen durch den reinen Despotismus und die konstitutionelle Monarchie zur Volksverfassung (Volksregierung), Gemeindeverfassung (zur Republik).

§ 4. Noch kein Staat hat die Einsicht beurkundet, dass weder der Staat selbst, noch sonst ein einem besondern Theile der menschlichen Bestimmung gewidmeter Gesellschaftsverein das ganze Menschheitleben (das Or-om-Wesentliche der Menschheit) ist. Daher mischt sich auch der Staat gewaltthätig mit Zwang und List in Alles, um alle menschlichen Bestrebungen zu bevormunden. Aber Gott wählt und findet die wahren

Vormünder der Menscheit, welche auch den Staat und alle besondern menschlichen Gesellschaften, staatsgesetzmässig, und ohne deren Freiheit zu verletzen, freigeistig bevormunden, lebenleiten und erziehen, ohne auf Thronen zu sitzen.

Ist die Menschheit schon ein organisches, gesellschaftliches Ganzes? Nein! sondern erst nur Staatenvereine, Religionsvereine, und zwar mit Vorwalten des Ueberlieferten, Positiven, und ohne richtiges Verhältniss. Gesammtergebniss des Strebens von wenigstens 200, vielleicht 1000 Generationen.

Die Personen in der Menschheit sind nicht selbwesentlich, nicht selblebigfrei. Alleinständigkeit wird mit Gliedsolbstständigkeit verwechselt.

Und nicht alle genugsam mit allen verbunden. Und es fehlen noch welche, und zwar die höchsten — Personen und Vereinszwecke.

§ 5. Die bestehenden Gesellschaften sind noch nicht auf ihre reine, ganze Idee gegründet, daher sind sie auch noch nicht in ihrem rechten Verhältniss zu einander. Sie bestreiten und bevormundschaften noch einander.

§ 6. Die Menschheit ist noch nicht über die ganze Erde, und nirgends gleichförmig verbreitet; aber in mehrern Völkern, und zwar denen des Altvereinerdlandes, ist sie zu voller Ueberschauung des Organismus der Erde als eines Lebensschauplatzes gelangt.

§ 7. Es scheint nicht, dass monarchische Universalherrschaft, in dem Sinne, dass der Monarch eines Volkes über alle andern Völker herrsche, in grossem Umfange erlangt werden könne. Auch bedeutende Völkerwanderungen sind nicht mehr möglich.

§ 8. Für jedes Hauptlebensalter und für alle darin enthaltene Theillebensalter (Unterlebensalter) eine erdlandliche Kraftmitte und Lebensgebiet, welche sich stetig erweitern.

§ 9. Vorherrschaft eines Einzeltheiles der menschlichen Bestimmung ist fortan nicht mehr möglich, da nun jedes Glied lebensreif, selbst mündig ist, und immer mehr wird, und selbgliedlebet und gliedselblebt.

§ 10. Zwar sind jetzt die Einzelnen noch alleinselbständig (im Charakter des zweiten Hauptlebensalters), aber eben daher leisten auch jetzt Einzelne insofern das Höchste, als sie allen Andern, ganzen Gesellschaften, ganzen Völkern vorleuchten, ihnen im Guten vorangehen, ja sie bevormunden, auch als Könige. Doch zeigt sich hierin die zweitlebensalterliche Beschränktheit, dass auch dies von Glück und Unglück abhängig gemacht wird, durch Geburt, Geldvermögen, Verwandtschaften, Bekanntschaften u. s. w.

Noch bestehende Hauptgebrechen. Vernachlässigung der Frauen und der Kinder. Sklaverei und Sklavenhandel (mit Einzelnen und mit Stämmen und Völkern).

Irreligiöse Unduldsamkeit im Gebiete der Religion und Bevorrechtung der Bürger des Staates als Religionsgenossen, bei abgöttischer Verehrung einzelner Menschen.

Die rechtlose Einrichtung des Privateigenthums und der Staatsgüterverwaltung.

Besondre Moral für Könige und Mächte und für diplomatisch-politische Verhandlungen; wonach z. B. ein Autokrat gar keiner moralischen Beurtheilung von Menschen soll unterzogen werden können. Das können aber die Menschen nicht leisten, wenn sie gleich wollten.

Ueberall herrscht noch Satzungenglaube. Auch Lustgier herrscht noch vor. Es ist noch viel Verunglückung, Uebel, Böses, Theilnahmslosigkeit, Hülflosigkeit, Unhilfsamkeit.

Anstatt zu arbeiten, ergeben sich die Menschen weichlichen Phantasiespielen, man sehe die Theater! Und dennoch, und zwar gerade deshalb, werden auch die deutschen dramatischen Werke immer mehr ideenlos.

§ 11. Der einzige seiner Stiftung nach reinmenschliche Verein ist der Masonbund, die Freimaurerbrüderschaft.

Keiner hat diese Brüderschaft so hoch geehrt, als ich, indem ich sie als einen Keim des Menschheitbundes anerkannte und ihre ältesten Kunsturkunden bearbeitete und vergeistigte.

Statt, dass aber dieser Bund mich verehren und lieben und mir dankbar sein sollte, habe ich bis jetzt von dieser Gesellschaft nur das Widerspiel hievon erfahren. Gern habe ich der Sache Gottes äussre Ehre, einen grossen Theil meiner Wirksamkeit für das Gute, um Verachtung, Hohn und Verfolgung, geopfert. Es galt dem Guten, nicht der Lust. — Es schmerzt mich, dass die Brüderschaft meine Lehre nicht verstanden, ihren hohen Beruf nicht erkannt hat.

Was ist also jetzt zunächst zu thun? Zunächst ist das Werk der Wissenschaft — auch eine wirkliche und wirksame That des Geistes — zu fördern.

Aufgabe: a) Sachlich. Die Eigenlebdarbildung der Idee der Theilmenschheit rein im Geiste der Menschheit vollenden zu helfen.

Die allgemeinen Mittel dazu herzustellen: Wissenschaftseinsicht und Weseninnigkeit und Geselligkeit. Also besonders Philosophie der Geschichte auszubilden.

Und α) die bestehenden Gesellschaften im Geiste des dritten Hauptlebensalters der Menschheit zu reinigen, zu veredeln, höher zu bilden;

β) Die noch fehlenden Gesellschaftsvereine herzustellen,

vornehmlich auch die Freigeselligkeit zu fördern und zu bilden. Vornehmlich aber das Schliessen und Gedeihen des Menschheitbundes zu begründen und zu befördern.

Und zwar alles dieses hat jeder Menschheitinnige zu erstreben: a) in seinem Eigenleben; b) dadurch, dass er durch sein Eigenleben das Eigenleben Andrer anwirkt und mitbestimmt; c) durch gesellliges und gesellschaftliches Wirken.

b) Der Gesinnung nach. Alles mögliche Neugute zu erstreben, rein, weil es gut, und weil es jetzt im Leben geboten ist, und zwar rein durch Gutes.

Alles Gute im Bestehenden anzuerkennen. Das Nichtgute durch Belehrung in Liebe und Friede zu bekämpfen, — nur durch Reingutes, nicht durch Gewaltthat, Krieg, Lüge, Mord.

Jeder thue im Geiste der Menschheit das Seine, ohne Antrieb der Furcht und der Hoffnung, des Lohnes und der Strafe, in reinem, selbstverzichtendem Gottmuthe.

So wie der Einzelne sein Lebenswerk erstrebt, obgleich nicht wissend, was ihm im Augenblicke begegnen möge, so auch hinsichts des Lebens der Völker und der ganzen Menschheit.

Darin erkennt der Gottinnigweise seinen Standpunkt, seinen Beruf, an seinem Theile mitzuwirken an dem Lebensbau der Menschheit, indem er sein Eigenleben nach der Idee des organischen Lebens der gottvereinten Menschheit bildet.

Dies Alles bezeichnet das dritte harmonische Lebensalter der Menschheit, welches nicht plötzlich eintritt, sondern rückwärts eingreifend, und unter harten Kämpfen; indem z. B. das überlieferte Geschichtlich-Positive, vornehmlich in Staat und Kirche, gegen den Andrang der besonnenen, selbstthätigen, urkräftigen, neuschaffenden, in höherm Sinne göttlichen Vernunft in der Menschheit, — durch Gewaltthat sich zu erhalten strebt.

§ 12. Einzelnes: Gewinn von selbständigem Leben; eigne Einsicht, vereinte Einsicht in das richtige Verhältniss des Urwesentlichen und des Ewigwesentlichen, der Ideen und der Ideale, zu dem Lebwirklichen und in deren Befugniss, verwirklicht zu werden, und in die Kunst, die Ideen und Ideale im Leben zu verwirklichen.

Hinsichts der Wissenschaft: Anerkenntniss des Wesenschauens, und dass die Wissenschaft der Gliedbau der im Innern gebildeten Wesenschauung ist.

Hinsichts der Kunst, dass die Kunst die eine Poesie ist des Schönen im Einklang mit Wahrheit, Güte, Recht, Gottinnigkeit.

Der Sittlichkeit: reines Selbthun des Guten; dass das

Gute in jedem Augenblick urnen, unmittelbar (selbwesenheitlich) gewollt und gethan werde.

Des Rechtes: Anerkenntniss des ewigen Rechtes der Menschheit und jedes Menschen; dass das Recht nicht durch willkürliche Verträge, sondern auf ewige Weise und dann durch gesetzmässige Verabredungen und Einrichtungen gegründet wird. — Nicht durch Gewalt und List. Dass also auch nach und nach Krieg und Gewaltthat durch Gerechtigkeit verschwinde.

Hinsichts des Gottinnigkeitsvereins: reingottinnige Gesinnung mit echter Duldsamkeit; Einsicht, dass Gott einen Jeden durchkennt und mit Jedem vereinlebt nach der Lebensstufe desselben und gemäss seinem göttlichen eigenleblichen Rathschlusse; dass die Offenbarungen Gottes nicht beschränkt waren, noch sind, auf ein Volk, auf einen Stamm, oder Stand, — auf einen Menschen.

Kein bisheriger positiver Religionslehrbegriff hat irgend einen grundwissenschaftlichen Aufschluss über ewige Wahrheit gegeben; ebensowenig geschichtswissenschaftlichen Aufschluss über das Leben des einzelnen, endlichen Geistes und der Geisterheit über dieses Erdenleben hinaus in Vorzeit oder Zukunft; nämlich keinen eigenleblich

überausser zeit { vor / gleich / nach } diesem Erdenleben,

also durch die geleistete Erkenntniss einen unmittelbar göttlichen eigenleblichen Ursprung und Offenbarung durchaus nicht nachgewiesen.

Es gilt jetzt den Ahnglauben durch Schauglauben oder Wissglauben (nicht bloss durch Denkglauben) zu begründen, alle individuellen Satzungen, alles Stattsetzen irgend eines Menschen, oder eines Geschlechtes von Menschen, statt Gottes, des einen, heiligen, liebeerbarmenden Erlösers und Heiles aller Menschen, abzuthun. Allgemeine religiöse Duldung und Erziehung.

Alle bisherigen Religions-Lehrbegriffe haben sich nicht verständigt über die geschichtlich-begründeten Ansprüche auf individuelle Offenbartheit, — und eben deshalb vornehmlich fehlt Duldsamkeit. Deren ist nur der or-om-weseninnige Mensch fähig, — Andre nur annäherungsweise, so wie sie sich der Or-om-Weseninnigkeit nähern.

Keiner der geschichtlich-überlieferten Religions-Lehrbegriffe hat:

Einselbganz-Wesen | schaun / fühlen / wollen.

Ebendaher auch nicht Vollerkennen des Verhältnisses „Gottes

zur Welt"; nicht reine Liebe zu Gott, — nicht reine Sittlichkeit.

§ 13. Die ganze Menschheit ist noch nicht gleichförmig über die ganze Erde verbreitet.

Es ist aber ein allgemeines Fortschreiten der ganzen Menschheit nicht zu verkennen.

§ 14. Völker und Einzelne finden sich jetzt in allen Lebensaltern und auf allen Lebensstufen.

Die gebildetsten Völker in Europa und Nordamerika stehen in II 3, mehrere Völker auf II 2, die meisten auf II 1.

§ 15. Nach dem Geist des III. Hauptlebensalters wird die Erziehung nun umgebildet, und dadurch

α) wird jeder Einzelne immer schneller, gesunder, liebreicher durch I und II hindurch in III eingeführt;

β) dadurch werden auch die menschlichen Gesellschaften, Grundgesellschaften und Werkgesellschaften, wesenheitgemässer herangezogen, ohne durch Uebel und Böses und Unglück hindurchzugehen.

γ) Das reife Wesenleben von III verbreitet sich über die Erde erdlandgliedbaugemäss aus nach unten und oben.

§ 16. Es ist immer mehr Zeit für allgemeinmenschliche Bildung der Einzelnen ihrer Eigenberufsarbeit abzugewinnen. Z. B. die unnöthigerweise lange Lehrzeit der Handwerker, die meist nur darum so lang ist, damit ein Lehrling körperlich heranreife, ist zu allgemeinmenschlicher Bildung in Wissen und Können zu benutzen.

Einzelbemerke zu der Menschheitgeschichte, d. h. zu der Menschheitleben-Werd-Lehre
(der zeitleblichen Wissenschaft von dem Menschheitleben).
[Nach den Lehrstunden meiner Kinder flüchtig aufgeschrieben.]

III. Reihe.

§ 1. Das Wort Geschichte ist im Deutschen doppelsinnig,

1) im altgriechischen Sinne: Beschreibung (historia, ἱστορία), d. h. wissenschaftliche Darbildung des Eigenleblichen. Also a) mit vorwaltendem Begriffthume,

α) Gemeinbegriffthume, z. B. gewöhnliche „Naturgeschichte".

β) Urbegriffthume (Ideenthume), nach Urbegriffen geordnet; naturphilosophische Naturgeschichte (z. B. Oken's).

b) Mit vorwaltender Zeitentfaltung (Werden).

c) a vereint mit b, und zwar $\begin{cases} \text{a vereint mit b} \\ \text{b vereint mit a} \end{cases}$. Eine Wissenschaft, die noch nirgend gebildet worden ist.

2) Im beschränkteren Sinne: Erzählung des Geschehenen.

§ 2. „Weltgeschichte". Da wird Welt für Erde, eigentlich für Erde, sofern sie von Menschen bewohnt ist; oder genauer für Menschen, sofern sie die Erde bewohnen, gesetzt.

Eigentlich ist: **Erdmenschheit-Eigenleb-Werd-Lehre** oder Erdmenschheit-Eigenleb-Geschichte gemeint.

§ 3. Die anfängliche Erdmenschheitgeschichte kennen wir nicht. Alle Volkssagen sind weit jünger, sie sind mehr der Beobachtung des wirklichen Zustandes der Menschheit zur Zeit ihrer Erfinder untergelegte Ewig-Lehren (Philosopheme). Dieses zeigen die indischen Veden, die ägyptischen Tempelgemälde und die aus letztern unvollkommen durch Moses in die unvollkommne hebräische Sprache übersetzten Mythen des ersten Buchs Mosis, welche noch dazu spätere Priester, mit hierarchisch-despotischen Absichten, (wohl ohne alle reingeschichtliche Kritik) zusammengeschrieben und verbunden haben.

Aber im höhern Geisterreich-Ganzen mag wohl die ganze Erdmenschheitgeschichte begründet sein, und zwar als Ingliedtheil der Geschichte der Menschheit des nächsthöhern Sonnenbauganzen.

Und schon in unsrer jetzigen leib- und geist-sinnlichen Beschränktheit kommt uns Or-, Ur- und Ewigwissenschaft (Philosophie) zu Hülfe.

§ 4. Es ist nicht wahrscheinlich, dass die Menschheit dieser Erde von nur einem selberzeugten Paare ausgegangen; — obwohl freilich irgend eines irgendwo das erste gewesen sein muss. — Selbst wenn Engel, im Vereine mit Gott, dieses Paar gepflegt, so ist die Wahrscheinlichkeit, dass die Menschheit dann nicht ausgestorben wäre, sehr klein. Auch ist diese Annahme allen Kundnissen und Lehrsätzen der Naturwissenschaft zuwider.

§ 5. Der Lebensschauplatz dieser Erdmenschheit, das heisst: der Erdlandgliedbau in seinem (von mir seit 1807 in seinen obersten Gliedern erkannten) Gesetzthume giebt Anleitung, die Erstpunkte zu bestimmen, von wo aus selberzeugte Völker ($a\dot{v}\tau\acute{o}\chi\vartheta o\nu\varepsilon\varsigma$) sich ausgebreitet und nach einander zu, auf der Kugelfläche sich verastend, vielseitig bereits — bis einst allseitig — gliedbaulich den Erdlandgliedbau nachahmend, und gleichförmig erfüllend, — durchdringen. Aehnlich hierin einem Krystallthume, das sich auf einer Fläche bildet.

Die ältesten Denkmale dieser ältesten Geschichte sind die

Sprachen. Daher keltische, baskische, äthiopische, indische Sprachen (auch wohl mexikanische?).

§ 6. Für die Bildung des wissenschaftlichen Gliedbaues der Geschichte ist besonders wesentlich: den Stufenbau der sogenannten „Erfindungen" urbegriffthumlich und ewigzeitlich zu erkennen. Eigentlich ist dieses der Gliedbau des Hereinlebens („Eintrittes") neuer Urbegriffe (Ideen), urbegrifflicher Aufgaben und Lebenskräfte ins Leben.

Es ist zu bedenken, dass die ersten Schritte des keimenden Menschheitlebens (die ersten Anfänge der Kultur) sehr langsam gemacht werden; selbst die Benutzung der sich darbietenden rohen Nahrungsmittel fällt dem Menschen schwer bei. — Dann von Erfindung des Hervorbringens des Feuers bis zur Schreibkunst u. s. w. vergeht eine lange Zeit.

Die Erfindung: das Feuer zu erhalten und hervorzubringen ist wichtig für Mellung (Kochen, Bereiten von allerlei Mellnissen: Glas, Mörtel u. s. w.), vorzüglich zu Bearbeitung der Metalle und Gewinnung ebenso gewaltiger, als feiner Werkzeuge, — auch zur Beleuchtung.

Daher die Sage des Feuerstehlens „von den neidischen Göttern"*). Daher das heilige Aufbewahren des Feuers, auch hinterher, nachdem man es erzeugen konnte; — Gueberndienst, Vestadienst. — Jetzt kann Feuer auf sehr vielfache Art erzeugt werden, sogar bloss durch Luftzusammendrücken.

Dann Schreibkunst, Druckerei, (Telegraphie durch Riesensetzgeräthe), — Steindruck, (Melldruck? ist noch nicht erfunden). — Inhellsicht, Telegraphie der Inhellsehenden.

Es treffen dann immer mehr Entdeckungen von allen Seiten zusammen.

Der rohere Mensch hat wenig Wissbegierde, wenig Bedürfnisse (ignoti nulla cupido; was ich nicht weiss, macht mich nicht heiss); mit dem Gliedausbilden seines Schauens, Fühlens Wollens, wächst sein Trieb nach dem Lebwesentlichen und überhaupt seine Empfänglichkeit.

Hauptpunkte der Entfaltung der Menschheitgeschichte sind

Kunde und wirkleben des ganzen Erdrundes; Reisekunst, Schiffahrt zu Wasser und Luft.	Wechsel-Schreiben, Buch-drucken, übergeistleiblichen haupt Mittel des Verkehrs.	Wissenschaft	Kunst	Wesenvereinleblich vollwesentliches Menschheitleben.
Magnetisches Vereinleben indurch den Inhellstand.				

---

*) Besonders wichtig die Reihe der Erfindung der Mittheilmittel, Vereinlebenmittel, Vermählungsmittel (Feuer, Schiesspulver, Beleuchtung, — Gas, Dampf!), Metall, Maschinen, Sprechen, Schreiben, Drucken, Fernriesenschreiben, Fernriesendrucken.

§ 7. Die Sage vom Neide der Götter geht durch die Sagenthümer aller Völker; so in der mosaischen Urgeschichte sagt die Schlange, dass Jehova aus Neid den Lebensbaum versagt, weil durch Wissen die Menschen ihm gleich werden würden; woraus die altindische Lehre von der Gottgleichwerdung durch Wesenschaun unrein widerklingt. — Selbst Sokrates bezieht sich, wenn auch ironisch, auf der Götter Neid und führt Hesiod an.

In Kaschmir, und um dieses (Böhmen ähnliche) Binnenthal herum, scheint der weiss-schöne Menschenstamm zuerst in sich friedlich sich ausgebildet zu haben; und die Hauptergebnisse dieser Selbstbildung scheinen in den Veden (wohl auch in den Purana's, d. h. alten Vedenerklärungen) noch übrig zu sein. Von da aus verbreitete sich dieser Stamm nach allen Seiten und fand schon vor: Malaien, Haraforo, Araber, citrongelbe und mongolische Völker, — alle weniger gebildet, — halbwild, oder wild. Schon Uebervölkerung nöthigte zum Auswandern, aber auch Gründe, die in ihrer Wesenahnung und Weseninnigkeit enthalten sind. Rückkehr war nicht räthlich, nicht leicht ausführbar, oft unmöglich. Sie mussten also Mittel anwenden, um von den Unerzognen, den Gewaltmenschen nicht überkraftet zu werden, und um sie zu bilden, so, dass sie von ihnen abhängig blieben, dazu führte 1) Kastenwesen, 2) Einführung des Symbolen- und Bilderdienstes als des einzigen, nach ihrer Meinung, für Ungebildete möglichen Weges zu Gott.

Das Brahmathum, gegründet auf die Veden, ist der Hauptstamm jener uralten Wurzel, die daraus entfaltete Vedantaphilosophie die Krone; Seitenzweige davon, theils verkrümmte und veränderte, theils veredelte (wie im Schuking: Liebefrieden und Wechselachtung aller Menschen, als gleicher) sind Zendthum, Buddhathum, Schukingthum. Absenker: Aegypterthum, Sabäismus, (in Chaldäa) Orfismus; Absenker zweiter Reihenfolge: Phönikerthum, Mosesthum, Griechenthum, Etruskenthum; neue Absenker: Sofithum, Pythagorasthum, Essenerthum. Noch neuere: Christenthum, Gnosisthum, Culdeerthum. Das Druidenthum gehört wahrscheinlich in die ersten Uebergänge zum Buddhathum, Zendthum und Schukingthum.

§ 8. Unter andern wesentlichen Entwickelungen, die aus dem Mönchthum hervorgegangen, oder sich an selbiges angeschlossen haben, ist auch: Hospital- und Gasthauswesen; dieses zeigen schon die Namen hospitium, hospice, hospitellum oder hautel; hospitale, hospital; le Marquis d'Hospital. Ein schönes Beispiel sind die Fratres hospitales Sancti Johannis, hernach Johanniter-Ritter.

§ 9. Gesetz. Wenn das zu Reformirende seinen Höchstpunkt (höchsten Glanz) erlangt hat, dann werden die ersten Keime seiner Reformation und Höhergestaltung gelegt; z. B. Römisches Reich unter Augustus, dagegen obereuropäische Völker; Pharisäerthum zu Zeiten Christi, Feier des Paschafestes, dagegen Kreuzigung Christi; Katholicismus (Leo X., Raphael, Erbauung der Peterskirche) Huss, Luther. Früher: Gregor VII. (Hildebrand), dagegen Ausbildung der freien Städte (ohne welche die Reformation nicht zu Stande gekommen wäre). Grosslogenthum in Berlin, Paris, London u. s. w., dagegen meine Verkündigung des Menschheitbundes.

§ 10. Sowie schon der urgeistige Einzelmensch sich bei weitem mehr, mit Hinzunahme (Verarbeitung, Verdauung) äussrer Einflüsse, sich selbst erzieht, als er erzogen wird; so ist dieses noch mehr von Völkern, und bei weitem mehr von der Menschheit der Fall, welche ein Kind ist, welches unter Gottes Aufsicht (Walten), und vielleicht unter Aufsicht reiner, heiligwohlwollender Geister, sich selbst erzieht, zu erziehen angewiesen, — in die Lage gesetzt ist.

§ 11. Von wo an ist der Beginn des dritten Hauptlebensalters der Menschheit zu setzen?

1. Mystiker, Huss, Luther.*) Zerstörung von Konstantinopel. Erfindung der Druckerei. Auffindung von Amerika. Auffindung des Weges um Afrika.

2. Entdeckung von Polynesien durch Cook u. s. w. Um- und Ueberblick der ganzen Erde. Voltaire, Rousseau, Anquetil du Perron, Kant, Fichte, Schelling, ich. Pietisten, Methodisten, Bibelgesellschaften, Missionen. Verkündigung der Idee des Menschheitbundes oder Lebenbundes der Menschheit.

Erdkundliches.
Theile einer Skizze vom Jahre 1810 oder 1811.
IV. Reihe.

§ 1. Die Haupthöhenlinien sind loxodromischer Natur; obwohl es eine Linie höherer Ordnung sein mag, als die loxodromische Linie.

§ 2. Dass Asien und Europa sich einander öffnen, ist klar aus der entgegengesetzten Lage der loxodromischen Haupthöhenlinien, die ihre Hohlung sich einander zukehren und dahin die längsten Aeste ausschicken, dass auch die Binnenmeere und die längsten Ströme sich zukehren.

---

*) Die Reformation ist nur wie die erste Regung zur Wiedergeburt der Religionsbestrebungen zu betrachten.

§ 3. Beweist sich schon in den Grundgestalten der Gebirgsarten, in den einzelnen Krystallen, in Gemenge und Bruch und im Durchgange der Blätter das innre, freie Leben der Erde im höhern Einflusse der Sonne und der Gestirne: so finden wir noch einen grössern, sinnvollern Ausdruck desselben in den Grundgestalten der Höhenzüge und der Gebirge, welche schon die Gestalten der Pflanzen und die des thierischen Lebens im Grossen ausdrücken und die Spuren von so innigen und so vielseitig harmonischen Lebenskräften in der vororganischen Natur zeigen.

§ 4. Die südlichen Ausgänge der Haupterdländer zeigen die Neigung gegen einander durch die Krümmung an.

Der Parallelismus der Gestaltung, der aus dem Urgesetz der Krystallisation (Gestaltfestigung) hervorgegangen ist, ist so täuschend, dass man eben dadurch sich zu der Annahme des Losreissens der entgegenstehenden Küsten verleiten liess. Man darf aber nur den Fortgang der Höhenzüge unter dem Meere bedenken, z. B. bei Pas de Calais, um jene Meinung aufzugeben.

§ 5. Die Natur stellt das Land in Bogengängen dar, die in sich zurückkehren; überall Bogen und Gegenbogen; so ist das feste Land, auch in allen untergeordneten Bogen in sich gerundet.

§ 6. Die Hauptrichtung der Loxodrome ist in Asien schiefer gegen den Aequator geneigt; die von Amerika rechtwinklig gegen den Aequator; daher Amerika von Süden nach Norden länger, aber schmäler von Osten ist.

§ 7. Eine der Erdlandbildung ähnliche Bildung, eine durchgeführte Eigenthümlichkeit der drei Haupterdländer zeigt sich auch im Pflanzenreiche und im Thierreiche, auch in den Grundstämmen (Rassen) der Menschen.

§ 8. Das Land von Europa ist im Kleinen ebenso ein Bild des Ganzen, wie ein Glied jedes Organismus.

Wäre das Wasser nicht, so würden wir den Organismus des Landes vollständig erkennen.

§ 9. Britische Inseln sind Gegenitalien und Gegensicilien und Skandinavien Gegengriechenland. Daher hatten die Engländer ähnliche Funktionen im Mittelalter, als die Römer früher; daher auch jetzt an Macht vorwaltend, weil sie sich in den atlantischen Ocean hinausstrecken.

Erstes (vorderes) Kulturgebiet des Mittelmeeres vereint mit Römerthum. Zweites (hinteres) Kulturgebiet des Mittelmeeres vereint mit Grossgriechenland. Griechen waren, als das Allvereinvolk, damals das, was jetzt ganz Europa.

§ 10. So wie Europa das Mittlere zwischen Asien und Afrika, so rettete sich auch alle Kultur beider dahin, um von da aus in alle Länder der alten Erde zurückzukehren.

§ 11. Amerika, das abendliche Haupterdland, wurde erst, nachdem die Menschheit des morgendlichen in der Religion Jesu ihre Wiedergeburt begonnen hatte, von Asien aus (von Westen aus ostwärts), dann im Mittelalter durch Normannen (von Osten aus westwärts) besucht und bevölkert; endlich aber ergoss sich höheres Leben aus Europa in derselben Zeit dahin, als die christliche Kirche sich umzubilden begann, die Buchdruckerkunst und neuzeitige Kriegskunst entstanden.

§ 12. Das Inselland (Australien) hat gegen die beiden andern Haupterdländer eine ähnliche Lage, als Griechenland gegen Europa und Asien (?).

§ 13. Wenn gesagt wird: dass in den gebildetern Völkern der Erde die dritte Periode des zweiten Hauptlebensalters gelebt werde, so wird damit nicht behauptet, dass die Mehrzahl der Einzelmenschen dieser Völker schon bis dahin gediehen. Wenn der Morgenglanz am Himmel wirklich erscheint, ist es in engen Thälern, abgewandten Zimmern, Kellern noch ganz dunkel; wenn die Morgensonne schon die Alpengipfel vergoldet, ist es noch finster in den Alpenthälern. Und wenn die Mittagssonne glänzt, bleibt es dunkel in Rauchfängen, Kellern, Bergschachten.

§ 14. Jedes Haupterdland mag seinen eignen, dort urselberzeugten Menschenstamm gehabt haben, und wahrscheinlich hat zuerst Leibwesen lange Zeit Menschenleiber selberzeugt, und hernach zugleich auch durch Begattung; vielleicht erst lange ungeschlechtgegenheitliche Menschen. Vielleicht endet auch die Menschheit auf Erden mit geschlechtungegenheitlichen Menschen, wenigstens mit unfruchtbaren.

Vielleicht, dass auch Neuholland seine Urmenschen gehabt hat, und Amerika, so gut wie es seine eignen Thierstämme hat, die theils den auf andern Erdländern gefundenen ähnlich, theils ihnen eigen sind.

§ 15. Von den soeben angegebenen Einzel-Haupt-Erdlebenpunkten (gleichsam Krystalpunkten) strebten nun Stämme und Völker aus (fuhren aus), bis sie einst allseitig, allarmig durcheinandergreifen, sich durchwirken, sich vermählen, bis das ganze Menschheitleben als Völkergliedbau in seinem vollwesentlichen Gesetzbau dalebt (dasteht), wie ein bestimmt gebildetes Krystallthum (wie ich unter dem Mikroskop einst Salmiak-Krystalle anschiessen sah).

§ 16. Die Entdeckung dieser Erdlandbaugesetze und dieser Erdlebenhauptpunkte ist für die Gliedbildung der Erdlebenkunde und Menschheitgeschichte (Erdmenschheiteigenlebkunde, Geographie und Geschichte) entscheidend: so nur bearbeitet, können diese beiden Wissenschaften untereinander vereint gedeihen.

Aphoristische Reflexionen und Resultate aus der Geschichte.

V. Reihe.

§ 1. Ueber die ganze Vergangenheit und Gegenwart im Allgemeinen.

1) Die Idee eines Weltgerichtes im Geiste Jesu, sowie sie auch Swedenborg weiter ausgebildet hat, ist der Geschichte nothwendig, sowie überhaupt die Geschichte mit einer höhern Ordnung der Seelenbegebenheiten in Einklang zu bringen.*)

2) Sowie der einzelne Mensch, so bilden auch einzelne Völker eine, oder mehrere einzelne Seiten der menschlichen Bestimmung vorzüglich aus; obgleich alle Völker alle Anlagen in abgestufter Stärke bilden. Ebendeshalb werden Völker einseitig, und die Thätigkeit wird gehemmt, sobald sie sich von der Wechselwirkung mit allen andern Völkern ausschliesst. Vergleiche Aegypter, Chinesen u. s. w.

3) Nach einem allgemeinen Gesetze ist die Verhältnisszahl der Monstren (Ungebilde, Missgebilde, Missgewächse) gegen die der gelungnen Bildungen (Wohlgebilde) klein; so auch die der verunglückten Menschheiten auf ganzen Planeten. Sollte nicht eine Menschheit wie die unsrige, die am Schlusse der zweiten Periode der Geschichte noch Hunde pflegt und die edelsten Bürger verhungern lässt**), nur nach Lust strebt und, wo dies nicht erreichbar ist, von Moralität spricht u. s. w., wo der edle, würdevolle Mensch verschmachten muss, weil er labenden Wein nicht hat, weil in den Kellern der Schlemmer, oder ihrer Wirthe Tonnen Weines liegen, — sollte eine solche Menschheit noch nicht eine verkrüppelte zu nennen sein? Die grossen Jahreszeiten der Menschheit und des Planeten rollen unaufhaltsam fort, die Perioden der Geschichte treten ein, wenn die Menschheit auch die vorigen nicht ausgefüllt hat, und dahinter bleibt.

4) Europa ist selbst physisch bestimmt, zuerst den Völkerbund zu realisiren, aber nicht die Menschheit physisch zu erziehen, dazu ist Asien bestimmt gewesen.

5) Die neptunischen und vulkanischen Metamorphosen in der Bildung der Planeten gehen mit bestimmten Perioden der Staatenbildung parallel; letztere werden im Verfolg der erstern immer schwächer, aber immer gesetzmässiger. In welchem Verhältnisse eilen erstere letzteren vor?

6) So wird jedes Ding an sich und der ewigen Verursachung nach, ehe es in die Synthesis seines gegenüberstehenden Dinges

---

*) Es ist Ahnung eines erstwesentlichen Weltgesetzes.
**) Nicht das Hundepflegen wird hier getadelt, sondern das: jetzt und zuerst Pflegen derselben.

eingeht, erst selbständig frei und im Ewigen ewig gezeugt sein muss; so muss auch in der Zeit, welche alle Momente des Ewigen nacheinander, einzeln nachahmend, darstellt, jedes ihrer Werke (sowohl für die qualitative, als aggregative Synthesis), erst einzeln im Gegensatze rein und selbständig gebildet werden, und in diesem Zustande erreicht es seine Idee als dieses Ding am vollkommensten ohne seine Weltbeschränkung. Also die Völker und Staaten. Sie müssen sich erst aussondern, selbständig ohne inniges Verhältniss unter einander und rein, streng individualisiren, diese Individualität durch Krieg behaupten, und so den Völkerbund und ihre qualitative und aggregative Synthesis erzeugen; worin jedes einigermassen seine Individualität (nicht ändert, sondern) aufgiebt.

7) Franzosen und Deutsche in der Synthesis können das mächtigste Volk werden, weil sie sich zusammen wie Leib und Seele, wie Wissenschaft und Kunst verhalten.

8) Je weiter das Menschengeschlecht in seinen Perioden vorrückt, desto regelmässiger werden sie, besonders, weil aus den Vorzeiten immer mehr Lehre durch literarische Denkmäler übrig bleibt. Die ältesten Zeiten hinterlassen ungeheure plastische Werke; die weiterfolgenden schöne plastische Kunstwerke und wenig Bücher; die folgenden Bücher und Musik u. s. w. Der kultivirten Völker werden immer mehr; es entsteht ein freieres Verhältniss derselben zu einander, also können sie von den Barbaren, deren immer weniger, und die immer weiter nach Norden zurückgedrängt werden, schwerer in Barbarei zurückgeworfen werden, zumal da sie das Schiesspulver und sein Kunstgebrauch schützt, der nur bei nicht barbarischen Völkern in hoher Vollkommenheit möglich ist.

9) Nur in der liebevollen und lebensvollen Synthesis ihrer Kultur kann Asien und Europa genesen. Welchen Charakter hat die Kultur von Amerika?

10) Napoleon, Wiederschöpfer Europas, führt die verklärte „Europa" wieder heim in ihr Mutterland, die hochherzige „Asia". (Spielrede!)

11) Auch die Entwicklung des Menschengeschlechts muss dem allgemeinen Vorbilde des ewigen Weltbaues entsprechen.

Allgemeine Cultur, (wo noch die Geisterwelt in Verbindung
von welcher ausgeht (mit der lebenden Menschheit steht.

morgen-   euro-   (wo die Geisterwelt die Menschheit sich
ländische   päische   (selbst überlässt.

nördl.   südl.   südl.   nördl.
synthetische   synthetische

harmonische   (wo die Geisterwelt wieder in Wechselwirkung
              (tritt mit der Menschheit.

Der Grund dieser Gegensätze beruht

a) in innern Differenzen des Geisterreichs, des reinen, sowie des Geisterreichs als solchen in der Synthesis,
b) in physischen Differenzen des Leibes und des parallelen Klimas,
c) in der Synthesis beider.

§ 2. Wenn die Gottheit die Menschheit sich rein selbst überlässt, so ist letztere darum nicht schlechter; sie entfaltet ihr innres Heiligthum und bildet alles, was sie in sich rein Göttliches hat. Es muss überhaupt ein die Gottheit leitendes Gesetz der Weltbildung sein, jedem Dinge seine Selbständigkeit zu geben, diese sich frei entwickeln zu lassen, und sie dann wieder harmonisch in sich aufzunehmen.

Gott kann als Vorsehung in Natur und Vernunft einwirken, ohne darum Natur- und Vernunftgesetze aufzuheben, zu stören und zu ändern. So wie die Seele in die ihr ursprünglich fremde Natur, in dem höchsten und feinsten Naturwerke, in die Natur einsieht, einlebt, einwirkt, als Naturkraft wirkt, ohne darum die Naturgesetze und ihre individuellen Schöpfungen aufzuheben, zu stören und zu ändern. So bietet der in sich selbst entwickelte und gebildete Geist eine höchst freie und schöne selbstgeschaffene Sphäre den freien Einwirkungen Gottes dar und giebt Gott einen dynamischen Ort seiner Einwirkungen, wodurch die Seele zu einem göttlichen Kunstwerk von höherer Dignität erhoben wird. Dann legt er aber nicht die reine Menschheit ab, so wenig als die Natur ihre Natürlichkeit im Leibe, sondern erfreut, verklärt, verschönt, vergöttlicht sie. Er geht nicht abgestumpft in Gott unter, sondern gewinnt in Gott eine freudigere, reinere, innigere Individualität.

§ 3. Bei den indischen Völkern überwiegt mächtige Gluth des Gefühls und religiöse, göttliche Beschauung die ruhige, verständige Wahrnehmung und wissenschaftliche Construction; gerade umgekehrt bei den Europäern. Die Synthesis beider, ohne sich der synthesirten Glieder bewusst zu sein, bei den Griechen.

Es muss eine Zeit kommen, wo jedes Volk die Eigenthümlichkeit und Entgegengesetztheit aller andern Völker anerkennt, durchdringt, sich ideell aneignet, seine eigne Eigenthümlichkeit dadurch von Bizarrerie (Einzelmissbildung) heilt, erhöht; und wo alle diese Individuen eins werden.

§ 4. Hätten die Römer Schiesspulver und Artillerie gehabt, so hätten die Barbaren ihnen nicht so furchtbar sein können. Es ist also insofern diese höllische Erfindung von grösstem Nutzen, dass sie uns eine absolute Uebermacht über alle uncivilisirten Völker giebt und so einen Rückfall in Unkultur unmöglich macht.

Aphoristische Reflexionen und Resultate aus der Geschichte. 149

§ 5. Die Abtheilung Asiens in Nord-, Mittel- und Südasien, von der Natur selbst gemacht, hat den wichtigsten Einfluss auf die Geschichte der Menschheit.

§ 6. Die Inschriften der von Hager beschriebenen chinesischen Pagoden gereichen diesem Volke zur Ehre und sind ein Denkmal tiefer orientalischer Weisheit.

§ 7. Römisches und griechisches Heidenthum würde durch die religiöse Kultur der wandernden Völker, auch ohne Christenthum, aufgehoben worden sein.

§ 8. Die etrurische Kultur fixirte den griechisch-kultivirten Zustand der Kolonisten und bildete ihn nun unter anderem Himmel anders aus.

Allgemeines Gesetz der Versetzung gleichgebildeter Stämme in andern Boden (von einerlei Pflanzen in verschiedne Breite).

§ 9. Wie die Kultur von Mittelhochunterasien gleichsam in immer mächtigern, concentrischen Wellen ausströmt, die sich nun, in Amerika zusammenschlagend, durchdringen.

§ 10. Mit dem Hervortreten des Guten zeigen sich Reaktionen des Herrschenden (Veralteten, an sich Schlechten), Reaktion des Obscurantismus (Gegenstreben der Finsterniss), z. B. Kompass gleichzeitig mit der Inquisition, Huss gleichzeitig mit der Kostnitzer Kirchenversammlung, die Eroberung Konstantinopels gleichzeitig mit der Verbreitung griechischer Wissenschaft und Kunst über das übrige Europa durch die Neugriechen, Luther gleichzeitig mit Ignaz Loyola.

§. 11. Durch Böses, als zureichenden Grund, ist nie Gutes gekommen. Aber dadurch geweckt, ist das Gute aus und durch seine Urkräfte erkeimt und erwachsen. Doch nie dem Bösen entkeimt.

§ 12. So lange noch unkultivirtes Land ist, so lange wandert die Kultur weiter; dann aber müssen die Menschen zur Verbesserung an Ort und Stelle schreiten.

§ 13. Merkwürdig ist es, dass der Protestantismus vom Norden des alten Vereinlandes ausgeht; rückgängig nach Osten.

I. § 14. Geographisches Dreieck der alten Zeit. Die Menschheit verbreitete sich von Mittelhochasien auf der südlichen Neigung, allseitig nach Osten, Westen, Süden, Norden, und trifft in Amerika und in der Inselflur zusammen.

a) Es ist hierbei zu bedenken,
 α) dass der Anfang zwar wahrscheinlich, aber nicht
  unmittelbar geschichtlich gewiss ist,
 β) dass, sobald die Geschichte eintritt, sie diesen
  Gang bestätigt (Moses Urkunde ist ein mythologisch-philosophisch-geschichtliches Theologumenon.
  Vergleiche Herder, dessen Frommheit wohl Niemand in Zweifel ziehen wird),

b) dass es einerlei ist für diesen Zweck, ob die Menschheit von 1. 2. 3…., n. …, oder 1000 von der Natur unmittelbar erzeugten Paaren abstammt.

II. Aphoristische Reflexionen und Resultate aus ganzen Epochen.

1) Die Geschichte Italiens ist in der alten und mittlern Geschichte von gleicher Wichtigkeit. Hierzu hat schon die Natur dies Land bestimmt, dass es als eine wünschenswerthe und fruchtbare Erdzunge sich in das mittelländische Meer erstreckt, in welchem fast alle Staaten konkurriren, welches gleichsam eine Hirnhöhle der Menschheit ist.

2) Die Bestimmung der Erbfolge sowie überhaupt die Art der Succession der Monarchie ist für die Evolvirung der Geschichte einzelner Staaten und im Ganzen von äusserster Wichtigkeit. Man denke sich eine gesetzliche Erbfolge im ersten römischen Kaiserthum, sowie auch im griechischen, man denke sich nach Karl dem Grossen nur noch zwei Nachfolger seinesgleichen, müssten nicht die Schicksale Deutschlands, des Papstes und Griechenlands sich ganz anders und viel schöner entwickelt haben? Gewiss würden die Araber und Türken nicht so weit haben um sich greifen können.

3) Dass Christus gekreuzigt worden, ist die höchste Versuchung und Prüfung der Welt, ob sie des Heiligen noch werth sein könne; denn, wenn das Heilige nicht rührt, wenn es geschmäht und gemisshandelt wird, ist nichts mehr zu hoffen. Daher ist auch das Leben der Kirche nur eine stetige Beichte und Absolution. So wie auch die Rückkehr der Kirchenfeste wirklich einen innerlichen, natürlichen Abschnitt des Kunstwerkes des religiösen Lebens angiebt.

4) Die Prophezeiung Jesu: in drei Tagen (Perioden) einen Tempel aufzubauen, hat einen tiefen, historisch-philosophischen Sinn. Auch seine Prophezeiung über den Weltuntergang.

5) Die ganze Bildung der Griechen steht unter dem Charakter der Natur oder Realität, die der Orientalen unter dem der Idealität. Dieser Charakter verbreitet sich

a) in der Religion der Griechen, welche deshalb rein symbolisch und historisch ist und eine bildliche Sprache der Seele redet, wie die Engel, doch ohne die Gottheit selbst darin darzustellen.

b) In ihre Staatsverfassung im Gegensatze der Freien und Sklaven; so wie in dem Monarchismus.

c) In ihre Verhältnisse der Liebe. Knabenliebe. Und durchaus bloss reine Natürlichkeit im Umgange der Geschlechter, da bei den Indern die Ehe von Anbeginn als ein Sakrament zweier verbundener, vollkommener Menschen betrachtet wird.

d) In ihre Kunst als in eine schöne Natur. Alles ist entgegengesetzt dem Stande der rein orientalischen Völker.

6) Die Geschichte des Palmyrenischen Reiches, das besonders als Refugium der Wissenschaft und Kunst wichtig ist, wie so viel noch übrige Denkmäler lehren, ist sorgfältig zu studiren und zu würdigen!

7) Als Uebergang der ägyptischen und griechischen Geschichte, der Zeit und der Art, nach ist die cretische zu behandeln; ihr Einfluss in griechische Kultur, besonders Mythologie und Gesetzgebung, ist nicht zu verkennen. Die griechische Kultur hat dem viel zu danken, dass das Land in lauter kleine Inseln, Erdzungen, Erdengen und tiefe, durch Gebirge gesonderte Thäler getheilt wurde, und zwar auch dies wieder in engern und weitern, sich schön involvirenden Gruppen. Die Hauptabtheilungen sind: Kreta, Peloponnes, kleinasiatische Küste, Grossgriechenland.

Dieser Naturumstand ist von entscheidendem Einfluss auf alle Zweige der Kultur, denn alle haben die gemeinsamen Eigenschaften, den allgemeinen Grundcharakter (die homogene Basis) in symmetrischen und eurhythmischen individuellen Ausbildungen. Isolirte Krystallisationspunkte der Kultur in demselben Medium, die sich doch wechselseits einander, aus innern und äussern Gründen, bedurften. So ist schon das Klima gleichartig, aber individuell verschieden. So muss Musik, Baukunst, Sprache, Poesie, Staatsverfassung, Mythologie, Philosophie u. s. w. in einzelnen harmonischen Gruppen aufgefasst und dargestellt werden. Die vielen leichteren und schwereren Kommunikationen zur See geben auch dem Geiste einen neuen Aufschwung.

8) Welches Volk ist durch so viele Jahrhunderte so unschuldig und keusch, so frei von innrer und äussrer Unterdrückung, so frei von allen niedrigen Tendenzen geblieben, als die Deutschen? Die Aegypter zwar auch, wurden aber auch nicht angefallen. Auch die Griechen gewissermassen.

9) Man beachte die Reihe: Bacchus, Alexander, Cäsar, Karl der Grosse, Napoleon.

10) Bei den vorigen grossen Völkerrevolutionen haben allemal die barbarischen Völker gesiegt. (Nur in China nicht, wo das Urvolk die rohen Sieger nach und nach sich assimilirte.) Sollte nicht nothwendigerweise sich dies einst umkehren? Und ist dieser Wendepunkt nicht etwa mit Napoleon gekommen?

11) 146 v. Chr. wurden die Optimaten in Rom, meist Plebejer, übermüthig, so dass eine Volkspartei, von einigen Grossen und den Tribunen geleitet, das ganze Ansehn des Senates untergräbt. Man sieht hieraus, dass nicht der Name, sondern der aus der römischen Verfassung

hervorgehende überwiegende Reichthum Einzelner der Untergang der Republik war.

12) Es ist zu untersuchen, ob das Schiesspulver die Kriege wirklich blutiger gemacht hat; so wurden in dem Bundesgenossenkriege 91 v. Chr. 300,000 Menschen von den Sociis verloren; wie viele von den Römern? Die Revolution hat Frankreich, nach Napoleons Angabe, 1,000,000 Brave gekostet.

13) Woher kam es, dass der römische Staat nach Mark Aurels Tode eine militärische Despotie ward?

14) M. Aurelius Probus lässt die Söldner um 280 in Gallien, Pannonien und Mösien Weinberge pflanzen.

Lehrsätze der Geschichte.
VI. Reihe.

§ 1. Nur aus Sittlich-Gutem folgt Gutes. Aus Unsittlich-Schlechtem folgt Unsittlich-Schlechtes und Schädliches.

Die Andauer ist keine Vollkommenheit; denn Alles, Gutes und Schlechtes, hat seine Zeit! Und das Ewige, das Ewigwesentliche der Dinge hat keinen Verhalt zu der Zeit, die Zeit ist nicht dessen Mass.

Schlechte Mittel führen zu schlechtem Ende.

Es ist unerlaubt, durch schlechte Mittel gute Zwecke erreichen zu wollen; und unmöglich, durch schlechte Mittel gute Zwecke zu erreichen.

§ 2. Es ist falsch, dass nichts Neues unter der Sonne geschehe. Das Allgemein- und Bleibendmenschliche ist freilich überall dasselbe. Aber da die Menschheit von wenig Individuen ausging, so muss doch jedes menschliche Ding einmal neu gewesen sein. Das Urlicht der Wahrheit scheint überall in geraden, nebengehenden Strahlen an jedes Auge, aber nicht jedes Auge schliesst sich auf. In einem Auge scheinen sie zuerst.

Die Unbestimmtheit in Gesetz- und Religionsbüchern schadet allemal. Zum Beispiel die Unbestimmtheit des neuen Testamentes. Hätte Jesus die Urwürde des Leibes gelehrt, der schönen Künste, der Freundschaft, der Ehe, und wären nicht hierüber so unbestimmte Aeusserungen in den Schriften, die seine Schüler aufbewahrt haben, so wäre Hierarchie, Cölibat, Verachtung des Leibes, Untergang der Gymnastik und der schönen Bildkunst nicht möglich gewesen. Freilich, hätte er geschrieben, so würde er auch nicht vergöttert worden sein, so würde man in ihm nicht das All-Urbild der Menschheit gewähnt haben, sondern einen ureignen, uredeln, gottähnlichen, reinsinnigen Menschen.

So lange irgend ein einzelnes menschliches Institut auf eine einzelne Idee sich gründet, nicht aber auf die Uridee und Ganzidee der Menschheit, ist Einseitigkeit unvermeidlich und Misslingen des Einzelnen und des Ganzen.

Wenn aber einst eine Geselligkeit nach dem Urbilde des Ganzen gegründet wird, der Menschheitbund, dann wird auch jedes einzelne Institut seine wahre Haltung gewinnen.

§ 3. Wenn wirklich aus dem in Aegypten gefundenen Thierkreise (siehe Rhode, Ueber das Alter des Thierkreises, Berlin 1810) ein 16,000jähriges Alter der Menschheit erhellt, so ist dadurch die Ansicht bestätigt,

dass jeder Erderstlandtheil sein eignes Menschenpaar erzeugt und nach der Reihe seine theilweise Reife erlangt.

So sehen wir in den Ueberbleibseln der hohen ägyptischen Kultur die Winterüberreste der Hochkultur Afrikas, parallel der noch frühern Hochkultur Asiens; wo also eine hohe Naturwissenschaft dieser Völker uns nicht befremden kann, sondern uns Europäer nur befeuern muss, unsre europäische, aus afrikanischem und asiatischer vereinte Kultur zu einer uns eignen, ähnlichen Höhe zu erheben.

§ 4. Wenn es sich bestätigt, dass die indische Abgötterei aus den ältesten epischen Gedichten entsprang (vergl. z. B. Heeren, Zusätze zur dritten Ausgabe seiner Ideen u. s. w., S. 175 und a. a. O.), so wie die griechische durch Homer und Hesiodos, — so sieht man, wie sehr Platon Recht hatte, die Dichter (oder vielmehr: die Dichter, das ist solche Dichter, die mit der Urwahrheit streiten, deren Werke mit Vernunft und Verstand im Streite stehen) aus seinem Vernunftstaate zu verbannen. Sie halten der Menschheit den Apfel dar, der in Mosis Urkunde der Schlange zugeschrieben wird! —

§ 5. Grundsätze der Entwickelung der Menschheitgeschichte nach der Urabtheilung des Landes.

A.

I. Erst das alte Erdland, erst der obere (nördliche) Theil.
II. Dann das neue Erdland, dann der südliche Theil.
III. Dann das neueste Erdland, dann der mittlere (vereinigende, synthetische) Theil.

B.

Nach den Haupthöhenzügen, und zwar die südliche und nördliche Abdachung.

Erst die südliche, dann die nördliche Abdachung. Dies Gesetz gilt auch für die mittlern Theile; erst Untereuropa, dann Obereuropa, dann das synthetische Europa, Baltisches Halbeiland, England. Auch die britischen Inseln sind nach dem Vorbild des Erdganzen gebildet.*)

*) Es sind keine eigentlichen mittlern Plateaus anzunehmen; die Eintheilung in Unter-, Mittel- und Nordasien ist daher unrichtig.

Erst Unterasien, dann Nordasien. Erst Südafrika, dann Nordafrika.

In Jesus zeigt sich eigentlich die höchste Vereinigung asiatischer und afrikanischer Kultur (seine Reise in Aegypten, aber seine Geburt in Asien).

Jesus in nächsthöherer Potenz. Verein der asiatischen und afrikanischen Kultur, dann zugleich der europäischen unter sich und der europäischen und asiatischen allein. Oder erst bloss der europäischen allein, und der asiatischen und afrikanischen, sofern sie in der europäischen gegenwärtig ist. Umfasst nun mit geographischer Klarheit die ganze Erde.

§ 6. Wir können nun bald sogar geschichtlich von der übertriebnen Verehrung der israelitischen Urkunden, besonders des ersten Buchs Mosis, zurückkommen (geheilt werden), wenn die Veda's der Hindu in der Ursprache bekannt werden, und Deutsche sie mit eigner Kenntniss der Sanskrit- und Pehlewisprachen beleuchten.

In Asiatic researches, Vol. VIII, ist eine Abhandlung über die Veda's, die dies noch mehr lehrt, als Anquetil du Perron's Oupnek'hat.

§ 7. Die Unmöglichkeit der Erziehung hat den Abfall von der reinen Lehre der Veda's bei Brahmanen und bei Laien hervorgebracht.

Diese Unmöglichkeit der Erziehung tritt ein,
- a) dadurch, dass gebildete Völker in Pflanzvölker sich zerstreuen;
- b) dadurch, dass rohe Stämme die gebildetern, sich vermischend, überschwemmen (daher Hindukasten, Aegypterkasten, dadurch (zum Theil) Hemmung sinischer Bildung.

§ 8. In dem Menschen strebt unter allen Umständen hervor der Trieb nach Gottschaun, nach Gottahmleben und daher nach Musse ($\sigma\chi o\lambda\eta$), d. i. nach Zeit, wo sich der Mensch als Ganzmensch nach dem Ganztriebe seines Gemüthes beschäftigen kann. So versammeln sich die Mussigen (nicht Müssigen) um Platon und andre Weisheitslehrer und bilden eine Schola, dann im Mittelalter in den Klosterschulen, durch die Culdeer daraus in Hochschulen (Universitäten).

§ 9. Sehr wichtig ist, wenn sich bestätigt, was Langlès in seinem Werke über indische Baukunst und Bildnerei (Introduction S. 1 f.) behauptet:

Dass diese Bau- und Bildwerke eben so ähnlich den ägyptischen, als den mexikanischen sind.

Welch eine Rückwilderung von indischer Gottahnung zu mexikanischen Blutopfern (siehe Campe's Entdeckung von Amerika und die Urquellen).

§ 10. Wäre das Christenthum auf einmal sehr schnell ausgebreitet worden, so hätte es schrecklich entarten müssen; und die Kunde der andern Gottinnigkeitsarten auf Erden wäre untergegangen, oder nicht mehr zu erkennen.

Wie viele Zeugnisse selbst der bessern Kirchenväter werden uns erst nun verständlich, da wir neuere grosse Werke über Aegypten, Indien u. s. w. haben.

Anschaulichkeit Buddhas und Jesu in Lehre und sanftem, unschuldigem Leben. Auch die Lehre Buddhas ist eben so entstellt, als die Jesu; auch ihm schreibt man das Amt zu: die Seelen der Verstorbnen selig zu machen u. s. w.

§ 11. Muhammed hat Alles auf die Einheit Wesens gestellt; aber Einheit ist nicht die ganze Ganzheit (unklar und theilfalsch), geschweige die ganze Wesenheit.

Das Vorurtheil: dass Wesen sich nur einem Menschen, oder nur einigen Menschen, — ausschlussweise offenbare — das Vorurtheil, einen, oder mehrere Menschen aus der Reihe aller andern auszunehmen (das Neben zum Ueber zu machen), und den Einzelnen an die Stelle der Menschheit setzen zu wollen, ist leider allgemein auf der Erde verbreitet. Dieser Wahn ist ähnlich der Willküraunahme, dass Leibwesen und Geistwesen vereint mit Wesen zuerst nur einen Menschen, Adam, — hervorgebracht.

Insofern der Muhammedanismus, das Islamthum, keinen Menschen vergötzet, noch auch irgend einen Menschen mit dem Urbilde (Ideale) des Einzelmenschen, oder der Menschheit verwechselt, also das Christenthum insofern selbst vergeistigt, erhebt sich selbiger über das Christenthum, ist allumfassender, menschheitlicher, erdumfassender, allgemeiner und reinerwesentlich.

Aber hinsichts der Sittenlehre steht es weit unter dem Christenthume, sofern selbiges nach seinem reinen, Jesu zugeschriebenen Geschichtsbegriffe betrachtet wird, nicht aber nach seinem kirchlichen Geschichtsbegriffe, wonach es eben so viel Gewaltthat und Blut auf sich hat, als das Islamthum.

§ 12. Das viele Gold und Silber, welches in Amerika, zum Theil auch in Europa (Ungarn, Sachsen, Harz) gewonnen worden, ist zum Theil sehr zur Beförderung des Menschheitlebens angewandt worden, schon durch den Ankauf nützlicher Güter, wohin auch Nahrungsmittel*), Gewürze und Kleiderstoffe zu rechnen sind, in Asien. China und Indien haben ungeheure Summen verschlungen und verschlingen sie noch; aber durch Gold und Silber haben wir an sich nichts verloren, aber dafür lebendige und bleibende Güter gewonnen.

---

*) Denn kunstgekochte (kunstbereitete) Nahrung veredelt den Menschen am Leibe und mittelbar auch am Geiste.

§ 13. Institute, die mit dem Guten Böses vermischt enthalten, gleichen Palmen, die neben gesunden Oelen auch Giftsäfte führen. Durch das Gute in ihnen bestehn sie fort, und durch das eingeborne Mangelhafte und Böse gehn sie unter.

§ 14. Sowie nur einmal der Keim eines neuen Urbegriffes und Urbildes (Idee und Ideales) auch nur durch einen Menschen in die Menschheit eingeht, so ist selbiger nicht mehr zu vertilgen. So Judenthum, Christenthum, Islamthum, Ausbildung des europäischen Monarchismus, Repräsentativismus, Constitutionalismus.

Die erste Ausbildung einer jeden neuen Idee und Ideales fällt allemal in die Zeit der Abgelebtheit der gleichzeitigen Institute, wo deren Mangelhaftigkeit und Krankhaftigkeit (in der grössten Wirksamkeit, Erschlossenheit und Entschlossenheit ihres innern Bösen) am offenbarsten wird, und wo sie, dem Tode nahe, in die letzten Krämpfe gerathen, daher noch ganz blühend und übermächtig erscheinen. So Christenthum gegen Heidenthum, Reformation gegen Blüthe des Katholizismus zu Rom (Peterskirche, Rafael).

So jetzt ängstliche Erneuerung des christkirchlichen Aberglaubens, zur Zeit, wo die Oromwesenvereinlebheit (rein vollwesentliche Religion) im Keime durch die Wissenschaft gegeben ist; ähnlich der Erneuerung des persischen, jüdischen, ägyptischen Aberglaubens in Rom, als das höherstufige Christenthum schon in Lehre und Leben gegeben war.

§ 15. Der Grund, weshalb das Höhergedeihen in der Zukunft voraus behauptet wird, ist der erweisliche Fortschritt in den Sachen (objective), abgesehen von aller Persönlichkeit des Behauptenden. Wonach die Abschweifungen, Mängel, Krankheiten, Rückschreitungen, Uebertragungen an andre Träger der Bildung (von einem Volke zum andern, von einem Erdtheile zum andern) immer seltener, immer mehr in bloss untergeordnetern Theilen des Gesammtlebengliedbaues, immer in geringerer Erstreckung in Zeit, Raum und Kraft werden müssen, — wenn nicht der Erde und der Menschheit neues, höherartiges und höherlebensstufiges „Unglück" (Oromlebensbeschränktniss) widerfährt.

So wie man einem schönen Kindleibe voraussagen kann, es werde ein schöner Knabe, Jüngling, Mann, Greis, — ja eine schöne Leiche — werden.

Freilich Alle und Alles sind und bleiben stets in Gottes Hand, d. h. beschränkbar im Oromleben Wesens.

§ 16. Alte Geschichte bis 400 nach Christus. Neue Geschichte von 1 nach Christus.

Lehrsätze der Geschichte. 157

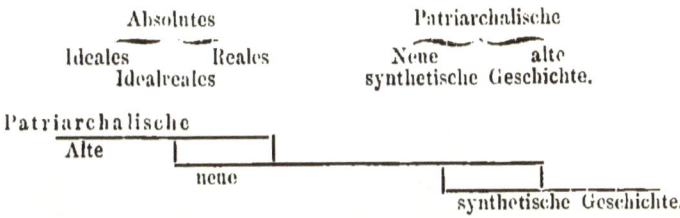

Patriarchalische
Alte
          neue
                          synthetische Geschichte.

Wie in der Musik, wo ein neuer Theil des Rhythmus einsetzt, ehe der vorige vollendet ist. | vollendetes Bewusstsein der Vernunft und des Universum, und als Herren der Geschichte.

Diese Perioden müssen bei verschiednen Völkern geschieden werden; manche sind jetzt noch in der frühesten Periode zurück.

Die Krystallisationspunkte der Staaten rücken immer west- und nordwärts in einer Diagonale und werden immer beschränkter.

Die Erscheinung des Protestantismus ist nach einem allgemeinen historischen Gesetze zu verstehen.

§ 16. Einzelbemerke über Mythologie. Sagenthum der Völker.

1. Jedes Sagenthum umfasst auf eigne Weise das ganze Volksleben, ja das ganze Menschheitleben, sogar das ganze eine Gottleben. Und nimmt so, ahnend und dichtend, das ganze vollwesentliche Menschheitleben voraus.

2. Man sieht auch aus dem griechischen Sagenthume: wie bildliche Reden (Bildzeichen, gemalte, hieroglyphisch-tonschriftliche und mündliche) für Wahrheit gegeben werden; entweder von denen, die sie mit Absicht, oder ohne Absicht erfanden, oder von denen, die sie damals, oder späterhin also verstanden.

3. Merkwürdig, dass Orpheus in Aegypten gelehrt worden sein soll.

4. Merkwürdig, dass einer der trojanischen Helden (siehe Ramler's Mythologie) durch den aus Troja genommenen Bacchusdienst bei den Patarenern den Menschenopferdienst der Diana vertreibt.

5. Merkwürdig die wiederholte Sage, dass diejenigen, denen Schlangen die Ohren auslecken, die Gabe der Weissagung empfangen.

6. Merkwürdig, dass die Aegypter sagen, wenn ihr Schlangengott die Augen öfne, erfülle er die Welt mit Licht, wenn er sie schliesse, mit Finsterniss.

---

*) Kommen auch Pausen (Schweigen) in der Geschichte vor? Ja dieses Gesetz ist wichtig.

§ 17. Die Idee der Geschichtsforschung ist stufenweis verschieden:
1. Zuhöchst Darbildung Oromwesenlebens selbst die Geschichte in diesem Sinne kennt nur Gott, das ist Wesen selbst.
2. Sodann Darbildung Orom-Wesenlebens in einem endlichen Lebensgebiete; wie: eines Sonnenbaues (Sonning-Baues), Sonnbaues, einer Erde. (Schon die Erscheinung der Urgeistheit (des Genies) deutet uns auf Lebenvereinheit mit Höherganzen des Lebens im Himmelbau hin.)
3. Dasselbe orendbeschränkt nach menschheitlicher und menschlicher Weltbegrenztheit. Erdgeistleibverein - Wesen-Lebens Schaudarbildung, Erdmenschheitlebengeschichte, Einzelvolkheitgeschichte, Einzelvolkgeschichte...., Einzelmenschgeschichte (Biographie).

Die Grundeinsicht, dass Wesen in sich Wesengliedbau ist, nämlich die Welt nicht ausser Gott, sondern Gott in sich die Welt ist, bedingt die Orom-Einsicht und höchste Kunstbildung der Geschichte.

§ 18. Aus einem Gespräch mit Dr. Thorbecke. Meine Behauptungen.

Jeder Einzelne, auch jeder Herrscher oder Regierer, ist Organ (Lebenglied, Lebenwerkzeug) und Funktion (Lebensthätigkeit) zunächst der Familie, des Stammes, des Volks, des Völkervereins, worin er erzeugt wird. So Alexander, so Karl der Grosse, so Napoleon. Das Volk ist in jeder Stufe seiner Selbstentfaltung ein Gliedbauwesen, eine Person, wenn auch in selbigem noch die Entfaltung einzelner Glieder und Lebensthätigkeiten überwiegt, und andre zurückgedrängt sind, wenn auch einzelne Theilorgane und Theilfunktionen noch nicht hervorgelebt sind. Aehnlichkeit mit der Entwicklung des Foetus bis zum reifen Menschen. Wenn auch Entwicklungskrankheiten, Wachsthumskrankheiten nicht vermieden werden. — Freilich heisst dieses nicht: dass dieses Verhältniss jeden Einzelnen im Volke mit Bewusstsein und durch Bewusstsein, nach Verabredung u. s. w. entstehe; z. B. die Herrschergewalt; — aber durch den Urtrieb, durch die selbwesentliche und omlebenverhaltliche Entfaltung des Volkslebens und des Eigenlebens jedes Einzelmenschen selbst, ohne Willkür und Willen. Aber die Menschheit ist bestimmt, dass dieses Verhältniss durch bewusste Kunst wechselseitig bestehe.

Dabei besteht die Einzigkeit, die selbwesentliche Göttlichkeit, Gottähnlichkeit, und Lebenvereinheit jedes Einzelmenschen. Jeder lebt und wurzelt und blühet und fruchtet zuerst und zuhöchst selbwesentlich (unmittelbar) in mit Gott, Leibwesen, Geistwesen, Menschheitwesen, und seine Eigenlebheit, mit der er hienieden geboren wird, stammt in und aus dem Orom-Eigenleben; — und dann erst in seinem Ehethum, Stammthum, Volksthum ... Es ist schon schwierig, reine Thatsachen auszumitteln, — schon schwer, die Ideen rein und klar zu schauen, aber weit schwieriger noch, beide gehörig zu vermitteln, — darin zeigt sich die Weisheit und Klugheit des Wissenschaftsforschers.

§ 19. Erst Selbständigkeit (Selbwesenheit), dann Gegen- und Vereinständigkeit. (So auch in der Wissenschaftsbildung und im Leben und Wirken der Gelehrten.) Erst stehn sich die gegenheitlichen Lebenssphären in freudiger Kraft, ja in freudigem Trotze, gegenüber, — finden sich, bekämpfen sich, lieben sich, wechselinnigen sich, wechselvereinigen sich und vereinleben in Eheschönheit. Erst Alleinständigkeit und Alleinständigungsstreben, dann . . .

§ 20. Verschiedne für die Ausbildung der Geschichtswissenschaft schädliche, irrige Grundvorurtheile.

1. Die Ideen, und die Ewigbegriffe und die Urbilder (Ideale), haben überhaupt nicht Selbwesenheit. Sie sind nicht. Es giebt keine.

2. Es giebt solche, aber sie haben weder Befugniss, noch Möglichkeit der Anwendung. Die reingeschichtliche Entfaltung ist sich selbst genug.

3. Die ganze Idee kann unbedingt im Einzellebensgebiete (z. B. dieser Erde) vollständig dargelebt werden.

4. Sie ist schon dargelebt, z. B. in Christus, in der christlichen Kirche, in den Heiligen der Vorzeit, den Vedams u. dergl. m.

§ 21. Sehr wesentlich ist, was Marheineke im Lehrbuch des christlichen Glaubens und Lebens, 1823, S. 20 sagt:

„Eine eigenthümliche Gestalt und Erscheinung des christ-„lichen Lebens in dieser Zeit war das Mönchswesen. Es „entstand, nachdem die grossen Verfolgungen der Kirche „vorüber waren" (und wohl eher!), „und in der Absicht, durch „freiwillige Busse und Weltentsagung, durch Verleugnung „seiner selbst und alles Lebensgenusses, sich in der christ-„lichen Gottseligkeit zu üben, und auf solche Weise das „Leiden Christi in der Welt darzustellen und fort-„zusetzen."

§ 22. Zur Würdigung des Verhältnisses des Judenthums und Christenthums ist vorzüglich zu beachten:

1. Salvador, Legislation de Moyse, à Paris 1822.

2. Geschichte, Lehren und Meinungen aller bestandnen und noch bestehenden religiösen Sekten der Juden und der Geheimlehre oder Cabbalah von Peter Beer. 1. Bd. Brünn 1822 (gr. 8".)

Lebensgesetz der Menschheit.

§ 23. Die Bildung, d. h. das Orommenschheitleben, breitet sich allmählich aus über Völker und Erdländer, der Erdlandbildung gemäss. Dabei sinken immer die Völker, welche Träger der Kultur sind, zurück, oder bleiben stehen, oder verunglücken äusserlich; so Inder, Perser, Aegypter, Juden, Phöniker, Griechen, Römer, — soll es auch den Deutschen bevorstehen? — und ganz Europa? — Aber im Fortschreiten der Entwicklung hört dieses Uebel nach und nach auf und wird milder. Es kann wohl Europa ein Aehnliches bevorstehen, als dem Römerstaate zu Zeiten des Augustus. Cäsar - Napoleon kann seinen Augustus unter den Russen finden; und dann auch seinen Tiberius und Nero.

§ 24. Der Zeitferne nach verhält sich Moses zu Christus ähnlich, wie Christus zu Luther.

§ 25. Die „Erweiterungsabsichten", „Eroberungssucht" der Staaten ist am wirksamsten und schrecklichsten (grauenvollsten) in despotischen Staaten (Dschingiskhan u. s. w.) schon untergeordnet und weniger schrecklich in monarchischen (Ludwig XIV. und Napoleon), wohlgeordnet und wohlthätig wirkend, unter dem Gesetze der Vernunft in echtrepublikanischen Staaten (Nordamerikanische Freistaaten).

§ 26. Die Geschichte der fortschreitenden Lebensbildung geht ihren eignen, von der Abstammung der Völker nach und nach immer mehr unabhängigen Gang. Es kommt dabei auf die neuen, höhern Ideen an, die ins Leben eingehen, und die sich um so mehr über die ganze Erde verbreiten, und zwar unabhängig von der Abstammung, als sie rein- und allgemein-menschlich, ja göttlich, sind.

Fehlbeschränkte Ideen dienen zwar anfangs zur schnellern, eigenthümlichern Entfaltung der Völker, aber sie haben in der menschheitwidrigen Fehlbeschränkung Gift und Tod in sich; so die jüdische Fehlbeschränkung der Idee: Gott auf das jüdische Volk, und zwar gegründet auf einen örtlichen Kontrakt in Sinai und Salem, und an Geräthe (Stiftshütte) gekettet. Das Wahre an der Idee, der Gedanke des lebendigen Gottes (auch übrigens von den Indern gehegt) wurde Grund des von Volksabstammung unabhängigen Christenthums. — So die ähnliche, beschränkte leitende Idee des Römerthums, gekettet an das Kapitol und äussre Zeichen und Geräthe. — So lag auch in Napoleon's Gedanken: Föderativstaat in Form der alten Monarchie und des Adels, der Grund des Todes seiner Stiftung. Er stieg herab zu dem Despotismus, und so wurde er von selbigem erdrückt.

Dagegen reinmenschliche Ideen sind die Herzpunkte (puncta salientia) des fortschreitenden Lebens der Menschheit.

So in Indien: Lebenvereinigung mit Gott; in Persien: Reinheit in Gedanke, Wort und That. In Griechenland: Reinschöne Kunst. Der Grundgedanke des Christenthums: Gottinnigkeit im Geist und in der Wahrheit, unabhängig von Volksabstammung, Kaste und Priesterstand. So Muhammed's: „Im Namen Gottes, des Erbarmers der Erbarmer." So wahrscheinlich jetzt Rammohon Roy's reine Gottinnigkeit ohne alle Satzungen. So reine Ideen des Menschheitbundes, d. h. des allumfassenden Lebenvereins aller Menschen.

§ 27. **Prophetische Ahnungen.**
Die zu sehr nördlichen Gegenden sind nicht durch freien Entschluss, sondern durch Verirrungen freiwilliger, oder vertriebener Colonisten bevölkert worden; es kann nicht fehlen, dass sich nicht die Menschen als Generation daselbst physisch und geistig verschlimmern sollten; die Gerechtigkeit, und wie Regierungen bald finden werden, auch die Staatsökonomie fordern, dass diese elenden Völkerschaften, in günstigeres, aber ihnen erträgliches Klima versetzt und von Staatswegen human erzogen werden; dadurch wird sich auch diese Generation nach und nach physisch verbessern. Da ferner jene nördlichen Länder für Handel und Gewerbe und Staatseinkünfte zum Theil sehr ergiebig und sogar unentbehrlich sind, so müssen sie in dieser Hinsicht von freiwilligen Spekulanten, jedoch nicht auf Lebenszeit der Individuen, bevölkert werden, und der Staat muss Anstalt treffen, den Gewinn an allerlei Nützlichem daselbst auf alle gerechte Art zu befördern, zu erhöhen und sicher zu stellen. Russland, das Gegenden von fast jedem Klima und viele noch wenig, oder ganz unangebaute Landstriche in mildem Klima hat, ist bestimmt, der Erlöser vieler solcher verirrten Menschenstämme zu werden, und dadurch sich selbst innerlich zu verstärken.

§ 28. England verhält sich zu Napoleon in Aegypten, ähnlich wie England zum jetzigen Vicekönig in Aegypten, der ihm furchtbarer, als Napoleon wird, bei Zusammensturz des türkischen Reiches. Dieser Mann, der das erste, alte, ehrwürdige Chalifenreich in Arabien, in höherer, verklärter Gestalt, herstellen würde, welches er mit Bewusstsein zu beabsichtigen scheint.

§ 29. Die Pläne des Infanten von Portugal, Michael, und der Europa tyrannisirenden Geldjuden (Geldgrossjuden christlicher und mosaischer Konfession) durch den Minister Villèle, — für den Despotismus sind allzu plump und übereilt, als dass sie gelingen gekonnt hätten.

§ 30. Dass die Despoten dieser Tage sich mit den Jesuiten wieder einlassen, wird dem Despotismus übel bekommen. Denn der Jesuitismus muss zur Befreiung der Menschheit mittelbar wirksam sein.

§ 31. Die Geschichte des mittelalterlichen griechischen Kaiserreiches ist überaus wichtig. Denn

a) dieses Reich und das Chalifat waren Erhalter, Träger, Verbreiter der altüberlieferten Wissenschaft und Kunst. Das sieht man:
    α) in Italien, wo die Künste, auch die bildenden, meist von Griechen geübt wurden,
    β) in ganz Europa, wo griechische Architekten und Künstler Bildung verbreiteten,
    γ) in den Kreuzzügen, wo die europäischen Völker ungemein viel bei den Griechen lernten,*)
    δ) in Deutschland unter Otto, dessen Gemahlin eine griechische Prinzessin war,
    ε) ohne sie hätten wir viele Kenntnisse der alten griechischen Literatur nicht. Suidas u. s. w. (Sie setzten Alexandria fort.)

b) bei der Einnahme von Konstantinopel durch die Türken wurden sie Neubeleber der Wissenschaft und der Kunst auswärts in einem Grosstheile von Europa.

c) Jetzt giebt das griechische Volk das erste Beispiel eines wieder aufgelebten Volkes.

Wenn einst in dieser Wiederbelebung die Inder folgen, — welch eine Schönheit, welch göttliche Lebensfülle, — wenn dieses Volk gefallner Engel, — oder besser: unentwickelter Engel, erst rein und frei belebt ersteht. — Göttlicher Rammohon-Roy, — vielleicht bist du berufen, dieses deines Volkes Retter zu sein!

§ 32. Das griechische Volk, sowie das indische, hatte in sich allen Grund des Fortlebens; — wenn nicht von aussen, durch Alexander und die Römer, unterdrückt, würde Griechenland wohl seine Organisation gefunden haben.

§ 33. Kann es nicht sein, dass die Natur vereint mit Vernunft und mit Gott erst Menschen erzeugte ohne Geschlechtsverschiedenheit; und dass sie erst dann, nachdem die Erde genugsam bevölkert, und das Heilige der Menschheit gesichert, ihre urzeugende Kraft in die getheilten Geschlechter niederlegte? — Und ist nicht Geschlechtsleben zugleich mit früherem Tode gesetzt?

§ 34. Ursachen des Völkertodes sind zu unterscheiden von Ursachen des Volkslebenstillstandes, oder „Rückschrittes";

a) des Todes. Stets äussre, oft im Verein mit innern Unvollkommenheiten; z. B. Römer;

b) des Stillstandes. Kastenwesen und Erbbevorrechtung, Satzungenwesen und Erbgebrauchthum.

---

*) Auch die Kriegskunst haben sie erhalten.

C. Formelle Bemerkungen über die Geschichte oder über Heuristik, Methodik und Rhetorik der Geschichte in einzelnen Aphorismen.

VII. Reihe.

1) So wie es in der Wissenschaft eine strenge Form und eine freie in mannigfachen Gestalten giebt, so möchte dies auch bei der Geschichte sein. In der freien Form herrschen die Gesetze der Schönheit, in der strengen die Gesetze der Wahrheit. Wenn also in der schönen, freien Form alles ein Ganzes wohlvereinigter Theile macht, mit unbemerkten Abschnitten und Uebergängen, so muss umgekehrt in der strengen Methode alles wohl von einander gesondert werden, z. B. Geschichte der Vernunft, Natur und Naturvernunft; — Thatsachen und Reflexionen.

2) Der Begriff der Weltgeschichte, wie er historisch gangbar, ist zu untersuchen. Am Ende ist der Unterschied doch nur in der weitern, oder engern Ausführlichkeit, — eine Epitome. Wie kann Weltgeschichte ohne Völkergeschichte, wie kann Räsonnement und Resultat ohne Thatsachen auch nur Geschichte heissen? Am allermeisten scheint es mir dem Wesen der historischen Erkenntniss entgegen zu sein, wenn man den Unterricht in der Geschichte mit den allgemeinen — bestehenden, bevorurtheilenden, die Originalität des zu bildenden Geschichtsforschers zerstörenden Reflexionen und Resultaten anfängt.

3) Wir würden ohne Zweifel viel mehrere und bessere Data haben, wenn nicht jeder Chronikograph sich ohne alles reine Gefühl und ohne philosophischen Geist anmasste, über Geschichte zu räsonniren, zu porismatisiren, zu idealisiren, zu lamentiren u. s. w.

4) Philosophischer Geist, vermählt mit historischem, giebt eine wahrhaft geistvolle Anschauung der Geschichte. Historischer Geist setzt Sinn und Gemüth für alles Lebendige und Individuelle, philosophischer Geist aber Sinn und Gemüth für das Ewige als solches voraus. Dann kann auch das Ewige im Zeitlichen mit religiösem Geiste aufgefasst werden; welcher wiederum einen synthetischen Sinn voraussetzt, nämlich das Ewige im Individuellen zu bemerken.

5) In einer synchronistischen Geschichte sind die wandernden Völker zum Anfange des Mittelalters in einem besondern Fache aufzustellen.

6) Sowie die Familiengeschichte der herrschenden Familien überhaupt nicht zu vernachlässigen, so ist insbesondre eine vollständige Familiengeschichte der vornehmsten Italiener-

familien für die Staatengeschichte von Italien und für italienische Geschichte überhaupt unentbehrlich.

7) Unterschied geographischer, politischer, genetischer oder historischer Völkernamen. Siehe Schlözer, Nord. Geschichte, S. 118, § 21 und S. 144 und 210. „Der neuere Ge-
„schichtsschreiber muss die aus Unkunde der vorigen Zeiten
„unbestimmten Völkernamen bestimmen. Siehe Linnaei Philo-
„sophia botanica; denn alles lässt sich dem Wesen nach auf die
„Völkergeschichte anwenden. Es ist ein systema populorum
„in Classes et Ordines, Genera et Species redactum möglich;
„die Sprachen würden für den Geschichtsforscher, was die
„Staubfäden für den Kräuterlehrer sein; aber vorher wäre
„eine Philosophia ethnographica nöthig, damit kein Rudbeck,
„kein Pezron, kein Becanus dies grosse Leibnitz'sche
„Problem durch eine verkehrte Ausführung lächerlich mache."
Nur, dass die Geschichte mit lauter Individuen, als solchen, und als sich in Individuen zertheilenden, zu thun hat, aber die Botanik immer mit Allgemeinem, das die Individuen nie erreicht. Auch dürften die Sprachen allerdings Blüthentheile der Völker sein, oder vielmehr die Früchte! —

8) Zu dem Bau der Pyramiden, Tempel mit gigantischen Säulen hatten die Aegypter durch die grossen, in Ebenen hervorragenden Felsenrücken und Felsenspitzen eine natürliche Aufforderung; diese durften nur regelmässig gemacht werden, um als natürliche Pyramiden dazustehen. Ebenso natürlich war der Gedanke, in diesen ewigen Felsenmassen die Leichname aufzubewahren.

9) Griechenland : Rom = Griechenland + Rom : Südeuropa = Griechenland + Rom + Südeuropa : Nordeuropa = Europa : Asien = Europa + Asien : Amerika = Erde : x = Erde + x : y ... Dies sind die Stufen, nach welchen sich die Kultur auf der Erde verbreitet. Asien, Afrika und Europa machen historisch, so wie physisch, ein Ganzes aus.

10)

Geschichte	
reiner Vernunft	reiner Natur
in sich	in sich
in der Synthesis	in der Synthesis.
Geschichte der Synthesen.	

a) Der Vernunft mit Natur, der Natur mit Vernunft,
b) der Natur und Vernunft mit Gott;
    α) jeder für sich mit Gott;
    β) beider in Synthesis mit Gott.

11) In Asien wird die Vernunft von der schönen und reichen Natur an sich gezogen und von ihr beherrscht, — von der neuentstandnen Menschheit in Asien trennen sich Völker

Formelle Bemerkungen über die Geschichte. 165

nach Aegypten, Syrien, Kleinasien, Griechenland, — kurz, nach Westen. In West-Nord beherrscht die Vernunft die Natur, bildet sich rein und selbständig aus. Dann kehrt sie einst wieder nach Asien zurück. Und im Mutterschosse, wo sie geboren, feiert einst die Menschheit ihre höchste Vollendung.

	Vernunftnatur	
Vernunft beherrscht von Natur		Vernunft beherrschend die Natur
	Harmonisch vollendete Vernunftnatur.	

Nicht die karge Natur in ihrem rauhen Widerstreite, sondern die reiche, liebevoll ihr alles spendende, schöne Natur beherrscht die Vernunft.

12) Ehe man Geschichte studirt, ist das Studium der physikalischen Erdbeschreibung nicht genug zu empfehlen; man versteht sonst Völkerwanderungen, Niederlassungen der Kolonien, Kriegszüge u. s. w. nur halb.

13) Die wahre Idee der Aufklärung ist: das wahre Mass und Ziel aller Dinge und ihre wahren Wechselverhältnisse zu kennen.

Denn hierzu vorzüglich ist Licht nöthig, um den Nebel zu verscheuchen, den Gesichtskreis zu erweitern, und die wahre Gestalt aller Dinge und Verhältnisse zu enthüllen.

Wie gehen mir die Augen auf über das wahre Verhältniss europäischer Geschichte, Wissenschaft, Kunst, Lebensweise zu Asiens Herrlichkeit! Diese gehörig in Anschauung zu bringen, und sich mit ihr, bildend und zu bildend, zu vereinigen, ist Europas nächste Pflicht! sich mit ihrer Mutter versöhnen, und in den ursprünglichen Familienkreis der Völker, eine dankbare Tochter, wieder einzutreten.

Gebräuche bei Geburts-, Ehe- und Sterbefesten, ein untrüglicher Kulturmesser, dies sind die Wendepunkte der Kultur jedes Individuums.

Eine Ueberschwemmung durch asiatische Völker ist nicht mehr zu befürchten für Europa*), a) Europa ist jetzt gleichmässiger bewohnt und kultivirt und macht mehr ein grosses politisches Ganzes aus; b) Asien selbst ist gleichförmiger kultivirt durch muhammedanische, christliche, Lama- und Inderreligion, durch festere Wohnsitze der wilderen Völker; c) die noch wilderen Völker sind gebunden an Russland, China, Türkei, Europäer, vorzüglich Engländer, die sie zähmen und an sich halten.

Aber ist aus Afrika nichts zu befürchten?

---

*) Dies ist ein merklicher Fortschritt der allgemeinen Kultur. So auch, dass die kultivirenden Völker fast den ganzen Erdkreis geographisch kennen.

Für die Darstellung einer Idee in der Geschichte ist es nicht nothwendig, ja nicht einmal immer möglich und der Natur des Ganzen gemäss, dass die Darstellung im äussersten Grade vollendet werde. Z. B. die Idee der Hierarchie hat sich vollendet ausgesprochen, so weit es ihr im Ganzen beschieden war; so auch die Idee einer neurömischen Monarchie, als eines weltlichen Armes, parallel und in Harmonie der geistlichen Gewalt. Sollten jetzt die andern Christengemeinden ausser der katholischen wieder mit ihr sich vereinigen, so wäre dies an sich widersinnig, würde aber gar nicht zur Verherrlichung des Katholizismus dienen, denn die Idee von einer christlichen Kirche ist hinlänglich schon ausgesprochen und wird neuen historischen Ideen Platz machen müssen.

Eine Geschichte könnte europäisch heissen, insofern sie aus europäischen Geschichtsquellen geflossen. Asiatische Geschichte, in demselben Sinne, müsste ihr rein entgegengesetzt und sodann mit ihr vereinigt werden.

Dem Gegenstande nach sind Geographie und Erdgeschichte im gewöhnlichen Sinne gleich. Beide beschränken sich auf die Erde.

Geographie betrachtet die Vertheilung (Verbreitung) auf der Erde; als Theile dieses Ganzen, in Verhältniss zu Nebentheilen und zum Ganzen. Die Erde als Organ des Lebens Gottes, der Natur, der Vernunft und der Menschheit.

Geschichte als zeitlich sich entfaltende Theile dieses Ganzen.

Aber sowohl das Bleibende, als auch das Gestaltende ist in Raum vertheilt. Und das Bleibende ist entweder ewig bleibend, oder zeitlich (eine gewisse Zeit lang) bleibend.

Das Bleibende in der Zeit zeigt sich als Gesetz. Daher z. B. Physik als besondre Wissenschaft.

Das inure Leben Gottes entfaltet sich zum Theil im Raume, alles aber in der Zeitewigkeit. Wissenschaft des Lebens Gottes im zeitewigen Fortschreiten entspricht dem Begriffe Weltgeschichte (Kosmistorie). Es aber betrachtet im Raume (im Nebeneinander, oder auch im Ineinander, im Zugleichsein) ist Kosmographie.

Aber alles, was das Leben Gottes enthält, ist seinem ewigen Wesen nach von Raum und Zeit unabhängig, also auch seinem ewigen Wesen nach zu beleuchten und zu ordnen; wie z. B. das Pflanzen- und Thierleben in Botanik und Zoologie u. s. w.

Die Geographie und Geschichte setzen die wesentliche Betrachtung der Dinge voraus, und diese Geographie und Geschichte. Alle diese Wissenschaften müssen parallel, in gleichzeitigen und gleichgliedigen Anfängen ausgebildet werden.

Hier muss der Stufenfolge ewiger Dinge und der Ord-

mung des Gottgeistes in Belebung der Dinge selbst treu nachgeahmt werden.
Denn auch die Wissenschaft, als Eigenthum des Wissenden, folgt dem Gesetze der ewigen Erzeugung.

A. Aus dem Vortrage über Geschichte im Winter 1811.
VIII. Reihe.

Begriff der Geschichte. Entfaltung des Menschheitlebens, nicht: merkwürdige, oder wichtige, erbauliche, zum Guten und Schönen erweckende Begebenheiten, Begebnisse. Sondern Einheit, Reinheit, Ganzheit, Gliedleben muss in den Bestimmungen auch dieser Wissenschaft liegen.

Ein Mensch, als einzelner, hat nicht gelebt, nicht gewirkt, allemal im Ganzen, durch das Ganze, mit dem Ganzen. Das Ganze ist eher, höher, als der Theil und das Einzelne; das Volk mehr, als seine berühmte, grosse, mächtige Reihe einzelner Menschen.

Das Menschheitleben ist nur als Theilleben des Alllebens aufzufassen.

Reinheit der geschichtlichen Darstellung und Forschung ohne Voraussetzung eines Philosophems, eines religiösen, oder andern Urtheils, oder Vorurtheils. Bloss leise, scharf, treu sehen und hören, was da geschah. Kritik der Kultur*).

„Menschengeschichte" giebt nicht das Anschaun der All-Einheit. — Menschengeschlecht vereint bloss in Erzeugung. Menschheit = Menschthum = Menschenschaft. Geschichte = Lebenskunde = Lebkunde = Lebbildekunde. Die Gegenwart trennt Geschichte von Prophezeiung.

Die Menschheitgeschichte
fasst in sich:

Die Menschheitgeschichte fasst in sich:	Die Menschheit fasst in sich:	
Ganzgeschichte Universalgeschichte	Menschheit als ganze	werkthätige Vereine
Volkheitgeschichte	Volkheiten	
Völkergeschichte	Völker	
Stämmegeschichte	Stämme	
:	Ortgenossen	
:	Familien	
Einzelmenschgeschichte	Einzelne	

und erzählt die Lebenwechselwirkungen aller dieser Glieder allfolgebildlich (combinatorisch vollständig).

*) Moses Urkunde fällt ja selbst der geschichtlichen Würdigung (Kritik) anheim.

B. Zeitrechnung.

Eine richtige Vorstellung der Zeit nach Menschenaltern von 30 Jahren. Jeder Mensch lebt ungefähr im Durchschnitt 30 Jahren frei. — In Herodot's Geschichte kommt dadurch Anschaulichkeit!

Auf 100 Jahr = $3\frac{1}{3}$; 200 Jahr = $6\frac{2}{3}$; 300 Jahr = 10; 900 Jahr = 30; 1000 Jahr = $33\frac{1}{3}$; 3000 = 100; 1800 Jahr = 60 Menschenalter; es lebt also seit Jesu das 61. Geschlecht (und noch wächst dieses Edelmenschen Wirksamkeit immer!).

61 Mal wiederholte sich, in allen menschlichen Dingen, das Auffassen der Schätze der Vorzeit und das Zusetzen des Neuen. In jedem Jahrhundert Grossvater, Vater, Sohn und Morgenstunde des Enkels! — Habe auch mancher Vater den schlechtern Sohn, den noch schlechtern Enkel, im Ganzen schreitet jedes einzelne Menschliche fort. Auch Völkermord ändert hierin Nichts. Dabei ist zugleich 1) der stete Anwachs der Menge, 2) die Harmonie der Ausbreitung über die Erde, 3) die verstärkte Kraft, durch die innigere Vereinigung der Menschen, in allen Rücksichten zu bedenken:

Daher bringt die neue Generation allemal mehr und bessres Neue hinzu, als die vorigen!

Sich die Zeit als stetig fliessende Form des Lebens anzuschaun; in Einheit, gegliedert.

Das Ganze erst, dann dreitheilig, oder zweitheilig, angesehen, da wir noch in der zweiten Periode leben.

Die Tabellen (das Tafelthum) in gleichförmigem Massstabe, dass die Leerheit erhelle, und die Fülle.

Ganzmenschheit mit grösster	
Volkheit mit kleinerer	
Volk mit noch kleinerer	Schrift in ein Alltafelthum der Geschichte.
Stamm mit noch kleinerer	
Einzelngeschichte mit kleinster	

Es ist ein schlechter Sprachgebrauch, das Ethnographische dem Synchronistischen*) entgegenzusetzen, als wenn beides einzeln möglich wäre!

C. Eintheilung der Geschichte.

Diese ist nicht willkürlich, sondern wesentlich**); so wie ein Wesentliches eintritt in das Leben der Menschheit.

---

*) Synchronistisch = mitzeitlich, nebenzeitlich, ist vielmehr der Gegensatz zu: vorzeitlich, nachzeitlich, überhaupt: folgzeitlich oder zeitfolglich! Ethnographisch ist volksgeschichtlich.

**) Man sollte in der Geschichte zuerst vom Wesentlichen, nach seinen verschiednen Ordnungen, dann erst vom Grossen und Kleinen,

Lebensalter der Menschheit ähnlich denen des Einzelnen. Ob die Menschheit noch Kind, oder Erwachsner, oder Greis. Keimzeugung, Keiminleben, Kindheit, Wachsthum, Reife, Abwachsthum, Heimleben, Heim- (Auf-, Ver-)wesen. Dies die Hauptzeittheilganzen!

Alle Eintheilgründe, als:

Freiheit	Grundgesellschaften	werkthätige
Gottinnigkeit	Einzelne*)	Gesellschaften
Recht	Familie	
Selbbildung		
	Erdmenschheit	

müssen nach allen Rücksichten
    der Zeit: vor, nach, neben
des Raumes (geographisch): neben, in
    der Bewegung
    der Kraft **)
      selbständig (selbig)
      gemeinsam
      gesellig
    erschöpft werden.

D. Zum Beispiel Freiheit. ***)

Nur wenige Menschen sind frei, d. i. sie thun selbständig, reingesetzlich das Gute.

Ein Volk wird oft freier dadurch, dass ein aufgeklärteres Volk wider seinen Willen es zum Richtigen gewöhnt.

Bis jetzt ist in diesem Sinne kein Volk frei. Den Freien kann nichts Aeussres unterjochen; das ist: die sittliche Freiheit lässt sich gegen alles Aeussre behaupten!

Nach der Entfaltung der Gottinnigkeit:
    Vor Jesus c)   Nach Jesus

Vor Moses   Nach Moses   Vor der Re-   Nach der
a)   formation b)   Reformation.

a) Jesus erfüllte die Lehre des Moses, brachte sie weiter; Moses die Lehre der Aegypter; diese aus Indien. So ist diese Entfaltung mit jener grossen Ausbreitung der Menschheit von Indien aus wesenverbunden.

---

erst vom Ewigen, was allaugenblicklich sich äussert, dann vom Zeitlichen reden.

*) Ein einzelner Urgeist, der auf Erden erscheint, ist eine harmonische Lebensäusserung der Menschheit des Weltalls (der Allmenschheit).

**) Was der Kranke spricht, darf nicht zur Norm gemacht werden; wenn er klagt, geneset er oft; wenn ihm wohl ist, ist ihm der Tod (wie dem Schwindsüchtigen) nahe.

***) Frei kann jeder sein; der Sklave freier, als sein Herr. Epictetus, Pythagoras.

b) **Finstres Zeitalter** genannt, weil das Unreine dem Reinen sich verähnlicht hatte. Aber einzelne Lichtgeister! einzelne Lichtgeistervereine! **Barbarisches Zeitalter**, den Griechen nachgesprochen; βάρβαρος, der nicht reden kann.

c) Kein theologisches Dogma wird hier vorausgesetzt, noch anerkannt, sondern das Menschliche. Die Geschichte sieht zunächst und zuerst nur das Menschliche und das Göttliche im Menschlichen, und wirkend auf und in das Menschliche.

Jesu Lehre ist urhaft, vor ihm nicht rein zu der Menschen Kunde gekommen; nicht bei Sokrates, nicht bei Plato! Deshalb bildet er den Beginn des zweiten Hauptlebensalters der Menschheit!

Nach den Staaten:

Vor Augustus		Nach Augustus	
Vor Roms Erbauung	Nach Roms Erbauung	Vor Napoleon	Nach Napoleon
		Vor Karl dem Grossen.	Nach Karl dem Grossen.

NB. Leidenschaft soll den freien Menschen nicht verblenden, das ihm Nebenzeitige, Göttliche und Urwesentliche in der Menschheit zu verkennen, zu missachten. Mit **Alexander**, **Augustus** und **Karl dem Grossen** verglichen, erscheint das Wirken **Napoleon's** mehr das Wesentliche weckend, umfassender, menschlicher. **Ob grösser?** Entscheidet doch erst, **ob mehr wesentlich, ob reiner, ob gerecht, liebevoll, schön.** — Uebrigens vergesst nicht den **reinen Menschen** in Jedem; im Bettler, im Kaiser, im Kinde, im Erwachsnen, im äusserlich (aussenlich) Freien und äusserlich Unfreien.

E. Ueber den Begriff der Epoche, Periode.

(Periode = Zeitkreis, Zeitganzes, [der Lebensentfalt], Neuzeit; Epoche = Stehpunkt, d. i. wo man stehen bleibt.)

Durch die wesentlichen Fortgänge (Fortschritte) im Leben, wo durch irgend einen Menschen eine der Nunzeit neue Idee (immer schon vorbereitet und angekündigt) in das Menschheitleben eintritt (hereinscheint, hervorbricht, hervordringt); durch einen Menschen, oder durch mehrere, sind die **Epochen (Perioden)** bestimmt.

Sie sind in ihrem sachlichen volklichen erdbaulichen	Neben Nach in durch	einander zu erkennen.

Es giebt so viele untergeordnete, einzelne Lebengänge (Lebenwege, Zeiten), als einzelne menschliche Dinge.*)
1) Anschauung der Menschheit und ihres Lebens als eines organischen Ganzen. Bis jetzt nur vorbereitet und durch mich klar ausgesprochen. NB. Dies ist bei einer Bearbeitung der Geschichte offen zu sagen! Aber es muss nun danach gelebt werden.
2) Es giebt einzelne, besondre Dinge:
a) Gottinnigkeit, Monotheismus. Nach der Idee eines kindlichen, oder despotischen — Familienvaters. — Vielgottahnbilder (Polytheismus, schöner Zug des Heidenthums zu Athen: ἀγνώστῳ θεῷ, Ahngefühl der reinen Gottinnigkeit).

| Aegypter, Eingottlehre bei den Priestern, dem Volke verheimlicht. Araber, Eingottlehre in Familie und familienähnlichen Staaten, z. B. Melchisedek. | Moses, Eingottlehre, Lehre von einem Gott als strengen Herrn und Vater eines ausgewählten Volkes, in Einheit mit Staat, Hierarchie.**) |

Mit Jesu Lehre von einem Gott, liebenden Vater aller Menschen, der Guten aus jeglichem Volke; Gottlebenverein (βασιλεία τῶν οὐρανῶν, Verwerfung des Ceremonialdienstes; Anbeten Gottes in Geist und Wahrheit; Trennung vom Staat [dem Kaiser, was des Kaisers ist, u. s. w.], beginnt eine Hauptentfaltung.

Muhammed untergeordnet, aber wichtig; dahin gehört auch die Religionsentfaltung der übrigen Erde. Nach Jesus eine Lehre anfangs mit einfaltschöner Frommheit aufgefasst, dann entstellt, missverstanden bis auf die Zeiten der Reformation. Luther's u. s. w. neue Idee! Reinigung der Lehre, und Rückfall! —

NB. Hierbei sind alle möglichen verschiednen Ansichten, von der Zeit abgesehen, zu erschöpfen, und dann erst zeitlich darzustellen.

b) Staat oder Staaten nach der Familienidee

| kindlich grausam willkürlich | mit ohne | legale Sklaven. |

Staaten nach der Idee einer erdherrschenden Stadt, oder eines erdherrschenden Volkes; klar ausgesprochen und

---

*) Vorurtheil: als könnte die sogenannte allgemeine Weltgeschichte etwas andres sein, als die Menschheitgeschichte!
**) Noch jetzt hält diese Idee die Israeliten zusammen auf der ganzen Erde! Wohl 40 Millionen Juden mögen auf der Erde sein. — Ein Volk, wie ein Kitt, der die Lücken zwischen den andern Völkern ausgefüllt hat; wichtig auch nach Jerusalems Zerstörung für die ganze Entfaltung der Menscheit.

fest im Auge behalten: Rom*). Die höchste Blüthe, wo alle
das Mittelmeer umgebende Völker vereint sind, unter Augustus.
Dann Auflösung dieses Reichs. Entfaltung der Einzelvölker
in Europa u. s. w. Nun wieder Vereinigung unter die Idee,
die durch Napoleon angekündigt wird.

Bis alle Völker um das atlantische Erdmeer werden vereinigt sein, dann erdbaugemäss getrennt und zum Ganzen höher vereint.

c) in Wissenschaft;
d) in Kunst, z. B. Buchdruckkunst, wie eine neue Sonne ging sie auf am Lebenssehkreise der Menschheit. — Schifffahrt, Kompass, Columbus' Idee.

Wichtige Lebensperioden entstehn durch Zusammentreffen der untergeordneten, z. B. zu Jesu Zeit: römische Obmacht, griechische Wissenschaft und Kunst, Alexandriens Blüthe.

Zu Luther's Zeit: Buchdruckkunst, Amerika, Schiesspulver.**) Verkettung der Ursachen. Buchdruck wirkt weiter und reiner, als Luther's Reformation.

Gesetz. Je klarer, inniger, zu allen übrigen menschlichen, vernunftlichen, natürlichen und göttlichen Dingen eine leitende Grundidee erkannt wird, je mehr der Stifter die Idee, die Geschichte und Zukunft der Menschheit und ihres ganzen Lebens überschaut, desto wirksamer (ebenmässiger, reiner, segensreicher) ihr Einleben in die Menschheit!

F. Ueber die Glaubhaftigkeit der Quellen.

Innre Kennzeichen der Wahrheit

der Uebereinstimmung mit sich selbst der Zeit nach,

der Uebereinstimmung mit Gott-
Vernunft-
Natur-
Menschheit-

gesetzen, welche in ihrer Nothwendigkeit als ewige, mithin in aller Zeit bleibende Wahrheiten erkannt werden.

Der Widerstreit dagegen mit den anerkannten Gesetzen muss erwiesen und bewiesen sein; sonst könnte man die Unmöglichkeit des Steigens des Luftballons behaupten!

---

*) So ist das Streben des römischen Volkes und die Gesinnungen und Schicksale einzelner Römer und ihrer Familien nicht zu verstehen ohne diese leitende Idee.

**) Eine wohlthätige Züchtigung; ein heilsamer Ersatz des guten, gerechten Willens! Ein Felsenschutz gegen den Andrang der Barbaren (nicht v e r a c h t e n d sage ich dies!), dass diese nicht die Gebildeten, die Naturkraft in der Menschheit nicht die vernunftgeleitete Naturkraft überwinde und hemme.

Lebensgesetze (Natur- oder Vernunftgesetze), die wir noch nicht kennen, können zwar scheinbar wunderbare Begebenheiten hervorbringen, dennoch kann kein höheres Gesetz mit einem niedern, es vernichtend, streiten, so lange das niedre, an derselben Sache, noch wirksam sich zeigt, denn ausserdem kann wohl ein höheres Gesetz ein niederes aufheben, das nur indess, nur für diese Zeit gilt.

Rein geschichtliche Gesetze sind von dichtgeschichtlichen (gedichtgeschichtlichen, mythologischen) zu sondern; daher sind nicht alle indischen, chinesischen, tibetanischen, japanischen Urkunden und Geschichtsschreiber blind zu verwerfen, sondern man muss ins Einzelne gehen, jeden einzeln beurtheilen, und jede Behauptung einzeln.

Das, was gewöhnlich Weltgeschichte, = Menschheitgeschichte, genannt wird, umfasst meist nur Europa bis zum Ural, Arabien, Persien, Kleinasien, Palästina, Afrika jenseit Sahara und Habesch.

Die Geschichte vor Christus ist erst nur Geschichte der Umwohner des Mittelmeeres, Geschichte des Witterungsgebietes des Mittelmeeres. Erst 1000 Jahre nach Chr. tritt Europa jenseit der Ostsee klar hervor.

Wir haben keine Geschichte der Erde (Ganzmenschheitgeschichte), weil über viele Völker nichts geschrieben steht, vieles Geschriebene verloren gegangen ist, vieles auch unbenutzt liegt.

Unauflösliche Lügen sind in der Geschichte, die kein kritisches Sieb heraussondern wird. Allein es kommt auf die Hauptzüge an, die auch an den Ergebnissen sich erkennen lassen; wie ein Gemälde von Tizian in der Ferne vollkommen schön und bestimmt, nicht aber so in der Nähe sieht; wie man das Vorherrschende des Charakters in eines Menschen Antlitz von fern erkennt, wonach man richtig urtheilen kann. Wie man in der Geographie wohl die Umrisse der Küsten im Grossen, nicht aber im Kleinen kennt.

Schauplatz der Geschichte.

Mythen der verschiednen Völker hierüber. Aegypter: Proselenen, Vormondliche, Vormonder.

Inder im Norden Südindiens, also am Abhange von Tibet. Chinesen, Amerikaner, Nordeuropäer. Götternacht, Sonnenaufgang!

Schauplatz der alten Zeit.

Vorderunterasien tritt hervor; von da aus Afrika (Oberafrika) und die Länder um das Mittelmeer. Die bestimmten, bis jetzt gekannten Nachrichten haben das europäisch-nordafrikanische Dreieck, welches im Osten bis zum Ural reicht, zur Grenze. Römer und Engländer sitzen wie Spinnen in dem Lebensgewebe der Menschheit in der Mitte. Daher droht allen Neuzeitvölkern von den Engländern gleiche Gefahr, als den Altzeitvölkern von den Römern. Sie können dafür aber auch durch freie Besonnenheit dieser Gefahr besser widerstehen. Die Blüthe dieses Zeitalters um das Mittelmeer; Abnahme in stufenweiser Entfernung von ihm.

Schauplatz der mittlern Zeit.

Afrika verschliesst sich, verwildert durch Muhammedanismus. — Asien erschliesst sich durch Landhandel, Missionäre, edle Ritter, einsam reisende und Kreuzfahrer. Tatarenwanderungen und -schrecksale. — Nordeuropa entsteigt den Fluthen; edle Völker gründen, bilden sich (1000 n. Chr.) Hochkultur der Briteninseln (Mona, Island).

Schauplatz der neuen Zeit.

Durch Schifffahrt alle Küsten Afrikas, Asiens, Amerikas entdeckt. Nordasien schliesst sich auf. Amerika im Innern durchdrungen. Die Bildungsmitte ist der atlantische Ozean, und abnehmend in stuflichem Verhalte des Entfernens von ihm.

Neueste Zeit.

Australien eröffnet. Mittelhochasien schliesst sich auf Mittelhochamerika ebenfalls. (A. v. Humboldt ein Priester dieser Gestaltung.)

Folgezeit.

Grosses Erdmeer, Erdurmeer, Mitte der Bildung. Noch in weiter Ferne! —

Zur Geschichte von Spanien.

1) Kelten aus Ost-Europa (keltische Sprache) und Iberer aus Afrika (afrikanische baskische Sprache) und Kolonien der Phöniker, Karthager, Griechen (Säulen des Herkules).

2) Römer, unter Vorwand ihrer karthagischen Kriege. Hoher Flor des Landes. Verdrängen der keltischen und baskischen Sprache. Die Keltiberer mit Römern vermischt.

3) Eingewanderte Völker, Vandalen und dann Westgothen. Zeiten grösserer Roheit. Umwandlung der römischen Sprache.

4) Araber (Mauren und Mozaraber) in Südspanien, anfangs drohend, auch Frankreich zu erobern. Christliche west-

gothische Staaten im Norden. Die Araber wirken vortheilhaft a) im Erhalten griechischer Bildung, vorzüglich der Philosophie, Arzneikunde und Mathematik; b) originelle Ausbildung der Poesie, Medizin (arabische Schule noch jetzt wichtig), des Ackerbaues, der Baukunst (moresker Stil, ein Element des gothischen; gothisch vielleicht von den Westgothen), der Astronomie (ihre Beobachtungen füllen ausserdem unersetzliche Lücken aus), Astrologie (künstliche Erd- und Himmelskugeln, Mathematik, Algebra, Algorithmus, arabische Zahlen; c) durch Weckung des edlen Rittergeistes; Spanien eine stete Ritterschule und Kriegsschule für Europa. Hohe Kultur des Landes.

5) Christliches Reich in äussrer, aber nicht vollkommener Vereinigung der Provinzen, in katholisch-päpstlichem Alldruck. Schifffahrende Nation. Grausamkeit gegen Mohren, Juden, Fremde und Mitbürger, Inquisition, Lehnswesen, Grandezza.

6) Befreiung der Nation von ihren eignen Fesseln (Wiederbelebung derselben unter schrecklichen Fieberkrämpfen) durch die gesetzförmliche Uebergabe des Reichs an Napoleon. Fortdauernder Kampf der kranken Nation gegen ihre Heilkur. Neue Bestrebung der Aerzte, — die Quacksalber siegen (1820—1824).

G. Einige Bemerkungen hinsichts der von Savigny gegründeten sogenannten historischen Schule.

Da jede Gegenwart soll lediglich erklärbar und bestimmt werden aus der Vorzeit, so kann man diese Behauptung per soritem widerlegen, indem die Grundlage der ganzen Geschichtsentfaltung gar nicht in die Zeit fiele. Das Eigenwesentliche der Individualität, d. h. des eigengutten und eigenschönen Eigenlebens besteht in der in jeder Zeit wirklich dargelebten Eigenwesenheit, wo kein Moment von den vorigen unbedingt abhängt, noch ganz daraus zu erklären ist. Der Keimling, das Neugeborne, das Kind, der Jüngling, der Mann, der Greis, — der Mensch in allen diesen Lebensaltern hat sein Eigenlebenwesentliches und Schönes. Ja auch die Leiche ist eine heilige Schönheit.

Noch ungebildete Völker ohne Schifffahrt durchströmen ein ganzes Steterdland (Festland), bis sie sich an den Ausgängen treffen, sich stemmen; — da giebt's Gedränge, Umkehren, — rückgängige Bewegung. Daher Völkeranastomosen. Aehnlichkeit mit arterieller und venöser Blutbewegung. So Spanien, England, Italien, Peloponnes.

Die Eroberungszüge der gottbegeisterten Araber — als Moslemim, sind ein wesentliches Streben, vorderasiatische Bildung mit west- und südeuropäischer zu vermählen. Die ebenso wesentliche Antwort darauf sind die Kreuzzüge. Religiöse Begeistrung war der vorwaltende Charakter dieses in dem ganzen Entwickelungstriebe der Menschheit, — in den Gesetzen der Vermählung aller Wesen gegründeten Strebens. Das Freien und die Vermählung der Völker auf noch untern Stufen der Bildung geschieht unter ähnlichen Erscheinungen, als die Begattung streithafter Thiere, — unter Kämpfen und Schmerzen.

Des Prinzen Leopold von Koburg Abdankungsschreiben von der griechischen Souveränwürde gereicht ihm zur unsterblichen Ehre, und er reihet sich dadurch den ersten Wohlthätern des neuauflebenden griechischen Volkes an, — einem Capo d'Istria, Eynard . . . .

Er sagt ganz richtig, dass er dies Amt unter solchen Umständen nicht führen könne: „zur Ehre seines Charakters, „zur Wohlthat (benefit) des griechischen Volkes und zum „Wohle von Europa."

Bei dem „ewigen Leben" denken die Menschen nur an eine einförmig durchlebte unendliche Zukunft; ahnen aber nicht einmal, dass das „ewige Leben" in der einen unendlichen Gegenwart ist, welche ebenso aus der einen unendlichen Vergangenheit (Vorzeit), als aus der einen unendlichen Zukunft (Nachzeit) besteht.

Das französische Volk hat durch seine Kraftanstrengung vom 26. Juli 1830 an manches Untergeordnetwesentliche gewonnen; — aber die Hauptgebrechen hat es wiederum an sich behalten müssen: Königthum, Adelthum, Christenthum als herrschenden, allein vom Staat unterhaltenen Gottinnigkeitsverein; Privateigenthum ohne Sicherstellung des Einzelnen vor Noth, Arbeitslosigkeit und Hunger. Daran ist hauptsächlich das Uebergewicht der Geldmenschen (Orleans ist auch einer) schuld; — und es ist in dieser Hinsicht sehr bezeichnend, dass ein Lafitte zum Präsidenten der Kammer von einem Orleans erwählt wurde.

Nur der werdende Menschheitbund kann, und nur er wird, die Menschheit von jenen Hauptgebrechen des Staates erlösen.

Man vergleicht die Kriege als Völkeraderlässe mit den Aderlässen des Einzelmenschen. Aber es ist grundfalsch; denn der Vergleich: das Volk verhält sich zum Einzelmenschen ähnlich, wie der Einzelmensch zu seinem Blut, ist nicht einmal richtig; sondern es verhält sich vielmehr das Volk zum Einzelmenschen, wie der Einzelmensch zu seinem Leibe. Es liegt in diesem Missvergleich die tiefste Verachtung gegen die Einzelmenschen.

Der Adelsstand ist:

a) ein überflüssiger Stand. Denn, wenn der Gliedbau der Stände in der Menschheit entfaltet wird, so bleibt für den Adel keine Stelle. Ein müssiger, nichts Alleineigenwesentliches leistender Stand, ein Prunkstand, état de luxe, ist auszuschliessen.

b) ein durch das Wesenwidrige in der noch unvollendeten Entwickelung des Einzelmenschen und der Menschengesellschaften herbeigeführter und nur dadurch erhaltener Stand. Adel entsteht überall im Uebergange aus dem Ehethumstaat und Ehethumvereinstaat zu dem Stammstaat und Volksstaat; mittelst der Unvollkommenheit der Staatsform und Regierungsform (in Monarchien und Aristokratien) durch Uebergewicht des Grundbesitzes und des Geldreichthums und der kriegführenden Gewalt (der Gewalt als Heerführer). Daher der Adel überall sinkt und hinfällt, so wie die Volksbildung steigt, die Staatsverfassung und Regierungsverfassung zur vollwesentlichen Vernunftform sich erhebt, der wissenschaftliche und der gewerb- und handeltreibende Stand heranwächst. Der Adel ist wie der Schwanz und die Kiemen des sich bildenden Frosches.

Dadurch, dass die Zwingherrn mit ihren eisernen, plumpen Füssen in das Reich der heiligen Vaterlandsliebe und in das heilige Reich des freien Geistlebens eindringen, sichern sie der Menschheit ihren eignen Sturz.

Durch die Landeskindersoldaten aus allen Ständen und durch die Unterjochung der Hochschulen (wo Lehrer und Lehre nach plumper Junker Ministerwillkür beschränkt und gewählt werden, so willkürlich wie Nachtwächter, oder Fähnriche und Lieutenants u. s. w.) bereiten sich die Despoten einen durch ihre Rohgewalt unbezwinglichen Widerstand.

Sie verwüsten die Hochschulen, damit diese, rein und frei von fremden Sklavenfesseln, neu erstehen können. Die der Wissenschaft und Kunst sich widmende hochherzige Jugend von Paris hat im Juli 1830 Paris befreit. Nun wüthen deutsche Regierungen wider die Studenten; in München und Göttingen wurden die Hörsäle willkürlich geschlossen und willkürlich eröffnet; — wie man Schafen den Stall schliesst und öffnet. —

Die Soldaten sind da, um die Staatsbürger zu beschützen; auch der König ist für die Bürger da. Denn wohl ist ein Bürgerthum ohne Soldaten und ohne König möglich; ja das höchste Staatsbürgerthum ist ohne beide, — aber nicht umgekehrt. Die Soldaten sind nicht für den König; Kanonen, Pulver, Blei und Uniformen sind nicht königliches Eigenthum, sondern vom Bürgerthum erarbeitete, erschwitzte Sachen. Kehrt man also die Natur um und sagt und befiehlt, die Bürger sollen den Soldaten unterthan sein, so geräth man unter den zermalmenden Wagen der Naturgewalt; denn Natur und Vernunft behalten doch recht, siegen doch!

II. Zur Würdigung der dritten Periode des zweiten Hauptlebensalters.

In der dritten Periode des zweiten Hauptlebensalters werden untergraben, erschüttert, geschwächt alle gesellschaftlichen Einrichtungen und gesellschaftlichen Wechselverhältnisse (auch die der Gesellschaften zueinander), die auf Ungleichheit durch Geburt und Willkür sich gründen und bestehen und selbige zu erhalten bestimmt sind.

In der dritten Periode des zweiten Hauptlebensalters werden Leibeigenschaft und Sklavenhandel abgeschafft. Vornehmlich auch Leibeigenschaft und Sklavenhändlerei in der zweiten Sellstufe (d. h. in Gesellschaften von Gesellschaften, oder in Gesellschaften zweiter Abstufe), wie sie mit ganzen Stämmen und Völkern getrieben wird; die sich sogar Napoleon zu schulden kommen liess, und noch mehr die ihn besiegenden Mächte, vornehmlich die sich ($\varkappa\alpha\tau'$ $\dot{\alpha}\nu\tau\acute{\iota}\varphi\varrho\alpha\sigma\iota\nu$) so nennende heilige Allianz. Daher ist jetzt die Zeit de l'émancipation des peuples gekommen, wie ich schon im Jahre 1807 eingesehen und schon damals niedergeschrieben habe.

Es ist ein sehr scheinbares Grundvorurtheil, dass bei der im dritten Hauptlebensalter hergestellten Menschengleichheit diejenigen, die ihrer menschheitwidrigen Bevorrechtungen, Bevorgunstungen entkleidet werden, an wahrem Wohlsein (Wohlbefinden, Wohlstande) einbüssen (verlieren). Sie verlieren aber dadurch nicht nur nichts Wesentliches, sondern sie verbessern dadurch ihre Lage wesentlich, denn in der neuerkrafteten, neugestärkten, gesundigten, wesenlebigen Menschheit gewinnen Alle gleichförmig, allhinsichtlich. Es ist, wie wenn in engem Zimmer Eingeschlossne an die gesunde Luft des himmelreinen, sonnenhellen Tages herauskommen.

Lebensgesetz. Auf jeder Stufe ihrer Lebensgestaltung kommt die Menschheit mit sich selbst ins Gleichgewicht, wie die thierbildende Natur in jeder Thierart; aber der Wesenschauende misst dann immer das Höhere, Neuzubildende.

Die meisten Beweisgründe, dass die Menschen sich dem Positiven, Geschichtgegebenen, Zeitüberlieferten hingeben und es dabei bewenden lassen, kann man auf jeden noch so rohen Zustand der Völker und der Menschheit anwenden, ja selbst auf neuseeländische Roheit. Das, was man zu Gunsten des positiven Christenthums sagt, könnte jeder mässig kluge Rabbi gegen Christus und seine Schüler und Anhänger vorbringen;

, und die römischen Kaiser konnten eben so gültig wider das eine neue Staatsform fordernde Christenthum sich auflehnen, die russischen und österreichischen Kaiser wider die Reformation und deren höherstufige Fortsetzung und wider die volksrechtsgemässe und völkerrechtsgemässe Verfassung in Spanien und Italien und wider die philosophische, ewig zu Recht in Gott bestehende Forderung der reinen, sittlichfreien Gemeinde-Rechtsverfassung auf Erden (der rechten Republik).

Aufverhaltgleiche: Asiatischer Despotismus (Sultanei) verhält sich zu europäischem Despotismus in sogenannten absoluten Monarchien, wie konstitutioneller Monarchismus, z. B. in Frankreich, zum Gemeindestaat (in Gemeindeverfassung, zu welchem z. B. in Nordamerika ein Anfang gemacht ist.

So wie jeder gebildete Europäer jetzt asiatischen Despotismus in Europa für unmöglich hält, so werden bald die Völker Europas für sich einen europäischen Despotismus (wie den russischen) für unmöglich halten u. s. f.

Von der einen Seite möchte das englische Volk und die englische Regierung gern die Befreiung der Völker und das Aufblühen ihrer Freiheit befördern, aber von der andern Seite müssen sie es mit der Zwingherrscherei halten und den Strebungen der sogenannten absoluten Regierungen sich fügen und ihnen beistehen, — denn die Seeübermacht des englischen Volkes ist selbst Zwingherrscherei, beruht in Rechtlosigkeit der Völker und übt Ungerechtigkeit und kann sich nur durch völkerrechtswidriges Verfahren noch eine Zeit lang erhalten; dazu kommt, dass die englische Regierung gegen Irland sich als Despot verhält.

I. Lebensgesetz der orbegrifflichen Stetigkeit.

Die eigenwesentliche Gliedbaustetigkeit der Theilwesenschaunisse und insbesondre der Theilwesensollschaunisse (der Ideen), wonach selbige in ihrer Ordnung und Verkettung zeitkreis-stetig dargelebt werden, gilt für Leibwesenleben, Geistwesenleben, Menschheitwesenleben, und über diesen für Urwesenleben.

Demnach kann eine Entwickelung der Zeit nach sprungweise (im Uebergange zu einer neuen Idee) sein, und doch in nichtzeitlicher Seinart stetig. So erhält der Satz: omnia sine saltu! seine höchste Bedeutung. Ich habe dies seit 1803 eingesehen und danach gewollt und gelebt, und anderwortig wird sich dieser Satz auch in meinen frühern Handschriften ausgesprochen finden.

Die Menschen, welche äussre, leibliche und geistliche rohe Gewalt in Händen haben, haben in jeglicher äussern Wirksamkeit der Rede und der Handlung das Uebergewicht, und je klüger und verschmitzter sie sind, je leichter treiben sie die Streiter für Licht und Recht dahin, dass sie schweigen und ruhen, oder ihren rohen Gewaltstreichen unterliegen müssen. Daher müssen die Weseninniger und Wesenlebinniger der Menschheit um so gewissenhafter und weiskluger dahin arbeiten, dass die Grundlagen des Wesenlebens immer fester gegründet und ausgebaut werden, wohin die rohe Gewalt der Gewaltmenschen nicht reicht, das ist der Wissenschaftsgliedbau, insonderheit der Wesenlebschaugliedbau (die Menschheitlebenslehre im durchgeführten ur- und musterbildlichen Entwurfe). Z. B. wenn die Pressfreiheit jetzt erwogen werden soll, so kann dies, der bestehenden despotisch-aristokratisch-pfäffischen Censur wegen gar nicht geschehen; auch nicht einmal das kann frei erwogen werden, ob Pressfreiheit, oder Presszwang nützlicher, oder schädlicher ist. Denn, wenn die Echtliberalen oder Freiheitinnigen recht offen zeigen sollten, wie nützlich die Pressfreiheit ist, so müssten sie zeigen, wie selbige die Zwingherrscherei der Kaiser, Könige u. s. w., die Pfaffenherrschaft, Adelsherrschaft und Geldherrschaft sicher zu nichte macht. Thäten sie aber dies, so hätten sie sich eben in die Schusslinie der Gewalthaber gestellt und ihren Gewaltschlägen blossgegeben. — Oder: die Absolutisten schreien, dass die Liberalen wider Gesetz und Ordnung anstossen und selbige aufzuheben trachten, indem sie voraussetzen: dass alle bestehenden Einrichtungen und Gesetze ganz recht und gut und vollkommen sind, ja das Recht und das Gut und die Güte selbst, jetzt und für ewige Zeiten. Und wer das nicht zugiebt, den verschreien sie und betrachten ihn ungehört als Ruhestörer, Aufrührer u. s. w. Aber das ist ja eben erst die Frage und müsste unter vernunftfähigen Menschen erst auf vernünftigem Wege untersucht und entschieden werden.

Aber die Wesenschauenden sind gegen die Wesen-Uninnigen, Servilen, wie vernünftige Lehrer und Erzieher gegen entartete Schüler und Kinder, die, ungezogen, sich der Lehre und Zucht roh widersetzen.

Der Schmerz ist ein mächtiger Antrieb der Verbesserung und Urbildung der menschlichen Dinge.

1) Der leibliche Schmerz, Hunger und Durst und Schmerz leiblicher Arbeit und Krankheit. So treibt jetzt in Frankreich und England, und zum Theil in Deutschland, der Magen durch Hunger die Völker zur Besinnung und zur Revolution.

2) Der geistliche und gemüthliche Schmerz, das Gute überall im Voraus (im Keim) unmöglich gemacht, verhindert, untergraben, vereitelt zu sehen.

3) 1. und 2. vereint.

Der Schmerz ist Ausdruck der Geburtsarbeit. Unwesenschauige wissen vom Schmerz nur, dass er weh thut, sowie von der Lust weiter Nichts, als dass sie kitzelt und schmeichelt. Auch ahnen sie nicht den Schmerz, die Thränen, die nur Engel im Himmel weinen, nur sie weinen können.

Alle Wesen, sofern sie unglücklich, durch Alllebenbeschränktniss unheilig sind, sind das als sein Intheilthum urseiend leidende Urwesen selbst. Wesen überlässt den zum Bösen Abirrenden seiner endlichen Freiheit und Orachtung sein selbst, sofern Wesen sein ihm wesenheitlicher Intheil ist (sein selbst als Inwesenthum urewiglebseiend). Sowie Urwesen als Urganzes durch die Unheiligkeit seiner urendlichen Intheile nicht befleckt, noch selbst unheilig wird, so wird dasselbe auch durch die daraus entstehenden Leiden seiner Inwesen nicht betrübt als Ganzwesen; noch weniger wird es selbst in der erziehenden und züchtigenden Wiederheiligung seiner entheiligten Intheile als ganzes Wesen gebessert, oder geheilt. Die Schmerzerziehung entheiligter urendlicher Wesen ist eine innre, heilige Urhandlung Gottes, im Vereinklange mit Gottes Urallerbarmen.

Das erstwesentliche, vorwaltende Gute ist allerdings von dem reinen bejahigen Wollen und Wirken zu erwarten; aber es wird ihm der Weg bereitet und vieles theilwesentliche Gute erreicht schon durch das Unterlassen des Bösen nach dem Grundsatze: sich mit dem Bösen gänzlich nicht zu befassen; also durch genaue Befolgung der Gebote; z. B. dadurch, dass sich jeder Menschheitbruder von aller Gewaltthat gänzlich enthält: somit fallen alle Soldaten, Kriegsheere, Todtschläger, Henker, Quäler u. s. w. weg. Zugleich alle Heuchelei, Kriecherei, Knechterei.*) Darin liegt auch, dass kein Menschheitbruder ein Büchercensor werden und überhaupt nicht als Beamter an einem Censuramte theilhaben kann. Denn Büchercensur ist für das geistige Leben schlimmer, als Kastration, Gefängniss und Folter für das leibliche ist.

Auch nicht durch Zusehen oder Dareinreden darf der Weseninnige das Wesenwidrige, Böse, Schlechte, Missgemeine befördern; z. B. keiner Execution, keiner Prangerausstellung, keiner Geisselung, Brandmarkung u. dergl. m. zusehen; — Unthaten nicht in den Mund nehmen.

§ 3. Bretschneider's Scheingründe für Erhaltung der Zufälligkeit des Aussengüterbesitzes durch Erblichkeit und Erhalten der Trägheitsgelegenheit zu entkräften und zu widerlegen.

---

*) In dieser Hinsicht sind die Quäker am weitesten gegangen und haben sich am reinsten bestrebt, sich rein im Guten zu halten.

Freilich ist dies nicht dem Zufall überlassen. Freilich windet sich mancher Genius hindurch durch grosse Schwierigkeiten; aber das hat doch für jeden endlichen Geist sein Maximum. Und von den gewiss hunderttausenden, der Menschheit durch Armuth, Knechterei und Erblichkeit verloren gegangenen Urgeistern schweigt die Geschichte, so wie von Schiffbrüchigen.

Alles das, wovon Bretschneider fürchtet, dass es durch Saint-Simonismus verloren gehen werde, wird in dem Wesenleben des Menschheitbundes nicht nur bleiben, sondern gereinigt und gesteigert werden; — dann erst ist das Menschheitleben campus dignissimus, providentiae infinitae Dei et finitae hominum bonae voluntatis! —

Darin: Allein das Gute, weil es göttlich, — allein Gutes durch Gutes. Das ganze Böse ein für allemal nicht, weil es gottwidrig, wesenwidrig! Zur Ausführung und Förderung des Bösen durchaus nie, niemals sich herzugeben[*], und so unter allen Umständen zu denken, gesinnt zu sein, zu wollen und zu handeln; darin besteht die göttliche Macht (die Gottmacht) des gottinnigen Menschen, des freien Menschen! Nur der Wesenschauende ist dieser Freiheit fähig, nur er kann in selbige eintreten, sie annehmen und behaupten.

Das ist für das endliche Vernunftwesen das Lebensschwerste, so gesinnt zu sein und zu handeln dann, wenn es sich von Menschen und von Gott eigenleblich verlassen im Unglück und von Ausnahme von jenem Gesetz des Unglücks Befreiung vor sich sieht; des Unglücks, welches ihn durch und wegen seiner Wesentreue zustösst.

Dies erfahre ich jetzt! Wesen, erbarme dich mein!

Man kann sagen, diese Strenge müsse der Ausbreitung des Menschheitbundes schaden, wie ein Theil dieser Strenge der Ausbreitung des Quäkerthums geschadet habe und schade. Aber das ist deine Sorge, Wesen, unser Gott! Wir wollen deiner Wesenheit gemäss sein ganz und alleinig und all-einig. Es ist besser, Nichts, als Schlechtes, als durch beigemischtes Schlechtes Entweihtes thun.

§. 5. Die göttliche Macht, die himmlische Gewalt der Gesinnung, nur Gutes durch Gutes, und nie durch Böses, wird sich im nächsten Menschenalter herrlich bewähren, denn unter den Volksfreunden (Demokraten und Republikanern) wird die Ueberzeugung immer weiterhin verbreitet, dass auch

---

[*] Hierin liegt, dass sich kein Weseninniger, kein Menschheitbruder zum Richter gebrauchen lässt nach einer Gesetzgebung, worin Todesstrafen, Leibesstrafen und Schandstrafen angedroht sind. Ob aber nicht zum Rechtsanwalt (Advokaten) derer, die vor solch einem Gerichtshofe angeklagt sind?

der Rechtszustand nur durch vernunftgemässe, die sittliche Freiheit schonende Mittel verbessert werden soll, darf und kann, d. i. durch Belehrung und Schaffung einer vernunftgemässeren öffentlichen Meinung. Die Könige aber verhärten sich im Argen; sie häufen Gewaltthat auf Gewaltthat; sie pochen auf ihre Soldaten und Kanonen, Polizeispione und Henker, Marterhäuser und Kerker, Galgen und Rad. Die Vernünftigen aber werden herrlich sein.

Durch die Verhärtung in der Gewaltthat werden die Bösen immer schwächer, durch die Erweichung in der Reingutthat werden die Guten immer mächtiger, immer lebwirkiger. Wer verachtet wird, der wird nicht mehr gefürchtet. Wer geachtet wird, der wird nicht mehr gehasst.

Jedes Lebenwesentliche hat seine Zeit, seinen Ort, sein Mass, sein Ziel; wenn dies erschöpft ist, erlischt es. Aus seinem Erlöschen folgt nicht, dass es keinen Werth mehr hat, dass es nichts mehr taugt; sondern, so gross auch das noch darzuleben Uebrige, — und so gross auch die daraus entspringende historische Aposiopesis sein mag, — so kann es doch dann nicht mehr dauern, nichts mehr überleben. So schön und gut es wäre, wenn ein Jüngling noch viele Jahre Jüngling, ein guter, schöner Mann ein Reifmann bliebe, — sie müssen weiter, tiefer herein, höher erleben. — So ist es auch mit dem Heidenthume, Christenthume, ... Schade, dass leibliche, geistliche, menschliche Schönheit so bald, so leicht verblüht. Aber sie fruchtet auch!

§. 6. Wesen und Geistwesen und Menschheitwesen, überhaupt der Wesengliedbau in der Grundstufe, erweist sich auch in dieser Erdmenschheit in jeder ihrer Lebensstufen, in jedem ihrer Lebensalter auf alleinige und vereinige Weise. Auch den frommen, weseninnigen Heiden begegnete Göttliches in ihrer Wesenverehrung, auch ihre Gebete wurden gehört und, wenn weseneigenlebensplangemäss, auch erhört. Auch sie hatten eigenlebliche Offenbarungen.

§. 7. Der wesenuninnige, wesenunschauige (vorwissenschaftliche) Mensch wird durch eigenlebliche Erfahrung nicht klug, noch weise, viel weniger wesenklug; er wird durch Eigenleberfahrung weder verständig, noch vernünftig, aber durch Vernunft kommt er auch zu Verstande und durch beide auch zu echter (vernünftiger, besonnener, planmässiger, planbesonnener) Erfahrung.

Dies bestätigt auch die ganze bisherige Geschichte der Menschheit. Das Streben, nach einer neuen Idee zu leben (einen neuen Sollbegriff darzuleben), streitet auch allemal mit der bishinigen Erfahrung, mit dem damaligen Weltlauf, mit der damaligen vermeinten Lebensklugheit. Man sehe Sokrates, Jesus, zum Theil Luther u. s. w. Durch das Vernünftige dieses neuen Strebens werden die Menschen verständiger, klüger . . . .

§. 8. Der Hinblick zu dem Geisterreich und Orommenschheitreiche soll und darf den Menschen nicht dessen entinnigen: dass die Erde auch Glied des Himmels, auch im Himmel, in Leibwesen, . . . in Wesen ist, und dass dieser Theilmenschheit auf Erden und jedem Menschen derselben auch der eine, ewige, heilige, selige Wesenberuf, die eine, heilige Wesenarbeit des Guten vorliegt und alleineigen und alleineigenschön von ihnen dargelebt werden soll und kann (sollkann und kannsoll). Und dass der Erdmensch, auch ohne Wesens ausser-und-überum-erdleblicher Offenbarung, infolge der ewigen Offenbarung Wesens in treuem Arbeitfleisse vernünftiger Wahrheitforschung zu Or-Om-Endeigen-Wesenschaun, -Wesenlieben, -Wesenwollen, -Wesenwirken, -Wesenselb-und-mäl-Darleben gelangen kann und soll.

§. 9. Die Befugniss, den Rechtszustand in der Gemeindeverfassung durch vernunftgemässe Mittel herzustellen, ist in Gottes ewiger Wahrheit gegründet, nicht in irgend eines Menschen, oder in noch so vieler Menschen Willkür, und unabhängig von der Menschen schlechtem, oder gutem Willen. Niemand kann bewilligen, aus Gnaden ertheilen, was man Gott geboten und in Ewigkeit verursacht und verliehen ist. Die Anmassung, den Völkern aus Gnaden Verfassungen zu geben und zu beschwören und beschwören zu lassen, ist lächerlicher Wahnsinn, als wenn aus Gnaden bewilligt werden sollte, dass zwei mal zwei vier, dass der Mensch Mensch ist u. dergl. m.

Das Recht selbst hat gar keinen „historischen Grund", sondern ist ewig, und für alle und jede Zeit begründet, aber wohl die eigenlebliche Bestimmtheit des Rechtes, welche nach der Gegebenheit des Eigenlebstandes gefunden und zeitstetig in Gemeindeverfassung geändert werden soll; wobei also wiederum nicht die Vergangenheit, sondern die Gegenwart und die Zukunft der vorwaltende Bestimmgrund ist.

Daher kann auch Nichts durch geschichtliches Bestandenhaben oder Bestehen zu bleibendem Recht werden, weder als Gesetz, noch als eigenlebliche Rechtsverordnung.

Die Saint-Simonisten tadeln die konstitutionelle Verfassung, weil sie auf Misstrauen gegründet und berechnet sei, sie selbst dagegen fordern Blindvertrauen auf ihren vergötzten sogenannten Hierarchen oder Priester $\varkappa\alpha\tau'\ \dot{\varepsilon}\xi o\chi\acute{\eta}\nu$. Aber Vertrauen setzt Vertrauenswürdigkeit voraus und findet nicht statt, wo etwas Unmögliches versprochen wird. In der That, das Zutrauen oder Vertrauen zu solch einem sich zum Unendlichen aufzublähn vermessenden Enfantin wäre merkwürdiger, als das jener zugelaufenen Tausende, als ein Engländer versprach, in eine Bierflasche einzukriechen.

K. Zur Geschichte der Sprache.

Gesetz. Wenn zwei Sprachen sich vermischen, so siegt (überwiegt) die eine; diese giebt dann die Biegungsarten der Redetheile und den Hauptwortbestand (die wesentlichsten Worte), z. B. im Englischen die saxische (der Ingebornen), im Italienischen die römische.

Umgekehrt: im Französischen und Spanischen die römische, und die der Inwohner musste weichen. So verdrängte die saxische in England die keltische (kymrische).

Ueber Urvolkthum und Erdursprachthum.

1. So viel Urvölker, so viel Ursprachen.
2. Die zimmtbraunen Menschen scheinen auch ein Urstamm im Westerdland zu sein.
3. Es ist möglich, dass auch die olivengrünen und die zitrongelben (mongolisch-kalmückischen) Menschen Urstämme sind.
4. Wahrscheinlich findet bei den Völkern der Erde erdlandbaulich eine Gliedgegenheit der Sprachen, wie die von Mann und Weib und Ehemensch, statt.
5. Ein solcher Gegensatz ist:

Tonsprache waltet vor	Gestaltsprache waltet vor
	bei tonschweigsamen Völkern. Man wird, glaube ich, einen Grund davon im Nervenbau finden, wie auch schon der eigengestaltige Gesichtsbau vermuthen lässt. Dieses zeigt schon ein ägyptischer und sinischer Schädel.

Beide zugleich, ohne dass die eine vorwaltet (noch jetzt nicht; erst in der höher gebildeten Menschheit, wenn sie die Wesensprache wird ausgebildet haben).

Bei Jesus scheint dieser Sprachbefleiss noch nicht stattgefunden zu haben; doch wissen wir nicht genau hierüber zu urtheilen, wenigstens ich nicht. Das spätere Neuhellenistisch des neuen Testaments ist urgeistig-neu, aber wohl aus den griechischen Judenschulen genommen. Jedenfalls wäre ein ähnliches Bemühn und Fortschreiten auch bei Jesus sehr nöthig, sehr nützlich gewesen. — Anders die Brahmanen der Nunzeit.

Jedem Bunde, dem Menschheitbunde und allen seinen Theilbunden, ist eine Bundsichte (Bundpolizei) wesentlich.

Die Polizei oder Sichte ist ähnlich dem lymphatischen System des Menschenleibes. (Ephorus bei Fichte ist ein Orsichter.)

Die Frauen sollen im Menschheitbunde auch hinsichts der Aemter den Männern völlig gleich gesetzt sein. Also alle Aemter zugleichzeitig von Männern und Frauen besetzt.

Jeder sinnvolle, gemüthvolle, geistvolle Mensch muss bei gewisser Stufe der Ausbildung ein „Mystiker", Orsinniger, Heimsinniger werden: das ist in der Vollendung gedacht ein Weseninniger und Wesensinniger, denn sein Ahnschaun und Anschaun, sein Schaun des Ewig- und Urwesentlichen, sein Or-, Urund Ewigschaun eilt seinem Eigenlebschaun weit vor, bei dem jetzigen, orendlebbeschränkten Zustande der Menschheit und des Einzelmenschen hinsichts der Geistsinne, der Leibsinne und der Geistsinne, vereint mit den Leibsinnen; wo noch nicht einmal die Hälfte der Leibsinne vereinlebt mit dem Geistsinnthume, und die freieren, von Zeit- und Raumstetigkeit unabhängigern Sinne dieser Erdmenschheit erst erschlossen zu werden beginnen. Wo dem einzelnen, noch so wissenschaftlich Gebildeten weder seine eigne, noch dieser Erdmenschheit Geschichte über wenige Zeit dieses Erdlebens hinaus bekannt ist; und wo diese Erdmenschheit von andern Erdmenschheiten noch nichts Eigenlebliches erkennt, geschweige mit andern Erdmenschheiten eigenlebvereint ist.

Jeder Theilbund arbeitet alle Tage, ausser an einem, der dem Ganzbunde gewidmet ist, dessen Versammlung alle Theilbunde besuchen.

Jeder Arbeiter jeder Art arbeitet in seinem Berufe nur sechs Stunden. An jedem Tage zu bestimmten Stunden nur eines, oder einiger Theilbunde allgemein zu besuchende Versammlungen. Jeder Theilbund hat sein Haus, seinen Hof und Garten.

Alle sechsstündigen Berufsarten, wo es vortheilhaft ist, gesellschaftlich, nach Ort und Zeit und Kraft und Arbeitslast vertheilt, unabhängig von dem Ehethumleben; die übrige Zeit ehethuminnig.

Jeder muss frei, mündlich und schriftlich und druckschriftlich (soweit es die äussern Bedingungen rechtlich erlauben) überall lehren können, in Häusern und öffentlich auf Strassen, Märkten u. s. w. Dieses ist ein heiliges Menschenrecht, zum Gedeihen des Menschheitbundes selbst erstwesentlich.

In der Urzeit bildeten sich alle Intheile des Menschheitbundes noch ungetrennt, noch unentfaltet.

In der zweiten (im hellenischen Sinn tragischen) Zeit oder Menschheitalter alle Einzeltheile, sich nach und nach loswindend, im Ganzen einzelkräftig, im Wechselkampfe, indem ein Theil den andern in sich unterordnend aufnehmen, beherrschen will (nicht: wechselmitlebenleiten).

In dem dritten Menschheitlebensalter streben alle in eine gliedbauliche Einheit zurück, in ein Ganzes vereint, und darin auch jeder Einzelne eigenwesentlich und eigenleblich vollendet.

Die Handwerker können und sollen auch an ihren Häusern Werkstätte haben (wo es das Geschäft zulässt, z. B. Tischler, Schuhmacher); da können sie auch Arbeiten fertigen und ihren Freunden damit Liebgeschenke machen.

Die Erwählten des hinsichtlichen (respectiven) Bundes sollen Haus-, Hof-, Gartenschau halten, zeitkreislich, um die Ehethümer mit Rath und That zu unterstützen.

Im Menschheitbunde wird auch hinsichts des Besitzes und Genusses aller äussern Güter mehr wahre Freiheit, wahrhaft freie Wahl (Freiwahl) und mehr wahrer Aussen-Güter-Reichthum stattfinden, als in jeder vor- und ohnemenschheitbundlichen Verfassung des Rechtes möglich ist.

Der Schein des Gegentheiles ist sorgfältig aufzulösen und zu zerstören (zu zerstreuen); und die Wahrheit obigen Satzes so anschaulich, als möglich, zu machen.

Ewig-zeitliche und zeitewige oder zeitmälewig-schauige Würdigung der Geschichte führt auch zu zeitmälewigkomm-(zukunft-)schaulicher Erkenntniss des Menschheitlebens und jedes Einzeltheiles desselben. Diese enthält:

1) Musterbildschauliche Erkenntniss derer, die das orewig-zeitliche Vollschaun haben; was nämlich an sich zu thun wäre und nach den eigenleblich (eigenendleblich) gegebenen Bedingungen gethan werden könnte (denn die nicht Vollwesenschauenden kennen die gegebenen Bedingungen des Wesenleblichen, — des Guten, — nicht vollständig, lassen also immer viele gegebene Kräfte und günstige Umstände unbenutzt), wenn alle Menschen or-ur-ewig-zeitlich-schauig wären. Und zwar, was diese Vollwesenschauigen thun können und sollen,

    a) hinsichts ihrer selbst,
    b) hinsichts Andrer, die nicht vollwesenschaun, nach den verschiednen Stufen ihrer Erkenntniss und dadurch bestimmten Gefühls- und Willenbestimmungen,
    c) a und b vereint.

2) Musterbildschauliche Erkenntniss, was die Andern thun werden, nach Massgabe des Gliedbaues der verschiednen Stufen ihrer Erkenntniss, ihrer Gefühlnisse und Willnisse,

    α) sofern sie sich selbst überlassen sind,
    β) sofern sie mit Andern vereinleben, nach Massgabe des Lebenstandgliedbaues dieser Andern, zuhöchst mit denen, die die Vollwesenschauung haben.
    γ) α und β vereint.

L. Einzelsätze zum Erdlandgliedbau.

Das Erdland ist gliedbaulich entfaltet, ein Abendland, ein Morgenland und ein Vereinland (Mälland); und dieses ein Morgenvereinland und ein Abendvereinland:

Morgenland (Ostland):
Asien und Afrika.
Nordostland (Asien).
Südostland (Afrika).
Mälostland (Europa).

Abendland (Westland):
Amerika.
Nordwestland.
Südwestland.
Mälwestland.

Mälland (Australien und Polynesien).

Ostmälland { Nordostmälland, Südostmälland. }   Westmälland { Nordwestmälland, Südwestmälland. }

Mälmälland.

Einsicht in die wirkliche älteste Geschichte dieser Menschheit ist von Eröffnung neuer Sinne zu erwarten.

Die Menschheit erblühte wahrscheinlich zuerst im Nordostlande, und ihr Leben verbreitete sich von da wahrscheinlich zuerst nach Südostland und dann nach Mälostland, im Verein ihrer beiden ersten Abzweige. Dann nach Westland von Süd und Nordostland aus; dann auch von Mälostland nach Westland und nach Mälland.

Die Grundzüge des ersten Einzellebens der Menschheit im Ostland sind nirgends ganz verwischt, aber durch das darin gegründete, aber eigenwesentlich, gliedbaugegenheitlich ausgebildete Eigenleben der alleinigten Völker eigenbestimmt und eigenausgebildet.

In der Sprache, den Sitten, den Lehrbüchern und Lehrgedichten der Hindu sind Ueberbleibsel der ältesten Menschheitlebensgeschichte enthalten. Nachklänge daraus sind Zerduscht's Sagen und Moses' Sagen.

M. Einzelnes zur Würdigung der Neuzeit.

Trümmer und Bleibsale aller Entfaltstufen aller Völker sind noch am Leben, noch ausser den Sprachen: Mosesverehrer, Moslemim, katholische Hierarchie u. s. w. Während missrathne, von den weitergediehnen Mitvölkern verlassne und gemisshandelte Kindvölker noch jetzt gleichzeitig alle Greuel und Schrecknisse aller niedern Stufen der Roheit und Gottunvereintheit der Menschheit darstellen.

Nun müssen die echten Grundsätze der Menschheitbildung anerkannt werden. Nichts auf Treu und Glauben in der Anschauung annehmen, Alles in Selbschauung! Nichts, weil alt, weil so gewöhnt, weil so lange gedauert; weil es so Lust macht u. s. w. Alles in Ursachung der Wahrheit und wesenähnlichen Reingüte. Einzelausbildung einer Einzelaufgabe des Lebens kann im Wesentlichen und Ganzen nicht weiter bringen. Sondern von nun an gliedbaulich; Neubeginn des geselligen Strebens für das Ganzleben der Menschheit als Ganzleben; mit treuer Benutzung alles bereits voreilend vollendeten, brauchbaren Einzelnen der Menschheit, dass nicht die geringste Kenntniss, oder Kunst untergehe, alles Einzelne im Ganzen und in Kraft des Ganzen gliedbaulich ausbildend.

N. Anfänge eines Geschichtspruches der Menschheit (Menschheitgeschichtspruches).

Name: Lebenwerdspruch, Geschichtsbildspruch.*)
Aufgabe. Es soll darin den Grundzügen nach die Geschichte der Menschheit bis jetzt, deren Würdigung und die geschicht-urbildliche (musterbildliche) Aufgabe für das künftige Menschheitleben enthalten sein.

Erst allgemein umfassend in wenig Zeilen, dann ausgeführt: vor, nun, beide gewürdigt, und die Zukunft nach menschlicher Beschränktheit, bescheiden und sich bescheidend, vorgeschaut. So eingerichtet, dass eine weitere Erklärung dann die Menschheitlebensweisheit so weit entfaltet enthalten könne, als möglich; und dass jeder Einzelsatz in sich verständlich und ein Gegenstand ausführlicher, selbständiger Betrachtung und Abhandlung sein könne.

Immer von dem Ganzen auf die Intheile und dann zu dem Wechselverhalte der Intheile und dem Verhalte der Intheile in-zum Ganzen. Immer die ganze Erde und alle Völker derselben im Auge.

Dieser Spruch ist dem Menschheitbunde wesentlich und soll Kindern sobald, als möglich, gelehrt und erklärt werden, auf dass sie weise werden.

Erst soll dieser Spruch in jetzt gewöhnlichem Deutsch, ohne das mindeste Neuwort; auch erst ganz kurz und dann in mehrern Umgängen (Cursen) immer ausführlicher gelehrt werden.

Dem Geschichtspruche der Menschheit gegenüberstehend, ist auch ein Zeitewigspruch der Menschheit wesentlich im Gliedbau des einen Menschheitspruches**), worin in reinewiger Anschauung die Menschheit-

---

*) Auch dieser Spruch ist ein Wesenintheil des einen Menschheitlebenspruches, wovon auch der Wesenspruch, Leibwesenspruch, Geistwesenspruch, Menschheitspruch Ingliedtheile sind.
**) Auf der Reise von Neapel nach Pompeji, im Weingarten eines Landmannes zu Torre del Greco, am 11. Juni 1817 zu Papier gebracht.

geschichte selbst ihrem Ewig- und Allgemeinwesentlichen nach, ohne alle Hinsicht auf wirkliche Geschichte, entfaltet wird. Anhebend von der Erdlandbildung und Luftlandbildung (Bildung des übermeerlichen Landes). Dabei den Entfaltgang der Menschheit und ihres Lebens erst im Allgemeinen, dann hinsichts alles einzelnen Menschlichen anzugeben. Und zwar von dem Anfange dieser Erdlebenvollzeit bis zum Ende derselben (von Adam bis zum Gegenadam. Hierzu habe ich in meiner Handschrift zu dem Werke: „Der Erdstaat" u. s. w. sehr vieles Wesentliche schon niedergeschrieben.

So hinsichts der Gottinnigkeit alle Durchgänge vom Kindahnschaun durch Vielgötterei und Vergötterung einzelner Menschen hindurch zu der reinen Gottinnigkeit (Vernunftreligion) in Vollwürdigung alles geschichtlich Gegebnen.

Ebenso hinsichts der Ehe, von den rohsten, thierähnlichsten Verhältnissen der Begattung bis zu völlig gleichförmiger Vollendung der Männer und Frauen in reingottähnlicher Ehe.

Ebenso hinsichts des Rechtes, von Sklaverei, Willkürherrschaft der Einzelnen, bis zu völliger Gleichberechtigtheit Aller, aus innrer, freier Gerechtigkeit, im Rechtbunde als Intheilbunde des Menschheitbundes. Und im Allgemeinen: von einseitiger Ausbildung aller Einzeltheile (Einzelheiten) der Menschheitbestimmung, bis zu gleichförmiger Gliedbauvollendung aller Einzeltheile des Menschheitlebens („aller menschlichen Dinge") in einem Menschheitleben, in einem Menschheitbunde. So hinsichts der Erziehung von rohem, die Freiheit unterdrückenden Abrichten bis zu freier, Freiheit weckender und bildender Lebbelebigung (Erziehung) als völlig gleichwesentlich mit dem Erzieher anerkannter Kinder. So hinsichts der Erkenntnissquellen. Stete Erweiterung des Gesichtskreises. — Von der ersten Ahnung Wesens hindurch durch alle Thorheiten, alle Einzelansichten, bis zur reinen und vollen Wesenschauung. Der Inwachzustand bezeichnet schon jetzt den Uebergang zu höherem und weiterem Sinnerfahrkreise (Eigenlebschauthume).

Wie, wann und wo diese Erdmenschheit auf dieser Erde entstanden, wird die einst höher vollendete Wissenschaft entdecken; und das Geschichtthum derselben, welches in einem höhern Ganzen der Menschheit und in reingeistig sich mittheilenden Geistergesellschaften noch fortlebt, wird auch den hier auf Erden Lebenden noch mitgetheilt werden, wann einst in höherem Vereinleben die Menschlebthume der höhern Ganzen des Sonnbaues und des Geisterreiches mit dem dieser Erde in freier Wechselwirkung stehen werden.

Wir finden die erste gottinnige und in sich eigenartig vollendete Ausbildung der Völker in des Nordalterdlandes Vereinsüdtheile, — in Hindustan. Die Vedam sind die ältesten, bis jetzt bekannten Denkmale dieser höhern Bildung, und noch bestehende grosse Bauwerke mit ihren Inschriften und das noch heute der ältesten Lehre und Verfassung treue Leben der Völker Indiens sind Zeugen dieser Bildung.

Die Geweihten dieser Völker hatten die Uranschauung Wesens, als ganzen Wesens, und dass Alles, was ist, Inwesen in Wesen ist: sie lehrten Gottahnlichkeit im Leben, Reinwollen des Guten, um Wesens willen, rein um des Guten selbst willen, ohne Hinsicht auf Lohn und Strafe, lehrten Fortdauer der Menschengeister nach dem Tode und fortwährenden Verein derselben mit Leibwesen und dem Leibwesenleben. Aber, indem ihnen die Anschauung des Wesengliedbaues Wesens in Wesen verborgen blieb, erhoben sie sich auch nicht zu der Anschauung des Gliedbaues der Wissenschaft. Sie erklärten das sie umgebende Leben orendlicher Wesen ebendeshalb für Schein und Täuschung und fielen dadurch in die grauenvollen Vorurtheile, dass die Gottähnlichkeit im Nichtsthun, im Nichtsdenken, Nichtsfühlen, Nichtswollen, Nichtleben, anstatt in orendlichem, wesen-oreigenahmlichem Leben bestehe; dass daher Menschenleben nichts werth sei; dass die Menschen mit ungleichen Pflichten und Rechten geboren werden; sie verletzten die Menschheit und Menschlichkeit durch Blutopfer, Menschenopfer, Menschenverachtung, Kasteneinrichtung und fielen dadurch nach Jahrtausenden in Unwissenheit, Aberglauben, Wahnwuth und in die Hände raubsüchtiger Völker des Altvereinerdlandes.

So geriethen sie ebendeshalb auch in das menschheitlebenhemmende und -zerrüttende Vorurtheil, dass das Volk in Unwissenheit, im Halbschlafe einer unklaren (träumerischen, zwielichtigen Ahnung, in dem Spiele einer wilden Inbildwelt, in grausame, ja nach dem Blut ihrer Geschwistermenschen durstige Abgötterei versunken, erhalten werden müsse.

Von diesem Volke gingen zu verschiednen Zeiten andre Völker*), wie Zweige, allwärts aus:

I. Nach dem Alterdlande hin.
 A. Nach den Alterdgegenlanden.
  1) Nach dem Nordalterdlande.
   a) Nach den obern Seiten des Südnordalterdlandes.

---

*) Es ist stets, nach dem Urbilde der Menschheit, anzugeben, was jedes Volk hinsichts der ganzen Menschheitbestimmung, und jedes Einzeltheiles desselben, für sich, und in Bezug auf höhere Völkerganze, und auf die ganze Erdmenschheit, wirklich geleistet hat.

192 Anfänge eines Geschichtspruches der Menschheit.

α) Nach Osten (Sina).
β) Nach Westen (Persien).
γ) Geradaufwärts (Tibet).
b) Nach dem Nordnordalterdlande.
α) Nach Osten.
β) Nach Westen.
γ) Geradaufwärts.
c) a und b vereint, durch die Züge der Hunnen und Mongolen (späterhin auch der Türken) nach Sina, Indien und dem Alterdvereinlande (Europa) hin, späterhin geschichtlich dargelebt (bezeichnet).
2) Nach dem Südalterdlande (Afrika) hin.
3) 1. und 2. vereint, durch Phöniker, Hebräer, Kadmus und andere ägyptische Kolonien ausgedrückt; und dann durch Essener und Jesus.
B. Nach dem Vereinalterdlande (nach Europa) hin.
a) Aus dem Nordalterdlande (Asien).
α) Von oben.
β) Von der Mitte (aus Persien und Kolchis).
γ) Von unten (aus Indien und Arabien).
b) Aus dem Südalterdlande (Afrika).
α) Von oben.
β) Von der Mitte.
γ) Von unten (?).
II. Nach dem Neuerdlande hin (siehe A. v. Humboldt's und Andrer Untersuchungen hierüber).

A. Vom Nordalterdlande (Asien)
α) von oben,
β) von der Mitte,
γ) von unten.
B. Von dem Südalterdlande her:
α) von oben,
β) von der Mitte,
γ) von unten,

1) nach Nordneuerdland (Nordamerika),
2) nach Südneuerdland (Südamerika),
3) nach Vereinneuerdland (Westindien).

1) an der Ostküste des Neuerdlandes über Asien,
2) an der Westküste des Neuerdlandes,
3) kreuzweis, Cap Horn umschiffend.

III. Nach dem Vereinerdlande (Mälerdlande, Australien, Insellande, Inselflur, Erdinseln) hin.
1) Nach dessen östlichem Theile,
2) nach dessen westlichem Theile,
3) nach dessen Vereintheile (nach dem Mälmälerdlande).

1) von dem Alterdlande aus,
a) vom Nordalterdlande,
b) vom Südalterdlande,
c) vom Vereinalterdlande aus.
2) Von dem Neuerdlande (Amerika) aus,
a vom Nordneuerdlande (von Nordamerika) aus,
b) vom Südneuerdlande aus (von Südamerika),
c) vom Vereinneuerdlande (von Westindien) aus.

O. Geschichtliche Bemerke.

1. **Weltgeschichte.** Die Weltgeschichte ist nicht einmal Erdgeschichte, sondern Völkergeschichte; nicht Allvölkergeschichte, sondern bloss Geschichte einzelner Völker, und noch dazu mit überwiegender Staatengeschichte, wo selbst wieder die Namenliste der Regenten, die nämlich regieren sollten, überwiegt.

2. **Sagengeschichte.** In der ältesten Sagengeschichte (Mythologie, nicht bloss Göttersage), wo Ge- und Ersonnenes, Ge- und Erdichtetes dabei ist, muss vom Geschichtsforscher das Gehaltige, rein Geschichtliche herausgesondert (gesicht) werden, oder sie muss vielmehr in dem schönen Gebilde der Poesie herausgesehen werden, ohne das schöne Ganze zu entgliedern und zu tödten.

3. **Weltschöpfung.** Schöpfung der Welt, besser Erdbildung, Bildung der Erde als Theil (Glied, Lebentheil) dieses Sonnenhaus nach Naturgesetzen, zuhöchst in und durch Gott. Ewig waren der Stoff und die Kräfte da. Längst leuchtete diese Sonne schon und zog liebevoll Alles nach ihrer Mitte, bevor diese Erde gebildet wurde. Vielleicht feierte in einzelnen Mitumsonnern [Geschwisterplaneten] die Menschheit schon ihr Hochleben, als unsre Erde erst eikeimte.

Es kann sein, dass diese Erde als Himmelleib schon 600,000 Jahre gelebt hat, um so mehr, als der Aetna wohl schon 20,000 Jahre gespieen hat. Wenn die Erstmenschen ohne Haus, ... ein Leben ohne Wissenschaft und Kunst lebten, so reichen 6000 Jahre nicht hin, um bei so viel Mord der Einzelnen, im Ehethum, in Ortschaften, in Stämmen und Völkern die Menschenzahl von 1000 Millionen Seelen zu erklären.

4. **Urzustand der Menschen.** Hinsichtlich des ursprünglichen Zustandes oder Erstlebens des Urmenschen, so ist die Frage, ob ein Mensch, oder zwei, drei, vier ...... Paare urgebildet worden sind ohne Zeugung, und ob dies so vielleicht Jahrtausende gedauert hat. Die neuern Vermuthungen erklären sich aus rein geognostischen und naturphilosophischen Gründen.

5. **Paradies.** Wenn das Paradies in Hochindien war, so erklärt sich dann die mosaische Urkunde, wenn man annimmt, sie sei von ägyptischen urgeschichtlichen Tempeldenkmälern entnommen. Vorzüglich müsste dabei auf die geographischen, topographischen und weltgegendlichen Angaben in Moses' Urkunden gesehen werden. Moses versetzte das Paradies aus Unkunde in das nächstwestliche, mit Kaschmir ähnliche Thal.

6. **Assyrien und Phönizien.** Assyrien ist ein in sich

befriedigtes, fruchtbares Land, das seine Bewohner nicht zum
Auswandern trieb. Dagegen war Phönizien unselbständig,
zum Handel durch seine Lage hintreibend. Die Aegypter
hegten Abscheu vor dem Meere, das sie sich im Bilde eines
Unthieres dachten.

7. **Die Griechen.** Die Geschichte des griechischen
Volkes ist von der Geschichte der griechischen Staaten zu
unterscheiden. Nie war dies Volk ein Staat, so lange es frei
war; es war aber stets ein Volk, ja es war sogar bei allen
innern Kriegen stets ein Volk, denn es vereinte

1) eine Sprache, deren Einheit selbst erst begründet war,

2) durch eine Gottinnigkeit, worunter Orakel und Mysterien am wichtigsten sind,

3) eine Wissenschaftsbildung,

4) eine Kunst, ein Allkunstleben auf den olympischen,
isthmischen, nemeischen Spielen. Die innern Kriege würden
erloschen sein, wenn nicht äussre, rohe Gewalten, gerade so
wie in Indien, eingegriffen hätten. Diese Kriege aber haben
die innre Einheit des Volkes nicht aufzuheben vermocht.

Ein Volk ohne Einheit des Staates sind die Griechen;
ein Staat ohne Einheit des Volkes ist das Römerreich, das
napoleonische Reich, das russische Reich, das österreichische
Reich; ein Volk ohne Land sind die Juden und Zigeuner.
Das Gegentheil ist: ein Land ohne Volk. Nie ist ein Volk
ohne Einheit der Sprache.

Wer in Griechenland Diener haben wollte, musste Sklaven
kaufen. Die Athener waren am mildesten, die Lakoner am
wildesten gegen die Sklaven. Schreckliches Sklavenwesen!

Die Geschichte Griechenlands ist die Geschichte der
ganzen Menschheit in Glück und Unglück, in Ehre und Schande,
und alles Menschlichen auf eigenthümliche Weise, in den mannigfaltigsten Gestalten. Mit den alten Göttern sanken alle Volksheiligthümer dahin, und das eiserne Römerscepter zertrümmerte
dazu so Vieles.

Die edelsten Griechen, Philosophen, Redner, Dichter,
Künstler aller Art, wanderten nach Rom und in die übrigen
römischen Provinzen und mussten dahin wandern.

Die alte nomadische Stämmeverfassung und die Zerspaltung des Landes in viele kleine Stücke war Ursache, dass sich in
Griechenland nie eine grosse Monarchie bilden konnte, dass die
Griechen sich unter einander selbst aufrieben, dass die einzelnen Stämme fast alle einzelnen Verfassungsformen durchliefen (mit Ausnahme des Fixationsprozesses des Lykurg), und
dass sie sich gegen keinen einzigen äussern, muthigen, ihnen
an Zahl gewachsenen Feind halten konnten. Gegen die Perser
wurde es nur durch dieses Volkes Weichlichkeit und planlose
Expedition ihrer Despoten möglich, sich einigermassen zu

Geschichtliche Bemerke.

halten. Und wurde nicht dennoch von ihnen ganz Griechenland, auch Athen, zweimal verheert? Wenn herzlich allvereint, wären die Griechen allen damaligen Völkern, zusammengenommen, unbezwingbar gewesen.

8. Alexander. Alexander würde sein Reich erhalten haben, wäre es nicht durch Meere getrennt gewesen.

9. Der Landschauplatz des griechischen Volkes:

| Spanien, Frankreich. | Grossgriechenland: Calabrien und Sicilien. | Muttergriechenland: das obere, das mittlere (da die höchste Kultur), das untere (der Peloponnes). | Inselgriechenland: das obere, das mittlere, das untere (da Kreta der Kulturpunkt). |

| Asiatisches Griechenland: Nordküste, Westküste (obere, mittlere, untere), Südküste (das waren die schönsten Länder). | Jonier, die Kolonisten von Athen, da die höchste Kultur. |

Griechenland ist im Norden gebirgig und hat Winterkälte, im Süden sind Rosenhaine. Das ganze Land konnte nur durch fleissige Hände ein Wohnplatz solcher Volksmenge sein!

10. Cäsar. Wäre Cäsar leben geblieben, so würde er dem Reiche eine festere Verfassung gegeben und Octavian noch besser gebildet haben.

11. Cicero. Cicero rettet als ein guter Polizeimann Rom, obwohl durch ungesetzliche Gewaltthat. Einen Catilina auf die Seite schaffen, konnte nichts helfen, da Cäsar nicht erreicht werden konnte. Und wenn Catilina Erfolg gehabt hätte, würde es Rom schlimmer ergangen sein, als unter den Tiberiern und Neronen.

12. Konstantin. Konstantin war bei den Römern verhasst, von seiner Mutter Helena christlich erzogen. Klug war es, sich an die mächtig gewordene Christenpartei anzuschliessen, auf deren Dank in allen, zumal entfernten Provinzen sich rechnen liess.

An sich war der Gedanke, für das allzugrosse Reich zwei Hauptstädte zu stiften, nicht übel; nur hätte er Konstantinopel Rom unterordnen sollen; denn nun ging die Leitidee der Roma, die den Erdkreis besiegen sollte, mit dem heidnischen Patriotismus unter.

Bei so viel Aberglauben der Christen und ihrem schlechten Benehmen im Glück war dem Julian, in Anbetracht seiner

Erziehung, sein Rücktritt zum Heidenthum nicht zu verdenken. Das Wesentliche des Christenthums würdigte und entwürdigte er nicht. Er betrachtete die Christen als eine jüdische Sekte und glaubte, in den mosaischen Gottesvorstellungen auch Jesum zu widerlegen, und merkte nicht, dass in Jesus mehr und Höheres, als Moses und die Propheten, war.

Theodosius. Obgleich die beiden Rom-Hauptstädte verschiedne Regenten erhielten, so blieb es doch noch ein Reich: denn Doppel- und dreifache Kaiser waren ja schon früher gewesen. Allein diese Einheit erschien nun immer mehr bloss in sophistischer Vorspiegelung. Und wo eine Einheit einmal getheilt wird, und die Theile einander nicht untergeordnet werden, da ist die Zertheilung nicht weit.

Hätten die Römer Schiesspulver gehabt, und wären die Fremden nicht so rüstig, behend, waffengeübt, scharfsehend (mit leiblichen Augen) und genügsam gewesen, so hätten sie das Reich erhalten gekonnt. Denn das Schiesspulver verzehnfacht die Gewalt. Wo die Römer ihre Kriegskunst entfalten konnten, da siegten sie immer.

13. **Allgemeine Bemerkungen über Völkerwanderung und neue europäische Geschichte.**

A. Völkerwanderung.

1) Ursachen derselben.
   a) Streben nach bessrem Zustand;
   b) Lebensweise der obereuropäischen, keltischen und gothischen, Völker. Jagd, Krieg, untergeordneter Ackerbau;
   c) Treiben der Völker von Osteuropa her, und aus den Terrassen des asiatischen Hochlandes ausströmende Völker. Hunnen;
   d) Ausbreitung des Christenthums unter Gothen, und Kriegsdienste der Gothen, Deutschen u. s. w., bei den Römern.
2) Art derselben. Nicht gerade ein ganzes Volk zog aus, sondern die Mehrzahl. Ein besiegtes Volk musste
   a) theils sich mit dem Sieger vereinen, wie mehrere deutsche u. s. w. Völker mit den siegenden Hunnen;
   b) oder vor ihnen fliehen. Dies ist nur möglich bei einem noch halb nomadischen Volke.

B. Europäische neuere Geschichte.

Nicht bloss Staatengeschichte, sondern auch Geschichte der Hierarchie Roms und der übrigen christlichen Parteien. Allgemeines europäisches Geld, vorzüglich Papiergeld. Entfaltung des sogenannten dritten Standes in Städten und Dörfern. Domanialsystem der Fürsten; Einfluss des Verlangens der Fürsten nach Domänen auf die Religion.

14. Hochidee des Mittelalters. Die Hochidee des Mittelalters ist gottinnige, alle hülfebedürftigen Wesen, vorzüglich Weiber, beschirmende Tapferkeit — durch Frömmigkeit geweihter, heiliger Sinn für Schönheit. In diesem Verein waren diese Gemüthzustände zuvor nirgends. Diesen Sinn kann aber jeder in sich erneuen, neubeleben, neubilden.

15. Die Normannen. Die Normannen (Nordmänner) waren kühne Unternehmer zur See, und sie wurden dadurch Stifter des Ritterthums in ihrer Vereinigung mit den Arabern.

16. Die Kreuzzüge. Die Kreuzzüge sind aus gottinniger Andacht entstanden. Sie waren eigentlich eine wesentliche Gegenwirkung des christlich gebildeten Vorder- und Obereuropa gegen den Muhammedanismus. Hätten sie gesiegt, was geschehen sein würde, wenn das griechische Kaiserthum mitgewirkt hätte, so wäre früher Asien mit Europa, vorzüglich durch das rothe Meer, im Zusammenhang geblieben; die Türken hätten nicht obgesiegt und wären nicht die Geissel von Europa geworden, und Afrika würde früher befreit und für das civilisirte Leben (Menschheit-Bürgerthum) gewonnen worden sein.

Wäre von den christlichen Staaten Conscription gleich damals, und zwar Conscription zu einem stehenden Heere, eingeführt worden, nach Art der Römer, nur in höherer Potenz, so wären die Türken nicht überstark geworden.

17. Eroberung Konstantinopels. Die Eroberung von Konstantinopel 1453 durch die Türken wurde ein Moment des Beginns des dritten Hauptlebenalters der Menschheit. (So werden oft grosse Unglücksfälle Beförderungsmittel höherer Entfaltung und Befruchtmittel junger Keime derselben.)

Das griechische Kaiserreich war rein despotisch, wenig besser, als das türkische Joch. Obwohl im griechischen Kaiserreiche die alte Herrlichkeit in matten, entstellten Nachklängen ihrem Erlöschen entgegensiechte, so übertrafen die Griechen auch damals noch alle Völker Europas und Vorderasiens und Afrikas an allseitiger Bildung.

18. Heinrich der Seefahrer. Mit Heinrich dem Seefahrer nahm das Ritterwesen eine schöne Wendung.

19. Luther. Durch Luther blühte in der christlich-positiv-gläubigen Gottinnigkeit ein neues Leben auf. Er wurde befördert 1) durch politischen Zwist der Reichsstände mit dem deutschen Kaiser, 2) der Hauptmächte Europas, 3) durch den allgemeinen Kampf des Bürger- und Bauernstandes gegen den Adel, die Geistlichkeit und die Souveräne und der Souveräne gegen die Geistlichkeit und den Adel.

Luther's Wirkniss ist nur ein wesentlicher Einzeltheil des damals schon begonnenen Neuallmenschheitlebens, und es ist nur in diesem Ganzen zu fassen und zu würdigen. Luther erinnerte, dass die Menschen vor ihm trüglich, irrsam waren; seine Nachfolger scheinen vergessen zu haben, oder vergessen zu wollen, dass auch er es war.

20. Loyola. Ignaz Loyola hatte einen ungeheuren Plan, wie in der Vorzeit noch keiner war: durch jedes Mittel eine Allherrschaft über die Souveräne und über die Kirche zu gründen, und Handel und äussre Güter an sich zu reissen. Es ist aber kein Grund vorhanden, dem Loyola Bosheit oder schlechte Absicht zuzuschreiben; er war ein gottinniger Schwärmer von grossem Herzen und grossem Geiste. — Ohne die Geschichte der Jesuiten ist die Geschichte bis zu ihrer öffentlichen Vernichtung — durch ihren Reichthum, wie alle einzelnen Gesellschaften, Kirche und Staat, nicht zu verstehen und zu würdigen. Die Jesuiten beförderten den Monarchismus in Staat und Kirche, weil Einzelne leichter zu fassen sind, als eine aristokratische, oder demokratische Mehrzahl; sie suchten, in Einem Alle zu beherrschen, daher ihr Streben, Papst und Kirche zu ihrem Organe zu machen.

21. Der dreissigjährige Krieg. Der dreissigjährige Krieg war mehr ein politischer, als religiöser Kampf. Gustav Adolf würde ohne das katholische Frankreich nichts erkämpft haben.

22. Die Reunionen. Die Reunionen waren ein kluger, dem allgemeinen Völkerrechte als Unkraut entkeimter, aber unbilliger Einfall.

23. Völker Amerikas. Sich selbst überlassen, wären die Völker Amerikas noch jetzt nicht das, was die Völker Europas vor 2000 Jahren vor Christus waren.

24. Schlussbemerk. Es ist eine wesentliche Aufgabe der Geschichtsforschung, zu zeigen, wie in dieser Erdmenschheitgeschichte der Urbegriffgliedbau (System der Ideen, eigentlich der: Or-, Ur- und Ewigschaugliedbau) nach und nach hereinlebt (eingelebt wird), erst in gedichtlicher Ahnung, in einem Sagenthume, z. B. dem griechischen, in dem Gottahnbegriffe, in theilwois richtigem Wissenschaftsbau, endlich wissthumgliedbaulich u. s. w., wie die Entfaltung des Lebens gerade nur so weit reicht, als die herrschenden Ideen. Wie sich danach die Zeitalter scharf begrenzen und rein ausleben, bis zum geistigen und leiblichen Tode, dabei aber ist es innerhalb der Eigenbeschränktheit eine Aufgabe:

1) Den Ingliedbau aller einzelmenschlichen, selb- und mäl-leblichen, Eigenlebenurbilder (individuellen Ideale) aufzustellen in Or-, Ur-, Ewig-, Zeitlich- (in Beobachtung der wirklichen Menschheitgeschichte, an Leib- und Geistleben) und

Urewigzeitlich-Schaum, zugleich als Mustervorbild für diese Erdmenschheit (für das ganze Darleben und für das Theildarleben in dem Kunstlebenthume) aufzustellen.

2) Geschichtlich nachzuweisen, wie derselbe ahnungsweise und ahnungsweise in dem Leben aller Völker der Erde, besonders aber in dem Sagenthume und dem dasselbe eigendarlebenden Kunstthume eines jeden derselben, eigenlebdargebildet ist. (Besonders indisches, persisches, ägyptisches, etrurisches, griechisches, römisches, altkeltisches, altdeutsches [siehe das Gedicht De Danorum rebus gestis, Nibelungenlied] Leben und Kunst.)

3) 2. nach 1. zu würdigen, und zu entscheiden, was gereinigt und höhergebildet fortleben soll in dem nach 1. urneugestalteten höhern Menschheitleben im Menschheitbunde.

A. Entfaltung und urbildliche Darstellung der Idee des Menschheitbundes, vom Standorte des Lebens aus.

IX. Reihe.

I. Erinnerung an das Wesentliche aller schon bestehenden menschlichen Gesellschaften.

Selbst wenn die Menschheit als ein organisches geselliges Ganzes schon auf dieser Erde vollendet wäre, würde es zur Erhaltung ihres Selbstbewusstseins und zur Leitung ihrer Kraft erforderlich sein, dass alle Menschen, vorzüglich aber die, welche das Leben der Menschheit in weiteren, oder engeren Kreisen regieren sollen, deutlich erkennten, welches das eigentliche Wesen, das eigentliche Gebiet und die eigentliche Wirksamkeit eines jeden geselligen Vereines sei.

Um so dringender aber ist das Bedürfniss dieser Erkenntniss jetzt, bei dem noch unvollständigen und mangelhaften Zustande aller geselligen Verhältnisse, jetzt, wo die Menschheit in den edleren Völkern Europas so sichtbar zu höherem Leben allseitig aufstrebt. Dies Bestreben richtet sich auf ein Hauptwerk hin, auf die Darstellung des höchsten geselligen Verhältnisses unter Menschen, auf einen Bund, welchem, weil er die ganze Menschheit und ihr ganzes Leben harmonisch umfasst, der Name des Menschheitbundes gebührt. Damit die Idee dieses Bundes lichtvoll hervortrete, wollen wir uns zuerst an das erinnern, was die Menschheit im Einzelnen jetzt schon leistet, welches das Wesen und die Werkthätigkeit der einzelnen geselligen Verhältnisse ist, die schon jetzt unter den Menschen bestehen.

So lade ich den Leser ein, zuerst, wie von einem hohen Standorte, alle geselligen Vereine der Menschen zu überschauen, und sich mit mir zu erinnern, welches das eigenthümliche Gebiet und das gesellige Band eines jeden derselben ist, was ein jeder wirklich schon leistet, welche Idee einen jeden beseelt, und welcher Trieb ihn belebt. Dann wird es uns leicht sein, zu ermessen, ob alle schon wirkliche gesellige Vereine die ganze menschliche Natur allseitig und harmonisch erschöpfen, oder ob ein Gebiet der menschlichen Bestimmung, vielleicht auch mehrere, noch unangebaut blieben.

Familien, Freundschaften, freie Geselligkeit, die höheren Vereine der Menschen in Stämme und Völker und Völkerbunde; der Staat, die Kirche, die Gesellschaften für Wissenschaft und Kunst und deren Harmonie umfassen bis jetzt die ganze wirkliche menschliche Geselligkeit. Alle anderen, hier nicht genannten Gesellschaften gehören als Theile einer von den genannten an. Unter ihnen allen verdient die Familie, aus der wir Alle lebend hervorgingen, von uns zuerst betrachtet zu werden.

Die Familie, in allen ihren verschiedenen und vielseitigen geselligen Verhältnissen und in allen ihren noch so verschiednen Gestalten, worin sie auf der Erde erscheint, entsteht in der Liebe, sie wird erhalten, belebt, geheiligt durch Liebe. Die Liebe, welche die Familienglieder verbindet, ist persönlich; sie gründet sich auf die ganze, leibliche und geistige Eigenthümlichkeit; sie liebt den ganzen Menschen in seiner ganzen Individualität. Daher schliesst sie eine dauernde Verbindung des Denkens, des Empfindens und des Handelns, — des ganzen Lebens, zu gemeinsamer Freude, zu gemeinsamem Leide. Den ursprünglichsten Gegensatz der menschlichen Natur vermählend, leben Mann und Weib als ein höherer Mensch für ihre ganze Bestimmung. Die eheliche Liebe des Vaters und der Mutter ist die Sonne des Familienlebens; in ihr lebt die Liebe der Aeltern und der Kinder, die Liebe der Herren und der Diener. Aus dem Heiligthume der Familie geht die Menschheit stetig verjüngt hervor; in dem innigen Kreise der Familie erhält jeder Einzelne Leben und die erste leibliche und geistliche Bildung. Die Familie ist eine kleine, geschlossne, vollständige, in sich selbst befriedigte Welt; der erste höhere vollständige Mensch nach den Individuen. Sie hat ihre eignen Lebensgesetze, ihre eignen Pflichten, ihre eignen inneren Rechte. Sie kann und soll gemeinsame Eigenthümlichkeit des Charakters, der Erkenntniss, des Kunstfleisses, der Religion und der Geselligkeit darstellen.

Unter allen menschlichen Gesellschaften ist die Familie die ursprünglichste, die erste, nothwendigste und innigste. Mit ihr begann menschliche Geselligkeit auf Erden, in ihr lebt sie, und mit ihr wird sie schliessen. Aus ihrem Heiligthume müssen alle Glieder aller andern geselligen Vereine hervorgehen, in ihrem Schosse müssen sie zu jedem geselligen Verhältnisse vorbereitet werden. Das individuelle Gepräge, welches der Mensch in seiner Familie empfing, wird er in seinem selbständigen Leben zwar veredeln, aber nie vertilgen können. Ein lebendiges System von Familien ist ein Stamm, und ein System von Stämmen ein Volk, welches, wie die Familie, durch Liebe, durch Vaterlandsliebe, durch Liebe zur Nation, zusammengehalten und ausgebildet wird.

Die lebensvollen Kreise der Familien öffnen sich einander und durchkreuzen sich vielfach, um die Menschen durch Freundschaft zu beglücken, welche sie durch Liebe und Achtung wie zu einem Geist und Gemüthe verschmelzen. Nicht vergeblich hat die Liebe der Eltern und der Geschwister die menschlichen Gefühle geweckt, erhöht, veredelt: der wohlerzogne, an Geist und Gemüth gesunde Mensch pflegt in seinem Busen das Sehnen nach inniger Vereinigung mit dem gleichgestimmten Herzen. Nicht Wissen, nicht Kunstgeschick, nicht Gleichheit des Standes, noch irgend eine einzelne Vortrefflichkeit vermag die zarten und süssen Bande der Freundschaft um die Menschen zu schlingen; dies kann nur gleiche Stimmung des ganzen Menschen, bei Verschiedenheit und bei ebenmässigem, wesentlichem Gegensatze des Charakters. Denn nur solche können sich als ganze Menschen liebend umfassen, nur sie können ein Leben für alles Menschliche leben. Nur Menschen, die gemeinsame Heiligthümer des Geistes und des Gemüthes haben, können innig zusammen leben; und nur Verschiedenheit gleichliebenswürdiger Charaktere vermag die heiligen Flammen der Freundschaft zu nähren. Jeder Mensch hat seinen eignen Charakter; er hat die ganze Vernunft im sittlichen Willen, im Denken und Vorstellen, im Empfinden und Lieben auf eine nur ihm eigne Weise ausgebildet, und mit dieser nur ihm eignen Weise kann er sich nur denen liebenswürdig darstellen und nur mit denen wahre Freundschaft schliessen, welche ihm an Charakter ähnlich, aber an Individualität des Charakters entgegengesetzt sind.

Weniger innig, aber nicht minder reizend und mannigfach ist die Vereinigung menschlichen Lebens in dem freien geselligen Umgange, welchen wir vorzugsweise die Gesellschaft zu nennen pflegen. Nur Menschen, deren Geist und Gemüth durch Familienliebe und Freundschaft geweckt und veredelt ist, sind gute Gesellschafter. Nur sie verstehen anzuziehen, zu unterhalten, zu entzücken, — denn nur sie verstehen zu lieben; ihr zartes, gefühlvolles Herz öffnet sich beim leisesten Anklange schöner Seelen zu einem Wechselspiele geselliger, schöner Empfindungen, Gedanken und Kunstwerke. Jeder bringt die schönsten Blüthen und Früchte seines Geistes, seiner Kunst, seines Gefühls, wie im Vorübergehen, zum frohen, geselligen Genusse dar, und jeder empfängt seine Gabe vielfach wieder. Alle geselligen schönen Künste, Spiel, Musik und Tanz und Drama, nähren und verschönen die freie Geselligkeit. Die Musen, in schönem Verein mit den Grazien und mit den Genien der Liebe, sind ihre Stifter und Erhalter. Gesellige Zirkel in Familien, freie geschlossne Gesellschaften, öffentliche gesellige Vergnügungen, bis hinauf zu erhabnen Volksfesten und Volksspielen, — sie alle bilden immer höhere und höhere Ordnungen der einen freien menschlichen Geselligkeit. Doch in allen ihren verschiedenen Sphären kann sich der Mensch nur dann durch ein einzelnes Talent geltend machen und geltend erhalten, wenn dies gleichsam der Gipfel der harmonischen Vollendung seiner ganzen menschlichen Natur ist. Die freie Geselligkeit bringt die Menschen in äussere freie Berührungen; sie macht es möglich, dass Liebende und Freunde sich finden. Hat sie ihre schönsten Glieder der Familie und der Freundschaft zu verdanken, so vergilt sie dies jenen Urgesellschaften dadurch, dass sie Menschen zusammenführt, welche Gott für einander geschaffen hat.

Tief in des Menschen Brust gegründet ist das erhabne, heilige Gefühl des Rechts; es spricht noch, wo selbst die Tugend verblüht ist, wo alle Heiligthümer des Menschen entweiht und verödet liegen. Das Gefühl des Rechts ist kein Selbstgefühl, es ist ein Weltgefühl; es ist das kräftigste Gegengift gegen den Eigennutz. Das Recht will, dass alle Wesen für einander sein sollen, was sie, ihrer Natur nach, in Gottes ewiger Ordnung zu sein und zu werden bestimmt sind. Alle Wesen sollen wechselseits gesellig geben und empfangen, was zu ihrer inneren Vollendung, was zu ihrer allseitigen Harmonie, der Natur der Dinge gemäss, gehört. So ist die Idee des Rechts eine allgemeine Weltidee, Gott der Urquell des Rechts, Gott das Haupt des einen Gottstaates. Nicht der Mensch allein, auch die Natur giebt und empfängt in diesem ewigen Reiche Gottes, was gerecht ist; nicht der Geist allein, auch der Leib hat seine Rechte. Doch ist der Mensch, das innigste Werk Gottes, in dem alles Leben sich harmonisch durchdringt, die wichtigste Rechtsperson im Weltall. Denn er geht mit den meisten Wesen, so wie auch im Innern der Menschheit selbst, die vielseitigsten, zartesten, lebensvollsten geselligen Verhältnisse ein. Er hat also auch die meisten, vielseitigsten und zartesten Rechte, und von ihm fordern die Dinge eben deshalb eine allseitige und harmonische Gerechtigkeit. Der Mensch, und noch mehr der eine grosse Mensch auf Erden, die Menschheit, nimmt den meisten Antheil an Gottes Rechtspflege im Weltall.

Zuvörderst aber sollen und können die Menschen wechselseits unter sich die eigenthümlichen menschlichen Rechte in einem lebensvollen, nach den Zeiten bildsamen Organismus herstellen, — in dem grossen Kunstwerke des Staates, welcher ein Ebenbild sein soll des einen ewigen Gottstaates. Der Staat soll jedem rein menschlichen Streben Achtung und Schutz, jedem geselligen Verein seine freie, selbständige Natur gönnen. Er soll jedem Einzelnen, jeder Familie, jeder Gesellschaft ihre eigne, ihrer freien Natur gemässe Rechtssphäre zugestehen, und sie alle mit einander in rechtliche Beziehung setzen. Der Staat soll Alles im Geiste sittlicher Güte und wahrer Gottinnigkeit handeln; sein höchstes Ziel ist, von Seiten des Rechts, durch Gerechtigkeit die ganze menschliche Natur im einzelnen Menschen, so wie in allen geselligen Vereinen, auszubilden, zu veredeln und zu vollenden. Der Staat soll die Natur und die Mutter aller Erdendinge, die Erde, so wie ihre Gaben, ihre Werke und Schönheit, ehren. Er soll die Natur um ihrer selbst willen schätzen; er soll sie als Wohlthäterin der ganzen Menschheit erheben und ihre allseitige Harmonie mit der Menschheit, so weit die Idee des Rechts reicht, begünstigen. Gemeinsame Abstammung und charaktervolle Individualität in Wissenschaft, in Kunst und Sprache und die Verhältnisse der Liebe, der Freundschaft, der Religion, — ja selbst die Erde, durch physische Grenzen, haben Menschen in selbständige, freie gesellige Ganze, in Völker, vereinigt. Daher muss auch jedes Volk einen selbständigen Staat haben, als einen schönen und treuen Ausdruck seines eigensten Lebens und Charakters. Aber alle einzelnen Staaten sind bestimmt, zuletzt einen grossen Erdstaat, einen Menschheitstaat auf Erden zu bilden, wenn alle Völker in allen Theilen menschlicher Bestimmung einst eine Menschheit sein werden; doch ohne dass dadurch die Eigenthümlichkeit der Völker und ihrer Staatsverfassung vertilgt wird. Der Staat strebt, die ganze Menschheit in dem Kreise göttlichen vernunftgemässen Rechtes, im Geiste der allgemeinen Harmonie des Weltalls, wohlthätig zu umfassen.

Der Urquell alles wahrhaft menschlichen Lebens, alles Guten und Schönen, dessen die menschliche Natur fähig ist, ist Gott, wenn er dem Menschen in Religion offenbart wird. Im Anschaun der Idee der Gottheit wird Weisheit geboren; die innige Anschauung Gottes ist das Grundelement der schönen Kunst; Ehrfurcht und Liebe zu Gott, wenn sie Geist und Gemüth erfüllen und regieren, schaffen allein reine und starke Gerechtigkeit und Tugend. Im innern geistigen Umgange mit Gott wird der Mensch zum wahren Leben wiedergeboren, mit reinem Auge und Herzen erkennt und liebt er Gott in der Welt und die Welt in Gott; er sieht die Räthsel der Dinge und die Räthsel seines eignen Lebens gelöst. Das Leben eines gottinnigen Menschen ist die kunstreiche Darstellung seiner Liebe zu Gott, ein treues Ebenbild der göttlichen Vollkommenheit. Er liebt Gott und wird von Gott geliebt; wie könnte ihn irgend ein Geschick in seiner Liebe zu den Menschen, zur Natur und zu ihren herrlichen Werken wankend machen? Die Religion ist der Anfang und das Ende menschlicher Vollkommenheit; nur der lebt, der in Gott lebt.

So ist die Religion ein Leben des Menschen in Gott, ein innerer seliger Zustand, eine ursprüngliche Weise des geistigen Lebens. Aber der Religiöse verschliesst dies höchste Leben, diese Seligkeit, nicht in seiner Brust. Die Religion strebt heraus ins gesellige Leben. Der Religiöse will seine eigenthümliche Art, in Gott zu leben, in Allem den gegenwärtigen Gott zu schauen und zu lieben, in dem Spiegel verwandter, befreundeter Wesen schauen; er will seine Religiosität durch die eigenthümliche Religiosität der Lieben und der Freunde erweitern, erhöhen, verschönen. Religiöse Gemüther, wo sie sich finden, gewinnen sich lieb; es ist ihnen Seligkeit, sich mitzutheilen, ein gemeinsames höheres religiöses Leben zu stiften, und die innere Religion äusserlich in Wort und That, in Wissenschaft und Kunst, als ein gemeinsames Kunstwerk, darzustellen.

So wird die Religion, als ein gottinniges, schönes Kunstwerk, gegenständlich; religiöse Künstler, — Dichter, Redner, Tonkünstler, Maler, Baumeister, empfangen in ihrem religiösen Gemüthe eine neue, höhere Weihe, die ihren religiösen Werken jene erhabne Einfalt und Befriedigung einhaucht. So sehen wir zuerst den Familienaltar entstehen; dann eine gemeinsame Religionsübung ganzer Stämme, Völker, ja aller Völker ganzer Erdtheile. Ich würde die gesellige Vereinigung der Religiösen jeder Art Kirche nennen, wenn ich nicht Missverständnisse von allen Seiten befürchten müsste.

Diese äussere, gesellige, kunstreiche Darstellung der Religion hat gewiss an sich selbst Werth; sie ist wesentlich eins mit der ganzen, inneren Religion selbst; sie ist so bleibend, als das Menschengeschlecht. Wird unter Kirchenthum oder äusserem Kultus diese äussere würdige Darstellung der inneren Religion verstanden, so ist das Kirchenthum mehr, als äusseres vorübergehendes Erziehungsmittel der Menschheit zur Religion. Seiner dürfte sich der noch kindliche Mensch so wenig, als der zu voller Vernünftigkeit ausgebildete, irgend schämen; weder der Religiöse könnte es entbehren, noch der Liebende, noch die Gesellschaft; so wenig, als sich der gemüthvolle

Mensch über Wissenschaft und schöne Kunst je erheben kann. Die wahre, reine Religion der kindlichen Liebe und Freude in Gott, so wie sie zuerst auf Erden Jesus gelehrt hat, ergreift den ganzen Menschen, sie wirkt von selbst dahin, den ganzen Menschen in allem Denken und Thun, in allen Zweigen seiner ganzen Bestimmung, im Lichte und in der Kraft der Religion zu vollenden; sie ist für die ganze Menschheit gemacht und wird, durch gesellige Gottinnigkeit ausgebildet, einst die ganze Menschheit in ihrem ganzen Wesen vereinen. Der Gottinnigkeitsbund, im Geiste des ersten Lehrers der reinen, beseligenden Religion gebildet, im harmonischen Bunde mit allen schönen Künsten, ist ein bleibendes, würdiges, schönes Werk menschlicher Geselligkeit.

Der menschliche Geist ist fähig und bestimmt, ein Spiegel Gottes und des Weltalls zu sein, er sucht unaufhörlich, seine Erkenntnisse zu verklären, zu begründen, auszubauen, zu erweitern. Mit den Sinnen sucht er alles Leben der Natur und der Menschheit sich geistig anzueignen, und der reine Geist schaut in die übersinnliche Welt der Ideen. Aber das Leben des einzelnen Menschen, ja das Leben ganzer Geschlechter ist zu kurz, um bei so beschränkten Kräften die Tiefen der Wissenschaft zu ermessen.

Nur die ganze Menschheit kann hoffen, durch vereinte Kräfte, durch stetiges Forterben der mühevoll errungnen Schätze, ein würdiges, organisches Ganze der Wissenschaft und aller in der einen Wissenschaft enthaltnen Wissenschaften nach und nach zu gewinnen und darzustellen. Deshalb strebt der einzelne Mensch, so wie ganze Völker, nach wissenschaftlicher Mittheilung, um ihr endliches Wissen, wenigstens so weit als möglich, an fremdem Wissen zu ergänzen. Die Wissenschaftsforscher müssen sich gesellig, in kleinere und grössere Ganze, vereinigen; um das von der Vorwelt Ueberlieferte zu sichten und zu ordnen; um anzugeben, was jetzt in jeder Wissenschaft das nächste Geschäft sein müsse; und um gemeinsam zur Erweiterung und organischen Ausbildung und Darstellung der Wissenschaft zu arbeiten. Dies und nichts andres kann der Zweck jedes kleineren, so wie auch des allgemeinen Bundes der Gelehrten sein, welcher noch ein frommer Wunsch gebildeter Völker ist.

Ebenso ursprünglich, als das Streben nach Wissenschaft, ist des Menschen Kunsttrieb, sowohl zur nützlichen, als zur schönen Kunst. Der Mensch kann seine eigenthümliche Ansicht und Empfindung der Welt und ihres allseitigen Lebens in innigen und schönen Kunstwerken darstellen, um sie der Menschheit und der Natur zu verkündigen. Schönes zu empfinden und zu bilden, ist eines der ersten Kleinode der menschlichen Natur. Denn nur das ist schön, was in seinem

Wesen und Leben ein freies, selbstständiges Gleichniss der
göttlichen Vollkommenheiten ist, — was die ewigen Gesetze
des Weltbaues auf charaktervolle Weise in sich darstellt. Auch
die unendliche Aufgabe der Kunst treibt den Menschen zu
allseitiger Geselligkeit, die so innig und umfassend sei, als
möglich. Es müssen sich die Künstler derselben Kunst harmonisch vereinigen, so die Tonkünstler, die bildenden Künstler, die Dichter, jede unter sich, — um das Höchste, dem
Menschen Erreichbare, in ihrer Kunst zu erlangen. Aber
auch die Künstler aller verschiedenen Künste müssen gesellig
zusammentreten, um unter den Künsten selbst jenen schwester-
lichen Verein zu stiften, aus welchem allein die grössten,
bleibendsten, erhabensten und vielseitigsten Kunswerke, zum
Triumph der Kunst und der Menschheit, hervorgehen können.

In dieser künstlerischen Geselligkeit, und in dieser Geselligkeit der Künste, sehen wir die Völker Europas von
Jahr zu Jahr mit glücklichem Erfolge fortschreiten. —
Schliessen nun auch noch Wissenschaftskundige und Künstler
unter sich, jede Wissenschaft mit der verwandten Kunst, und
alle Wissenschaften mit allen Künsten, jeder Freund mit dem
Freunde und ganze Gesellschaften von Künstlern und Wissen-
schaftsbildnern brüderlichen Verein: so wird der Menschheit
jene freie, innige Harmonie der Wissenschaft und der
Kunst zu Theil, welche die schönste Würze des Lebens und
ein hoher Stolz der Menschheit ist.

II. Die bis jetzt wirklichen Gesellschaften erfüllen die gesellige Bestimmung der Menschheit noch nicht.

Wollen wir nun untersuchen, ob alle die Gesellschaften,
an deren Wesentliches wir uns jetzt erinnerten, die ganze
gesellige Bestimmung der Menschheit ausfüllen, so ist es
nothwendig, dass wir das Urbild des Menschen, der Menschlichkeit und der Menschheit in seinen Grundzügen anschauen.
Dann wird sich von selbst darstellen, in wiefern jede wirkliche Gesellschaft schon jetzt ihrer eignen Idee entspreche,
und in wiefern sie ihr noch ungemäss sei; dann werden wir
im Anblicke des Ganzen leicht ermessen, welche gesellschaftlichen Vereine der Menschheit jetzt noch fehlen, wenn und
wie sie gebildet werden können. Doch um zu dieser ernsten
Betrachtung der ganzen menschlichen Bestimmung einzuladen,
und von ihrer Nothwendigkeit zu überzeugen, mögen einige
vorläufige Erinnerungen über die schon bestehenden geselligen
Vereine vorangehn.

Zur Vollkommenheit jedes lebenden Wesens ist es erforderlich, dass es als ganzes lebe und wirke, dass es alle

seine Theile im Ganzen rein und vollständig, jeden in sich und alle in allseitigem Einklange, gestalte. Ein wohlorganisirter Menschenleib ist das deutlichste Beispiel dieser Vollkommenheit. Ebenso wesentlich ist sie dem Geiste und dem ganzen Menschen, so wie allen Menschen in der geselligen Vereinigung ihres Lebens. Auch schon bei dieser vorläufigen Prüfung der einzelnen menschlichen Gesellschaften dürfen wir daher den Leser auf die Idee eines in allen seinen Theilen vollständig und harmonisch lebenden organischen Ganzen, als auf die leitende, im Allgemeinen von Niemandem bezweifelte Grundidee, verweisen. Denn, ist diese Idee schon an jeder Pflanze, an jedem Thier das Mass seiner Vollkommenheit und Schönheit, so wird sie am Menschen, an der Menschheit, dem höchsten lebendigen Wesen der Schöpfung, am vollsten und schönsten sich offenbaren. Indem wir also jetzt die einzelnen schon bestehenden Gesellschaften vorläufig prüfen, haben wir nachzusehen, ob durch sie der Mensch und die Menschheit schon als ein organisches Ganzes dargestellt; ob das Ganze der menschlichen Natur mit gleicher Sorgfalt bewahrt und gebildet werde, als ihre einzelnen Theile und Kräfte; ob auch die Verhältnisse aller Theile unter sich und zum Ganzen durch die schon bestehenden Gesellschaften gesund erhalten und vollendet werden können.

Es ist nicht zu verkennen, dass jede der erwähnten Gesellschaften in eigenthümlicher Art auf den ganzen Menschen Anspruch macht und den ganzen Menschen mit ganzer Seele und mit ganzem Gemüthe zu sich ziehen und auf ihrem Gebiete ausbilden möchte. Doch wird jede durch einen einseitigen, obwohl nothwendigen und schönen, Zweck umgrenzt; sie ergreift und bewegt den Menschen nur von der ihr eignen Seite, mit den ihr eignen Kräften, zu dem ihr eignen geselligen Leben.

Die Familie beruht zuerst auf dem Gegensatze der Geschlechter, auf dem Eigenthümlichen der männlichen und weiblichen Natur. Die Liebenden suchen sich, weil sie von Natur, geistig und leiblich, zusammengehören, um einen vollständigen Menschen zu machen. Sie vereinigen sich innig und unzertrennlich in ihrer ganzen Individualität. Die Liebenden lieben sich nicht bloss, weil sie Menschen, sondern weil sie diese Menschen, mit dieser für einander geschaffnen Eigenthümlichkeit sind. Auch giebt es vieles an sich Menschliche, Ehrwürdige und für die Menschheit höchst Wichtige, woran die persönliche Liebe nur einen verhältnissmässig sehr schwachen Antheil nimmt, weil es zur entgegengesetzten Eigenthümlichkeit des Geliebten gehört. So wird die eigentliche Gelehrsamkeit des Mannes das liebende Weib weniger rühren, indess sie an dem geliebten Geist und Gemüth mit ganzer Seele festhält.

Ein Aehnliches gilt von dem Verhältniss der Eltern und der Kinder, der Freunde gegen einander und von der freien Gesellschaft. Hier regiert überall die Individualität, individuelle Theilnahme, individuelle Liebe. Wo aber die individuelle Liebe regiert, da zieht sie nur wenige Menschen in ihren Kreis, um ihr eignes Wesen und Leben an dem verwandten Leben zu vervollständigen und gleichsam in ein Wesen zu veschmelzen. Gewiss ein schönes, gottähnliches, preiswürdiges, der menschlichen Natur wesentliches und unerlässliches Streben. — Aber über den Geliebten werden im jetzigen Zustande der Menschheit nur zu leicht die Uebrigen, nicht minder Liebenswürdigen, vergessen! Nur zu leicht wird der Liebende zu wenig empfänglich für das Liebenswürdige derer, die vom Kreise seiner Liebe entfernter leben! Der Mensch kann sich nur Wenigen ganz ergeben; lebt er in inniger, persönlicher Liebe vereint mit diesen, so entzieht er sich allen Andern. Ja bei unvollkommnen Zuständen der Menschheit wird die Liebe zu dem Einen leicht Ungerechtigkeit gegen den Andern. Daher finden sich jetzt noch so oft Liebe und Hass, Milde und Grausamkeit in einem Menschen missfällig zusammen.

Die Gerechtigkeit ist eine Wurzel aller Tugend, aller sittlichen Güte; aber nur eine Wurzel, nur ein Zweig der einen Tugend, nicht die ganze Tugend selbst. Der Staat kann und soll alle seine Bürger in die äusseren Bedingungen setzen, ihre Vernunft zu bilden, und ihre ganze vernünftige Bestimmung zu erreichen; aber die innern Bedingungen sittlicher Schönheit und Grösse, die Heiligthümer des Gemüths, und die ursprünglichen innern Mächte des Verstandes und des Willens liegen ausser seiner Sphäre, ausser seinen Kräften. Hierzu kann er bloss äussere Anleitung geben; er kann die Bemühung anderer Gesellschaften für die innere Vollendung des Menschen begünstigen; allein er vermag nicht, letztere zu erzeugen. Denn hierzu reichen äussere Gesetze und Zwangsmittel nicht hin; diese können zwar leibliche Kräfte hemmen und vernichten; aber an Geist und Gemüth rühren sie nicht. Der Staat trägt Sorge, dass die Menschen äusserlich nichts hindere, sondern dass ihnen alles dazu beförderlich sei, im Innern wahrhaft Menschen zu werden; — er bewirkt, dass alle geselligen Verhältnisse der Menschen der Idee des Rechts gemäss sind. Was aber der Mensch frei in sich selbst suchen und finden und bilden muss, Tugend und allseitige menschliche Vollendung, — das muss der Staat dem Menschen selbst und der göttlichen Vorsehung überlassen. Ja, muss nicht selbst Gerechtigkeit aus dem Innern des Menschen stammen, um lauter und unbestechlich zu sein? Kann ein

Staat sicher bestehn, wenn seine Bürger nicht tugendhaft und im Innern freiwillig gerecht sind? — Strafen, welche durch leiblichen Schmerz, oder durch Eigennutz, den Menschen zum Rechte zurückführen und durch Furcht gerecht erhalten sollen, sind sie nicht bloss für Menschen, die nur von sinnlichen Trieben, nur von Selbstsucht beherrscht sind? Stärken sie nicht vielmehr die wahren Wurzeln des Lasters und der Ungerechtigkeit, anstatt sie auszureissen, und haben sie einen andern Werth, als dass sie nur die Erscheinung der Ungerechtigkeit, bloss durch äussere Mittel, unterdrücken? Sind sie nicht bloss eine Nothwehr des Staates gegen die innern geistigen Uebel der Menschheit, welche nicht er, sondern nur moralische Erziehung zu heilen vermag? Auch der Staat würde und müsste gegen alle seine Bürger, gegen alle ihre Gesellschaften, im Geiste der Liebe und der sittlichen Güte handeln, sobald nur eben dieser Geist der Liebe und sittlichen Güte seine Bürger innerlich beseelte.

Die Religion und die Kirche sind, ihrem Wesen nach, auf Gott gerichtet und auf die Menschheit, als auf Gottes Werk, um sie durch die Erkenntniss und Liebe Gottes zu veredeln und allseitig zu vollenden, damit sie würdig und fähig werde, Gott zu denken, und in Gott fromm zu leben. Das beseligende Verhältniss der Menschheit zu Gott, welches die Religion stiftet und vollendet, ist an sich selbst würdig und schön; es wird als Selbstzweck geliebt und gebildet, ohne allen, auch den leisesten, Eigennutz des religiösen Menschen. Dies Verhältniss folgt aus des Menschen innerstem Wesentlichen; es ist von Gott selbst gestiftet; es bringt von selbst schöne Früchte der Tugend und der Gerechtigkeit; es ist der Anfang aller Weisheit und Kunst; ohne dass deshalb Sittlichkeit, Gerechtigkeit, Weisheit und Kunst noch besonders als Zweck der Religion aufgestellt zu werden bedürfen. Die Gottinnigkeit des Religiösen ist in ihrem Ursprunge rein innerlich, von jedem, auch noch so schönen, äusseren Zweck unabhängig; sie ist mit allem Guten und Schönen durch ihre edle Natur in natürlicher Harmonie.

Sich Erkenntnisse zu erwerben, sie allseitig zu erweitern und zur Wissenschaft auszubilden, ist ein Theil der ursprünglichen Bestimmung der Menschheit. Jede Erkenntniss, sie sei aus innerer, oder aus äusserer Erfahrung geflossen, sie betreffe einzelne Thatsachen, oder sei allgemein, sie lebe in den wirklichen Dingen, oder in der übersinnlichen Region reiner Ideen, — wenn sie nur Wahrheit enthält, hat absoluten Werth an sich selbst; sie ist Selbstzweck. Wahre und klare Erkenntniss muss dem Menschen als Fackel der Weisheit auf allen Pfaden seiner Bestimmung vorleuchten, als ein göttliches Licht, dem er sich sicher vertrauen darf. Der Erkenntniss danken wir zum Theil das Glück unsers ganzen Daseins, die Ruhe des Gemüths, die Sicherheit des Willens, den Frieden mit der Natur, die Gesundheit und Schönheit des Leibes. Mit Recht wird also der Ruhm der Wissenschaft und der Weisheit hoch erhoben. Aber wie Vieles, was dem Menschen zu wissen mächtig anliegt, bleibt unter dem Horizonte des Wissens, oder wenigstens in dem nebligen Helldunkel des anbrechenden Tages! Wie Vieles, und wie Wichtiges muss die Erkenntniss dem religiösen Ahnen des Gemüths überlassen? Und wenn auch dereinst die Gründe menschlicher Erkenntniss sicherer gelegt, wenn ein mehr symmetrisches, besser geordnetes, schöneres Gebäude der Wissenschaft aufgeführt sein wird, woran wir sicher glauben: so wird doch auch die Wissenschaft nie den ganzen Menschen, sondern sie kann ihn bloss einseitig befriedigen. Denn, um zu erkennen, muss sich der Mensch sammeln, die allumfassende Belebung des Gemüths muss auf einen einzelnen Gegenstand sich beschränken, die vielseitigen Forderungen des geselligen Lebens müssen so lange zum Theil verstummen, als der ruhige Denker das Gebäude der Wissenschaft anlegt und ausführt. Die Thätigkeit des Wissenschaftsforschers ist eine innige, schöne, menschliche, ruhmwürdige, aber eine einseitige. Mit ihrer Erhöhung sinken andere gleich menschliche Thätigkeiten und Fertigkeiten herab. Sein Gemüth wird einseitig gestimmt und bewegt; tausend Quellen menschlicher Freude versiegen ihm. Daher soll sich der Wissenschaftsforscher stetig am Leben, an der Innigkeit der Familie, der Freundschaft und der Religion und an vielseitiger freier Geselligkeit erfrischen, um nicht arm an Gemüth und Leben zu werden, während er Schätze der Erkenntniss häuft. Doch wo begegnet dem Wissenschaftsbildner, wenn ihn die reine Anschauung der Idee der Menschheit von Liebe zu ihr entflammt hat, diese Menschheit ganz, rein und ungetheilt? Findet er etwas mehr im Leben, als Einseitigkeiten, die für ihn nur dadurch Reiz haben und ihm nur dadurch lehrreich werden können, dass sie den seinigen entgegengesetzt sind? —

Ein Aehnliches gilt vom Streben nach Kunst und vom Künstler. Hier müssen wir die freien von den bloss nützlichen Künstlern unterscheiden. Die freien Künstler streben, Werke zu bilden, deren Lebendigkeit und Schönheit ihren Selbstwerth verbürgt und dem Künstler die Achtung aller gebildeten Menschen sichert. Der freie Künstler, bilde er nun ein frei lebendiges, oder ein schönes Kunstwerk, folgt einer reinen, göttlichen, erhabnen Begeisterung; er hat keinen äusseren Zweck, nicht seinen Ruhm, nicht Schätze dieser Erde. Er bildet absichtslos, weil der Gott im Busen ihn treibt. Sein künstlerisches Leben ist wahrhaft menschlich, gemüthlich,

Entfaltung und urbildliche Darstellung des Menschheitbundes. 211

geistreich, frei. Der Lohnarbeiter hingegen, der sein inneres höheres Leben dem Wohle der Gesellschaft zum Opfer darbringt, verfertigt Werke, die an sich selbst geringen, oft gar keinen Werth haben, die bloss des Nutzens wegen gesucht werden. Er arbeitet ein Stück, ein Exemplar nach dem andern, nach hergebrachter Regel, ohne Unterhaltung des Geistes, ohne Nahrung für das Herz; er bleibt, je mehr er sich selbst überlassen wird, und je mehr sein Geschäft auf ihm lastet, in der rein menschlichen, geselligen Bildung zurück. Sollten nicht die gebildetern Stände, schon aus Dankbarkeit, sich alle Mühe geben, diese so zahlreiche Klasse ihrer Brüder der Menschheit zu erhalten; sollten sie sich nicht dieser ehrbaren, gedrückten Stände herzlicher annehmen; sollten sie nicht ihre menschliche Bildung zu erhöhen, ihre Roheit zu mildern suchen? Wo geben sie aber diesen ihren gedrückten Mitmenschen Gelegenheit hierzu; wo kommt man ihnen mit Achtung, wo mit Liebe und Güte entgegen? Wäre den lohnarbeitenden Ständen nicht durch den religiösen Unterricht und Kultus einige Bildung gesichert, so müssten sie in den Abgrund der Niedrigkeit und Unsittlichkeit noch tiefer versinken. Auch ihnen sollte die Idee der reinen Menschheit, der unveräusserlichen Menschenwürde irgendwo, stetig und eindringend, dargestellt werden, dass auch sie, in Stunden der Ruhe, sich zur Vernunft erheben und edlere Freude empfinden können.

Weit glücklicher gegen diese sind die freien Künstler! Sie leben mit göttlicher Freiheit in den reinen Sphären des Lebendigen und Schönen, in Anschaun und Schaffen versunken. Ihre Werke sind ein Spiegel, worin die Menschheit sich stolz beschaut. — Aber auch ihr Empfinden und Bilden, so preiswürdig und göttlich es ist, ist einseitig; nur ein Schönes und Gutes aus vielem Schönen und Guten! Auch dies erfüllt nicht das ganze Herz, das ganze Gemüth des Menschen. Gar leicht wird über der geliebten Kunst die noch wesentlichere Lebenskunst vergessen; gar leicht wird das Herz kalt für das vielseitige, harmonische Streben und Schaffen des ganzen menschlichen Lebens. In äussere Schönheit und in ihre Liebe verloren, bemerken noch jetzt grosse Künstler die Würde und Schönheit der Tugend oft nicht mehr; die Liebe zur Menschheit erkaltet; man muss an ihnen den Menschen vergessen, um sich des Künstlers zu erfreun. Nicht, als wenn die freie Kunst ihrer Natur nach auf Vernachlässigung der Harmonie und der gleichförmigen Bildung des ganzen Menschen führte! Nicht, als wenn die schönsten Blüten und die reifsten Früchte der schönen Kunst ohne harmonische, allumfassende, rein menschliche Bildung möglich wären! Niemand ist fähiger, von der Schöne der Tugend und von der Würde der Mensch-

14*

heit in schönen Werken innig durchdrungen zu werden, als der zur Kunst geborne, urgeistreiche, freie Künstler. Doch, wo findet der schöne Künstler im Leben Gelegenheit, die Reinheit seiner Menschenwürde im Bilde zu schauen, wo Aufforderung, seinen Geist und sein Gemüth in schönem Ebenmasse auszubilden?

Dies eben ist der erste, allen einzelnen menschlichen Gesellschaften, die wir betrachtet haben, gemeinsame Mangel: dass in keiner von allen der ganze, ungetheilte Mensch unmittelbar und rein ergriffen wird. Keine von allen richtet ihr ganzes ungetheiltes Streben, ihre ganze, ungetheilte Kraft auf den Menschen selbst, wie er ganz und gesund aus den Händen des Schöpfers kam. So findet der Mensch nirgends den ganzen Menschen, nirgends die Idee der Menschheit in ihrer ganzen Lebensfülle und Schöne. Sagt man, dass alle einzelne Glieder dieses Urbildes, alle einzelne Züge seiner Schönheit sich vollständig in allen diesen Gesellschaften vertheilt finden? Dass der Mensch nur nöthig habe, an allen diesen Gesellschaften Theil zu nehmen, um die ganze, reine Menschheit selbst im Leben zu schauen und in einem wahrhaft menschlichen Leben darstellen zu lernen? — Allein wie schwer ist es für jeden Stand und jeden Menschen, so allseitig und so gleichförmig gesellig zu sein; wie schwer, diese einzelnen Züge und einzelnen Glieder des zerstreuten Ganzen überall aufzusuchen, und sie zum wohlgestalteten Bilde in Geist und Phantasie zu vereinen! Und kann wohl die ganze, allgesunde Menschheit wirklich in zerstreuten Gliedern **ganz, in ganzem Leben** vorhanden sein? Fehlt es nicht vielmehr allen Gesellschaften auf Erden bis jetzt an einer harmonischen Wechselwirkung und Vereinigung? Sind nicht die meisten Gesellschaften noch schwach und krank, weil sie sich von ihren Schwestern verlassen, oder gar verfolgt und gemissbraucht sehen? Was könnte diese Harmonie aller Gesellschaften unter sich, was die innere Stärke und Gesundheit jeder von ihnen insbesondere, erzeugen, bilden, verbürgen? — Was anders, als die Menschheit selbst, wenn sie, in schöner Geselligkeit, zur Anschauung ihres eignen ganzen, reinen, ungetheilten Urwesentlichen und ihrer ganzen Bestimmung auch für dieses Erdenleben gelangt und, von Liebe zu ihr entzündet, mit jugendlichen Kräften alle ihre Glieder regte mit wohlgemessner harmonischer Besonnenheit? Wenn die Menschheit aus ihrem eignen reinen Musterbilde jedem Theile menschlicher Bestimmung und jeder Sphäre menschlicher Geselligkeit die gebührende Stelle anwiese, ihnen allen die gesunden, gerechten und schönen Masse und Gestalten gäbe und die ihnen gebührenden, dem Leben der ganzen Menschheit wesentlichen und heilsamen Verrichtungen (Funktionen) sicherte?

Einheit, Ganzheit, organische und harmonische Ausbildung aller seiner Theile und Glieder ist für jedes lebende Wesen der innerste Grund, worauf seine Gesundheit, Stärke und Schönheit beruht. So kann auch jeder einzelne Mensch und jede Gesellschaft von Menschen nur dann, im Ganzen und in allen ihren einzelnen Bestrebungen, so vollendet werden, als es auf Erden möglich ist, wenn sie nach und nach in immer umfassendere Ganze, einst aber Alle in einen Menschen verbunden, in einer Liebe und in einem Fleisse die ganze menschliche Bestimmung ganz umfassen, wenn sie alles Menschliche als einen Gliedbau, und alles einzelne Menschliche als Theil desselben, gleichmässig besorgen.

Sind die Menschen auf Erden bis jetzt wirklich eine Menschheit, sind sie zur Erreichung ihrer ganzen Bestimmung in ein grosses, geselliges Ganzes vereinigt? — Leider! in keiner Hinsicht, in keinem einzigen Theile ihres Lebens.

Die Familie, das innerste Heiligthum der Geselligkeit, ist ihrer Natur nach nicht bestimmt, alle Menschen in ein Ganzes aufzunehmen; allein überall auf der ganzen Erde sollte sie, nach Massgabe des Klima und der Volkscharaktere, in schöner, rein menschlicher Gestalt erscheinen. Wo erscheint sie so? Wo ist ein Volk, welches dem Weibe seine vollen Menschenrechte in der Familie ertheilt; welches die Kinder im rein menschlichen Geiste der Liebe und der Gerechtigkeit behandelt? — Wo nicht das Christenthum den Familien eine würdigere Gestalt angebildet hat, da ist dies innigste Verhältniss der Liebe vielmehr eine Freistatt des Lustfrevels und der Grausamkeit, als ein Tempel der Liebe und der Gerechtigkeit.

Wie selten wahre, uneigennützige, von Liebe beseelte, fruchtbringende Freundschaft auf Erden sei, dies empfinden die Völker Europas, die sich sonst mit Recht als die gebildetsten ansehen können, nur zu tief. Freundschaft ist nur mit harmonischer Kultur vereinbar; beide steigen und fallen zusammen. Nur mit der allmählich anwachsenden, sich immer gleichförmiger verbreitenden Kultur wird auch die Freundschaft mit ihren Segnungen die ganze Erde erfüllen.

Wahre gesellige Vereinigung für Wissenschaft und Kunst und ihre Harmonie ist noch bei keinem einzigen Volke gestiftet, geschweige eine solche, welche die ganze Menschheit umfasste. Die Akademien, Universitäten, gelehrten Schulen, die übrigen Erziehungsanstalten, vorzüglich aber der freie geistige Verkehr der Schriftsteller, sind zwar die ersten achtbaren, aber noch höchst unvollkommnen Versuche hierzu. Selbst wenn sie wären, wie sie sein sollten, ist's mit diesen geselligen Vereinen noch lange nicht gethan.

Was den Staat betrifft, so scheint man, da er allen andern menschlichen Instituten so weit vorgeeilt und als der verhältnissmässig vollkommenste gesellige Verein erscheint, von ihm mit mehrerem Rechte, als von irgend einem menschlichen Institute, innere Vollkommenheit und gleichförmige Verbreitung auf Erden erwarten zu können. Diese Erwartung wird aber wenig befriedigt. Es ist noch kein europäisches Volk, dessen Staat sich auch nur der zeitgemässen Vollendung rühmen könnte. Und fast alle Staaten stehen noch einzeln da; fast alle sind mehr bestrebt, sich zu vergrössern, und einander bloss zu überwältigen, als in friedlicher Gerechtigkeit zu einem höheren Rechtsbunde einander zu gewinnen, oder entgegenzukommen. Kein eigentlicher, auf freies, ganz freiwillig anerkanntes Recht gegründeter Staatenbund, der auch nur einen ganzen Erdtheil umfasste, ist schon geschlossen; noch kann es anders sein. Denn das politische Leben eines Volks ist nur ein Theil jenes seines ganzen vielseitigen Lebens, welches wir unter der gesammten Kultur verstehen. Wären die Völker reifer, wäre ihre Kultur grösser, harmonischer, so würden es auch ihre Staaten sein. Gebt dem besten Volke Europas eine auf die Idee der Menschheit gegründete und ihr allseitig gemässe Verfassung: es wird sie dennoch nicht tragen, so lange die harmonische Reife des ganzen innern Lebens fehlt.

Dank sei der Vorsehung! Ein neues, höheres Leben der Staaten und des Rechtes hat in Europa begonnen. Was an den alten Verfassungen und Rechtsformen untauglich und unzeitgemäss geworden war und den aufstrebenden Geist der kraftvolleren europäischen Nationen lähmte, das ist grossentheils entfernt, oder veredelt worden. Allen Staaten Europas steht eine Wiedergeburt in höherem gesellligen Geiste bevor. Es ist den meisten Völkern Europas und ihren Regierungen im Lichte der Wissenschaft und der Erfahrung klar geworden, dass jedes von ihnen berufen ist, das in ihm neu erwachte Leben auch durch Höherbildung seines Staates zu bewähren, und seinen Staat im Geiste der beginnenden neuen Zeit reiner und besser zu formen. Mehrere einzelne Staaten sehen es schon ein, dass das Streben nach einem wechselseitigen Gleichgewichte zwar bis hieher wesentlich war, dass aber der jetzt erwachte rein menschliche Geist und die wirkliche Lage der europäischen Staaten, unter einander und im Gegensatze gegen alle aussereuropäischen Staaten, das höhere Streben gebieten: dass sie in einen organischen Staatenbund von Europa sich vereinen, unter einem höheren Gesetz ein wahres Völkerrecht bilden und, zu einem höheren organischen Gleichgewicht gelangt, den Krieg vorerst aus ihrer Mitte vertilgen. Das Land von Europa ist so ebenmässig gebildet*), es ist ein so gleichförmiges und vollständig gegliedertes Ganzes, dass die dieser Naturanlage gemäss in wohlgeordneten Gruppen in einen Staat nächsthöherer Ordnung vereinten Völker Europas für den dereinstigen einen Erdstaat nicht nur ein verjüngtes Vorbild, sondern auch der erste unvertilgliche, fruchtbare Keim werden können, woraus der ganze Erdstaat im Flusse der Jahrtausende sich, in gesetzlich fortschreitendem Wachsthum, entfalten soll.

Vieles und Wesentliches werden die höherbelebten Staaten Europas zur Erhöhung der gesammten Kultur der Menschheit, zur Erziehung der noch kindlichen Völker mitwirken; denn das Recht durchdringt alle Theile des Menschheitlebens um so gleichförmiger und harmonischer, je reiner, selbständiger, vollendeter es selbst schon belebt ist. Doch erforschen wir im Lichte der Ideen und an der Hand der Geschichte, woher zu allen Zeiten, vorzüglich aber jetzt, den Staaten ihre höhere Vollendung gekommen, so finden wir, dass sie dieselbe weit mehr der höheren Ausbildung des ganzen Menschheitlebens in allen seinen übrigen Theilen, vorzüglich in Religion, in Wissenschaft und Kunst, verdanken, als ihrer eignen, inneren Belebung. Und erkennen wir es auch mit Freuden an, dass auch der Staat auf seinem Gebiete das ganze Menschheitleben umfasse und, wie es in einem organischen Ganzen nicht anders sein kann, auf alle einzelne Theile und Glieder desselben belebend und veredelnd wirke, so müssen wir doch dem Leben der persönlichen Liebe in der Familie und in der Freundschaft, der Kirche, als dem Bunde der Gottinnigen, und dem geselligen Bilden der Wissenschaft und der Kunst mit dem Staate gleiche Würde zugestehen, sie mit ihm als gleichwesentliche, selbständig belebte Nebentheile im Gliedganzen der Menschheit anerkennen, von deren jedem er selbst eben so viel Belebung und Hülfe zu empfangen bestimmt ist, als er ihnen ertheilt. Nur in der höheren harmonischen und gleichförmigen Ausbildung alles einzelnen Menschlichen kann auch der Staat höher gedeihen, und nur wenn das Menschheitleben als ganzes gebildet ist, als welches es höher und eher ist, als jeder seiner einzelnen Theile, kann auch der Staat, im Einklange mit allen anderen Gliedern und Theilen jenes grössten Ganzen auf Erden, seine volle, reine, selbständige und menschheitbeseligende Ausbildung, in voller Kraft und in schöner Gestalt, gewinnen.

Die Religion der Liebe, welche Jesus stiftete, hat, in ihrem äusseren Erscheinen als christliche Kirche, unter allen menschlichen Instituten am reichsten Heil und Freude, Leben und Schönheit auf Erden verbreitet. Ihr hat es Europa zu

---
*) Siehe den in No. 9 des Tagblattes des Menschheitlebens begonnenen Aufsatz über die Natureintheilung von Europa.

verdanken, dass das Reinmenschliche in der Bildung seiner edleren Völker das Charakteristische, dass europäische Kultur die erste der Erde geworden ist. Denn Jesus hat die Idee reiner Menschenwürde in jedem Menschen, unter jedem Himmel, in jeder Gestalt, unter den Menschen zuerst wieder belebt, er hat zuerst den himmlischen Funken reiner, allgemeiner Menschenliebe entzündet. Diese Reinheit, diese Höhe, diese Allumfassung des Geistes und des Herzens hatten selbst die Griechen, der Stolz der alten Zeit, nicht erreicht. Jesu göttliche Lehre und das gesellige Leben gottinniger Menschen in ihrem Geiste ist einer steten, immer reicheren und schöneren Ausbildung fähig; und der höhere Aufschwung der Wissenschaft und Kunst, die ernsten Begebenheiten, welche jetzt die Menschen laut zu Gott rufen und alle Gemüther gottinniger stimmen, lassen auch dem Christenthum eine neue, höhere Belebung in Jesu reinem Geiste hoffen.

Gottinnigkeit des einzelnen Menschen und gesellige Darstellung derselben in den Familien und im geselligen Vereine der Völker ist an sich würdig und schön, der Menschheit wesentlich; sie wirkt auf ihrem Gebiete erweckend und veredelnd auf das ganze Menschheitleben; sie befödert die Ausbildung alles einzelnen Menschlichen, sie ermuntert mächtig zur harmonischen Ausbildung des ganzen Menschheitlebens. Doch den Mangel freien, selbständigen, selbstgesetzmässigen Aufstrebens und fleissigen, kunstreichen Schaffens und Bildens alles einzelnen Menschlichen und der Harmonie des ganzen Lebens dem Menschen, oder der Menschheit selbst zu ersetzen, vermag auch die Religion und die Kirche nicht. Vielmehr lehrt wahre Gottinnigkeit im Lichte echter Weisheit selbst: dass der Mensch und die Menschheit nur durch freien, selbständigen, reinsittlichen Kraftgebrauch ihre innere und äussere Bestimmung erwerben können, dass sie sich das angestammte göttliche Ebenbild mit Freiheit selbstthätig aneignen sollen, und dass sie nur dadurch Gott ähnlich und seiner Liebe und liebevollen Offenbarung würdig werden. Der Mensch vermag Gott nur in sich selbst, als seinem eignen Spiegel, zu schauen; das Bild, worin ihm Gott erscheint, nimmt unwillkürlich Züge seines eignen Lebens an. Die Erkenntniss Gottes ist der Weisheit, der Liebe, des Lebens Anfang; aber nur so wie die Weisheit, die Liebe, das Leben sich reicher und schöner verklären, wächst und reiniget sich auch die Erkenntniss und die Liebe Gottes. Je inniger und schöner und harmonischer der Mensch und die Menschheit sich in sich selbst beleben, desto inniger wird ihr Bund, ihr Leben mit Gott, desto schöner erblüht und verherrlicht sich ihre Gottinnigkeit. Der Mensch ist Gott ähnlich und als Werk Gottes selbständig und frei in seiner Sphäre: nur dem

Entfaltung und urbildliche Darstellung des Menschheitbundes. 217

durch reines, sittliches Streben Gottähnlichen, nur dem reinen Herzen, nur dem erleuchteten Geiste wird Gott offenbar in der Welt der Ideen und auf den Wegen des Lebens. Und so erscheint Gottinnigkeit und der Gottinnigkeitbund als ein wesentlicher Theil der menschlichen Bestimmung, dennoch aber als ein einzelner, welcher nur in, mit und durch das ganze Leben der Menschheit und in harmonischer Wechselwirkung mit allen Theilen der menschlichen Bestimmung vollendet werden kann. Nur das sein Würdige nimmt Gott liebend in sich auf; nur die in eigner Kraft, in Gottes Mitwirkung erstarkte und belebte Menschheit kann sich Gott vertrauensvoll nahen und seiner höheren Segnungen würdig werden. So leitet die Religion selbst hin zur Anerkenntniss der Menschheit, als eines organischen, harmonischen, selbständigen Wesens und Lebens, so bereitet sie selbst das Gemüth zu reinem Leben im Geiste wahrer Menschlichkeit, so erhöhet sie selbst den Muth, so gründet und befestigt sie selbst die Hoffnung, das Werk der Menschheit werde auch auf Erden freudig gedeihen.

Die Menschheit auf Erden ist noch nicht in ein Ganzes, noch nicht in eine Familie der Kinder Gottes auf Erden verbunden; aber sie soll es werden; Gott, Vernunft, Natur und Gottes Stimme in jedes Menschen Brust fordern uns lebendig dazu auf. Ein paradiesischer Wohnplatz der Erde, reich an Leben, schön und reich in Land und Meer zu Völkerwohnplätzen entfaltet, dennoch ein grosses Ganzes, eigenthümlich schön in allen seinen Theilen, von allen Seiten dem geselligen Leben zugängig, erwartet nur vom Fleisse, von der Liebe der Menschen, wie bald er ein beglücktes Brudervolk der Erde in sich fassen solle. Wie viel gewannen jedesmal die Völker, sobald ein neues Mittel freieren Verkehres sich darbot und zwischen ihnen in Kraft und Wirkung trat. Was giebt der Kultur der letzten Jahrhunderte ihre Erhabenheit, was dem geselligen Leben höhere Freude und Anmuth, was Anderes, als dass wir die Erde umschifften und Nationen mit Nationen freier nun verketten, die zerstreuten Güter der Erde brüderlicher theilen? — Die Völker der Erde sollen und werden ihre Eigenthümlichkeit beibehalten, sie werden sie reinigen, erhöhn, gesellig ausbilden; sie werden eine, aus Brüdervölkern bestehende Menschheit sein.

Wissenschaft, Kunst, Staat, Religion, alle richten ihre Wünsche auf die Darstellung der Menschheit, als eines grössten Menschen auf Erden, und auf die allseitige harmonische Ausbildung dieses grössten Menschen in allen seinen Theilen, Organen, Kräften. Alle erwarten von dieser Vollendung der Menschheit ihre eigne. Alle wirken, mit Absicht oder bewusstlos, zu diesem grossen Ziele. Wird es auch,

wie sich nach einem nicht voreiligen Massstabe*) erwarten
lässt, eine Reihe von Jahrtausenden erfordern, um jenes grosse
Ziel herbeizuführen, ist es darum weniger des Menschen würdig, auch die ganze Zukunft des Geschlechtes als eine Gegenwart zu umfassen? Sollen wir nicht schon jetzt im Geiste
dieser grossen Idee leben? Wird sie im Leben wirklich werden, wenn nicht schon wir Hand anlegen? Sind denn wir
selbst nicht auch eine Kraft Gottes, eine schaffende Macht
der Geschichte? Muss nicht ein Werk, was erst nach Jahrtausenden reifen kann, schon Jahrtausende zuvor begonnen
werden? Sollen unsere Kräfte, auf eine ewige Idee gerichtet,
ermatten, weil ihre Grösse, weil ihr Reichthum eine lange
Zeit fordert, ehe die göttliche Frucht am Baume des Lebens
reift?

Jedes reine, grosse Herz glühe für dieses grösste aller
menschlichen Werke! Strebet kräftig, edle Zeitgenossen, den
erhabnen Bau zu beginnen! Die höhere Seele eures Lebens
werde das Bemühn, das Urbild der Menschheit als eines
harmonisch gebildeten Menschen auf Erden überall zu wecken,
Alles im Geiste dieser Idee zu denken und zu thun! Und
eine neue Epoche in der Geschichte, ein höheres Lebensalter
der Menschheit wird beginnen! Dies unser echtmenschliches
Streben steht in Harmonie mit allen grossen Schöpfungen
der neuen Zeit. Die Wiedergeburt des politischen Lebens,
die Verjüngung des Christenthums, der jugendliche Aufschwung
der Wissenschaft und der Kunst in den edelsten Nationen,
vereint mit dem neugebornen, geselligen Streben für reine,
ganze Menschlichkeit und Menschheit, — welch eine Zukunft
lassen sie uns hoffen!

Die Erinnerung an das Wesentliche jeder jetzt schon
bestehenden menschlichen Gesellschaft lehrte uns, dass noch
eine Anstalt fehle, welche das Reinmenschliche in jedem Menschen und in jedem geselligen Vereine wecke, erhalte und
ausbilde. Wir bemerkten ferner, dass noch kein selbständiges
Institut gestiftet sei, welches einzig und allein und aus allen
Kräften dahin wirke, dass sich die Menschen als ein geselliges
Ganzes, als eine Menschheit auf Erden ausbilden und allseitig harmonisch vollenden. Reinmenschliche Bildung jedes
Einzelnen und harmonische Ausbildung der ganzen Menschengattung auf Erden gehören so wesentlich zusammen und sind
so unzertrennlich, wie der Leib und seine Glieder. Der einzelne Mensch gehört der Menschheit als Mitglied und Organ,
und es ist dieselbe menschliche Natur, welche im Einzelnen,
wie in der ganzen Menschheit lebt und belebt werden soll.
Daher soll auch ein und derselbe gesellige Verein die rein-

---

*) S. in No. 13 des Tagblattes des Menschheitlebens vorzüglich S. 51.

Entfaltung und urbildliche Darstellung des Menschheitbundes. 219

menschliche Ausbildung des Einzelnen, so wie der ganzen Menschheit, als ein Menschheitbund, besorgen. Soll das Urbild dieses Bundes für das ganze Menschheitleben sich unsern Augen darstellen, sollen wir dadurch zu reiner Liebe, zu geselligem Fleisse, es wirklich zu machen, harmonisch erweckt werden, so ist es nothwendig, dass wir einig sind, was unter dem Reinmenschlichen, was unter Menschlichkeit und Menschheit zu verstehen und zu lieben sei. Wir wollen daher uns an die Idee der Menschlichkeit und der Menschheit in ihren ersten Grundzügen erinnern, um hierauf die Entfaltung der Idee des Menschheitbundes zu gründen. Sind wir rein an Herzen, unschuldig an Geist, beseelt uns reiner guter Wille, dann werden wir sicher auch hierin im Wesentlichen übereinstimmen, dann wird sich auch diese Gegend der Wahrheit uns Allen völlig gleich darstellen.

———

III. Das Reinmenschliche im Leben jedes einzelnen Menschen.

Nur auf das, was in jedem Menschen das Ewigwesentliche und in aller Zeit Bleibende, allen Menschen Gemeinsame ist, nur auf das allgemeine Reinmenschliche in jedem Menschen kann achtbares Eigenleben, so wie jede einzelne menschliche Vortrefflichkeit, gegründet werden. Die reine Menschlichkeit, als der Inbegriff alles Wesentlichen, wodurch der Mensch Mensch, und zwar ein vollkommner, allgesunder Mensch ist, ist dem Menschen der Anlage nach unveräusserlich. Sie macht alle Menschen gleich und gleicher Vollkommenheit fähig, sie mögen zu dieser, oder zu jener Nation, zu dieser, oder zu jener Familie, zu diesem, oder zu jenem Stande gehören, sie mögen Mann, oder Weib, alt, oder jung sein; ihre wissenschaftliche, künstlerische, staatliche, religiöse, sittliche Eigenthümlichkeit mag sein, welche sie wolle. Das Reinmenschliche ist das wesentliche Band, was alle Menschen verbindet und alle ihre geselligen Vereine zusammenhält. Das Reinmenschliche in der eignen Person zu bilden, ist jedes Menschen erstes und heiliges Geschäft. Dies muss er zuerst erkennen und liebenswürdig gestalten, wenn er zu einzelner Vortrefflichkeit in Wissenschaft, oder Kunst gelangen, wenn er in gesellschaftlichem, schönem Vereine mit Menschen menschenwürdig leben will.

Der Mensch ist ein ganzes, untheilbares Wesen; alle seine geistigen und leiblichen Kräfte wirken in jedem Momente seines Daseins zugleich und in inniger, allseitiger Vereinigung. Daher ist es der erste Charakter der Menschlichkeit, das Erste im Reinmenschlichen, immer als ganzer Mensch, mit

Leib und Seele, zu leben, und nur so jedes Einzelne zu denken und zu thun. Als ganzer Mensch handelt jeder, in dem eine stetige, der organischen Natur des Menschen gemässe Harmonie aller geistigen und leiblichen Kräfte und Thätigkeiten belebt ist, dessen gesunde Seele mit seinem gesunden Leibe harmonisch zusammenstimmt, dass er immer in dieser Harmonie lebe, alles in ihr entwerfe und thue. Diese Grundforderung, immer als ganzer Mensch zu leben, und Alles als ganzer Mensch zu denken und zu thun, strebt gegen die Herrschaft jeder Einseitigkeit in den Thätigkeiten und in den Werken und gegen jede daher entstehende Verkrüppelung der menschlichen Natur. Sie fordert Einheit, Gesundheit, ungetheilte harmonische Kraft, ein Ebenmass des ganzen Menschen.

Um nun alles Einzelne zu erkennen, was die reine Menschlichkeit enthält, müssen wir den Blick auf den Menschen, als Geist, als Leib und als Vereinwesen von Leib und Geist richten. Betrachten wir also den Menschen zuerst als Geist und nehmen nur diese eine Hälfte seines Wesens ins Auge: so zeigt er sich auch an Geist als ein organisches, ganzes, untheilbares Wesen. Die erwähnte Harmonie des ganzen Menschen muss also zuvörderst Einheit, Gesundheit und innere Harmonie des ganzen Geistes, des ganzen geistigen Lebens in sich halten.

Die eine ursprüngliche Kraft des Geistes ist auf Erkennen und Dichten, auf Wissenschaft und Kunst gerichtet. Die Geistkraft ist Vernunft, sofern sie wahre Einheit hat und in Allem das Ganze erfasst; Verstand, in sofern sie die Theile in ihrem Ganzen erkennt und bildet; und Harmonie des Verstandes und der Vernunft, in sofern sie Ganzes und Theile als eine Idee ermisst und als ein Ideal kunstreich ausbildet. Nächst der Kraft hat der Geist den Sinn, das ist, Empfänglichkeit, die Einflüsse äusserer Wesen, Gottes, der Natur und der Vernunft, zu empfinden, wahrzunehmen, mit seinem innern Leben zu verschmelzen. Die ganze Kraft des Geistes wird durch den Sinn bestimmt. Aber der ganze Geist bewirkt die Einheit und Wechselwirkung der Kraft und des Sinnes; der Geist ist Gemüth. Er empfindet und fühlt in sich Neigung und Abneigung. Der Geist bildet im Gemüth Harmonie der Empfindungen und der Neigungen, der Lust mit der Liebe, des Schmerzes mit dem Kampfe: und in diesem seinem innern Leben nennen wir das Gemüth Herz.

Aber selbst über dem Gemüth und dem Herzen noch ist und lebt der Geist in reiner Freiheit; er empfängt die Stimmung des Gemüthes, die Regungen des Herzens, ruhig waltend, in seine höhere Einheit. Er entscheidet nach dem ewigen, unwandelbaren, freien Vernunftgesetze, welche Richtungen seine Kräfte nehmen sollen, ob und wie weit sie den Anmuthungen des Gemüthes und des Herzens Folge leisten können und dürfen. Der Geist allein bestimmt und vollendet den freien Willen. Das freie Leben des Vernunftgesetzes, in Harmonie mit dem Gemüthe und dem Herzen, wenn es hindurchdringt in Alles, was der Mensch denkt und thut, wenn es zu schöner Fertigkeit geworden, ist Tugend, sittliche Schönheit und Würde. Tugend also ist das Höchste und Erste rein geistiger menschlicher Vortrefflichkeit, weil sie die Herrschaft des ganzen Geistes über alle seine einzelnen Vermögen und Kräfte bewährt, weil nur in und durch sie der Mensch als ganzer Mensch, als ein wahrhaft organisches Wesen, sich vollenden kann.

Hieraus wird uns das rein Menschliche am Menschen offenbar, sofern er Geist ist. Zuerst, dass er das reine, ewige Vernunftgesetz anerkenne und es allein seinen Willen regieren lasse, dass er reine, sittliche Würde behaupte, dass er sich zur Tugend erziehe und sie von ganzem Gemüthe liebgewinne. Sodann, dass er seine Erkenntniss und sein Kunstvermögen gleichförmig mit seinem inneren Sinne ausbilde. Dass er seine Empfindungen und Neigungen veredele und in Harmonie setze, dass er sein Gemüth in einer schönen, harmonischen Stimmung erhalte, sein Herz reinige und läutere; dass er sein Wissen und Dichten in Harmonie mit seinem Gemüthe und sein Gemüth selbst in Harmonie mit seinem Willen bringe.

In jedem Geiste nun ist ein Theil der geistigen Bestimmung der vorwaltende; ihm muss er sich vorzüglich widmen, alle andere Theile seiner Bestimmung kann er nur in einer bestimmten Perspektive und in einer nur ihm eigenthümlichen Symmetrie ausbilden. Doch deshalb kann und soll er nicht weniger seine ganze geistige Würde rein bewahren. Dies geschieht, wenn er sich stets im Anschaun seines ganzen Wesens erhält, wenn er seinen individuellen Beruf nicht höher schätzt, als den gleichwürdigen Beruf anderer Menschen; wenn er vielmehr im Umgange mit ihnen die Allseitigkeit seiner geistigen Bildung zu gewinnen und zu retten strebt, indem er sich von Andern das aneignet, was er selbst zu erzeugen nicht im Stande ist, wenn er sich, reines Herzens, allem Guten und Schönen, allen andern Menschen, Gott und der Natur offen erhält. Dann wird auch jedes seiner Werke, welches er in seinem Berufe erzeugt, uns sagen: es ist ein harmonischer, liebenswürdiger Mensch, der dies gebildet hat, er ist gleich vortrefflich an Geist und Gemüth. Dann wird Alles, was er spricht und thut, es empfinden lassen, wie schön seine Seele ist.

Es muss daher jeder Mensch, der auf rein menschliche

Bildung Anspruch macht, das ganze Gebiet der Wissenschaften und der Künste umfassen und sich davon aneignen, so viel nur seine Fähigkeiten, sein Beruf und sein Standort es ihm möglich machen. Der Wissenschaftsforscher, den eine einzelne Wissenschaft anzieht, wenn er in ihr etwas Grosses zu leisten hofft, muss sich mit echt wissenschaftlichem Geiste rüsten, er muss das ganze Gebiet der einen Wissenschaft als ein organisches Ganze, und jede einzelne Wissenschaft als ein organisches Glied desselben, betrachten und lieben lernen, damit er im Stande sei, die Idee seiner Lieblingswissenschaft klar und vollständig und im Verhältnisse zum grossen Ganzen aller Erkenntniss und zu jeder andern Wissenschaft anzuschauen und zu lieben; damit er auch sie in dem ihr eignen echten Geiste und in beständigem, gesundem Wechselverhältnisse mit allen andern Wissenschaften anbaun und erweitern könne. Die grössten Geister, die in einzelnen Wissenschaften neues Licht verbreiteten und neue Welten schufen, waren allseitig gebildete Wissenschaftsforscher nicht nur, sondern allseitig gebildete Menschen, gleich gross an Geist und Gemüth, voll Sinn und Wärme für alles Leben, für alle Schönheit. Einseitige Gelehrte konnten nur ausführen, was jene schöpferischen reinmenschlich Gebildeten ideal andeuteten. Die Mathematik erwartet noch heute ihren zweiten Leibnitz, weil es den Mathematikern nach ihm insgesammt mehr oder weniger an universaler Bildung, an echt wissenschaftlichem Geiste fehlte.

Ein Gleiches gilt von den Künstlern. Jede Kunst hat zwar ihr eigenthümliches, reines Gebiet, aber die Künste durchdringen sich allseitig lebensvoll im freien Vereine zu den grössten Werken. Der Sinn für das Ewigschöne und Lebendige ist in jeder Kunst der gleiche, und es sind nur verschiedene, gleichwesentliche Aeusserungen des einen Göttlichen, die uns in der Harmonie der Töne, der Gestalten und in der universalen Welt der Poesie entzücken. Der wahre Künstler muss offnen reinen Sinn für jede besondere Kunstwelt haben, er muss in innerer Freundschaft mit allen Gestaltungen des Urschönen leben, um, ergriffen vom Geiste des Ganzen, auch den Werken seiner Kunst Schönheit und Leben einzuhauchen, und sie höherer Harmonie in höheren Ganzen geselliger Kunstwerke würdig zu machen.

Eben so sind die Wissenschaftsforscher gedrungen, ihren Sinn für Leben und Schönheit durch Anschaun inniger und schöner Kunstwerke und durch vertraute Freundschaft mit Künstlern auszubilden; den Künstlern dagegen ist Umgang mit echten Wissenschaftsforschern und fleissiges Forschen in der Wissenschaft nothwendig, damit sie im Geiste der einen Wissenschaft lebendige Erkenntniss haben. Denn Wissenschaft und Kunst verlangen, im Verein gebildet zu werden, wenn jede für sich und beide in Harmonie ihre höchste, für Menschen mögliche Vollendung gewinnen sollen. Blicken wir nun auf die andere Hälfte der menschlichen Natur, auf den Leib, so kommen uns ähnliche Forderungen der reinen Menschlichkeit auch hier entgegen. Auch der Leib ist ein ganzes, untheilbares Wesen, der menschlichen Natur so wesentlich, als der Geist. Es ist also menschlich, die Gesundheit und Schönheit des ganzen Leibes zu bilden und zu erhalten; der Stimme der Natur, die sich als Instinkt dem Geiste anmeldet, so weit es mit dem Vernunftgesetze verträglich ist, zu folgen, und unter allen leiblichen Kräften und Neigungen eine allgemeine Harmonie zu stiften, wie sie jener Gesundheit und Schönheit des ganzen Leibes und aller seiner Theile zuträglich ist. Auch der Leib verlangt, wenn er blühend und wohlgebildet sein soll, eine gleichförmige Pflege und Uebung aller Organe, aller Sinne und aller Glieder; durch Einseitigkeit der Erziehung und der Bildung wird auch der Leib, so wie der Geist, entstellt. Die harmonische Pflege und Ausbildung des Leibes gehört wesentlich zum rein Menschlichen in jedem Menschen. Wo sie gefunden wird, erscheint uns durch sie der Mensch liebenswürdig; wo sie mangelt, kostet es Ueberwindung, nicht auf ähnliche Unvollkommenheiten des Geistes zu schliessen. Den Leib zu vernachlässigen, ihn zu schwächen, oder zu entstellen, bezeichnet Wildheit und Rohsinn des Geistes; denn dies ist Ungerechtigkeit gegen die Natur und Gefühllosigkeit gegen das Lebendige und Schöne.

Der Mensch ist nicht allein Leib und Geist zusammengenommen, sondern Leib und Geist in einer wahren, harmonischen Vereinigung des Lebens, der Kraft, der Empfindung, der Neigung und der Handlung. Leib und Geist sind beide gleich ursprünglich und schön, in ihrer Art gleich ehrwürdig; es ist also reinmenschlich, den Leib an sich selbst, als das schönste Naturwerk, als das theuerste Pfand der liebenden Natur zu achten, zu lieben, zu pflegen; und es ist menschenwidrig, den Leib bloss als ein Werkzeug des Geistes, noch vielmehr aber, als ein Wesen geringerer Art anzusehen und zu behandeln. Erst Leib und Geist in allseitiger, gleichförmiger Harmonie sind ein Mensch; daher ist es reinmenschlich, diese Harmonie zu erstreben und zu erbauen. Es soll eine Harmonie aller geistigen und leiblichen Kräfte gestiftet werden: der Geist soll inmittelst des Leibes seine Kenntniss in allseitiger Erfahrung erweitern und seine Kunst andern Menschen und der Natur in äusseren Kunstwerken darstellen. Der Leib aber kann und soll durch den Geist seine Naturkraft mit der Freiheit der Idee waffnen und sie so zu einer Riesenkraft erheben, welche, gleich bewunderswürdig im

Grössten, wie im Kleinsten, jeden Menschenleib und die ganze Erde zum schönsten Bilde der Seele, zu einem ursprünglichen Kunstwerke des Geistes vollenden kann. Eben so sollen die leiblichen und die geistigen Empfindungen und Neigungen in allseitige Harmonie gesetzt werden, dass sie sich wechselseits erheben und durchdringen und des Geistes und des Leibes gleichwürdig sind. Geist und Leib sollen in Allem die sittliche Würde des Vernunftgesetzes, vereint mit der innigen Lebendigkeit der Natur, darstellen. Sie sollen ein wahres organisches Ganzes sein, ein schöner und gesunder Gliedbau, worin alle Glieder nach richtigem Mass und mit gleichgemessner Kraft gestaltet sind und sich frei, anmuthig und schön bewegen.

Der Mensch, welcher das Allgemeinmenschliche in sich anerkennen, ausbilden und darstellen will, soll zurückkommen von dem selbst in unserm Zeitalter noch nicht seltnen Vorurtheile: die Natur und der Leib seien Wesen niederer Art, als die Vernunft und der Geist, sie seien nur für letztere da und haben nur als Werkzeuge des Geistes Werth für den Menschen. Zwar sind die Natur und der Leib, vermöge der von Gott gestifteten Zusammenstimmung aller Dinge zu dem einen Leben, auch für die Vernunft und für den Geist höchst zweckmässig, dienen beiden, dass sie sich ausbilden und bekräftigen: allein Vernunft und Geist stehen dagegen in demselben Verhältnisse zur Natur und zu dem Leibe; der Geist ist, als Mensch mit dem Leibe vereint, eben so Organ des Leibes und eben so vom Leib abhängig, als der Leib vom Geiste; sowohl Geist als Leib sollen jeder rein in sich gebildet werden und in ihrem Vereine ihr freies und eigengesetzmässiges Leben erhalten und ausbilden. Denn Alles, was ist, soll es Gottes würdig erfunden werden, muss zuerst in und durch und für sich selbst sein; daher auch die Natur und der Leib. Also geziemt es dem Menschen, auch die Natur und den Leib an sich selbst wegen ihres eignen, vom Geiste unabhängigen Lebens und wegen ihrer inneren Schönheit zu verehren und zu lieben; die Gesundheit und Schönheit des Leibes nicht bloss um des Geistes willen zu schonen und zu befördern. Die entgegengesetzte Gesinnung, welche seit dem Untergange der griechischen Volksbildung die vorherrschende geworden, hat mitgewirkt, um bei ganzen Nationen lange Zeit Gesundheit und Schönheit des Leibes und die Ausbildung der bildenden Künste zu schmälern. Dagegen wird die wiederaufgelebte Achtung und Liebe zur Natur und zu ihrem schönsten Werke die Nationen verjüngen und die bildenden Künste beleben und uns in Kraft der allgemeinen höheren Bildung der neuen Zeit auch in den bildenden Künsten selbst die Griechen übertreffen lassen.

Entfaltung und urbildliche Darstellung des Menschheitbundes. 225

Wer nun zum Anschaun des reinen Wesens der menschlichen Natur gekommen ist, den beseelt auch gleiche Achtung, gleiche allgemeine Liebe für die weibliche und für die männliche Menschheit. Der reingesinnte Mann ist voll Achtung, voll Gerechtigkeit und Liebe für die eigenthümliche Würde und Schönheit des Weibes. Bemerkt er, dass die weibliche Menschheit von der männlichen, welche bei allen Völkern mehr, oder weniger das Uebergewicht hat, unterdrückt, oder doch zurückgesetzt, und in der Erziehung an ihren Rechten und im geselligen Leben vernachlässigt wird: so regt sich kraftvoll in ihm der edle Trieb, das Weib zu beschützen. Er wirkt, wo er nur kann, die Rechte des Weibes in Kraft zu setzen, die weibliche Erziehung zu verbessern und umfassender zu machen, die Männer über die Würde und volle Bestimmung des Weibes aufzuklären, und ihre geselligen Empfindungen zu veredeln. Und eine ähnliche Gesinnung belebt jedes menschlich gebildete Weib gegen die männliche Menschheit, dass es in reiner Liebe das Leben erfreue und verschöne, dass die ernste Kraft des Mannes, mit weiblicher Milde und Anmuth vermählt, die höchste Harmonie des Lebens vollende.

Der reine Mensch erkennt und empfindet die Heiligkeit und die Würde der leiblichen Liebe; er achtet die Ehe als ihre würdigste Gestalt, wo sie, im Verein mit reingeistiger Liebe, zur innigen Liebe des ganzen Menschen sich erhebt. Nur die menschenwürdige Liebe in ihrer reinsten Harmonie hält er für würdig, dass sie sich der Verjüngung der Menschheit weihe, wo Gottes Allmacht, wo alle geistigen und natürlichen schaffenden Kräfte der Welt liebevoll zusammenwirken. Er achtet dies Verhältniss nur dann heilig, wenn Mann und Weib in reiner Liebe ein Mensch, ein Leib und eine Seele sind; er bebt zurück vor dem Frevel, der aus liebloser, veränderlicher Lust begehrt und die heilige Ordnung Gottes fühllos entweiht. Die Familie achtet und liebt der reine Mensch als die erste in sich geschlossne Darstellung vollendeter Menschheit, als das Heiligthum, woraus alle andere Gesellschaften ihre würdigen Glieder empfangen, worin jeder grosse und achtbare Mensch gebildet wird. Die Heiligung und Veredlung der Ehe und der Familie, als eines würdevollen Ehethums, ist ein würdiger Gegenstand der Liebe und des Bestrebens für jeden edlen, rein gesinnten Menschen.

Nächst dem Gegensatze der männlichen und der weiblichen Natur ist der Gegensatz der Lebensalter der durchgreifendste. Die Kindheit, die Jugend, das reife Alter und das Alter des Greises, jedes hat seine eigne wesentliche Belebung und Schönheit, jedes drückt die ganze Vernunft und die ganze Menschennatur auf gleichachtbare und liebenswürdige, ureigne Weise aus; alle wirken gleich wesentlich dahin, der Erde die ganze Fülle des Lebens und der Schönheit zu verkündigen, welche die Menschheit umfasst. Der wahrhaft menschliche Mensch bewahrt reinen, keuschen Sinn für die Liebenswürdigkeit der Kindheit. Er hält die Kinder nicht für Wesen niederer Art, aus denen erst die Erwachsnen Menschen schaffen müssen. Die himmlische Anmuth und die zarte Schönheit des kindlichen Leibes und Geistes erregt ihm freudige Bewunderung und innige Liebe. Der hülflose, von Natur abhängige Zustand der Kinder schafft in ihm das zarteste Rechtsgefühl, das liebreichste Mitleid, nichts ist ihm heiliger, als der Kindheit Rechte. Nichts ihm schmerzlicher, als der Kindheit Schmerzen, nichts wonniger, als das holde Lächeln kindlicher Seligkeit. Liebe zu den Kindern treibt ihn, auch in sich selbst die holde Kindlichkeit, die reine, himmlische Gesundheit der ganzen Menschennatur, zu bewahren und auszubilden. Wollt ihr wissen, ob dieser Mensch die reine Menschenwürde harmonisch in sich erhalten habe, so sehet, ob er die Kinder liebt, wie er mit Kindern lebt, ob er Sinn hat für die Harmonien himmlischer Schönheit, welche, noch ungestört durch den Tumult des Lebens, in jedem Kinde erklingen.

Und mit gleicher Ehrfurcht und Liebe umfasst der menschliche Mensch den Menschen, wenn ihn die Natur, bewährt im Kampfe des Lebens, zu holder Kindlichkeit zurückführt. Ueber alles heilig ist ihm das Alter und dessen Freuden und Leiden. Ehrfurcht und Schonung und Vergessenheit menschlicher Schwächen gebietet ihm jedes graue Haupt; er erfreut sich an den echt menschlichen Momenten des Lebens desselben und wendet sein Auge ab von den Vergehungen, und die jugendliche Kampflust von den Schwächen des Alters. Die Leiden des Alters zu mildern und in Freuden umzuschaffen, ist seine Seligkeit. Versäumt der Staat, die Verdienste der kraftvollen Jahre, die Gefahren und Schmerzen des Krieges, die Mühen der Erziehung seiner Bürger und die treue Arbeit des Berufs dem schwachen, verlassnen Alter zu belohnen, so übt dagegen der fühlende Mensch den himmlischen Beruf, den Mangel des gemeinen Wesens, so viel er vermag, aus freier Gerechtigkeit zu ersetzen, um das Alter mit der Menschheit und die Menschheit mit Gott zu versöhnen.

Ausser den Gegensätzen des Geschlechts und des Alters bringt noch ein dritter Liebreiz, Kraft und Schönheit in das gesellige Leben, so wie in das Leben jedes einzelnen Menschen. Es ist der unerschöpfliche Reichthum menschlicher Charaktere und Temperamente, als die eigenthümliche Weise, leiblich und geistig, innerlich und äusserlich zu leben, welche jedem Worte, jedem Gedanken, jeder Bewegung, jeder Handlung eines Menschen ein um so eigenthümlicheres Gepräge giebt, je vollendeter und lebenreicher er ist. Erst alle menschliche Charaktere zusammen, in ihren allseitigen geselligen Verhältnissen, sind ein reiches Menschenleben, was die Schätze und Kräfte der Menschennatur ebenmässig und harmonisch entfaltet. Der Gegensatz gleich würdiger Charaktere erweckt die vom Geschlechtscharakter unabhängige Liebe der Freundschaft, welche, als innige Vermählung entgegengesetzter, schöner Eigenthümlichkeit, eben so reich ist an reinen Freuden, wie an schönen Früchten.

Der menschlich Gebildete erforscht die Eigenthümlichkeit seines eignen Charakters, er bildet sich sein eigenthümliches Ideal, er läutert seine Eigenthümlichkeit vom schneidend Einseitigen und vom zurückscheuchenden Uebertriebnen und hält sie im Masse des Gesunden und des Schönen. Er ist weit entfernt, seinen Charakter als den einzig achtbaren anzuerkennen, und nur Menschen zu schätzen, die wie er sind. Er bewundert vielmehr aufrichtig und liebt die Schöpferfülle der Menschheit, welche, wie die Natur tausend verschiedene schöne Blumen, so unzählige innige, gesunde, ureigne Charaktere aufspriessen lässt. Er weiss jedem menschenwürdigen Charakter das Liebliche und Schöne abzugewinnen, und die wesentliche Verrichtung zu erkennen, welche derselbe in dem Leben der Menschheit auf Erden übernimmt. Er sieht es ein, dass der Geist der Menschheit, um die grössten Schöpfungen glücklich und allseitig zu vollenden, die entgegengesetztesten Charaktere wohl berechnet zur Harmonie des Ganzen wirken lässt. Diese Einsichten geben dem Charakter des menschlich Gebildeten eine Beugsamkeit und eine Milde, die sich jedem Charakter liebevoll anschmiegt und, mit gediegener Ureigenheit vereint, die Würde des Menschen vollendet.

Scheint irgend etwas bestimmt zu sein, die Menschen zu trennen, und die Wärme der allgemeinen Liebe erkalten zu machen, so ist es die Verschiedenheit menschlicher Berufsstände und die damit verknüpften äusseren Lagen des Menschen. Die Verschiedenheit der Stände nährt in roheren Menschen das Vorurtheil, als wenn die Menschen nicht zu einem Brudergeschlechte, sondern zu verschiedenen, übereinandergesetzten Ordnungen ganz fremdartiger Wesen gehörten. Dieser Nachtheil der Standesverschiedenheit entspringt jedoch nicht aus dem Wesentlichen der Stände selbst, sondern daher, dass die Stände, einzeln genommen, so wenig, als alle, in ihren geselligen Verhältnissen schon so eingerichtet sind, wie sie eingerichtet sein sollten: daher, dass mehrere an sich achtbare Stände unter entehrenden Verrichtungen seufzen und dabei darben, andere wirklich achtbare Verrichtungen dagegen unverständig verachtet werden, dass endlich unwürdiges Vornehmthun und entehrendes Kriechen wetteifern, die Menschheit zu entadeln. Entspräche jeder durch Vernunft und Natur gebotne Stand seinem Urbilde, wären alle Stände untereinander in menschenwürdigen, ihrem eignen Wesentlichen angemessnen Beziehungen, so müsste die Standesverschiedenheit das innere gemeinsame Leben der ganzen Gesellschaft mehr erhöhen und die Menschen noch viel mehr in inniger Liebe verbinden, als sie jetzt sie trennt und ungesellig von einander entfernt.

Denn die Stände theilen sich in das organische Ganze aller gleichwesentlichen Verrichtungen menschlichen Lebens und menschlicher Geschäftigkeit. Sie theilen sich darein, weil ein Mensch nicht allerlei und in einer Art nicht Alles kann; sie theilen sich ferner wegen der jedem Einzelnen eigenen und wesentlichen persönlichen Beschränktheit. Wir würden die Natur der Dinge verkennen, wenn wir behaupten wollten, alle jene Verrichtungen haben, an sich betrachtet, gleich viel Würde, erfordern alle einerlei gleich hohe und würdige Kräfte. Denn es strebet die Menschheit auf einer Stufenleiter vom Handlanger zum untersten Handwerker, vom Handwerker bis zum freien Künstler, und von diesem bis zum tiefsten Wissenschaftsforscher und zum erhabensten Künstler aufwärts, wo die Verrichtung immer vom niedern Vermögen zum höheren, von der Einseitigkeit der Kraft bis zur Harmonie aller menschlichen Vermögen aufsteigt. Aber dem Ganzen sind alle wesentlich, und die einzelne Verrichtung des Menschen erschöpft nicht sein ganzes Menschenthum. Der Mensch, dessen höher gebildete Natur Höheres leistet, schreibe dies nicht auf eigene Rechnung; er bringe der Menschheit seine Gabe bescheiden dar; wer aber in niederem Geschäft einen Theil seiner höhern Natur dem Wohle der Menschheit zum Opfer bringt, der finde in der Vortrefflichkeit des Ganzen, dessen Gesundheit und Wachsthum er befördert, seine Beruhigung!

Wenn ein Stand, auch der erhabenste und schönste, über dem Eigenthümlichen seines Geschäfts und seiner Bildung das allgemein Menschliche vergisst; wenn er es versäumt, sich von seinem Standorte aus nach allen Seiten gleichförmig auszubilden, so wird er pedantisch, dünkelvoll, unduldsam, verdorben und in sich selbst faul. Denn auch die einzelne, noch so achtbare Aeusserung des Lebens kann, losgerissen vom Ganzen desselben, nicht gesund sein; und an die liebevolle Gemeinschaft mit allen Ständen ist jedes einzelnen, des höchsten, wie des untersten Standes inneres Blühen und Gedeihen gebunden. Die ganze Lebensweise jedes Standes muss zwar das eigenthümliche Gepräge seiner vorherrschenden Beschäftigung und Bestimmung tragen; aber nur auf dem edeln Stamme allgemeinmenschlicher Bildung und Würde, die in allen Ständen die gleiche sein sollte und sein könnte. Die niederen Stände, deren einfache, gedankenlose Verrichtungen den Geist tödten und das Herz erkälten, diese niederen Stände sollten Zeit haben, ihren Verstand aufzuklären, und am Anblicke schöner Natur und schöner Menschheit, in schönen Kunstwerken, an den Altären der Kirche, an dem öffentlichen Leben des Staates, in schöner freier Geselligkeit, ihr Herz für das Göttliche, Schöne und Gute, für wahre Menschenwürde zu erwärmen. Die höhern Stände aber, denen zur Gunst die niederen Kinder bleiben, sollten diese, wie Aeltern ihre Kinder, lieben, pflegen und ihnen durch Ehrerbietung und liebreiche Erziehung dankbar sein. So ist kein Geschäft heiliger und würdiger, als der Ackerbau, als die Pflege der Thiere und Pflanzen, welche in stillem, keuschem, innigem Umgange mit der Natur das Herz des Menschen rein und bieder, den Verstand lebhaft, den Willen frei und kraftvoll und beide, Leib und Geist, gesund erhalten. Nur entweihe nicht den kindlichen, heiligen Stand der Landleute Geldsucht und städtische Weichlichkeit! So auch die, welche aus den niedern Ständen den Familien höher gebildeter Menschen im Hauswesen dienen und das äussere Leben desselben bewahren, — sie verdienen, als unsere Wohlthäter, als unsere Kinder geliebt zu werden, die uns Gott als bildsame Freunde zu höherer Erziehung anvertraut hat. Damit sie höhere menschliche Vortrefflichkeit, welche selbst zu erreichen, ihnen nicht aus Geringschätzung von der Vorsehung versagt ist, in uns belebt schauen: damit wir ihnen ein Vorbild seien, wornach sie sich zu Bürgern einer höhern Ordnung der Dinge, zu Theilhabern eines höhern Menschenlebens, stufenweise, an der Hand der Liebe, erheben können.

Leider hält die Verfassung der häuslichen und der öffentlichen Erziehung und die unzureichende, einseitige Art, Eigenthum zu erwerben, welche die einzig mögliche in unsern Staaten ist, viele höhere Geister in den gemeinsten Ständen und Verrichtungen zurück und lässt so den Funken göttlichen Lebens nur matt erglimmen, oder in der Qual des Lebens ersterben; — die grösste Grausamkeit der Menschheit gegen sich selbst! Eben dieselbe Lage der Sachen stellt die fähigsten Menschen sehr oft nicht auf die erhabensten Orte, von wo aus nur der mit edlem Herzen vereinigte Genius Segen und Schönheit über die Erde zu verbreiten bestimmt ist. Desto erfreulicher aber ist es, im niedern Stande, bei aufopfernder Berufstreue, bei reiner Heiterkeit des Gemüthes, den göttlichen Aufflug urgeistigen Lebens zu entdecken, ihn

zu wecken und zu unterstützen; desto herzerhebender, wenn
zuweilen ein Mensch, gleich urlebendig an Geist, als edel an
Herzen, die höchste Stelle in der menschlichen Gesellschaft
einnimmt und eine neue Welt voll Freude und Schönheit um
sich schafft! —

Niemand rühme sich also, rein menschlich gebildet zu
sein, wer nicht, seinem eignen Stand und Berufe treu, das
Reinmenschliche in jedem Stande, so wie das eigenthümliche
Würdige jedes Standes ehrt! Wer nicht dahin strebt, so viel
an ihm ist, seinen eignen und jeden andern Stand zu veredeln, jeden Stand menschlich zu behandeln, die allseitige
Kultur aller Stände verhältnissmässig zu erhöhen, das Band
der Achtung und der Liebe unter allen Ständen zu knüpfen,
die durch die Standesverschiedenheit getrennten Menschen in
Religion und Staat und freier Geselligkeit innig wieder zu
vereinen! Wer den niedern Ständen verächtlich, den höhern
kriechend begegnet, wer in seinem Diener und in seinem
König nicht zuerst den Bruder, das Wesen gleicher Art erblickt, der rühmt sich vergeblich wahrer Seelengrösse, vergeblich wahrer Menschenliebe.

Noch ein Gegensatz stellt sich uns dar, der sich über
das ganze Wesen jedes Menschen erstreckt, und so wie er
die Menschen in die grössten Gesellschaften vereinigt, sie
auch oft am entschiedensten trennt, — der Gegensatz der
Nationen. Dieser Gegensatz ist der Menschheit wesentlich;
er erfolgt aus dem geistigen und leiblichen Wesentlichen des
Menschen, vorzüglich aus der physikalischen und klimatischen
Beschaffenheit der Erde, aus der Naturentstehung des Menschengeschlechtes und aus den Gesetzen seiner allmählichen
Ausbreitung über das ganze Erdland. So wie sich im Leben
jedes einzelnen Menschen seine Selbstlebensweise (Charakter)
ausbildet; so entwickelt sich auch unvermeidlich an einem
Gliedvereine von Familien und Stämmen, welche gleiches Ursprungs sind, welche einerlei Sprache reden, welche die Natur
auf gleiche Weise zu leben gelehrt hat, eine eigne Volkslebensweise (Nationalcharakter) unvermeidlich. Die Färbung dieser
Volkslebensweise tragen dann alle in diesem Volke Aufge-
wachsene bei aller, noch so grosser Verschiedenheit ihres persönlichen Selbstlebens. So nothwendig zur Entfaltung der
ganzen Fülle der Menschennatur, zur Ausbildung der Einzelnen und zur Schöpfung lebenreicher Geselligkeit der
Reichthum des Selbstlebens der Einzelnen ist, eben so wesentlich für den Reichthum und die Schönheit des innern Lebens
der ganzen Menschheit ist die Verschiedenheit und die entgegengesetzte Vortrefflichkeit der Lebensweise der Völker.
Auch diese Verschiedenheit trennt, so wie jene der Stände,
die Menschen nicht durch ihr Wesentliches, sondern nur dann

Entfaltung und urbildliche Darstellung des Menschheitbundes. 231

und nur so lange, als die eigenthümliche Lebensweise der einzelnen Völker noch nicht lauter und rein, noch nicht von Achtung und Liebe fremder Eigenthümlichkeit beseelt und reiner Freundschaft und menschenwürdigen Wechsellebens noch unfähig ist. Die Trennung der Völker ist an sich selbst nur darum gestiftet, dass die Menschen in einzelnen Völkern selbständige und freie höhere Personen werden, welche dann, in gerechte Gemeinschaft und in liebreiche Geselligkeit sich vereinigend, ein noch höheres, erhabneres und lebenreicheres Ganzes vereinigter Völker eines Erdtheils und zuhöchst ein Ganzes der Menschheit bilden können. Was Anderes hat Europa seit Jahrtausenden die Herrschaft über die weit grösseren, von der Natur weit mehr begünstigten, weit volkreicheren Erdtheile verschafft und gesichert, als die hohe ureigne Vollendung entschiedener, kraftvoller Volkslebensweise und die allseitige, immer anwachsende Gemeinschaft und Geselligkeit seiner werdenden Völker?

Ist nicht Europa in eben dem Grade immer glücklicher, immer schöner, immer mächtiger geworden, als die einzelnen Völker, durch das geistige Band des Christenthumes vereinigt, sich zugleich immer höher und vollständiger ausgebildet haben, als die Völker zu immer freierem, gerechterem, liebreicherem und menschlicherem Verkehr unter sich gelangt sind? Welch ein hoher, grosser Charakter europäischer Menschheit ist aus dem Jahrhunderte lang dauernden Lebensvereine so vieler Völker hervorgegangen! Und was hat Europa noch zu hoffen, da es sich jetzt zur Bildung eines allgemeinen europäischen Staatenbundes, zu der Wiedergeburt der Religion, der Wissenschaft und der Kunst und zu neuer, uraufänglicher Geselligkeit für die ganze Menschlichkeit und Menschheit so unverkennbar, so unaufhaltsam anschickt!

Die Verschiedenheit der Nationen zu vernichten, ist weder möglich, noch wünschenswerth: dies hiesse das Leben der Menschheit selbst auflösen. Der rein menschlich Gebildete erkennt diese Anstalt der göttlichen Vorsehung dankbar an; innig verehrt und liebt er das Volk, als dessen Glied er geboren wurde, dem er den grössten Theil seiner Erziehung und der Ausbildung seiner Eigenthümlichkeit verdankt. Er sieht und liebt in seiner Nation sein eignes höheres Ich, seine höhere Familie, im Vaterlande das höhere Haus seiner Geburt und Erziehung; die Leiden und Freuden aller Kinder des Vaterlandes sind die seinigen, das Leben der Nation das seinige. Er verehrt sein Volk, als eins der vielen würdigen Glieder des allgemeinen Menschenlebens auf Erden; die Bildung und die Sitten seines Volkes sind ihm heilig, als ein einzelner wesentlicher Theil der Bildung des ganzen Menschengeschlechtes. Aber er ist weit entfernt, seinem Volke

mehr anzumassen, als ihm gebührt; er wünscht nicht, alle
Völker sollen sein, gleichwie das seinige; er verwirft und
verachtet Nichts darum, weil es nicht, wie bei ihm daheim,
ist. Er vergisst über seinem volklichen Vaterlande nicht
seines Vaterlandes Vaterland, — die Erde. Er erkennt alles
Grosse, Schöne, Liebenswürdige in jedem Volke an; er findet
unter den Völkern, wie unter einzelnen Menschen, Kinder,
reife Menschen, Greise, männliche und weibliche, harte und
weiche Charaktere; er sieht die Völker in den einen Beruf
der Menschheit, wie einzelne Menschen in verschiedene Stände,
getheilt; er bemerkt, dass einige Völker höhere, andere
niedere Verrichtungen im Haushalte des Ganzen übernehmen,
einige herrschend, andere dienend. Aber die Gefühle, die
ihn in den ähnlichen Verhältnissen einzelner Menschen beseelen, die Grundsätze des Rechts und der Menschlichkeit, die
ihn dort leiten, diese beleben auch in höherem Masse noch
seine Gesinnung gegen die Völker. Er will, dass die Kinder
unter den Völkern liebreich erzogen, die Jugend gebildet,
das reife Alter beschäftigt, das Greisenalter geehrt und ge-
schont werde; er will, dass den Schwachen geholfen, die Ge-
beugten aufgerichtet, dass in ihnen Allen Brüder erkannt,
dass sie durch Liebe und Recht in einen grossen innigen,
gerechten, liebreichen, allseitig gebildeten Menschen auf Erden vereinigt werden. Und so sehen wir dieselbe Gerechtigkeit und dieselbe Menschenliebe den Menschen von sich selbst
aus zu seiner Familie, zu seinen Freunden, zu seinem Volke
begleiten, um ihn zuhöchst dem ganzen Menschengeschlechte
auf Erden als ein würdiges Mitglied zuzuführen.

Wird Geist und Herz des Menschen von reiner Menschlichkeit harmonisch bewegt, so weht ihn auch der Geist
Gottes in der Geschichte des Menschengeschlechtes an, es
lebt in ihm historischer Geist. Jedes Leben spricht eine
göttliche Idee in der Zeit aus. Je inniger, je vielseitiger, je
geselliger das Leben eines Wesens ist, desto länger ist die
Zeit und desto labyrinthischer sind die Perioden seines
Wachsthumes und seiner Entwicklung, desto ferner sind sich
in ihm Geburt, Reife und Tod, aber desto reicher auch die
Zwischenzeit an mannigfacher, charaktervoller, schöner Gestaltung. Anerkennung der Ideen, die Ueberzeugung, dass
Gott in der Zeit die ewige Schönheit aller Ideen in unendlichvielen innigen und schönen Idealen in einem Leben darstelle, — sie ist das Eigenthum des wahrhaft menschlich Gebildeten, sie giebt seinem Leben Freude, Ruhe, Haltung und
jene rhythmische Bewegung, welcher nur das Gemüth des
Weisen fähig ist. Der Mensch, dem sich das Urlicht der
Ideen über die ganze Welt seiner Erfahrung ergiesst, erkennt
und liebt die Geschichte aller Dinge, so weit sie die Erde

fasst, als ein grosses Kunstwerk Gottes, des liebenden, gütigen, weisen Künstlers; und die Geschichte der Menschheit als den höchsten Gipfel dieses bewundrungswürdigen Werkes. Er liebt es, sich in alle Zeitalter und in alle Theile der Erde, in die Schicksale und in das Leben aller Völker zu vertiefen, um sich, wenn er dessen gewürdigt wird, den ewigen Geist des Ganzen durchdringen und beleben zu lassen, so weit es endlichem Geist und Gemüthe möglich ist, um den Sinn des ewigen Künstlers, wo dieser es selbst wollte, zu errathen, und in dessen Geiste, so wie es seine eigne beschränkte Stelle und sein eigenthümliches Leben fordert, einzustimmen in dies grosse Leben; um alles im Geiste des Ganzen, im Geiste seines Weltalters, seines Volks, seines Standes und Charakters zu denken, zu wollen, zu thun. Er schätzt und liebt das Eigenthümliche und Einzige jedes Zeitalters, jedes Erdtheils, jedes Volks, jedes einzelnen achtbaren und liebenswürdigen Menschen; er erkennt es deutlich, dass die vorigen Jahrhunderte nicht bloss um der künftigen willen da sind, nicht bloss um ihnen Stütze und Gerüst zu sein; dass das Vergangne nicht seine Rechtfertigung vom Zukünftigen erwarten müsse, sondern dass es in sich selbst Leben und Schönheit habe. Auch in den schrecklichsten Erscheinungen des auflodernden Lebens und des wilden Kampfes entgegengesetzter Elemente in der Menschengeschichte erkennt er den gegenwärtigen Gott und den gegenwärtigen Geist der ewigen Menschheit. Dem würdevollen Kampfe um Selbständigkeit, welcher die aufstrebende Menschennatur in höchstem Glanze zeigt, welche der Gerechtigkeit und der Liebe den Weg bereitet, sieht er mit Ruhe und mit Freudigkeit zu und tritt in ihn als weiser Kampfgenosse ein. Er weiss die grossen historischen Tugenden des wahren Heldenmuthes, ja selbst die tragische Grösse der Menschennatur zu würdigen.

So erkennt dann auch der rein menschlich Gebildete die Gegenwart an, in ihrem wahren Werthe und in ihrem richtigen Verhältnisse zum grossen Ganzen aller Zeitalter, zur ganzen Darstellung der Menschheit auf Erden. Sein Herz fühlet Ehrfurcht vor den Wegen der Vorsehung, vor den grossen tragischen und harmonischen Aeusserungen des zu neuen Schöpfungen jetzt erwachten Menschengeistes. Jetzt rüstet sich die Menschheit zu einer neuen Zeit, welche sich nicht in charakterloser und schon an sich unmöglicher Nachahmung vergangner Jahrhunderte, sondern in eigenthümlichen Werken der noch jugendlich wogenden Schaffkraft beurkunden soll. Und sie sollten dies nicht wahrnehmen, die harmonisch gebildeten kraftvollen Menschen, sie sollten nicht insgesammt sich ergriffen fühlen von geistigem Drange des verjüngten Menschenlebens, der auch ihr Wesen innig durchglühn soll;

sie sollten nicht erkennen, was jetzt gerade zu thun ist, jetzt,
wo Gott und die Menschheit auf ihre Liebe, auf ihren Fleiss,
auf ihre grossherzige Hingebung rechnen? Wirket nur muthvoll
und besonnen, ihr grossen Zeitgenossen, bewegt euch
frei in eigner Kraft, in eignem Masse; das Böse bekämpft
mit Liebe im Herzen, wahrhaft heldenmüthig, Gott und Menschheit
im Auge; das aufkeimende Gute und Schöne pflegt und
bildet mit Innigkeit, mit rastlosem Eifer, in festem Vertrauen
in die Urkraft der Vernunft und der Natur, in die Liebe
und Weisheit und Allmacht des Herrn aller Zeiten!

Mit diesem geschichtlichen Geiste, mit diesem lebendigen
Sinne für die geschichtliche Entwicklung aller Dinge, welche
sich mit der echten Liebe innig vereinigt, betrachtet und
umfasst der menschlich Gebildete auch sein Vatervolk und
Vaterland. Er gehört ihm mit Leib und Seele, er gehorcht
den vaterländischen Gesetzen und der bestehenden Rechtsverfassung
unverbrüchlich, unter allen Umständen. Sogar,
wenn seine Ueberzeugungen und Gefühle nicht mit den bestehenden
Gesetzen übereinstimmen, selbst dann versagt er
ihnen den Gehorsam nicht; er sucht seinen entgegengesetzten
Ueberzeugungen, seinen Vorschlägen zu Verbesserung der
Verfassung, der Gesetzgebung und der Verwaltung der Volksgüter
nur auf eine ruhige, gesetzmässige, durch die Staatsverfassung
selbst erlaubte Weise Volkskundigkeit und Eingang
bei der rechtmässigen Obrigkeit zu verschaffen; er
wendet alle seine Kräfte an, um zur Ausübung und Herstellung
der Gerechtigkeit an seinem Theile auf gerechte
Weise mitzuwirken. Denn er weiss es, dass die Staatsverfassung
seines Volks und dessen bestehendes Gesetz das Werk
und Eigenthum eben dieses Volkes, als einer höheren moralischen
Person, ist; dass mithin nur diese, nicht er oder
irgend eines ihrer einzelnen Glieder, das Recht haben, gewaltthätig
daran zu rühren; sondern bloss das Recht besitzen,
auf die durch die höhere Person selbst bestimmte, der Verfassung
gemässe Art zu der Vervollkommnung des Staates hinzuwirken.
Und da der wahrhaft gebildete Mensch seine eigne
Persönlichkeit der höheren des Volkes in alle Wege unterordnet,
so ist er dem vaterländischen Gesetze bis in den Tod
getreu, ja selbst um sein Leben zu erhalten, kann er es
nicht verletzen wollen. Aber nicht allein das politische Leben
seiner Nation interessirt ihn, sondern ihr ganzes Leben
in allen seinen Aeusserungen; die gemeinsame Religion, die
gemeinsame Sprache, die eigenthümliche Literatur seines
Volks und die Reinheit der vaterländischen Sitte. Das Leben
des grossen Ganzen, der grossen Familie, in welches er selbst
innig verflochten ist, aus dem er grossentheils mit seiner
Eigenthümlichkeit hervorgegangen, ist ihm so lieb und lieber,

als sein eignes Leben. Wo er dem Vaterlande eine Kraft gewinnen, einen grossen Charakter wecken und erziehen, wo er die Söhne des Vaterlandes für die grosse Sache der Nation für die Erhaltung ihrer gesetzlichen Freiheit und Selbständigkeit und ihrer Achtung bei andern Nationen begeistern und bethätigen kann, da freut er sich, eine süsse Pflicht erfüllen und dem heimischen Lande die nie ganz zu bezahlende Schuld des Dankes doch zum Theil bezahlen zu können.

Das Bewusstsein der eigenthümlichen Beschränktheit bei seinem Streben nach dem Ewigen und Göttlichen; die Ueberzeugung, dass die Menschheit noch im Wachsen, dass sie erst im Anbeginn ihrer reiferen Jugend ist; das Vertrauen, dass Gott sein Werk auch auf dieser Erde herrlich hindurchführen werde und den zukünftigen Geschlechtern neue Würde, neue Seligkeit für ihren höheren tugendlichen Eifer aufbewahre: alles dies pflegt und nährt in dem harmonisch menschlich Gebildeten die urlebendige Hoffnung einer grösseren, schöneren Zukunft der Menschheit auf Erden. Er würdigt alle Kräfte der menschlichen Natur und alle ihre Werke in ihrem innersten Grunde und mit Bescheidenheit. Nicht stolz auf das Wissen des lebenden Geschlechtes und auf seine Kunst und Kraft, hegt er Ehrfurcht vor höheren Ordnungen der Dinge, welche der höher aufgelebten Menschheit in hellem Lichte einst erkennbar sind. Denn Gottes Vorsehung, vereint mit dem freieren, harmonischeren geselligen Gebrauche der inneren Kräfte der Menschheit, wird neue Welten gottinnigerer Erfahrung aufschliessen, neue Erkenntnissquellen höherer Weisheit öffnen.

Urtheilt hingegen Jemand über geistige und natürliche, über göttliche und menschliche Dinge voreilig ab, setzt er willkürlich menschlicher Erkenntniss Grenzen, über die man doch selbst erhaben sein müsste, um sie zu erkennen; urtheilt er mit Stolz und Frechheit, mit Kälte und ideenlos über Gott und Gottes Welt, verzweifelt er schwachmuthig an der Gegenwart und an der Zukunft der Menschheit: dann glaubt ihm nicht, ihr Edlen, in deren Brust der Funke höheren Lebens lebt. Denn er ist nicht völlig reinen Herzens, er hat das Licht der Ideen noch nicht erblickt, er hat nicht Gott, nicht Vernunft, nicht Natur, nicht die Menschheit erkannt; er hat sich selbst noch nicht verstanden, noch nicht empfunden. Es ist der süsseste Beruf wahrer Menschenfreunde, jeden, in dem die gottinnige, reinmenschliche Gesinnung schläft, echt menschlich zu belehren, und ihn mehr durch ein lebendiges Beispiel der Liebe, der Thätigkeit und des festen Vertrauens auf Gott und die Menschheit, als allein durch Worte zu wecken, dass er in sich gehe, und zum Urquell des Lichts und des Lebens, von milder Liebe geführt, zurückkehre.

Fassen wir diese einzelnen Züge rein menschlicher Bildung zusammen, so steht das ganze liebenswürdige Bild eines harmonisch gebildeten Menschen uns vor Augen. Er denkt und handelt immer als ganzer Mensch, in einer steten Harmonie aller seiner geistigen und leiblichen Vermögen; gleichgewichtige Stärke der Vernunft und des Verstandes, des Sinnes und der Neigung, des Gemüths und der sittlichen Freiheit, gleiche Achtung und Liebe der fremden Eigenthümlichkeit und des fremden Berufs wie des eignen bezeichnen ihn als harmonischen Geist. Gesundheit, Reinheit und, so viel an ihm ist, auch Schönheit seines Leibes, ein wohlgemessnes Gleichgewicht aller leiblichen Sinne und Neigungen sprechen die Würde und die Harmonie seines Leibes aus. In seiner reinen Achtung und Liebe für die Heiligkeit des Leibes und für die Schönheit der Natur in allen ihren Werken und in dem menschlichen Leibe spiegelt sich die Würde seiner schönen Seele. In inniger, gleichförmiger Gerechtigkeit und Liebe umfasst er Gott, Vernunft, Natur, Geist, Leib und den Menschen. Er ist religiös, er liebt, so wie er Gott liebt, alle Menschen; er ist beseelt von reiner persönlicher Liebe, er heiligt und schützt die Ehe; sein reines Herz steht der Kindheit, dem reifen und dem hohen Alter offen; er achtet die eigne Lebensweise jedes reinen Menschen; den Freunden ist er treu bis in den Tod; er kennt und schätzt richtig sein ureigenthümliches Leben und bildet es mit weiser, besonnener Kunst, ohne Vorliebe für sich selbst, mit offnem Sinn, mit liebevoller Theilnahme für jedes Mitmenschen eigenthümliches Leben. Er achtet und liebt jeden Stand, freimüthig und edel gegen die höheren, ehrerbietig und zuvorkommend gegen die niederen, gerecht gegen alle Stände. Reine Vatervolkliebe, von Achtung und Liebe gegen alle Völker, gegen die eine Menschheit auf Erden, geläutert und gehoben, schwellt seine treue Brust. Ihn beseelt der Lebensgeist der Menschheit; gerührt von allem Grossen und Schönen, von allem Menschlichen und Göttlichen der Vergangenheit, lebt er mit Liebe und Freude in der richtig geschätzten Gegenwart; voll von fester, lichter Hoffnung schöner Zukunft und der kommenden Vollendung der Menschheit dieser Erde. Er lebt und liebt im Geiste Gottes, in der Menschheit Geiste, als Bürger des ewig schönen Reiches Gottes. In den Schranken seines Menschenthumes erkennt er die Züge des göttlichen Ebenbildes, im Angesichte Gottes, der Vernunft, der Natur und der Menschheit findet er die Bestätigung seiner ewigen Würde, gewinnt er des eignen Lebens frohe Kraft, Urmass und Schönheit.

Indem ich nun das ganze Gebiet rein menschlicher Bildung ermessen und in den ersten Grundzügen dargestellt habe, hoffe ich, es werde schon heller einleuchten, wie sehr es jeder Mensch bedürfe, das Reinmenschliche in seiner eignen Person zum Gegenstande besonderer Bemühung zu erheben. Schon der Mangel reiner Menschlichkeit, der sich oft an Menschen zeigt, an welchen ihn wahrzunehmen am meisten wehe thut, und die Lieblosigkeit, welche ganze Stände, mit Ausnahme weniger Mitglieder, beherrscht, können noch heute den aufmerksamen Beobachter überzeugen: rein menschliche Bildung sei das Gebiet, welches anzubauen wir in dieser Zeit vorzüglich berufen sind, dessen Anbau jedes Volk um so mehr bedürfe, als sich sein Leben der Reife naht, und als es in einzelnen besonderen Theilen menschlicher Bestimmung kräftiger fortschreitet. Wie die Völker Europas zu reinmenschlicher, allharmonischer Bildung fähiger geworden, wie sie dies Bedürfniss schon lebendiger empfinden, beweist die Geschichte des Tages; sie zeigt in erfreulichen Anfängen das Erwachen der reinen allgemeinen Menschenliebe und der Anerkennung des Reinmenschlichen in jeder Gestalt. Die Erziehung verbessert sich, der Staat beginnt, sich um die gedrückten Stände mehr zu bekümmern, und ihnen ihre Lasten zu erleichtern; die peinliche Gesetzgebung wird milder; die Leibeigenschaft wird bald ganz aus Europa verdrängt sein; die Fürsten treten den Bürgern näher; die Kirchenparteien werden duldsamer; der Krieg, obgleich zu höherer Kunst und zu grösserer Erscheinung gesteigert, wird menschlicher. Die Wissenschaft wird organischer, reicher, die Einheit und Harmonie der Wissenschaftsforscher freier, inniger und fruchtbarer, ihre Bildung vielseitiger, ihr Einfluss auf Kirche und Staat kraftvoller. Die Künste erwachen; Musik blüht in hoher Vollendung; Malerei und Bildnerei werden mit der Religion, Schauspielkunst wird mit der Wiederkehr und dem schönern Blühen des öffentlichen Lebens neu sich erheben. Schon keimt der Sinn für das Schöne in den untersten Ständen; Reinheit und Anmuth verbreitet sich schon in die niedersten Hütten.

Ruft uns nicht diese Empfänglichkeit und dieses Bedürfniss des Zeitalters für rein menschliche Bildung zu: es ist Zeit, dass wir diesem herrlichen Ziele eignen geselligen Fleiss widmen; dass wir, wie um die Altäre der Kirche, wie um die Lebensstätten des Staates, also auch in Heiligthümern der Menschheit, in freier Liebe uns vereinen?

Heilig und schön ist die Idee der reinen Menschlichkeit in jedem Menschen, herzerhebend die Hoffnung, dass es einst gelingen werde, in allen Menschen reine Menschenliebe zu beleben, sie alle zu reinmenschlicher Vollendung zu führen

Aber grösser noch und erhabner, reicher an Würde und Schöne ist die Idee der ganzen Menschheit selbst. In ihrem Anschaun verjüngt und verstärkt sich die Liebe, wächst mächtig die Thatkraft. Wem sie zuerst aufgeht, wem sie zuerst mit Bewundrung und mit Liebe erfüllt, in dem bewirkt sie eine Wiedergeburt seines ganzen Lebens; er tritt ein in eine höhere Ordnung der Dinge, denn er wird Bürger des Reiches der Menschheit auf Erden, er lebt als Glied der Menschheit im Weltall, des innigsten, lebenreichsten Wesens im Reiche Gottes.

Die Menschheit der Erde.

Die Menschheit auf Erden soll ein organisches, harmonisch belebtes Ganzes sein; sie kann es sein, und sie wird es sein. Alle Menschen sollen wie ein grosser, allseitig gebildeter Geist, wie ein schöner, allgesunder, kraftvoller Leib, wie ein grosser Mensch, leben, in einer allseitigen Harmonie mit Gott, mit Vernunft, mit Natur, in vollendetem innerem Ebenmass und Wohlordnung, in Tugend, Gerechtigkeit, Innigkeit und Schönheit. Die Völker, die Stämme, die Familienvereine, die Familien, die Freundschaften, die Stände und jeder einzelne Mensch sollen als freie selbständige Glieder der einen Menschheit in sich selbst vollendet sein und unter sich und zum Ganzen in allseitiger Harmonie stehen. Die Menschheit soll sich in allen ihren Werken und Gesellungen als eine höchste Person, als ein grösster Künstler auf Erden bewähren. Sie soll in harmonischem Streben alle Wissenschaft als eine Wissenschaft, die allseitige Welt der innigen und der schönen Kunst als eine grosse Kunstwelt vollenden. Eine gesellige Tugend, in unzähligen eigenthümlichen Gestalten verherrlicht, soll die Menschheit schmücken; das Recht soll frei in einem höchsten Staate der Menschheit auf Erden blühn; eine Religion, verherrlicht in unzähligen eigenthümlichen schönen Gestalten, im Gemüth und in den Werken der Völker, der Familien und jedes einzelnen Menschen, soll die Menschheit mit Gott vereinen. Ein allseitiger kunstreicher Umgang soll die Menschheit mit der Natur vermählen. Ein Bund für Schönheit soll das ganze Leben verherrlichen. Ein allgemeiner Geschwisterbund soll die Bande der Liebe und des gemeinsamen Lebens für die gesammte menschliche Bestimmung um alle Menschen schlingen, und in kunstreicher Erziehung soll die Menschheit stets lebensvoller erblühen. Zu dieser wahren höchsten Persönlichkeit sehen wir Gott, Vernunft und Natur die Menschen auffordern; sie erkennen wir in der Vergangenheit als das höchste Werk der Geschichte, für sie sehen wir die Menschen in der Gegenwart kraftvoll ringen, für sie eröffnet sich uns eine schönere Zukunft. Dies sind die Grundzüge der Idee der Menschheit, welche in lichtvolle Anschauung zu setzen, ich den im Herzen vorbereiteten Leser einlade.

Die Aufforderung Gottes an die Menschen, eine Menschheit auf Erden zu sein, kann nur der gottinnige Mensch deutlich vernehmen, dessen Geist vom Lichte der Ideen erhellt und dessen Gemüth von ihren reinen Strahlen erwärmt ist. Die Religion der Liebe, welche Jesus die Menschen lehrte, so wie sie die wahrhaft gottinnige und gotterfüllte Religion selbst dem Menschen eröffnete, hat auch zuerst jene allgemeine Menschenliebe und mit ihr die Idee der Menschheit, als einer Familie der Kinder Gottes auf Erden, in den Herzen der Menschen belebt. Und diese gottinnige allgemeine Menschenliebe wirkt dann, durch die reinen inneren Kräfte des Gemüthes, still und mächtig zu jener harmonischen Vereinigung der Menschen und der Völker in ein höchstes harmonisches Ganzes der Menschheit auf Erden. Die Geschichte bestätigt diese Behauptung. Wen nur Religion beseelt, wer die Stimme Gottes in seiner eignen Brust vernimmt und verehrt, dem liegt es nahe, in der allgemeinen Menschenliebe, die ihn erfüllt, den göttlichen Beruf der Menschheit zu erkennen, dass sie sich als einen grossen Menschen auf Erden einst vollende.

Betrachten wir den schönen Wohnplatz, welchen die Natur, auf Gottes Geheiss, der Menschheit bereitet hat und fortwährend belebt und bildet, die Erde: so erscheint sie als ein grosses, wohlgegliedertes organisches Ganzes des Lebens. Wasser und festes Land ist so auf ihr vertheilt, dass sich zuerst drei grosse charaktervoll entgegengesetzte Ganze, in wohlgemessner Grösse, Entfernung und Gestalt, einander zugängig, absondern, — die alte Welt, Amerika und Australien. Das alte und das neue Erdland sind sich von der einen Seite zu geselliger Durchdringung näher zugekehrt, und von der andern, wo sie unabsehbares Meer trennt, verbindet sie wie ein Gürtel die Inselflur, ein werdendes Paradies. Das alte Erdland, Asien, Europa, Afrika, bildet in diesem grösseren Ganzen aufs neue ein selbständiges, selbstgenugsames, lebensvolles Ganzes, unendlich reich in seinem inneren wohlgemessnen Gliederbau. Asien und Afrika zeigen einen wahren, allseitig in der Beschaffenheit des Bodens an Pflanzen- und Thierwelt streng durchgeführten Gegensatz, und das späterhin entstandne, kleinere, aber ureigen gebildete Europa ist bestimmt, die aus Asien und Afrika ihm zuströmenden jungen Völker in freier Selbstkraft auszubilden, und Afrika und Asien lebensvoll allseitig zu vereinen. Die südliche und untere

Hälfte von Europa ist eins der schönsten, charaktervollsten Länder der Erde, reich an einzelnen, selbstgenugsamen Völkersitzen der entgegengesetztesten Beschaffenheit; in drei grossen Halbinseln erstreckt es sich ins Meer zu freiem Umgange mit der ganzen Erde. Ein schöner Ring paradiesischer Länder umgiebt das Mittelmeer, dass seine Völker sich zu freiem Verkehr unter sich, mit Afrika, mit Asien und Amerika vereinen. Eben so eigenthümlich und für die Ausbildung der Menschheit dieser Erde gleich wesentlich ist das nördliche Europa; ein eben so in sich beschlossnes Ganzes, als das südliche, bildet es mit letzterem einen wahren, durchgeführten Gegensatz. Auch das Leben der nördlichen, nicht weniger grossen, europäischen Völker ist durch grosse Binnenmeere und durch Ströme, welche sich in diese wie in Becken ergiessen, in sich verkettet und mit Asien vielfach und eng verknüpft. Die britischen Inseln aber sind die sichtbare nördliche Verkettung der alten Erdwelt und der neuen. Ist auch den Völkern des nördlichen Europa die Natur weniger freigebig, so ist sie ihnen doch nicht weniger erweckend, eine nicht weniger grosse Lehrerin; denn hier wird mächtig der Geist erregt, aus eigner Kraft durch Wissenschaft und Kunst zu ersetzen, was die Natur in dieser Zone freiwillig nicht erzeugen kann; hier gilt es nicht allein einer kindlichen, leidenden Hingebung an die gütige, liebende Natur, sondern vorerst einer männlich kraftvollen Einwirkung auf sie, welche ein Wechselleben der Menschheit mit der Natur stiftet, worin sich beide gleich verherrlichen. Diese nördliche und jene südliche Hälfte Europas bilden, vereint gedacht, ein in sich befriedigtes, selbstgesetzmässiges Ganzes. Europa wurde durch diese seine physische Beschaffenheit, durch seine Lage gegen Afrika und Asien, die Erzieherin der Völker; nur dies konnte die Völker Europas bis zu einer Mündigkeit bringen, wodurch sie allen Brudervölkern der Erde ihre Sitten und Gesetze vorschreiben, so dass von ihnen Alles ausgeht, was jene höchste Einheit der Menschen, als einer Menschheit auf Erden, vorbereitet, einleitet und ausbildet. In Europa werden die Völker zuerst ein grosses Volk, ein freier Völkerbund sein; an sie werden sich dann die Völker Asiens und Afrikas anschliessen. Während dessen wird sich, in Wechselwirkung mit dem europäischen Völkerbunde, ein grosser, freier Völkerverein in Amerika bilden. Dann werden die alte und die neue Erdwelt eine Welt, ein organisches Leben sein; dann werden in der Inselwelt die vereinten Brudervölker der Erde, geläutert und bewährt im Kampfe der Jahrtausende, in das Paradies zurückkehren; in diesen Inseln der Seligen wird sich der Bau der Menschheit vollenden, schliessen und in sich selbst vereint in einem Zeitalter der Liebe, der Weisheit und der Schönheit, gemäss dem Bau der Erde, befriedigen. Das Verständniss der Erde, die Erkenntniss des Menschengeistes, die echte Gotterkenntniss lehren dies und lassen die Erfüllung dieser Zeit mit Zuversicht uns hoffen. Hat die Natur die Menschen zu erdumfassender Vereinigung durch den Bau des Erdlandes, durch die verschiedene Austheilung ihrer schönen und dem Menschheitleben wesentlichen Werke aufgefordert, hat sie selbst in der allmählichen Verbreitung der Thier- und Pflanzenwelt und des Menschengeschlechtes auf der ganzen Erdfläche, durch die Anlage der Meere und des festen Landes zur Darstellung des einen grossen Menschen auf Erden alles vorbereitet: so antwortet die Vernunft von ihrer Seite den Veranstaltungen und Bemühungen der Natur in ewiger, freier Thätigkeit. Die Vernunft fordert jeden einzelnen Menschen, so wie jede Gesellschaft der Menschen, in allen Kräften und Trieben, unwiderstehlich auf, seine Liebe und seine Geselligkeit in der Idee der Menschheit zu begründen und in ihr zu vollenden. Wohin auch der Mensch Geist und Gemüth richtet, überall begegnet ihm eine wahre Unendlichkeit, verbunden mit dem Gefühl, dass es unmöglich sei, auch nur sich selbst zu genügen, sich in sich selbst zu vollenden und zu befriedigen ohne innige, vielseitige und so weit als möglich verbreitete Geselligkeit, welche die ganze Erde umfasst. Denn jeder Theil der menschlichen Bestimmung ist unendlich, ja unendlichmal unendlich, und dem gesonderten Streben eines einzelnen Menschen schon für sich überlegen.

Denn betrachten wir zuerst die Wissenschaft, so ist die Urwissenschaft, die reine Vernunftwissenschaft, die Erfahrungswissenschaft und die aus beiden vereinigte harmonische Wissenschaft, schon jede für sich, wahrhaft unendlich, unerschöpflich. Die Urwissenschaft, das ist, die unbedingte Erkenntniss Gottes, als des Urwesens, obgleich die einfachste, ist dennoch unendlich und eine unendliche Aufgabe in Klarheit und Ausführung. Die Wissenschaft der reinen Ideen, welche von Zeit und Geschichte ganz unabhängig sind, scheint dem Menschen, als Einzelnen, am leichtesten zu Gebote zu stehen, weil er sie aus den Tiefen der eignen Vernunft schöpfen kann. Aber die Geschichte der Philosophie beweist es im Allgemeinen und die Geschichte seiner eignen philosophischen Ausbildung wird es jedem einzelnen Menschen insbesondere bewähren, dass auch sie nach allen Seiten unendlich, dem Einzelnen als Einzelnen unerreichbar; dass sie vielmehr ein Werk der ganzen Menschheit, der vergangnen so wie aller künftigen Geschlechter, sei. Die Geschichte lehrt uns, wie wenig darin der Einzelne vermocht hat, so bald er, sich von dem wissenschaftlichen Streben der Vorzeit und der

Zeitgenossen losreissend, auf den eignen Genius, vernunftwidrig, trotzte. Einer der vielen insgesammt unendlichen Theile der reinen Vernunftwissenschaft, die Mathematik, als die reine Wissenschaft der Formen, deren Evidenz und hohe Vollendung so oft, und oft so unverständig und übertrieben, gerühmt wird, — wie viele Völker haben, in ihrer schönsten Blüthe, an dieser Wissenschaft gebaut, wie viele grosse Geister aller Zeiten haben zusammengewirkt, um dieselbe dahin zu bringen, wo sie gegenwärtig steht! Und wie wenig ist dennoch gerade in dieser Wissenschaft schon bis jetzt gethan! Es zeigt sich noch wenig Spur eines organischen Ganzen der mathematischen Erkenntniss; die Elemente sind grossentheils ohne wissenschaftlichen Geist, ohne organische Einheit und Ordnung; die Algebra ist in ihren Anfangsgründen, was ihren wesentlichen Grundbau betrifft, seit mehreren Jahrhunderten stehen geblieben, oder kaum merklich fortgeschritten; den höheren Kalkülen fehlt es anerkannt noch immer an wissenschaftlicher Begründung, an gleichförmiger Ausführung. Gerade diese Wissenschaft, auf welche der menschliche Geist von jeher so stolz war, beweist es am augenscheinlichsten, wie nothwendig die vereinte Kraft aller Völker, aller Zeiten ist, um auch nur einen einzelnen der unendlichvielen Theile menschlicher Bestimmung harmonisch und allseitig zu vollenden. Und wie wäre es dem Einzelnen, oder wenigen Einzelnen, möglich, das weite Gebiet der Erfahrung, von den Ideen geleitet, planmässig zu erforschen und in ein grosses Ganzes zu sammeln; wie wäre es möglich, auch nur eine kleine Gegend der Erde und des Himmels genau kennen zu lernen, wenn nicht überall Menschen lebten, welche, von einem Geiste geleitet, an dem grossen Werke der Wissenschaft arbeiteten? Noch weniger könnte die harmonische Wissenschaft, welche die Erfahrung im Lichte der Ideen würdigt, welche Vergangenheit und Zukunft als eine grosse Gegenwart erkennt, als Werk eines Einzelnen, oder eines einzelnen Volkes oder Zeitalters gelingen. Wie könnte die Philosophie der Geschichte der Menschheit, die Philosophie der Staatengeschichte, die Politik, die Philosophie der Religion auch nur ihre ersten Anfänge nehmen, ohne harmonisches Zusammenwirken vieler Menschen und Völker? Die Schwierigkeit, dass der Einzelne vieles umfasse, wird noch dadurch erhöht, dass die Talente unter den Menschen, unter die Einzelnen, unter die Familien und Völker, so vielfach, so scheinbar regellos und doch im Ganzen so ebenmässig, nach höheren, nur geahnten Vernunftgesetzen ausgetheilt sind; dass nur sie alle in ihrer harmonischen Vereinigung ein grosses Ganzes menschlicher Erkenntniss in unerschöpflich reicher Eigenthümlichkeit der Darstellung vollenden können.

Wer die Geschichte der Wissenschaften nur in etwas zu überschauen vermag, der erwäge die Riesenschritte, welche die gesammte menschliche Erkenntniss durch die Erfindung der Schifffahrt, durch neue Verkettungen der Völker, durch die allgemeiner verbreitete Kenntniss der ganzen Erde als eines in sich beschlossnen Ganzen, durch die Buchdruckerei und Bilderdruckerei gewonnen hat. Und was hindert noch heute mehr den allseitigen, gleichförmigen Fortschritt der Wissenschaft, als Mangel an Freundschaft unter gebildeten Völkern und das Dasein noch kindlicher, unmündiger Völker auf einem so grossen Theile der bewohnbaren Erdoberfläche? Die Wissenschaft strebt nach allen Seiten ins Unendliche, und es ist Wohlthat, dass die Vorsehung diesem göttlichen Durste durch die harmonische Beschlossenheit der Erde und der Menschengesellschaft auf ihr bestimmte, aber weitumfassende Grenzen gezogen hat. Es ist des Menschen würdig, nur bei diesen Grenzen der Erde und der Menschheit auf ihr zu beruhen, innerhalb derselben aber die Wissenschaft als ein organisches, harmonisches Ganzes, als ein gemeinsames geselliges Werk der ganzen Menschheit in freudigem, stetem Fortschritt zu vollenden.

Was uns die Wissenschaft lehrte, das bestätigt uns die Kunst, im Ganzen und in allen ihren Theilen; wir mögen nun auf die allbelebenden Künste sehen, welche jedes Leben auf der Erde und im Menschen kunstreich ausbilden und erziehen; die ich die innigen Künste nenne, oder auf die schönen, welche in allem Lebendigen die freie Schönheit der Ideen spiegeln, oder wir mögen die harmonischen Künste betrachten, welche Innigkeit und Selbständigkeit des eignen Lebens mit göttlicher Schönheit der Ideen in demselben Kunstwerke vermählen. Zu den innigen Künsten gehören die geistige, leibliche und menschliche Selbstbildung und Erziehung; die mechanischen Künste, welche den Leib als eine Welt freier Bewegungen darstellen, ja selbst die reinen Naturkräfte befreien, die Masse beleben und sie zu einer tauglichen Welt der Wissenschaft, der schönen Künste und des gesammten geselligen Lebens vorbereiten; der Ackerbau, die Thierzucht, die gesammte Kultur aller organischen Reiche auf der ganzen Erde; die höheren geistigen Künste der Physik, der Chemie, der Medicin. Dass viele dieser Künste sich untereinander und anderen Theilen der menschlichen Bestimmung nützlich sind, dies erhöht ihren ursprünglichen Werth. Sie sind alle ein grosses Ganzes; Fortschritt in der einen ist Fortschritt in der andern; sie sind sich frei untergeordnet und beigeordnet und setzen sich wechselseits voraus. Jede Zeit, jedes Volk hat in allen diesen Künsten sein Eigenthümliches, aber nur die Völker konnten sich in dieser Kunstwelt aus-

zeichnen und stetig in ihr fortschreiten, welche in lebendigem
Verkehr mit andern Völkern, in wechselseitiger Mittheilung
der Natur- und der Kunstprodukte lebten. Wie erhoben sich
jedesmal alle innige Künste, wenn ein neuer Erdtheil entdeckt, wenn ein neuer Zugang zu fremden Völkern geöffnet
wurde! Und was können wir von der Zukunft hoffen, wenn
ein fester Staatenverein innigere Durchdringung der gebildeteren und eine planmässige Erziehung der noch unmündigen, kindlichen Völker möglich machen wird! Das Höchst-
mögliche aber können wir auch in der innigen Kunst nur
von einer organischen Vereinigung aller Menschen in eine
Menschheit, von planmässiger Vertheilung der Arbeit und des
Kunstfleisses über alle Völker der Erde erwarten.

Auf ähnliche Weise verhält es sich mit den schönen
Künsten. Jede von ihnen ist eine abgeschlossne freie Welt
für sich, aber fähig und bestimmt, mit allen andern einen
freien Verein zu stiften, um sich in allen anderen Künsten
und alle anderen Künste in sich selbst zu verklären. Jedes
Volk, welches die Geschichte und die Gegenwart aufstellt,
hat sich sein eigenthümliches Gebiet schöner Kunst genommen und darin, gemäss der jedesmaligen Stufe seiner ganzen
Bildung, sein Eigenleben bewährt. Jede Zeit hat ihre eigenthümlichen Früchte nach ihrer eignen Weise am Altare gottähnlicher Schönheit dargebracht. Die Griechen bedurften
wenig des Beistandes anderer Nationen, um in der Poesie
unsterbliche Volkswerke zu schaffen, und um in der Bildnerei
der staunenden Nachwelt das Höchste zu hinterlassen, was
bis jetzt auf Erden gesehen worden. Doch entspringen alle
schöne Künste in der einen innern Poesie des Geistes; sie
sind nur wie einzelne freie Organe, wodurch die eine Schaffkraft des Menschen überall Leben und Schönheit bewirkt,
welche den Dichter treibt und beseelt, die ganze Welt in
Freiheit und Schönheit schaffend nachzubilden. Die Poesie
aber umfasst und durchdringt das weiteste Gebiet der Erfahrung; ohne an Innigkeit und Ureigenheit zu verlieren, verbreitet sie sich urkräftig über Erde und Himmel; alles Lebens-
volle und Schöne, was Erde und Himmel in schöner Natur,
in Pflanzen- und Thier- und Menschenwelt gebären, das nimmt
sie liebend in sich auf und gewinnt, vom unendlichen Welt-
leben genährt, ewig junges Leben, nie erschöpften Reichthum
und ewige Schönheit. Die Poesie ist unzertrennliche Freundin
der Geschichte aller Völker und aller Zeiten; aus der Geschichte schöpft sie immer neuen Stoff zu niegeschenen Werken. So wie nun durch Erhöhung und Verbreitung des
Menschheitlebens auf Erden im Anwachs der Geschichte und
durch immer innigere Vertraulichkeit der Menschen mit der
Natur die Poesie sich stetig in anwachsender Kraft und

Lebensfülle verjüngt: so gewinnt dadurch der Dichtgeist aller kommenden Zeiten und aller Völker, aus welchem allein alle einzelne schönen Künste ihr eigenthümliches freies Leben nehmen und sich nähren können. Denn die Bildnerei, die Malerei, die Musik, die Tanzkunst und die reiche Welt der dramatischen Künste, sie alle empfangen ihr Dasein und ihre Nahrung aus dem poetischen Leben des Volkes, worin sie blühen; in jeder von ihnen spiegelt sich das gesammte poetische Leben der Nation und der lebendige Verkehr seiner Poesie mit der originalen Poesie ihrer Nebenvölker. Aus einer Quelle geflossen und genährt, sind alle schönen Künste bestimmt, sich unter einander in mannigfaltigen, immer geselligeren Gruppen harmonisch zu gemeinsamem Kunstleben zu vereinigen, und innig vermählt in ihren Urquell, die eine Poesie, zurückzufliessen, und in derselben ihr Eigenleben zu vollenden. Die Poesie schlingt um sie alle das Zauberband der Sprache und vollendet die an schönen Werken reiche Vereinigung derselben mit ihr selbst, als Gesang, Tanz und Drama.

Es ist Thatsache, dass die Poesie, so wie ihre Töchter, die übrigen schönen Künste, unter jedem Himmel, unter jedem Volke und in allen Zeiten eigenthümliche achtbare Früchte reifen, oder sich doch bis zu eigenthümlichen Keimen entfalten; dass sich jede schöne Kunst unter verschiedenen Bedingungen ihres Lebens nach unzählig vielen und gleich schönen Idealen ureigen und nur einmal so gestaltet. Wer möchte leugnen, dass alle Völker, als Mitgenossen der Vernunft und der Natur, an sich bestimmt und fähig sind, ihre eigne Poesie zu beleben, sich eigenthümlich in allen schönen Künsten auszubilden, und in einigen, oder wenigstens in einer derselben zu origineller Vortrefflichkeit sich aufzuschwingen? Ist's nicht derselbe hohe, urschaffende Dichtgeist, der im eisigen Norden den Götterhimmel der Edda schuf und auf dem ewig heitern Haupte des Olympos die Familie griechischer Götter versammelte?

Es ist nicht zu verkennen, dass im Fortschritte der gesammten Kultur aller Völker auf Erden auch die Entwicklung der schönen Künste eine bestimmte Stufenfolge beobachte: nach welcher, um nur ein Volk zu nennen, die Griechen die Bildnerei zu schöner Reife brachten, die Malerei hoffnungsreich begannen, doch in der Tonkunst der neueren Zeit den Preis lassen mussten; nach welcher sie in der epischen, lyrischen, dramatischen Poesie unsterbliche Muster aufstellten, aber die religiöse und romantische Poesie kaum berühren konnten. Die allbelebende Gewalt, welche eine schönere Natur, ein milderer Himmel für Poesie, für alle schönen Künste geübt hat und noch übt, eröffnet uns eine heitere, sichere

Aussicht auf fröhliches, stetiges Verjüngen der Poesie und der schönen Künste in immer höherer Fülle und Schönheit. Die Erde hegt in Asien, Afrika, Amerika und auf der Inselflur des grössten Erdmeeres tausend paradiesische Gegenden, die noch unbewohnt, oder deren Bewohner, urkräftig an Leib und Geist, noch unmündig und ohne Geselligkeit mit den reiferen Völkern der Erde leben. Sind einst diese Völker herangewachsen, hat kunstreicher Anbau des Landes seine Segnungen auch dorthin ergossen, haben die höher gebildeten Völker auch hier das göttliche Leben der Wissenschaft und Kunst geweckt, dann werden alle diese Wonnegegenden einst Heiligthümer junger, nie gesehener Schönheit sein.

Diese Erinnerungen lassen uns die Menschheit als einen grossen schönen Künstler, als einen in allen schönen Künsten sich allgestaltig und harmonisch aussprechenden Dichter erkennen; dass wir dem stetigen harmonischen Anwachsen seiner Kraft und seines Werkes mit Freude zusehn, doch die Vollendung seines grossen Gedichtes erst von den glücklichen Zeiten erwarten, wenn die Menschheit als wahre, höchste Person sich allseitig beweget und allharmonisch ausbildet.

Auch die Allvollendung der harmonischen Künste, der Baukunst, der Gartenkunst, der kunstreichen Erziehung und Bildung des Leibes und des Geistes, der Heilkunst und aller anderen harmonischen Künste fordert die Menschheit zu harmonischer, geselliger Vereinigung auf; welche auch die innige Vereinigung und die wechselseitige Durchdringung der einen Wissenschaft und der einen Kunst in allen ihren Theilen so dringend verlangt. Wer diesen Gegenständen eine tiefere Betrachtung widmet, der wird sich überführen, dass Wissenschaft und Kunst nur dann in ihrer höchsten auf Erden möglichen Vollendung erscheinen, wenn sie als ein grosses symmetrisches, rhythmisches und harmonisches Werk der ganzen Menschheit, als wahrhaft einer Person, gedacht werden.

Erinnern wir uns an die Aufforderungen der Natur und an die Kunst und Wissenschaft, so überzeugen wir uns, dass auch die andere Hälfte der menschlichen Natur, der Leib, in der Vereinigung aller Menschen und Völker zu einer Menschheit gewinne und diese zu schliessen berufen sei. Nur wenn allseitig gebildete Kunst alle äussere Bedürfnisse befriedigt, nur wenn die verschiedenen Klimaten ihre Naturschätze gegen einander austauschen, erst dann ist es möglich, den Leib gesund, stark und schön zu erziehen und zu pflegen; nur mit der allseitigen Vollendung der Völker, welche selbst nur im höchsten Ganzen der Menschheit reifen kann, kann auch die höchste Vollendung der Leiber gewonnen werden. Die Völker der Erde haben sich aus einem gemeinsamen

Stamm entwickelt; mehrere Völker, die entartet waren, mussten durch Ehe mit jugendlichen Völkern neu bekräftigt werden, und mehrere Völker bedürfen dies noch heute. Die Natur strebt zwar, nach bestimmten Gesetzen, ureigen gebildete Völker auch natürlich rein darzustellen und vor Verderbniss durch Vermischung mit minder edlen Stämmen zu bewahren: allein sie vermählt auch, nach eben so ewigen und schönen Gesetzen, die edleren, für einander geschaffenen und gereiften Völker zu einem neuen, kraftvollen Gewächs. Die europäischen Völker, denen Ureigenheit des Lebens nicht abgesprochen werden kann, sind aus unzähligen verschiedenartigen, edleren und unedleren Stämmen gemischt, die sich auf den verschiedensten Wegen und zu den verschiedensten Zeiten durchdrungen haben und noch durchdringen. Auch in Asien, Afrika und Amerika scheint Natur und Geisterwelt in Gottes Mitwirkung, nach ähnlichen Gesetzen, neue Völker schaffen zu wollen. Ja, erst dann wird die Natur den Menschenleib allseitig und im ganzen Reichthume urschöner Gestaltung auf der Erde entfaltet haben, wenn dies Geschlecht als eine Menschheit die ganze Erde gleichförmig umwohnt und überall auch als Naturwesen das geworden ist, wozu es die Natur bestimmte und es, vereint mit freier Kunst des Geistes, aufzubilden vermochte.

Die Idee des Rechtes und das Streben, sie auf Erden wirklich zu machen, führt die Menschen zu der Einsicht, dass nur dann ein vollendeter Rechtszustand auf der Erde möglich ist, wenn alle Völker sich in eine Rechtsperson, in einen allgerechten Menschen, vereinen, wenn einst die Erde wirklich ein Vaterland aller geworden, wenn jeder Einzelne sich im eigentlichen Sinne als einen Bürger des Erdstaates betrachten kann. Denn das Recht umfasst das ganze Lebensgebiet dieser Erde und das ganze Leben der Menschheit auf ihm in allen seinen Theilen und Beziehungen; es soll mithin alle äussere Bedingnisse herstellen, dass sich das Menschheitleben als ein mit Gott, Vernunft und Natur harmonisches, in allen seinen Theilen gleichförmig vollendetes Ganzes entfalte. Dieser ganze Wohnplatz ist das gemeinsame Eigenthum Aller, die auf ihm leben, jedem Einzelnen, jedem Volke gebührt davon sein gerechter Theil; alle Naturgüter aller Erdländer und Meere sollen gerecht unter Alle vertheilt werden, Alle sollen an Arbeit und Ertrag gleichförmigen Antheil nehmen. Dies Alles kann nur geschehen, wenn einst eine Rechtsgesetzgebung und Rechtspflege alle Völker der Erde umfasst, wenn alle Völker sich gleichförmig zur Erhaltung und Vollendung des einen Rechtslebens auf Erden vereinigen.*)

*) Siehe die Abhandlung über die Idee des Rechtes und des Rechtsbundes in No. 4, 7, 27, 31, 35, 38 des Tagblattes des Menschheitlebens.

Auch die Gottinnigkeit weckt in jedem, der von ihr durchdrungen ist, den herzlichen Wunsch, alle Menschen der Erde möchten in Erkenntniss und Liebe Gottes zu innerer wesentlicher Einheit und zu geselliger, harmonischer Darstellung derselben sich erheben; alle Völker möchten in dieser wesentlichen Einheit des Lebens in Gott, jedes auf ureigne, wahre, schöne Weise, Gott in Geist und in der Wahrheit verehren. Und zu diesem reinen Wunsche fügt die Gottinnigkeit das Hochvertraun, die ewige Hoffnung zu Gott, er werde auch auf dieser Erde die Menschen, als gottinnige, ihrer Bestimmung entgegenführen, sie in einen gottinnigen Menschen vereinen, in welchem er sein grösstes, vollständigstes Ebenbild auf Erden erkenne. Der Gottinnige erkennt den Menschen in Gott, er liebt jeden Menschen in Gott, er umfasst, gottähnlich, alle Menschen mit einer göttlichen Liebe; er erkennt die wesentliche Einheit Aller in Gott, er wünscht es und wirket mit, dass alle Menschen als Geschwister einer Familie der Kinder Gottes auf der Erde, wie in einem gottgestifteten Hause, sich vereinen, um in Harmonie aller Geister und Gemüther Gott anzubeten, und ihre Gottinnigkeit als ein geselliges Werk zu feiern und zu vollenden.

So fordert Gott, Vernunft und Natur die Menschen unablässig auf, sich auf Erden in ein grosses gesellig Ganzes zu vereinigen, sich als einen grössten Menschen auf Erden zu konstituiren, als solcher zu leben, und alle Theile der ewigen Bestimmung der Menschheit harmonisch zu vollenden.

Da nun die Menschheit ein organisches Ganzes zu sein bestimmt ist, so soll sie in ihrem ganzen innern Gliedbau, in allen ihren Lebenshandlungen diese Einheit ihres organischen Eigenlebens bewähren. Jedes ihrer Glieder soll an seiner Stelle in sich selbst frei und gesund leben, und alle Glieder müssen mit allen und in allen Rücksichten, in harmonischem, geselligem Wechselleben verbunden sein. Keines darf die Freiheit des andern stören, noch dessen eigenstes Leben hemmen, sondern alle sollen sich wechselseits helfen, befördern und ein gemeinsames Leben stiften; alle ihr richtiges Verhältniss zum Ganzen und zu allen Theilen des Ganzen gewinnen, erhalten und ausbilden, alle sollen ihr Leben dem Ganzen unterordnen und das Leben des Ganzen ihrseitig befördern. Das Ganze und die Theile, so wie alle Theile unter sich, sollen in, mit und durch einander sein und leben: jeder Theil soll sein Leben und seine Gesundheit der Harmonie aller andern und den eignen Kräften verdanken und hinwiederum, ähnlich den Gliedern und Gefässen des menschlichen Leibes, ein wesentlicher Mitschöpfer des Lebens aller anderen Organe sein. Diese organische Einheit der Menschheit soll sich dann in der Vollendung aller ihrer Werke, der

Wissenschaft, der Kunst und ihrer Harmonie, in allen Formen menschlicher Thätigkeit, in Tugend, Gerechtigkeit und Liebe und Schönheit, und in allen für diese gebildeten geselligen Vereinen und Kunstwerken verherrlichen.

Die harmonische Vollendung der Menschheit der Erde in ihren Grundpersonen.

Wollen wir nun die allharmonische Vollendung der Menschheit der Erde in allen ihren Theilen erkennen, so verdienen unsere Aufmerksamkeit zuerst die selbständigen Grundpersonen, welche als vollständige Gleichnisse der ganzen Menschheit, als eigenlebende Wesen sich zeigen. Diese erblicken wir, von der Menschheit im Weltall abwärts, in einer Reihe unter und neben einander enthaltener Selbstwesen, bis zu allen einzelnen Menschen im Weltall, welche die letzten, nicht mehr theilbaren Glieder der einen Menschheit sind. Alle einzelnen Menschen sind ihrem Urwesentlichen nach Glieder eines und desselben Wesens, der einen Vernunft im Wechselleben mit der einen Natur. Die einzelnen Geister leben als Theilkräfte der einen Vernunft, wie Strahlen einer geistigen Sonne; die einzelnen Leiber aber, als Naturwerke, als Theile eines Naturwesens, der einen höchsten organischen Gattung im Weltall. Die geistige Ureinheit aller Menschen offenbart sich in ihrer geistigen Liebe; und die leibliche in ihrer leiblichen Liebe, in ihrem Entstehn als Glieder einer organischen Zeugung.*) Wer diese Wahrheiten nicht im Ganzen der Urwissenschaft zu denken vermag, der höre die Stimme der ewigen Liebe in seiner eignen Brust und den Ruf der ewigen Wahrheit in gottinniger Ahnung. Diese urwesentliche Einheit aller Menschen als eines Vereinwesens der Natur und Vernunft in Gott begründet es, dass jeder Mensch in sich selbst frei und selbständig lebe, und dass er den Urtrieb empfinde, sich als selbständig lebendes Wesen mit anderen Menschen in allen Theilen seines Lebens gesellig zu vereinen, um mit ihnen einen höheren Menschen zu bilden. In der Anschauung der urwesentlichen, ewigen Einheit aller Menschen im Weltall erhebt sich der Geist zu dem urbildlichen Schauen, dass aller Menschen Leben in Gott ein Vereinleben, ein Menschheitleben ist, und dass die ein-

---

*) Der Verfasser dieser Abhandlung hat die urwesentliche Einheit aller Menschen in Vernunft, Natur und Gott wissenschaftlich darzustellen versucht in seiner Begründung der Sittenlehre (1810), deren Plan und Inhalt in dem das Tagblatt begleitenden Anzeiger, in No. 11 und 12, dargelegt wurde.

zelnen Menschen, in immer höhere Personen als selbstständig lebende Wesen sich vereinend, jene ewige, urwesentliche Einheit, auch in der Zeit lebend in jedem Augenblicke eigenthümlich gut und schön darstellen und so in einem Vereinleben in die ewige Einheit ihres Wesens zeitewig zurückkehren.

Findet sich in diesem lichtvollen Schauen der einzelne Mensch als Einzelwesen in Gott, Vernunft und Natur, bestimmt, dass er sich zu einem harmonischen Gliede der Menschheit ausbilde und im Geiste der Menschheit lebe, so eignet er sich, in diesem Geiste lebend, als einzelner jene reinmenschliche Bildung an, die wir vorhin in ihren wesentlichen Grundzügen zu schildern versuchten. Die Anschauung reiner Menschlichkeit in jedem einzelnen Menschen voraussetzend, wollen wir nun vom einzelnen Menschen zu immer höheren geselligen Personen aufsteigen und unsern Gesichtskreis stufenweise bis zur Menschheit der ganzen Erde erweitern.

Hier begegnet uns zuerst der schon früher beachtete Gegensatz der weiblichen und der männlichen Menschheit; welcher, alle Einzelnen umfassend und sie durch innige Liebe vereinigend, die erste Grundgesellschaft nach dem Einzelnen, die Ehe und die Familie, stiftet. Die Natur selbst hat gewollt, dass, nach gleichem Gesetze, die Anzahl der Einzelnen der entgegengesetzten Geschlechter nur wenig auf Erden verschieden sei.

Die weibliche Menschheit ist, wie wir schon früher anerkannten, der männlichen in gleicher Würde beigeordnet, nicht untergeordnet; beide sind gleich wesentliche Theile der Menschheit, gleich grosser und allseitiger, aber ureigener Belebung fähig: die Menschheit kann also nur dann als ein organisch vollendetes Ganzes leben, wenn die männliche wie die weibliche Menschheit auf der ganzen Erde in Wissenschaft und Kunst, in Rechtsleben und Gottinnigkeit, und zwar beide auf eigenthümliche Weise, vollendet, wenn aus der liebevollen Vermählung männlicher und weiblicher gleichschöner Bildung eine harmonische Bildung beider Geschlechter, als eines vollständigen Menschen, gewonnen sein wird.

Die Idee der Ehe betrachteten wir schon, als wir uns an das Eigenthümliche jeder menschlichen Gesellschaft erinnerten; ich füge nur die allgemeinen Forderungen hinzu, welche die Menschheit selbst als das höchste Ganze an die Ehe macht. Die Ehe soll auf der ganzen Erde frei und rein aus persönlicher Liebe geschlossen werden; sie soll der allgemeinmenschlichen sittlichen Würde, der eigenthümlichen menschenwürdigen Gestalt und Sitte jedes Volkes und den ewigen Gesetzen der Erzeugung eines gesunden, kräftigen und schönen Geschlechtes gemäss sein. Alle diese Forderungen sind unter sich harmonisch, unterstützen und befördern sich wechselseits; nur in unvollkommnen Zuständen des Lebens hemmt der Mangel der **einen** die Erreichung der **anderen.** Sie soll sich in den Kreis der Familie erweitern, die Kinder allseitig, frei und menschlich, nach dem Urbilde der Menschheit leiblich und geistig erziehen; sie soll die Rechte der Kinder und ihre Ureigenheit ehren. Die Familie soll ihren menschenbildenden Einfluss gesellig über die ganze menschliche Bestimmung verbreiten. Durch Liebe verbunden, und bis in die innersten Tiefen der Gemüther vertraut, sollen sich die Glieder der Familie ihre Herzen öffnen zu gemeinsamer Religionsübung, zu gemeinsamem Rechtsleben, zu geselliger Wissenschaft und Kunst und zu freigeselligem Umgange. Die Familie soll überall auf Erden, nach dem einzelnen harmonischen Menschen, das erste charaktervolle Bild der Menschheit selbst sein.

Nächst den Ehen ist die Freundschaft der innigste und seligste Verein; so wie die Ehe die Geschlechter, so vermählt die Freundschaft entgegengesetzte Eigenlebenweisen (Charaktere). Die Klagen über den Mangel wahrer Freundschaft auf Erden, und ihr wirklicher Mangel, beruhen gewiss nicht allein auf der Unempfänglichkeit der Individuen, sondern grösstentheils auf der Unvollkommenheit der Familienverfassung und der grösseren geselligen Vereine, vorzüglich auf der Unvollkommenheit der Rechtsverfassung und des Besitzes äusserer Glücksgüter. Denn Nichts entfernt und verschliesst die Herzen mehr und tödtet den Menschen gewisser für alles an sich Gute und Schöne, als rastloses Streben nach Geldgewinn und nach äusserem Güterbesitz; und je mehr dabei Geheimsein und List nothwendig sind, desto weiter zieht sich die liebewarme Freundschaft aus den kalten Hallen des Mammon zurück. Würdigere Gestaltung der Familien, gerechtere und sichere Staatsverfassung, Belebung einer das Volk kräftig beseelenden Gottinnigkeit werden auch die Freundschaft auf Erden verjüngen, läutern, verschönen. Und dies Alles wird in demselben Masse gewonnen werden, als sich die Völker immer mehr und mehr harmonisch und gesellig an einander anschliessen und sich als eine Menschheit auf Erden darstellen. Dann werden die Freundschaften wie die Familien Heiligthümer der Tugend, der Gottinnigkeit, der Gerechtigkeit, der Schönheit, dann werden sie Geburtsstätten der Wissenschaft und der Kunst sein.

Die Familien und die Freundschaften vereinen ihre Mitglieder frei zu freier reinmenschlicher Geselligkeit, welche wir oft vorzugsweise die Gesellschaft nennen. Auch diese gesellige Idee begrüssten wir schon oben. Freie Geselligkeit ist in höherer Vollendung nur innerhalb eines allseitig gebildeten Volkes möglich, welches seine geselligen Unterhaltungen durch volkeigenthümliche Wissenschaft und Kunst würzen kann. Unendlich wird die freie Geselligkeit durch den freien Umgang verschiedener entgegengesetzt gebildeter Völker erhöht und bereichert; die Individuen gewinnen noch den eignen Reiz fremder Nationalität und die freie Geselligkeit, die innerhalb desselben Volks nur volklich war, wird durch die Mischung der Nationen allgemeinmenschlich. Daher hat Europa die reichste freie Geselligkeit, welche, obwohl nach seinen Nationen verschieden, doch ein gemeinsames Gepräge an sich trägt und sich zu allgemeinen Sitten und Gesetzen der Gesellschaft erhoben hat, welche ganz Europa befolgt.

Ein organisches Ganzes von Familien, Freundschaften und ihrer freien Geselligkeit, von gemeinsamer Abstammung, mit gemeinsamer Sprache, Sitten, Wissenschaft und Kunst ist ein Volk; eine Person höherer Ordnung über den Familien und Stämmen. Völker verhalten sich unter einander und zur Menschheit gerade so, wie die einzelnen Menschen unter sich und zu ihrem Volke. Daher wiederholt die Menschheit selbst an die Völker alle die Forderungen wahrhaft menschlicher und ureigenthümlicher Bildung, welche wir sie an jeden einzelnen Menschen thun sahen. Wenn die Menschheit vollendet ist, dann müssen so viele freie, selbständige, ureigne Völker sein, als die Natur selbst durch die Anlage und innere Ausführung des festen Landes und durch die Verschiedenheit der Klimaten es gewollt hat. Alle Völker müssen sich zu freiem menschlichem Umgange offen stehen. Völker von entgegengesetzten Eigenleben müssen, ähnlich den einzelnen Menschen, Völkervereine, Völkerfreundschaften, Völkergesellschaften stiften: Völkervereine, wenn sich ihre Mitglieder in Ehen vereinigen, und das ganze Leben der Völker als ganzer Personen sich wechselwirkend durchdringt, wenn sie wirklich eine höhere Person, ein höheres Vereinleben bilden; Völkerfreundschaften, wenn ihre Charaktere für einander geschaffen und in Religion, in Wissenschaft und in Kunst harmonisch sind; Völkergesellschaften, wenn sie sich in einzelnen Aeusserungen ihres Lebens gesellig berühren und sich zur Freundschaft vorbereiten, wenn vermählte und befreundete Völker einen freien geselligen Verkehr in allen Theilen der menschlichen Bestimmung unter sich stiften. So werden, je mehr sich die Menschen zu reiner Menschlichkeit erheben, nach und nach immer mehrere und immer grössere gesellige Völkergruppen sich bilden, welche sich nach und nach in Völkergesellschaften ganzer Erdtheile und zuletzt in eine grosse Völkergesellschaft und allseitige Völkerfreundschaft aller Völker auf Erden vereinigen werden. Dann wird erst jedes Volk, das seine Eigenthümlichkeit im

Kampf der Zeiten bewährt hat, die ganze Fülle seiner Originalität aussprechen und sein individuelles Ideal im Wettkampf mit allen Völkern, in Harmonie mit allen grossen Bestrebungen derselben und in Einklang mit dem Leben der ganzen Menschheit, allseitig erreichen. Dann wird die ganze Menschheit mündig sein und als ein selbständiger Mensch ihrer ganzen Bestimmung leben.

Die organische Vollendung der Menschheit fordert auch von allen ihren Gliedern und Personen allseitige, organische Vollendung aller der Menschheit durch ihr eignes Wesentliche und durch die ewige Weltordnung gebotnen Werke; Vollendung der Wissenschaft, der Kunst, der Einheit und Harmonie beider, der Religion und des Staates.

Zur Vollendung aller dieser Werke ist zweierlei erforderlich: zuerst, dass sie, an sich betrachtet, ohne auf ihre Urheber und auf die Art ihrer Hervorbringung zu sehen, vollendet sind und ihrer eignen Idee genügen; sodann, dass sie auf eine, der Idee ihrer Urheber gemässe, wahrhaft menschliche und schöne Weise gebildet seien. Die Uebereinstimmung aller einzelnen Werkthätigkeit mit der Würde der Menschheit ist besonders deshalb wichtig, weil alle die genannten menschlichen Werke wahrhaft gesellige Werke sind und in ihrer höchsten Vollendung nur durch die ganze Menschheit erreicht werden können. Deshalb entspricht jedem von ihnen eine freie, werkthätige Geselligkeit, worin die Geselligen um des Werkes willen vereinigt sind und sich in ihrem geselligen Wirken, nach der Idee des Werkes und nach den in dieser Idee gebotnen Gesetzen und zugleich nach der Natur des Menschen und der Menschheit und nach den in ihr begründeten Gesetzen des Geistes und des Leibes, richten müssen.

Ein Wissenschaftsbund der Menschheit auf Erden.

Was nun erstlich die Wissenschaft betrifft, so soll sie zuvörderst an sich selbst vollendet sein und in einem naturgemässen geselligen Vereine der Menschheit stetig erhalten und von ihr weiter ausgebildet werden. Die Wissenschaft ist an sich nicht etwa erst dann vollendet, wenn sie durchaus Alles umfasst, wenn Alles gewusst wird: denn dies ist dem endlichem Geiste, ja einer unendlichen Zahl endlicher Geister in alle Wege unmöglich. Sondern, wenn sich die Erkenntniss über alle Dinge, über Gott, Vernunft, Natur und ihre Harmonie gleichförmig, ebenmässig, gleichgründlich, der ewigen Ordnung der Dinge gemäss, — also organisch und harmonisch, verbreitet; wenn sie zugleich aus allen Erkenntnissquellen gleich tief schöpft, wenn sie die Urwissenschaft und die rein ideale Wissenschaft eben so vollkommen, als die reine Erfahrungswissenschaft in sich hält und auch die aus beiden in der höchsten Idee vereinigte harmonische Wissenschaft gleichförmig ausbildet; ferner, wenn die Erkenntniss in allen an sich möglichen innigen und schönen Formen gleichwohlgestaltig dargestellt wird. Denn Gott ist das eine Wesen, und in und durch ihn die Welt als ein gleichförmiger, vollendeter, allgestaltiger Organismus; diesen ewigen Organismus muss die Wissenschaft treu in der Zeit nachahmen, wenn sie der Menschheit würdig sein soll. Ist auf diese Weise die Wissenschaft organisch, der Menschheit würdig, vollendet und gleichförmig und zugleich charaktervoll nach den Klimaten und Völkern auf Erden verbreitet und ausgetheilt: dann gleicht sie einst einem wohlgestaltigen neugebornen Kinde, das täglich wächst an Grösse und Schönheit, des innere Lebensfülle alle seine Glieder gleichförmig schwellt und nährt, bis es, immer neu und schön gestaltet, zum reifen, kraftvollen, vollendet schönen Alter heranwächst. In dieser Blüthe wird einst die Wissenschaft auf Erden stehen, wenn nach Jahrtausenden die Menschheit ihr männliches Alter erreicht hat.

Die Wissenschaft kann nur gesellig ausgebildet werden. Aber eben deshalb kann und soll jeder Mensch seinen eignen wissenschaftlichen Charakter haben, der nicht allein darin besteht, dass er gerade dies weiss, sondern vorzüglich darin, dass er es auf diese Weise, in dieser Gestalt erkennt, dass er seine Erkenntniss durch diese nur ihm eigne Art zu denken und zu forschen erlangt, und dass er seine Erkenntniss in dieser ihm eignen, kunstreichen Gestalt darstellt. Eine ähnliche gemeinsame Eigenthümlichkeit der Erkenntniss bilden sich Freunde, freie wissenschaftliche Gesellschaften, einzelne Völker und Völker eines ganzen Erdtheils an. Der deutsche, der französische, der italienische, der englische wissenschaftliche Charakter sind wesentlich verschieden; jeder von ihnen, wo er rein hervortritt, ist in seiner Art gut und schön. Eben so sind der indische, der tibetanische, der chinesische, der persische, der arabische wissenschaftliche Charakter unter sich verschieden. Und doch tragen alle jene europäischen Völker auch in ihrer wissenschaftlichen Bestrebung das gemeinsame Gepräge europäischer und jene asiatischen das Eigne asiatischer Kultur. Diese persönliche Vielgestaltigkeit der Wissenschaft ist eine wesentliche Vollkommenheit der menschlichen Natur, sie versöhnt uns mit der Endlichkeit unserer Erkenntniss, denn die ewige Wahrheit bleibt sich in allen diesen Gestalten gleich, aber in ihnen erscheint sie gleichsam in allen perspektivischen Ansichten, in jedem möglichen Helldunkel, in jedem möglichen Farbenspiele. Die Idee

Entfaltung und urbildliche Darstellung des Menschheitbundes. 255

der Menschheit verlangt, dass diese Vielgestaltigkeit ausgebildet, dass sie sich entgegengesetzt und dann harmonisch vermählt werde, damit sich die Menschheit, selbst innerhalb der Grenzen der menschlichen Natur, zur Allgestaltigkeit erhebe. Da die Wissenschaft ein gemeinsames Werk aller Völker und aller Zeitalter ist, so entspringen aus der Idee der Menschheit folgende gesellige Forderungen. Zuerst verpflichtet sie: alle Erkenntnisse der Beschauung der lebenden Geschlechter und aller kommenden aufzubewahren, den vorhandnen Schatz der Erkenntnisse organisch zu ordnen, jede neue Erkenntniss diesem organischen Ganzen anzubilden; die Stellen anzugeben, wo gerade jetzt neue Erkenntniss gewonnen werden kann und gewonnen werden muss, wenn die Wissenschaft wie ein organischer Leib gleichförmig und in immer schöneren Verhältnissen wachsen soll; und dabei jede eigenthümliche Gestalt der Darstellung zu ehren und aufzubewahren, damit die Wissenschaft zugleich als ein grosses, vielgestaltiges Kunstwerk erscheine. Sodann verlangt ferner die Bestimmung der Menschheit, dass, um die so eben ausgesprochnen Forderungen im ganzen Umfange der Erde zu erfüllen, ein grosses geselliges Institut für Wissenschaft gestiftet werde, welches sich über die ganze Menschheit erstreckt und aus einer nicht zufälligen Menge untergeordneter geselliger Vereine für Wissenschaft besteht. Damit ein solcher erdumfassender Verein für Wissenschaft möglich werde, sollen sich zuvörderst, im Geiste dieses einstigen Vereines, schon jetzt alle Wissenschaftsforscher auf Erden als eine grosse Familie betrachten, sie sollen als einzelne Forscher, unbeschadet ihrer Nationalität, in freie Wechselwirkung kommen können, und jedem Wissenschaftsforscher soll die ganze Erde offen stehen. Sodann soll jeder Wohnort, der eine vollständige Menschengesellschaft in sich hält, jede Stadt, ihre freie Gesellschaft für Wissenschaft haben, welche sich, mit gemeinsamem, planmässigem Fleisse, der Erweiterung und Gestaltung der Wissenschaft und zugleich der Erziehung der Jugend und des reiferen Alters zur Wissenschaftsbildung, widmet. Ueber diesen einzelnen Gesellschaften stehen dann, ähnlich organisirt, die Provinzialgesellschaften für Wissenschaft; und diese vereinigen sich wieder in die über ihnen stehende, das ganze Volk in Ansehung der Wissenschaft umfassende eine Volkgesellschaft für Wissenschaft. Alle diese wissenschaftlichen Gesellschaften stehen mit dem Staate, mit der Kirche und mit jedem geselligen Vereine in einem freien, geselligen Bunde der Wechselhülfe und des harmonischen Zusammenwirkens zur Ausbildung der Menschheit. In diesen einzig der Wissenschaft geweihten Gesellschaften kann dann jeder Einzelne, jede Freundschaft, jede Familie die eigenthümlichen Früchte ihrer Musse niederlegen. Durch sie kann der Einzelne, können Freunde und Familien sich die wissenschaftlichen Schätze des ganzen Volks, so weit es ihnen wesentlich ist, aneignen. Durch sie kann jeder auch für die Wissenschaft das Zeitgebotne, das Nützliche, dem gemeinen Besten Förderliche thun. In ihnen bildet sich ein höherer, gleichsam allgemeiner Verstand jedes Volkes, als einer höheren Person. Aus ihnen wird der Staat, die Kirche und jeder gesellige Verein Gesundheit, höhere Kraft und Schönheit schöpfen, so weit Erkenntniss, als ein wesentlicher Quell alles Lebens, sie befördern kann.

Da ferner jedes Volk seinen eigenthümlichen wissenschaftlichen Charakter hat, nach welchem es sich zu einigen Theilen der einen Wissenschaft vorzüglich hinneigt, so sind auch die Völker bestimmt, als solche eine höhere, freie Geselligkeit für Wissenschaft unter sich zu stiften. Zuvörderst die Völker desselben Erdtheils, welche einen höheren gemeinsamen wissenschaftlichen Charakter behaupten; die Völker Europas unter sich, die Völker Asiens, Afrikas, Amerikas, Australiens unter sich. Deshalb habe jede Volkgesellschaft für Wissenschaft Beisitzer aus den ähnlichen Gesellschaften aller andern Völker, damit alle Volkgesellschaften für Wissenschaft in einem lebendigen, allseitigen Verkehr der Erkenntniss stehen, dass sie sich neue Erkenntnisse und neue Darstellungsweisen mittheilen, die gefundnen Aufgaben zu gemeinsamer Berathung und Auflösung vorlegen können, auf dass sich endlich der wissenschaftliche Charakter aller dieser Völker harmonisch vermähle und einen höheren wissenschaftlichen Charakter aller Völker desselben Erdtheils bilden könne. Wenn aber dieser einst gewonnen ist, dann ist es Zeit, für diesen ganzen Erdtheil eine höchste Gesellschaft für Wissenschaft zu stiften, welche aus Mitgliedern aller der einzelnen Volkgesellschaften für Wissenschaft zusammengesetzt ist und mit ihnen allen in freiem, lebendigem Verkehr steht und den gemeinsamen Verstand, die gemeinsame Erkenntniss, das gemeinsame wissenschaftliche Leben eines ganzen Erdtheils in sich vereint. Denken wir uns endlich, unabhängig von diesen Erdtheilgesellschaften für Wissenschaft, alle Volkgesellschaften der Erde durch wechselseitige Beisitzer gesellig vereinigt und, zuhöchst über den Erdtheilgesellschaften, eine aus ihnen gebildete höchste, erdumfassende Gesellschaft für Wissenschaft: so hat sich die Idee aller menschlichen Geselligkeit für Wissenschaft in unserem Geiste im allgemeinen vollendet ausgesprochen. *)

---

*) Der im Tagblatt mitzutheilende und in seinen ersten drei Abschnitten (in No. 20, 24, 28) schon mitgetheilte Entwurf des Wissenschaftsbundes wird das hier nur allgemein Gesagte klarer entfalten.

Entfaltung und urbildliche Darstellung des Menschheitbundes. 257

Ein Kunstleben der Menschheit auf Erden.

Betrachten wir nun eben so, wie die Idee der Wissenschaft, die Idee der Kunst im Lichte der Idee der Menschheit, so werden wir, wegen der vorbestimmten, inneren Harmonie der Wissenschaft und der Kunst, dem über die Wissenschaft Gefundnen durchaus Aehnliches finden. Die Vollendung menschlicher Kunst kann nicht erst dann errungen werden, wenn sie alle mögliche Gestaltung (Individualität) erschöpft; denn diese entfaltet nur der ewige Künstler, Gott, in allen Welten und Zeiten mit Urvollkommenheit. Ja nicht einmal alle an sich der Menschheit auf Erden mögliche Gestaltung kann unsere Kunst erschöpfen; denn jede ureigne Gestaltung, die der Künstler wählt, schliesst eine unendliche Menge aller andern in diesem Momente an sich möglichen Gestaltungen aus. Jedes Kunstwerk, es sei ein inniges, oder ein schönes, oder ein harmonisches, besteht vielmehr rein und beschlossen in sich in eigner Würde, als ein vollständiges Bild und Gleichniss der Welt; selbstgenügsam, verlangt es, in sich selbst beurtheilt zu werden; ist es nicht in sich selbst in seiner Art und Eigenheit vollkommen, so kann es auch nicht organischer Theil eines höheren Kunstwerks werden, noch kann auch die Vortrefflichkeit eines höheren Kunstganzen die innere Unvollkommenheit eines seiner Theile, sofern ein solcher selbständig ist, decken, oder verbessern.

Von menschlicher Kunst kann nur gefordert werden, dass jedes ihrer Werke aller Art in sich selbst vollendet sei, dass es mit allen andern Kunstwerken in immer höhere Ganze zusammenlebe, dass sich der menschliche Kunstfleiss über alle ihm offenstehende Lebenssphären gleichförmig schaffend verbreite und sie alle mit gleicher Liebe kunstreich ausbilde; dass sich alle menschlichen Kunstvermögen ebenmässig und wohlgeordnet entfalten; dass alle Sphären menschlicher Kunst gleich reich und vollständig seien, die innige, wie die schöne und wie die harmonische Kunst, und zwar jede in allen ihren untergeordneten Theilen; dass alle Künste mit allen harmonisch zu geselligen Künsten und zu harmonischen Kunstwerken sich vereinen, und dass sich endlich die Kunst und ihre Werke ebenmässig und wohlgeordnet in Zeit und Raum und Kraft über die ganze Erde verbreite, gemäss den Himmelsstrichen, so wie der Lebenseinheit und den eigenthümlichen Fähigkeiten der Nationen. Ist einmal die Kunst so weit auf Erden gelangt, dann kann sie in immer steigender Kraft und Schöne, im männlichen Kraftalter der Menschheit, ihr Höchstes auf Erden erreichen, sich bis ans Ende dieser Erdentage in eigner Schöne und Lebendigkeit erhalten, bis am Ende dieses Kreisganges des Erdenlebens die Menschheit in rühmlichem, glücklichem Alter in ein neues Leben aufgenommen wird. Denn, so wie sich die Unendlichkeit der Gestaltung im Leben des Weltalls nie erschöpft, so wie das Reich der Erfahrung des Vergangnen und des Gegenwärtigen und das Vorschaun der Zukunft mit jedem Tage der Menschheit auf Erden sich reicher eröffnet: so kann sich auch die ganze Kunst, in allen ihren Theilen, noch stets eines jungen Lebens, einer nie gesehenen Gestaltung, eines nie endenden Anwachses ihrer Tiefe und ihres Reichthums erfreuen, ohne befürchten zu müssen, sich in blosser Wiederholung schon verbrauchter und in bleibenden Denkmalen der Vorzeit schon in höchster Vollendung erreichter Formen selbst zu erschöpfen.

Auch die Kunst kann und soll nur gesellig ausgebildet werden; nicht allein, weil immer eine Kunst die Ausbildung und die Vorarbeiten anderer Künste in festgestimmter Ordnung zu ihrer eignen Vortrefflichkeit voraussetzt, sondern wegen der innern Natur der Kunst überhaupt und jeder einzelnen Kunst insbesondere. Jeder Mensch hat seinen eigenthümlichen Kunstcharakter, der sich zunächst allein darin anzeigt, welches Gebiet der Kunst er sich wählt, dann aber vorzüglich in der nur ihm eignen Art der Ausführung sich bewährt, die allen seinen Werken, je vollendeter ein Künstler ist, ein um so eigenthümlicheres Leben einbildet, dass jeder aufmerksame Betrachter, auch ohne ihn sonst zu kennen, es empfindet, dass diese Werke einem und demselben Künstler gehören. Eine höhere gemeinsame Eigenthümlichkeit des Kunstlebens bilden die Familien, die Freundschaften, die Völker, die Erdtheile. Der gemeinsame Charakter ganzer Erdtheile, das Eigenthümliche ihres Himmels, ihrer Natur, ihrer Lage und das Gemeinsame der ganzen Bildung ihrer Völker giebt allen Kunstbestrebungen derselben einen gemeinsamen Charakter und eine harmonische Färbung, welche alles Eigenthümliche der Künstler und deren Freundschaften und der kunstliebenden Familien umfassen. Wie streng und wohlgehalten ist sich nicht europäische und asiatische, innige, schöne und harmonische Kunst, im Ganzen und in allen einzelnen Theilen, entgegengesetzt! Wie bleibt sich nicht dieser Gegensatz in den verschiedensten Gestaltungen aller Zeiten treu! Er zeigt sich in Baukunst, Gartenkunst, Erziehungskunst, Poesie, Malerei, Musik, Dramaturgie gleich wesentlich und entschieden. Innerhalb dieses allgemeinsten Gegensatzes der Kunstbestrebungen und der Kunstwerke ganzer Erdtheile bilden sich dann weiter noch besondere Gegensätze der Völker aus, an denen, nächst den innern geistigen und leiblichen Anlagen, das Klima und die ganze Naturumgebung einen wesentlichen Antheil hat. Ein ähnlicher nationaler Gegensatz entfaltet sich in allen Künsten. Italische, spanische,

Entfaltung und urbildliche Darstellung des Menschheitbundes. 259

französische, englische, deutsche Poesie, Malerei, Bildnerei, Musik, Tanz, Dramaturgie, so wie alle innigen und harmonischen Künste, dieser Völker sind sich, ob schon einige diese, andere andere Künste vorzüglich üben, doch in allen Zeiten ihres Daseins auf immer gleiche Weise entgegengesetzt. Es lässt sich zwar, vermittelst geselliger Mittheilung des eignen Kunstlebens der Völker, eine harmonische Verschmelzung denken, die aus zwei entgegengesetzten Kunstcharakteren einen mittleren erzeugt, eine Austilgung aber dieser Gegensätze ist nicht möglich und nicht wünschenswerth, so lange jene Völker ihr Eigenleben erhalten. So bestimmt auch schon die Nationalcharaktere in der Kunst sich entgegenstehen, so finden dennoch innerhalb derselben die Eigenthümlichkeiten einzelner Künstlerfamilien und Künstlerfreundschaften im reichsten Masse statt; und den Hauch des vollen Lebens verleiht jedem Kunstwerke die Eigenthümlichkeit des wahren Künstlers. Alle diese weitern und engern Gegensätze bringen die Erscheinung hervor, welche man, nicht immer passend genug, durch die Abtheilungen der Kunstschulen in allen Künsten bezeichnet hat.

Wie verherrlicht sich uns die menschliche Kunst, wenn wir sie in diesem Reichthume der Gestaltung auf der ganzen Erde überschauen, wenn wir wahrnehmen, dass zu allen Zeiten alle Völker in ihren Kunstbestrebungen eigenthümlich waren und unter sich in Wechselharmonie standen, so dass sie, ohne dass es die Künstler beabsichtigten, zu jeder Zeit dennoch ein wahres, jedesmal neues Ganzes bildeten; wenn wir bemerken, dass sich mit der Kultur überhaupt auch Kunstsinn und allseitiger Kunstfleiss immer weiter und immer reicher über die ganze Erde verbreitet; wenn wir in der Gegenwart die schönsten Hoffnungen sich begründen sehen, dass die Zukunft der Kunst immer grösser und lebendiger sein werde; und wenn wir uns so zur höchsten Kunstansicht erheben, worin die Menschheit der Erde als ein Künstler erscheint, welcher, schon in der Kindheit liebenswürdig und gross, jeden Tag seines Lebens mit der Schöpfung einer immer innigeren, reicheren, lebensvolleren Kunstwelt bezeichnete und in stetem Wachsthum seiner allseitigen, gleichförmigen Vollendung entgegenreift.

In dieser Anschauung können wir im Allgemeinen bestimmen, was die Idee der Menschheit für die gesammte menschliche Kunst zu thun verlangt. Zuvörderst, dass jedem urlebendigen Geiste, welchen Gott der Erde schenket, sein Weg gebahnt werde; dass die Volkserziehung es möglich mache, dass in jeder Kunst jeder Kunstgenius sich sein selbst bewusst werde; dass ihm alle äussere Bedingungen hergestellt werden, sich durch planmässigen, sorgenfreien Kunst-

fleiss freudig zu entwickeln; dass der Staat, die Kirche und
alle gesellige Vereine den Künstlern neue Beschäftigung
geben, damit sich um grosse Künstler freie Kunstschulen, wie
bei den Griechen und Italienern in der Blüthe ihrer Kunst,
bilden können. Letzteres ist unerlässliche Bedingung des Ge-
deihens aller und jeder Kunst; denn die Kunst lässt sich nur
aus Liebe, nur in stetem, vertrautem Umgange, nur durch
stufenweise Theilnahme an den Werken des Meisters mittheilen; nur, indem sich der Schüler in die Originalität des
Meisters vertieft, kann sich dessen eignes Kunstleben freudig
ausbilden und an das Kunstleben des Meisters so anschliessen,
dass Meister und Schüler eine höhere Reihe, eine wahre
Schule, bilden. Sogenannte Kunstakademien, so nothwendig
und löblich sie in andrer Hinsicht sind, können den Mangel
von Kunstschulen, welche sich frei und wie von selbst um
geschickte Männer bilden, nie ersetzen; denn in diesen Kunstakademien wird mehr gelehrt, als vorgearbeitet, der Schüler
wird von den entgegengesetzten Eigenthümlichkeiten seiner
vielzahligen Lehrer und von der Welt der ihm dargestellten
Kunstschätze planlos und veränderlich angezogen und abge-
stossen, sein Kunstcharakter wird hierdurch im Keime untergraben, und so wird er leicht Stümper und Nachahmer, sein
eignes Leben aber bricht so nicht hervor. Nur wer im vertrauten Zusammenleben und Mitarbeiten mit dem Meister sich
ausbildet, den sein Herz verehrt, und dessen Kunsteigenheit
der seinigen in den innersten Tiefen des Gemüthes verwandt
ist und mit unwiderstehlicher Gewalt ihn zu sich zieht: nur
der kann aus dem von seinem Meister geleiteten Besuch von
Kunstakademien den grossen, wesentlichen, anders nicht zu
erreichenden Nutzen ziehen, welchen Kunstakademien und
Kunstsammlungen allerdings gewähren. Ich rede nicht bloss
von Akademien der bildenden Künste: auch von Akademien
der Poesie, der Musik und aller Künste, auch derer, wofür
bis jetzt weder Schulen, noch Akademien gestiftet sind.

So wie uns nun die Wissenschaft zur Idee eines grossen
ihr gewidmeten Institutes auf Erden führte, so verlangt auch
die Kunst, wenn sie als ein schönes, gesundes, in allen Glie-
dern ausgebildetes Gewächs gedeihen soll, ein Aehnliches.
Auch die Geweiheten aller Künste sollen sich als eine grosse
Familie ansehen und lieben lernen, sie sollen die Grenzen,
welche Verschiedenheit des Standes, des Volks, der Schule
und der eigenthümlichen Beschäftigungen errichtet haben, als
Künstler vergessen, sie sollen überall frei, als kunstliebende
Menschen, miteinander umgehen. Es muss dem urgeistigen
Künstler frei stehen, das Land zu suchen, und es zu seinem
Vaterlande zu machen, wo die ihm geliebte Kunst blüht und
so blüht, wie es seinem Charakter angemessen ist; und da-

mit sich die Völker in ihrem eigenthümlichen Kunstleben einander gegenwärtig werden, ihr Eigenthümliches gesellig vereinen und sich allseitig auch in der Kunst ausbilden, sollen die Künstler so frei als möglich reisen können. Wie oft ist jetzt der Handwerker, dem es jedoch herzlich zu gönnen ist, in dieser Hinsicht glücklicher, als der sinnreichere innige und schöne Künstler! Selbst die einfachsten Handwerke können, ohne sich bei andern Völkern umzusehen, nicht gedeihen, um wie weniger ist dies von den urgeistigen, freien und schönen Künsten zu erwarten? Die Künstler sollen Arbeit und ein ihrem Range gemässes äusseres Leben vom Volke erhalten; und ihre Werke sollen sie frei und bleibend ihrem Volke und der ganzen Menschheit zur Bewunderung und zur Erweckung des inneren Lebens darstellen können.

So wie ferner die Wissenschaft, um die Erkenntnisse der vergangnen Geschlechter in eine Gegenwart zu fesseln, es bedarf, dass die Schätze alles Wissens in ein grosses Ganzes gesammelt werden, so ziemt dies der Kunst um so mehr, als der wahre, eigenthümliche Werth eines Kunstwerks in seiner Individualität liegt. Es ist mir hier nicht vergönnt, diese Idee der Aufbewahrung und immer neuen Darstellung der werthvollen Kunstwerke aller innigen, schönen und harmonischen Künste, aller Völker und aller Zeiten, in ihren innern Gliedbau zu verfolgen; ich muss mich begnügen, nur einige Hauptpunkte herauszuheben. Es kommt darauf an, diese Erhaltungsanstalten nach den Künsten, nach den Schulen, nach den Völkern, nach den Zeiten, und zwar nach allen diesen Rücksichten zugleich, anzulegen; ferner, diese Sammlungen und Darstellungen so der Zeit und dem Orte nach in Verbindung zu bringen, dass die Künste und die Künstler dadurch in ihrer natürlichen Verwandtschaft erscheinen, dass sie das Gemüth stark und einklangig rühren, dass sowohl die Künstler Gelegenheit haben, sich zu allumfassender Kunstanschauung zu erheben, und auf diesem Grunde ihr eigenthümliches Kunstleben zu entfalten; und damit so die Kunst, als auch jeder im Volk, ja das ganze Volk, sich zu einem ganzen, auch in der Kunst harmonischen Menschen ausbilden. So müsste, um dies nur an einem Gliede dieses grossen Organismus zu erläutern, ein sogenanntes Konservatorium der Musik nicht sowohl planlos die musikalischen Kunstwerke aller Nationen aufbewahren, nicht bloss dann und wann, eben so ohne festen Plan und bloss vorübergehenden Stimmungen zu Folge, dem Volke irgend etwas davon darstellen: sondern es müssten vielmehr alle bedeutenden musikalischen Kunstwerke, nach den Kunstgattungen, nach den Zeiten, nach den Völkern, nach den Schulen, nach den Instrumenten geordnet, und von einer wissenschaftlichen Würdigung ihres Kunst-

werths begleitet, vorhanden sein und dem Privatstudium der
Musiker offen stehen; und dann müsste dies grosse geschichtliche Ganze der Tonkunstwelt auch zu bestimmten Zeiten
und an zugänglichen Orten in steter Zeitfolge und in kreisförmiger Wiederkehr, im Geiste des Zeitalters, worin jeder
Tonkünstler dichtete, regelmässig dargestellt werden, auf dass
jeder im Volk sein Gemüth für die Tonkunst eröffne und
belebe, und die Tonkunst ein höher gebildetes Publikum gewinne. Eine ähnliche Einrichtung nun sollte für jede besondere Kunst, der Natur derselben gemäss, getroffen werden.
Diese grosse Anstalt wird gewiss nicht immerfort frommer
Wunsch bleiben; sie ist schon zum Theil wirklich, und man
braucht bloss das, was Paris, Rom, London, Florenz, Neapel,
Madrid, Wien, Dresden, ... an Kunstsammlungen und Konservatorien darstellen, zu betrachten, um sich zu überzeugen,
dass Europa ein geselliges Kunstleben freier und harmonischer
zu entfalten beginne.

Vor Allem aber wichtig für die Kunst ist eine freie, gesellige Vereinigung der Künstler selbst, welche sich von den
Künstlerfreundschaften zu Vereinigungen von allen Künstlern
derselben Stadt, derselben Provinz, desselben Volkes, desselben Erdtheiles, bis zur Vereinigung aller Künstler der
Menschheit, in immer weiteren wohlgeordneten und incinander verschlungnen Kreisen zu erheben bestimmt ist. Ich
beziehe mich auf das, was ich von dem ähnlichen Bunde der
Wissenschaftsforscher erwähnte: denn dies Alles gilt im Wesentlichen auf gleiche Weise von der Kunst. Vorzüglich
sollen diese Gesellschaften sich bestreben, dass sie die Idee
der Kunst überhaupt und jeder einzelnen insbesondere rein
und lauter im Auge und im Gemüth bewahren; dass sie Vergangenheit, Gegenwart und Zukunft der Kunst in ein Ganzes
sinnig zusammenfassen, die Kunstcharaktere der einzelnen
Künstler, der Schulen, der Völker, der Erdtheile unterstützen
und läutern; dass sie die Künstler auf neue, zeitgemässe
Kunstbeschäftigungen aufmerksam machen. Sie sollen ferner
die Ideen erst jetzt im wachsenden Ausbilden des ganzen
Menschheitlebens sich neueröffnender Kunstgattungen auffassen und fasslich darstellen und zugleich, im Fortschritt
ihrer geselligen Ausbildung, ein höheres, gültiges, parteiloses Kunsturtheil der Menschheit bilden, wodurch jedes
Kunstwerk und jeder Künstler hoffen kann, richtig gewürdigt,
dankbar anerkannt und ehrenvoll und unvergänglich auf die
Nachwelt gebracht zu werden.

Wissenschaft und Kunst stehen unter sich in unauflöslicher Verbindung. Sie setzen sich nicht nur wechselseitig
voraus, der Fortschritt der einen macht nicht bloss einen
ähnlichen in der andern möglich, sondern sie sind auch

bestimmt, harmonisch in ein höheres Lebensganzes vereinigt zu werden; denn die Wissenschaft gefällt sich selbst in kunstreicher Darstellung, und das Kunstwerk ist ein belebtes Bild der ewigen Wahrheit; Liebe zu ihnen beiden, und Leben in ihnen beiden, soll jedes grosse Gemüth erfüllen, welches in Wissenschaft, oder in Kunst, oder in beiden nach dem Ewigen, nach dem höchsten hier Erreichbaren, strebt. Deshalb sollen auch alle gesellige Vereine für Wissenschaft und Kunst und ihre Werke in freiem, freundlichem und innigem Wechselverhältnisse leben. Die grossen Institute für Kunst und für Wissenschaft können nur dann als ganze und in allen ihren Gliedern immer höher erblühn und selbständig, unter sich und mit allem Menschlichen einklangig, vollendet werden, wenn sie, in freier Geselligkeit, in, mit und durcheinander, in einem geselligen Bunde leben. Dann wird Wissenschaft und Kunst, wie dem Gemüthe jedes einzelnen harmonischen Menschen, so dem Gemüthe der Völker und einst der ganzen Menschheit wahrhaft gegenwärtig sein und unverwelklich, immer schöner blühen.

Wissenschaft, Kunst und ihre Harmonie sind die ursprünglichen inneren Werke der Menschheit; sie sollen und werden, wir hoffen es in Gott, auch auf Erden als ein grosses eigenthümliches Werk einst vollendet sein. Aber nicht weniger wichtig ist das ewige Gesetz, wie sie vollendet werden. Denn die Menschheit soll nicht bloss das Schöne und das Gute thun, sie soll es auch durch schöne und gesetzmässige Thätigkeit erzeugen. Gesetzmässig wirkt menschliche Thätigkeit, wenn sie den ewig wesentlichen, in aller Zeit bleibenden Urformen gemäss ist, welche in dem Urwesentlichen der Menschheit begründet sind. Diese Formen sind Sittlichkeit, Gerechtigkeit, Liebe und Schönheit, sie führen zur Tugend, zum Recht, zur Allgeselligkeit und zum Schönleben. Wollen wir die Idee der Menschheit vollständig erkennen, so müssen wir hören, was ihre innere Stimme in uns über diese heiligen Gegenstände ausspricht, was sie verlangt, dass wir thun sollen, damit sie auch auf dieser Erde in Gesundheit, in Schönheit und in vollem Wachsthum ureigenthümlich gedeihe.

Ein Tugendleben der Menschheit auf Erden.

Die Tugend des Einzelnen haben wir als die schöne Fertigkeit erkannt, sein ganzes Leben nach dem Gesetze des reinen, freien, heiligen Willens zu bilden, und wir haben mit Recht von ihr gerühmt, dass sie das Erste, Eigenste und Innerste aller menschlichen Vortrefflichkeit sei. Denn die

264 Entfaltung und urbildliche Darstellung des Menschheitbundes.

Tugend ist die innere Gesundheit und Schönheit des ganzen Menschen, die innere Harmonie seines ganzen Wesens, aller seiner Kräfte und Organe. Der Wille ist im Tugendhaften im Einklange mit seinem ganzen Gemüthe, mit Empfindung und Neigung, mit Erkenntniss und Anschauung, mit Leib und Geist. Und da diese innere Harmonie aller seiner Thätigkeit auch seine Harmonie mit Gott und der Welt von seiner Seite möglich macht und vermittelt, so bewegt sich das ganze innere Leben des Tugendhaften und alle Aeusserungen desselben wohlgeordnet und einklangig mit dem Leben Gottes und der Welt. Wie könnte die Tugend, als die innere Gesundheit und Schönheit des ganzen Menschen, eine Feindin edler Lebensfreuden sein, wie könnte sie auch nur einen Tropfen Bitterkeit in den Kelch des Lebens mischen? Sie ist vielmehr eine Mutter und Pflegerin jeder wahrhaft menschenwürdigen Freude; ohne sie ist jede Lust Frevel, nur sie begründet im Innern des Menschen froh aufstrebende Kraft im Leiden und gegen mächtige Hindernisse. Die Tugend liebt nicht jenes qualvolle Selbstpeinigen, jenen finstern Ernst, der die Musen und die Grazien verscheucht, nicht jenes Verachten des Leibes und der Natur und deren Schönheit; sie trotzt nie auf den im Kampfe mit der Weltbeschränkung so schwachen menschlichen Willen, sondern sie vertrauet zuzuhöchst und nur allein auf Gott, und in diesem Vertrauen auch auf den gottähnlichen Gebrauch ihrer eignen reinsittlichen Urkraft; nur, indem diese in Gott lebt, wird sie unüberwindlich und die heiligste, gottähnlichste Kraft unter den Kräften aller geschaffnen Dinge. — Die Tugend strebt nach richtiger Erkenntniss aller Dinge, mit denen der Mensch lebt, auf die er wirken soll, und gegen die Erfolge ihrer Bestrebungen ist sie nicht gleichgültig; sie handelt frei, besonnen und fröhlichen Muthes.

Jeder einzelne Mensch bildet auch seine Tugend eigenthümlich aus; seine ganze Thätigkeit soll sich auf ureigne Weise, einstimmig mit dem ewigen Gesetze des reinen, freien Willens, als seine eigenthümliche Sittlichkeit*) gestalten. Es ist nicht genug, dass überhaupt das Gute gethan werde, welches in dem einen Urguten enthalten ist, sondern dass nach den ewigen Gesetzen des Lebens in der Zeit, kunstreich in jeder Theilzeit, von jedem Menschen, von jeder Familie, von jedem Volke, ja von der ganzen Menschheit das Gute in seiner ganzen unendlichen Bestimmtheit gethan werde, was

---

*) Wir würden sagen, „seine eigenthümliche Sitte", wenn nicht der Sprachgebrauch den Sinn dieses ursprünglich edlen Wortes unbestimmt liesse und von guten und schlechten Sitten spräche, mithin dadurch tugendliche und lasterhafte Gewohnheiten bezeichnete.

hier und jetzt nach dem Urbilde ihres Eigenlebens das Beste ist. Denn alle menschliche Wirksamkeit ist, obwohl ihrem innersten Wesen nach ewig, dennoch zugleich an die Zeit und an die Gesetze der geschichtlichen Entwickelung des Menschen, der Menschheit und aller höheren Ganzen im Reiche Gottes gebunden; daher gestaltet sich auch die Tugend, obgleich dem innern Wesen und der Gesinnung nach, wesentlich nur eine und in allen Gestalten dieselbe, nach den Zeiten gar sehr verschieden: ohne zeitgemäss zu sein, kann keine Tugend sein; ja selbst vorübergehende, sogar der reinen, ewigen Idee der Menschheit widersprechende Zustände erzeugen grosse und schöne Aeusserungen der einen Tugend, welche selbst mit den Zeiten vorübergehen, indess die sie erzeugende Tugendgesinnung unvergänglich besteht und in ihnen Allen dem Wesen nach dieselbe und zu allen Zeiten ewig ist. Alle diese geschichtlichen Tugenden, oder richtiger, diese verschiedenen geschichtlichen Aeusserungen und wesentlichen Theile der einen Tugend, verdienen hohe Achtung, sorgsame Pflege und Ausbildung; wie der Heldenmuth im Kriege, die freie Gerechtigkeit eines unumschränkten Beherrschers, die Gerechtigkeit des Familienvaters gegen Weib und Kind, wo sie ihm der Staat zu willkürlicher Behandlung frei überlässt; die edle, menschliche Behandlung der Sklaven, grosser, hoher Sinn in Leiden, Enthaltsamkeit an sich erlaubter und gerechter Genüsse, wo urwesentliche Zwecke sie gebieten; freudiger Muth und gottinnige Werke in drückender Armuth, welche die Liebe, die innere, freie Gerechtigkeit, der Fleiss am Reiche Gottes im Geiste der gottinnigen Menschheit freiwillig auf sich nimmt. Alle tragische Tugenden, alle Tugenden, die der Mensch im ungleichen Kampfe mit den Mächten des Himmels und der Erde ausbilden muss, bewähren die innere Stärke der reinen, zu vollem Leben aufstrebenden Menschennatur noch mehr, als die stille, ungestörte Tugend eines reinen, friedevollen, paradiesischen Lebens.

Wie jeder einzelne Mensch, so bildet sich auch jede höhere moralische Person, jede Menschengesellschaft, ihren eignen sittlichen Charakter an, als die eigenthümliche Gestalt ihres ganzen Lebens. Ist dieser Charakter mit dem reinen Gesetze des freien Willens einstimmig, so ist die Sitte tugendlich, würdig und schön. So soll jede Familie eine sittliche Eigenthümlichkeit haben, und jedes Volk soll seine charaktervolle Sitte rein bewahren und immer inniger und gottähnlicher gestalten. Die Tugend nimmt, wie die Schönheit, ohne in ihrem Wesen etwas zu ändern, oder von ihrer Strenge und Reinheit etwas nachzulassen, unendlich viele Gestalten an, so wie dieselbe ewige Schönheit des Leibes und des Geistes, in unendlich vielen Idealen sichtbar wird. Hat sich ein Volk zu gemeinsamer, edler Sitte, als zur Aeusserung seiner gemeinsamen Tugend, heraufgebildet, so muss diese Sitte des Volkes jedem Mitgliede desselben heilig und unverletzlich sein; denn es ziemt sich, dass sich die untere Person der höheren, dass sich das besondere Leben seinem höheren Leben unterordne, so weit dies möglich ist, ohne die persönliche, sittliche Selbständigkeit und Lauterkeit aufzugeben, welche der Mensch nie zum Opfer darbringen darf.

Will ein Volk einmal, wie es soll, eine wahre, höhere Persönlichkeit behaupten, so ist dazu ureigne, ehrwürdige Volkssitte die erste innere Bedingung; denn nur durch sie bildet sich das Volk zu einem grossen Gemüthe und Herzen, zu einem reinen, kraftvollen, unerschütterlichen Willen. Wo aber die Volkssitte Unmenschliches und Tugendwidriges verlangte, da ziemt es dem Einzelnen, Gott, welcher Selbstentweihung der inneren sittlichen Würde nie gebietet, mehr, als Menschen zu gehorchen, lieber zu sterben, als sich dem unsittlichen Willen auch einer noch so zahlreichen höheren Person treulos zu fügen; denn ihr, wie ihm, muss Gottes Gesetz in des Menschen Brust heilig sein, welches sittliche Selbständigkeit als das Erstwesentliche im Leben, als Bedingung alles Guten, Schönen und Echtmenschlichen ewig ausspricht.

So wenig der Einzelne seine sittliche Ausbildung und Tugend dem Schicksal, oder seinem guten Glücke überlassen kann und soll, eben so wenig ein Volk seine Sitte. Vielmehr sollen auch die Völker ihre originale Sitte und Tugend, als freie und schöne sittliche Künstler, in klarem Bewusstsein anschaun, sie läutern, nach den Zeiten umbilden und vollenden. Auch die Sitte der Völker muss beweglich und gestaltbar sein nach den Zeiten, wie ein heranwachsender Menschenleib, wo sie nicht erkalten, erhärten, veröden und absterben soll. Denn, ist der urlebendige, reinsittliche Geist, der die Volkssitte erzeugt, erloschen, so wird sie selbst unzeitgemäss, verliert ihre Würde und Schöne und lähmt sogar die innersten Lebenskräfte der höher strebenden Menschheit. Sehet, wie die Indier, dies unserer Liebe so würdige Volk, obgleich ihm noch Vieles von jener reinen Kindlichkeit übrig ist, welche ihre sittliche Verfassung vor Jahrtausenden gründete; wie es dennoch unter der Last der veralteten Sitte gedrückt ist und ermattet, wie es einzig bei dem Verdienste beharret, das Alte immer unvollkommner auf die Nachwelt zu bringen. — Soll endlich das sittliche Leben eines Volkes harmonisch und organisch sein, so muss die Sittlichkeit der stärkeren männlichen, so wie die der zarteren weiblichen Menschheit sich gleich frei regen und ausbilden können, ausserdem stellt das Volk nicht einen vollständigen Menschen;

sondern nur männliche Sitte und Bildung überwiegend dar; die Vernachlässigung aber der gleichwesentlichen weiblichen Natur muss sich durch innere Krankheiten des Volkes rächen und den Untergang desselben beschleunigen.

Haben sich nun die einzelnen Völker aus eignen Kräften eigne Sittlichkeit errungen und sie im Verkehr untereinander ausgebildet, dann vereinen sie sich in liebevoller Geselligkeit zu noch höheren, durch die Erdtheile bezeichneten, moralischen Personen und bilden ein gemeinsames, den ganzen Erdtheil regierendes Tugendleben. Und diese vereinigen sich dann in einem Tugendbunde, in reinsittlicher Verfassung und freiem, sittlichem Zusammenwirken in die höchste, allen Völkern dieser Erde zugleich eigne Sittlichkeit und Darstellung der einen innern Tugend in ihrem ganzen Leben; nach welcher, wenn es uns zu überschauen vergönnt wäre, der sittliche Charakter, das Tugendleben dieser Menschheit, von dem der Menschheiten aller anderen bewohnten Himmelskörper unterscheidbar, im Glanze eigenthümlicher Schönheit erscheinen würde.

Ein Rechtsleben der Menschheit und ein Staat auf Erden.

Nächst der Ehrfurcht und Liebe der Sittlichkeit erfüllt des Menschen Brust das ehrwürdige Gefühl des Rechts. Wir haben uns an die Idee des Rechts und des Staats schon früher im Allgemeinen erinnert; jetzt wollen wir zu erkennen suchen, wie die Menschheit für die Darstellung dieser Grundidee bestimmt sei, sich in ein grosses, reich belebtes und wohlorganisirtes geselliges Ganzes auf Erden zu vereinigen. Der vollendete, harmonische, reinmenschlich gebildete Mensch übt die Gerechtigkeit von selbst, aus reinem, innerem Antriebe. Und aus eben so reinem, innerm, freiem Antriebe des Geistes und des Gemüthes soll sie auch von den Familien, von geselligen Freunden, von Stämmen und Völkern und überhaupt von der ganzen Menschheit auf Erden erbaut und geübt werden. Die Gerechtigkeit muss erst innerlich in den Menschen als Gesinnung und als innere Handlungsweise geschaffen und ausgebildet werden, ehe sie äusserlich als geselliges Kunstwerk im Staate rein und vollkommen, in die Würde der Sittlichkeit und der Schönheit gekleidet, in das gemeinsame Leben hervorgehen, ehe das Recht in einem, mit dem ganzen Menschheitleben und mit den Grundgesetzen des Allreiches Gottes harmonischen Leben auf Erden wirklich werden kann. Nur, wo die innere Ge-

rechtigkeit, wo der freie, gerechte Wille noch mangelt, da
treten äussere Zwangsmittel in ihre nothwendigen Rechte, als
vorübergehendes, unzulängliches Ersatzmittel der inneren Ge-
müthskräfte, welches mit der Unvollkommenheit der Staaten,
so wie diese mit dem noch unvollendeten Bildungsstande der
Völker, in steter Wechselwirkung ist. Aber die Völker
wachsen in allen Theilen der menschlichen Bildung, zum
Theil mit Hülfe des Staates und seiner Zwangsmittel, aber
doch ursprünglich nur durch innere Kräfte, die von jenen
geweckt werden. Auch der Staat verbessert sich im Fortgange der ganzen Volkskultur; die Quellen der Verbrechen
werden verstopft; die Strafen werden menschlicher, von Zorn,
Rachsucht und Qualfreude reiner; die Verbrechen werden
seltner und leben endlich kaum noch in dem Andenken der
glücklichen Völker.

Jedem einzelnen Erdenbürger soll sein Recht allseitig
werden; und er selbst soll allseitig Recht thun, in Gedanken,
Worten und Werken. Gehört auch jeder Einzelne der Rechtsverfassung seiner Familie, seines Standes und seines Volkes
als Unterthan; so hat er dennoch seine eigne innere und
äussere Rechtspflege, welche Niemand an seiner Statt üben
kann, worüber er sein eigner Richter ist; zumal, wenn er in
solchen Staaten lebt, welche noch unvollständig und, wenn
man sie an die Idee des Rechtes hält, rechtwidrig organisirt
sind. Kann der Volksstaat je die zarten Rechtsverhältnisse
der Wahrhaftigkeit, der Dienste der Liebe, der Ehre und
der Freundschaft gründen und richten? Und doch werden
Rechtsbeleidigungen in diesen innigeren Verhältnissen weit
kränkender empfunden, als manche vom Staate mit Recht
hart geahndete Verbrechen. So reicht der zarte Gerechtig-
keitssinn des Einzelnen, mit Güte und Liebe im Bunde, selbst
noch dahin, wohin der Staat als Volksanstalt weder reichen
kann, noch soll; der innerlich Gerechte kann schon im Geiste
der Gerechtigkeit noch ferner Jahrhunderte, ja im Geiste der
Gerechtigkeit der ganzen Menschheit wirklich leben und dadurch die zukünftige höhere Verklärung des ewigen Rechtes
auf Erden mit vorbereiten und näher bringen helfen.

Das nächsthöhere, innere, reiche und in seiner Sphäre
vollständige Rechtsgebiet nach dem Einzelnen ist die Familie.
Denn, so wie diese der erste höhere vollständige Mensch nach
dem Einzelnen ist, so bildet sie zugleich die erste höhere
vollständige Rechtssphäre. Daher war auch auf Erden das
Recht in Familien weit eher, als in Systemen von Familien,
in Stämmen und Völkern, wirklich; daher geht alle Verbesserung der Staaten noch jetzt von der Veredlung der Familien aus. Der Hausvater und die Hausmutter bilden und
pflegen das Recht innerhalb der Familie und regieren sie;

denn, aus ihrer Liebe entsprossen, schliessen ihre Kinder um sie her den engen, lebensreichen Kreis, in welchen dann, von Liebe angezogen, liebende Verwandte und Freunde als Gehülfen des inneren und äusseren Berufs der Familie treten. So frei nun die Familie, so frei ist ihre innere Verfassung und Rechtspflege auf ihrem eigenthümlichen Gebiete. Allein die Kinder, so wie alle Personen der Familie, gehören dem Volke und der Menschheit; das Familienrecht darf daher andere engere und weitere Sphären des Rechtes nicht stören, noch wird es sie stören, wenn Weisheit und Liebe die Familien beseelen. Auch das Volk muss, so wie jede seiner innern Rechtsgesellschaften, also auch die Familie, als eine freie Person anerkennen, ohne jedoch seine höheren, mit den Familienrechten an sich wohl verträglichen Rechte auf jedes Mitglied derselben aufzugeben, und ohne seinen Mitgliedern innerhalb der Familien als Volksgenossen Unrecht thun zu lassen.

Jede menschliche Gesellschaft, ihr Wesen und Ziel sei, welches es wolle, bedarf einer geselligen Verfassung und hat innere gesellschaftliche Rechte, welche aus der Natur der Gesellschaft selbst fliessen und nur aus ihr erkennbar und bestimmbar sind. Jede Gesellschaft, die freien Gesellschaften und die werkthätigen, muss also auch ihrer Rechtsorganisation nach frei und selbständig sein. Daher soll sie auch der Staat, als das zu Herstellung alles Rechtes vereinigte Volk, als solche anerkennen; denn nur so können sie gedeihen, und nur so kann ihr Staat selbst sein Ziel, allseitige Darstellung aller Rechte als eines Rechtes auf Erden, erreichen. Ferner ist jede Gesellschaft jeder andern und dem Volke zu Recht verbunden; jede soll ihr Recht den Rechten aller andern und des Ganzen gemäss bestimmen und jeder höheren Rechtsperson, deren Glied sie ist, und den Gesetzen derselben, auf dem Gebiete des Rechtes, unterthan sein, so weit es das Recht selbst gebietet.

Jedes Volk, was wahre Persönlichkeit haben, was in allen Theilen menschlicher Bestimmung wahrhaft ein Mensch und ein freier, selbständiger Mensch sein soll, muss es auch in Anschung seiner inneren Rechtspflege sein. Denn, so charaktervoll es selbst, so charaktervoll ist auch sein Recht, da es dem individuellen Volkscharakter individuell entsprechen muss. Nur das Volk selbst, in lebendigem Selbstgefühle und im steten Umgange mit sich selbst, kennt seine inneren Rechtsbedürfnisse, seine innern Mittel, sie zu befriedigen, die ihm angemessne Verfassung und die Personen, welche es zu regieren würdig sind. Alle andere Völker, wollen sie im Geiste einer gerechten Menschheit handeln, müssen diese Freiheit der innern Rechtsverfassung jedes Volkes anerkennen. —

Ich rede indess hier von mündigen Völkern, die zu vollem Selbstbewusstsein gelangt sind und die Staatskunst nicht aus Einseitigkeit ihrer ganzen Bildung vernachlässigen. Denn unmündige Völker, oder solche, welche nicht ihr Rechtsleben selbständig und zeitgemäss ausbilden, fallen, nach einem wesentlichen Gesetze der Menschheitbildung, unvermeidlich in die Botmässigkeit benachbarter mündiger, staatskluger und staatskunstreicher Völker. Dies fremde Regiment ist ihnen sogar wohlthätig, wenn dadurch ihr eignes schlummerndes Talent zur Staatskunst geweckt wird, und sie eine sanft erziehende, menschenwürdige Behandlung erfahren; verderblich ist es ihnen dagegen, wenn sie in ihrer Unthätigkeit verharren, oder, weder zum Preise der Weisheit, noch der sittlichen Güte der Eroberer, dem fremden Staate bloss einverleibt werden, um in ihm zu verschwinden.

Jedes Volk würde berechtigt sein, sich auch auf dem Gebiete des Rechtes völlig ungebunden selbst zu organisiren und zu regieren, wäre es anders die höchste Person, worin die Menschheit auf Erden erscheint. Allein das Menschengeschlecht verbreitet sich, von einem Ursprung aus, nach innern und nach äussern Gesetzen, über die ganze Erde. Die von Natur durch das Umfluthen des Meeres, als Fluss- und Gebirgsgebiete frei und selbständig untergeordneten und beigeordneten Wohnplätze sind die Veranlassung, dass sich das eine Geschlecht in vielzählige Stämme und Völker trennt; doch alle von einerlei geistigen und leiblichen Anlagen, alle, selbst dem Ursprunge nach, ein Volk. Auch die Erde ist ein Ganzes, welches sein Leben periodisch auf wohlgerundeter Fläche entfaltet. Eine Erde und ein Menschengeschlecht stellen sich in der Idee und geschichtlich dar. Das Recht ist der Natur der Dinge gemäss, also soll auch auf Erden ein Recht der einen Menschheit wirklich sein, — in einem grossen Rechtskunstwerke, in einem grossen Erdstaate oder Weltstaate*), hergestellt werden. Es leuchtet ein, dass kein Volk sich ausser der Gesellschaft mit allen andern Völkern völlig gesund und so glücklich befinden kann, als es zu sein fähig ist, wenn alle Völker sich in Gerechtigkeit und Liebe vereinen und die Gaben des Genius, so wie die Güter der Erde, welche diese so verschieden und so ungleich vertheilet, sich frei und gemeinsinnig mittheilen. Daher sollen alle Völker auf Erden ein Volk sein, und sie werden es einst sein. Alle Verhältnisse, die aus den Tiefen des ewigen Wesens der Menschheit, so wie aus den innersten Gesetzen der Natur,

---

*) Der Erdstaat kann nur in sofern Weltstaat genannt werden, als diese Erde und ihr Leben ein in sich beschlossnes, selbständiges Ganzes, eine Welt für sich, unsere nächste Welt ist.

Entfaltung und urbildliche Darstellung des Menschheitbundes. 271

unwidersprechlich folgen, sie alle sollen und werden so, wie sie ewig geboten sind, wirklich werden, sie alle sind Wesentheile des einen Rechtes auf Erden. Nur die als Menschheit vereinigten Völker sind die höchste und erste Rechtsperson; nur die Menschheit hat über Eigenthum der Völker, als höchster Richter auf Erden (in höchster Instanz zu entscheiden. Alle Verträge der Völker, bevor jene grosse Vereinigung wirklich wird, wiewohl sie, als Mittel der letztern, vollkommen verbinden, sind doch nur provisorisch und erwarten von jenem noch fernen, aber unausweichlichen Gerichtshofe aller in eine Menschheit vereinten Völker ihre Bestätigung, Veränderung, oder Vernichtung.

Die Naturabtheilung des Erdlandes bestimmt das Menschengeschlecht, zuerst die auf jedem von ihnen naturgemäss und mannigfach gruppirten Völker in einen Staatenbund zu vereinigen, um dann aus den Staatenvereinen aller Erdtheile eine höchste Regierung des einen Erdstaates zu bilden. So wie die Geschichte überhaupt stufenweis vom Einzelnen zu immer höhern Ganzen sich erhebt, so auch in der Ausbildung des Staates. Ein grosses Ganzes bedarf langer Reife, das grösste die längste. Es werden wohl Jahrtausende noch vergehen, bis die Menschheit in ihren Völkern und in ihrem ganzen innern Leben reif genug geworden sein wird, sich als einen Staat zu konstituiren, und auch in Ansehung des Staats sich als ein höchstes Ganzes, als einen grössten Menschen, zu vollenden.

Jedes Volk hat seinen eigenthümlichen Staat, seine eigenen Rechtsgesetze, sein eigen Gericht, seine eigne Rechtsverwaltung; und über den Gesetzgebern, Richtern und Verwaltern des Rechtes waltet jedes Volkes eigne Regierung. Diese stellt das Volk selbst und seine höchste Macht auf dem Gebiete des Rechtes vor in einer Verfassung, welche nicht willkürlich, sondern, dem Urbilde nach, für die gereifte Menschheit nur eine einzige ist. Sie geht aus dem Wesen des Rechtes und der Menschheit selbst ewig hervor; ihr nähern sich in verschiedenen Gestalten, in verschiedener Vollkommenheit und Graden der Rechtsgemässheit, die Regierungsverfassungen der werdenden Völker. Alle Völker eines Erdtheiles wählen dann aus ihren Regierungen Mitglieder, welche, in eine Gesellschaft von Rechtserwählten versammelt, eine höhere Obrigkeit ihres höheren Völkerstaates bilden; diese besorgen die den vereinten Völkern gemeinsame höhere Rechtsgesetzgebung, das Völkergericht und die Völkerstaatsverwaltung. Zu dieser höheren Behörde verhalten sich die Völker und ihre Regierungen, wie sich zu ihnen die einzelnen Bürger verhalten. Der Regierung des Völkerstaates sind alle zu gemeinsamem Rechtsleben verbundne Völker verantwortlich und unterthan.

Diese höhere Regierung hat ihre von jedem theilnehmenden Volke selbst gewählten Beisitzer in jeder besonderen Regierung jedes Volks, und jede besondere Regierung jedes Volks seine Beisitzer in der höheren Regierung, um den höheren Völkerstaatsorganismus mit dem besondern Organismus jedes einzelnen Volkes in gerechte und innige Verbindung und Wechselwirkung zu setzen. Wenn dann jeder dieser einen ganzen Erdtheil umfassenden Staaten mit jedem der übrigen Erdtheile auf ähnliche Art zusammentritt, um das höchste gesellige Rechtsleben und die höchste Rechtsbehörde auf Erden zu bilden: dann wird gleichförmiges, sicheres, öffentliches Rechtsleben, dann wird der Erdstaat sein. Die Strafen werden mit den Verbrechen, der Krieg wird mit der Unsicherheit verschwinden; das Recht wird harmonisch mit dem einen, ewigen Rechtsleben Gottes in Liebe, Güte und Frieden die ganze Menschheit regieren.

Der Erdstaat, welcher alle Völker, alle Gesellschaften, alle Familien, alle einzelnen Menschen, als organische Theile mit gleichförmiger Gerechtigkeit umfasst, ist noch nicht vollendet, aber er ist im Werden. Glücklich sind wir, o Zeitgenossen, in der entscheidenden Epoche zu leben, wo sich die Menschheit zuerst als Menschheit im Staate ausspricht; zu einer Zeit, in welcher die jahrhundertlangen Vorbereitungen des Glückes von Jahrtausenden einen entscheidenden Ausgang gewinnen; von welcher aus die Geschichte aller vorigen Jahrhunderte als ein höheres, kunstreiches, harmonisches Ganzes erscheint. Der erste wahre Staatenbund, der sich auf die Rechte der Menschheit und auf die gesetzmässige Repräsentation der Völker gründet, wird in diesen Jahren vor unsern Augen erkämpft, gebildet und gesichert.

Und zu dem hohen Ziele, einen grossen Staat auf Erden wirklich zu machen, kann jeder gottinnige, gemüthvolle Mensch, jede gute Familie, jede vertraute Freundschaft, jedes Volk im Stillen mitwirken und seine Ankunft beschleunigen. Denn schon jetzt ist es möglich, dem bestehenden Rechte treu gehorchend, aus innerer, freiwilliger Gerechtigkeitsliebe im Geiste des zukünftigen Erdstaates zu denken und zu leben; von der Idee erleuchtet und von reiner Liebe erwärmt, dem Bestreben des Staates vorzueilen. Es ist eine der heiligsten Menschenpflichten, überallhin Anschauen und Liebe des ewigen Urbildes des Rechtes und des Staates, überallhin eine im Ueberblick der ganzen geschichtlichen Entwickelung des Menschheitrechtes auf Erden gegründete, verstandvolle und mit weisem und gerechtem Kunstbestreben nach Verbesserung der vorhandnen Mängel verbundne Achtung vor dem bestehenden Recht und klare Anschauung der höchsten Aufgabe des Staats für die ganze Zukunft der Menschheit zu verbreiten.

Dass dieser eine Weltstaat einst sein werde, dafür leistet uns das unveränderliche, ewige Wesen des Menschen, der grosse Gang der Natur und die Liebe Gottes eine Bürgschaft, welche, ewig begründet, eine Zuversicht giebt, die nicht erschüttert werden kann durch einzelne Zweifel und durch den Vorwurf: wir verlangen, in eine süsse Traumwelt verloren, Dinge, welche die Menschheit zu leisten weder Kräfte, noch guten Willen habe.

Eine Gottinnigkeit und ein Gottinnigkeitsbund auf Erden.

Eben so, wie die Menschheit bestimmt ist, sich in einen Staat zu vereinigen, ist sie auch berufen, sich in einem Gottinnigkeitsbunde als einen Menschen darzustellen. Gottinnigkeit, — Erkenntniss, Liebe, Nachahmung Gottes, in einem wahren Lebensvereine mit Gott, erkannten wir schon als einen urwesentlichen Theil des Menschheitlebens und gesellige Vereinigung der Gottinnigen als ein wesentliches Glied der gesammten menschlichen Geselligkeit. Jetzt richten wir den Blick auf die ewig wesentliche Forderung, dass die Menschen der Erde sich in einen erdumfassenden Gottinnigkeitsbund, in einen Lebensbund mit Gott, in einer einklangigen Erkenntniss, in einem Gefühle, in einem gottähnlichen Leben vereinen. So wie Gott nur einer, und die Menschheit nur eine, so ist auch Gott in seinem Vereinleben mit der Menschheit nur einer, und die mit Gott vereinte Menschheit nur eine, nur ein gottinniges Wesen. Wo nur auf einem in sich beschlossnen Himmelswohnorte eine Menschheit sich bildet, da soll, und da wird sie sich auch, in der vollen Reife ihres Lebens, zu der Einheit des Lebens in Gott, zu einem Gottinnigkeitsbunde vollenden, da werden ihre Menschen vor Gott wie ein Mensch sein. Doch, so wie alle einzelne Theile des Menschheitlebens in ewig geordneter Zeit keimen und wachsen; so wie sie sich in eigner Kraft und in der Kraft aller andern und des Ganzen gestalten und erst in der einklangigen Vollendung, in der gleichmässigen Reife aller Theile im Ganzen ihre höchste Vollkommenheit an sich nehmen, die sie auf diesem Wohnorte, in diesen Wechselwirkungen mit höheren Lebensganzen im Weltall, erreichen können: so entfaltet sich auch die Gottinnigkeit und ihr Bund auf Erden nach ähnlichen Gesetzen.*) Es ist uns hier nicht vergönnt, die zeitliche Belebung der Gottinnigkeit in ihren Gesetzen und nach

---
*) Einige dieser Gesetze haben wir in No. 17 des Tagblattes des Menschheitlebens S. 65 und 66 ausgesprochen.

ihren mit der allmählichen Verbreitung der Völker wunderbar in einander verschlungnen Perioden darzulegen. Nur Einiges wollen wir hiervon erwähnen, damit dadurch der Gedanke einer Gottinnigkeit und eines erdumfassenden Gottinnigkeitsbundes heller werde.

Das Gesetz, dass in allem Leben in der noch in ihrem Innern unentfalteten Einheit sich eine selbstständige Vielheit hervorbilde; dass dann die Einheit die Glieder dieser Vielheit in sich aufnehme; und dass in der Reife des Lebens die mit ihrer innern Vielheit vereinte Einheit ein vollendetes Gliedwesen (Organismus) darstelle, dies Gesetz, welches sich an dem ganzen Menschheitleben, so wie an jedem Theile desselben bewährt, sehen wir auch in der religiösen Entwickelung der Menschheit bestätigt. In der Urzeit dieser Menschheit, wo sie einem schuldlosen Säuglinge glich, der einen Himmel in sich trägt, ohne zu wissen, dass das Gegentheil möglich ist, da erkannten die Menschen den einen Gott, und sich in ihm, ohne den Reichthum der Welt und sich selbst Gott entgegenzusetzen. So wie dann die einzelnen Kräfte der menschlichen Natur sich freier und stärker entfalteten, so wie sich das vielgestaltige Leben der Natur in den Sinnen des Leibes spiegelte, so vergass der Mensch der Ureinheit, worin alles Leben lebt, ja das Bewusstsein seines eignen Wesens ward ihm in der Fülle des äussern Naturlebens verdunkelt. Ueberall, wo der Mensch in diesem Lebensalter lebt, erkennt er Gott nur noch in jedem einzelnen, lebendigen Wesen und verehrt ihm im Bilde alles Lebendigen. Doch bei höherer Reife schwingt sich sein Geist zur Anerkennung Gottes, als eines Wesens, wieder auf; er erblickt dann alles Einzelne in wesentlicher Beziehung auf Gott, als Schöpfer, Erhalter, Weltregierer. Doch erst zuletzt in voller Lebensreife gelangt er zur Erkenntniss der wesentlichen, allumfassenden Einheit Gottes, ausser welcher Nichts ist, und erkennt das wahre Verhältniss der Vernunft, der Natur und der Menschheit in Gott und zu Gott ganz, ungetheilt und gleichförmig.

So lange in der Bildung der Völker noch die Phantasie überwiegt und in innigerem Bunde mit dem Verstande, als mit der Vernunft wirkt, so lange die Völker zu gleichförmiger Harmonie der Vernunft, des Verstandes und der Phantasie noch nicht hindurchgedrungen sind, so lange können sie zu der Uranschauung Gottes als des einen Urwesens, welche sie mit dem Zustande der reinen Kindlichkeit verliessen, noch nicht zurückkehren. Sie erblicken vielmehr Gott in jedem einzelnen Lebendigen und Schönen und verehren ihn in beschränkten Wesen und deren Bildern, ohne sich bewusst zu sein, dass ein Gott über allen Wesen lebt. In der Menschengestalt aber, als der schönsten und lebensreichsten von allen, erscheint noch kindlichen Völkern, wenn sie zu edlerer Menschlichkeit erwachen, das Urbild Gottes nach seinen einzelnen Theilen in einzelnen vortrefflichen Menschen und in einer Vielzahl frei gedichteter Menschenbilder, welchen sie, getäuscht durch das einzelne Göttliche in jedem derselben, göttliche Persönlichkeit beilegen. Je höher sich dann ihre Erkenntniss und ihr Kunstsinn ausbildet, desto reicher und schöner gestalten sie diese höhere urbildliche Menschenwelt, worin ihnen das Urbild Gottes in einzelnen Strahlen erscheint. So wie ausgezeichnete Menschen, welche die Wohlthäter der Völker waren, zuerst göttlich verehrt wurden, so entsprang zugleich hieraus der Glaube, dass sie Menschen, die ihnen ähnlich lebten, oder sich ihrem Dienste weiheten, eines vertrauten Umganges würdigten. In dieser menschenähnlichen Welt unentfalteter Ahnungen des Göttlichen spiegelt sich die Urgeschichte der Völker; in ihr finden wir noch Spuren jener reinen Gotterkenntniss der kindlichen Urzeit, so wie einzelne neue Keime höherer und reinerer Weisheit.

Bildet sich in diesem Lebensalter ein Volk ungestört unter einem schönen Himmel, so wird sein Schönsinn belebt, und seine menschenähnliche Bilderwelt des geahnten Göttlichen kleidet sich in schöne Dichtung, welche die bildenden Künste den äusseren Sinnen darstellen. Die Schönheit ist Gottähnlichkeit eines Wesens in den Formen seiner Endlichkeit; sie ist es also, worin die menschenähnlichen, göttlichverehrten Bilder gereifterer Völker würdig erscheinen; doch kleiden sie sich noch mehr in leibliche Schönheit, als in sittliche Schönheit und in die Schönheit des allharmonischen Menschenlebens, weil auf jener Bildungsstufe das leibliche Leben im Leben der Völker überwiegt. Ein leiblicher Fehler seines Zeus würde ihn in den Augen des schönsinnigen Griechen seiner höchsten Göttlichkeit beraubt haben, während eine Reihe unsittlicher Handlungen, welche die Dichtung diesem Idole zuschreibt, seinen noch schlummernden sittlichen Sinn nicht beleidigten. Wird die göttliche Verehrung einer Mehrzahl von Bildern in die überwiegende Phantasie eines kunstsinnigen Volkes empfangen, so gestaltet sie sich in eine schöne, überirdische Menschenwelt, worin die einzelnen Theile menschlichen Lebens, welche das Volk mit Liebe umfasst, urbildlich und in steter Wechselwirkung mit der wirklichen Geschichte erscheinen, während sich zugleich das Unvollkommene und Menschenwidrige, welches die Völker befleckt, in ihrer mythischen Bilderwelt, in ungeheurer Grösse darstellt. So schwebt dem heidnischen Volke in seinem Himmel das Urbild alles Menschlichen vor, dem es nachstrebt, und eine schöne Kunstwelt ist die herrlichste Frucht dieser Begeisterung der Phantasie, so weit sie menschenwürdig ist.

Doch verkennen wir des Heidenthums Greuel nicht; die Schrecknisse der göttlichen Verehrung vieler Wesen bei den Negervölkern, bei den ältesten Völkern des oberen Europa, bei den Mexikanern, bei den älteren und den heutigen Indiern, ja selbst bei den Griechen und Römern und bei den kindlichen Völkern der Südsee umschweben uns mit ihren Menschenopfern, mit ihren Menschenentweihungen, ihren Menschenqualen. — Ist auch das Heidenthum, in seinem Ueberwiegen der Phantasie und des Verstandes, an sich selbst den Gefühlen der Menschlichkeit nicht entgegen, sind auch viele seiner Greuel dem ganzen mangelhaften, unharmonischen und einseitigen Bildungsstande der Völker zuzuschreiben, welcher es allein möglich macht, dass sie bei der Vorstellung einer Mehrheit menschenähnlicher Bildnisse von Gott vernunftwidrig beruhen; so ist doch die Verehrung des Göttlichen in einer Mehrheit*) von Bildern der Phantasie eben so wenig geschickt, echt menschliche Gesinnung zu erzeugen, ja selbst in ihrer schönsten Gestalt vermag sie die Völker im Wesentlichen keine Stufe höher zu heben. Erfreun uns auch in den Bildern, worein die Griechen ihre unvollendeten Anschauungen des Göttlichen kleideten, so manche Züge reiner Menschlichkeit, der Gastfreundlichkeit, der Schönheitsliebe, der Naturinnigkeit, so konnte doch diese Phantasienwelt reine, alle Menschen gleichförmig umfassende Menschenliebe nicht erzeugen, noch die Völker von herrschenden Lastern und Entweihungen der Menschenwürde zurückführen. Selbst die Edelsten unter den Griechen ergaben sich der lieblosesten Sklaverei, der Unterdrückung der Weiber, der menschenwidrigen Geringschätzung aller Ausländer, der naturwidrigen Entweihung des Leibes. Um die Menschheit aus diesen Schrecknissen zu retten, wird ein höherer, urkräftiger, aus den vorigen Zuständen unerklärlicher Aufschwung des Menschen erfordert, welcher, nachdem er alle heidnische Vorstellungen von Gott überflogen, in der Uranschauung des einen Gottes, höhere Vollendung der Menschheit begründet.

Könnte ein Volk, welches zur reinen und vollen Anschauung der Menschheit und ihres Lebens gelangt ist, noch heidnisch sein, so würden die urbildlichen Gestalten, worein

---

*) Die Ausdrücke Götter, Götterbilder, Abgötter, Vielgötterei, Götterwelt beleidigen hier, wo von der Religion selbst in ihrer lautern Wahrheit geredet wird (wenn sie auch in anderem Zusammenhange etwa geduldet werden mögen) den zarteren religiösen Sinn: denn von Gott, dem ewig Einen, soll auch die Sprache, die ein Spiegel sein soll göttlicher Gedanken, keine Mehrheit lügen.

es seine Anschauungen des Göttlichen verhüllt, sich in das Urbild der harmonisch vollendeten Menschheit vereinigen. Allein, so wie in einem Volke klareres Bewusstsein seines vollen Menschenthumes auflebt, so wird es zugleich vom Urlichte der Erkenntniss des einen Gottes erleuchtet, und jene urbildlich gedichtete Menschenwelt kann mit Gott selbst nicht mehr verwechselt werden, so viel Gottähnliches einer harmonischen Menschheit sie auch enthalten möge. Ein solches Volk würde die Mehrheit menschlicher Personen, worin ihm, im unreiferen Zustande seines Lebens, die Erkenntniss Gottes und der Menschheit in ununterschiedenem Lichte dämmerte, als einen kindlichen Versuch erkennen, das Urbild der gottinnigen Menschheit dichtend zu gestalten: es würde dieses Bild, ohne alle heidnische Verwechselung desselben mit Gott, vollenden und es harmonisch und in der Uridee Gottes verklärt gestalten, damit es seinem Leben vorleuchte. Erst dann, in seiner Unterordnung unter Gott, und in wahrer Lebenseinheit mit ihm, gewinnt das Menschliche volle Selbstkraft, Lebensfülle und Schönheit.

So wie das Leben der Völker an Kraft, an Ebenmass und Schönheit heranreift, erscheint ihnen, dem innersten ewigen Wesen der Menschheit zu Folge, und in Mitwirkung Gottes selbst, unwillkürlich die höchste aller Ideen, das Urbild Gottes, des einen, ewigen Urwesens, des Alllebenden und Allliebenden, vor und über allen Wesen. Diese Idee begründet nun unaufhaltsam in den innersten Tiefen des Gemüthes ein gottinniges Leben des Menschen in harmonischem Wirken der Vernunft, des Verstandes und der Phantasie. In der Idee des einen Gottes, und nur in ihr, nur in inniger und gleichförmiger Beseelung des ganzen Wesens durch sie, wird den Völkern Erkenntniss aller Wahrheit zu Theil, Erkenntniss aller einzelnen in der Uridee Gottes ewig wesentlichen Ideen der Vernunft, der Natur und der Menschheit und alles Lebens, als einer zeitewigen Offenbarung Gottes. Gott zu schauen und zu lieben, und alle Menschen als ein Ganzes, als Glieder einer Familie Gottes anzuerkennen, in jedem Menschen die Menschheit und in ihr jeden Menschen zu lieben, ist in demselben Gemüthe unzertrennlich. Nur in der Einheit Gottes wird jede untergeordnete Einheit anerkannt, nur in seiner Liebe gewinnt die Liebe zu jedem guten Wesen ihre höchste Reinheit und Innigkeit. Je inniger und gleichförmiger die Erkenntniss Gottes in Vernunft, Verstand und Phantasie aufgenommen wird, desto harmonischer wird der gottinnige Mensch in seinem eignen Leben, desto reicher an Liebe zu Gott und den Menschen.

Jede geschichtliche Entwicklung fordert Zeit, von den ersten, stillen und unscheinbaren Keimen bis zur Herrlich-

keit des vollen Blühens. Auch die Entfaltung der wahren
Erkenntniss des einen Gottes und des Lebens in seinem
Geiste folgt den allgemeinen Gesetzen des Lebens. Nur
nach und nach werden die Völker der Uridee Gottes mächtig;
nur erst im Ganzen wird sie, und nur auf beschränkte Weise,
anerkannt, noch wenig angewandt auf das Leben der Dinge
und auf die einzelnen Theile menschlicher Bestimmung. Noch
mischen sich heidnische Vorstellungen bei, noch werden menschliche
Eigenschaften mit ihren Schranken, sogar menschliche
Laster und Schwächen, auf Gott übergetragen. Alle einzelne
Unvollkommenheiten, alle Fehler des Verstandes, der Phantasie,
der Neigungen und der Sitte der Völker verunreinigen
anfänglich eben so das Bild des einen Gottes, wie vordem
die heidnischen Bildnisse. Wenn der israelitische, auf Gott
gegründete Volksstaat (Theokratie, der erste erschlossne Keim
der Verehrung des einen, lebendigen Gottes, noch so eigensüchtig,
gegen Fremde so lieblos und so grausam sich zeigt,
so stammt dies daher, dass dies Volk den Glauben an einen
Gott nicht rein aus inneren Kräften selbst entwickelt, sondern
dass es, in einem noch sehr unreifen Zustande seiner volklichen
Bildung, die Erkenntniss Gottes anfänglich mehr bloss
erlernt hatte, und dass es sich daher, einzelne gottbegeisterte
Menschen ausgenommen, nicht höher, als zur Idee eines einzigen,
mächtigen und furchtbaren Nationalgottes erheben
konnte. Dennoch musste dies Volk, nachdem es die Idee
des einen Gottes einmal anerkannt und in sein Leben aufgenommen
hatte, eben hierdurch zu grösserer Reife göttlicher
Erkenntniss gelangen und in mehreren seiner Mitglieder der
reinen Lehre eines Gottes als Schöpfers, Erhalters und Regierers
aller Dinge, als liebenden Vaters aller Menschen
empfänglich werden, welche ihnen zuerst Jesus offenbarte und
durch sein gottähnliches Leben bewährte.

Doch auch die Lehre Jesu konnte von Juden und Heiden
nicht sogleich in ihrer ganzen Reinheit aufgefasst und in
rein gottinnigem Geiste ausgebildet werden; nur nach und
nach konnte sie ihre Herrschaft über alle menschliche Dinge
begründen. Sie wurde durch jüdische und heidnische Vorstellungen
vielfach entstellt und verunreinigt; nur auf das
Nächste wurde sie angewandt; Sklaverei und Lieblosigkeit
dauerten noch lange unter den christlichen Völkern fort und
im Laufe der Jahrhunderte sehen wir die Christenheit bis zu
Greueln ausarten, welche denen des Heidenthumes gleich
kommen; Selbstpeinigungen, Verachtung der Natur, ihrer
Schönheit und ihrer Gesetze, Grausamkeit gegen den anders
überzeugten Bruder, Verketzerungen, Inquisitionsgerichte,
Mord ganzer Völker des neuentdeckten Amerika, Religionskriege,
innere Entzweiung und Entkräftung der edelsten

Völker, dies sind die schrecklichen Wirkungen der Verirrungen im Gebiete der Religion. Aber nie und nirgends waren dies Wirkungen der Religion selbst und der Lehre des einen Gottes, sondern Folgen menschlicher Schwachheit und Unreife, welche diese höchste Wahrheit noch nicht fassen, noch nicht auf alles Menschliche anwenden konnten. Und neben diesen menschenwidrigen Erscheinungen dürfen wir die weit grösseren und allgemeinern beseligenden Folgen der Verbreitung des Christenthumes nicht verkennen, welche allein der Religion selbst zugeschrieben werden können. Welch eine Wiedergeburt bewirkte das Christenthum bei allen Völkern, denen es erschien! Die Lehre von Gott, als dem liebenden Vater aller Menschen, und von der hierin begründeten Gleichheit aller Menschen als Geschwister in Gott, verscheuchte nach und nach die Sklaverei, an welche die römische und griechische Bildung wenig rühren konnte. Ein höherer Aufschwung in Wissenschaft und Kunst begann überall, wo die Lehre Jesu in dem Gemüthe der Völker fester Wurzel gefasst hatte; und diese beseligenden Wirkungen werden sich ohne Ende verstärken und immer allgemeiner verbreiten, so wie die Religion in den Menschen immer reiner und inniger auflebt.

Ihre völlige Reinheit und höchste in diesem Lebenskreise erreichbare Vollendung kann die Gottinnigkeit erst in der harmonischen, gleichförmigen Ausbildung aller inneren Glieder und Kräfte der Menschheit gewinnen. Denn, ist auch das Vereinleben der Menschheit mit Gott, in Erkenntniss, in Gefühl, Willen und Handlung, allerdings nicht allein ein Werk der Menschheit, sondern ursprünglich ein Werk der ewigen Liebe Gottes, welches nur in steter Mitwirkung Gottes auf Erden gedeihet: so wirkt dennoch Gott den von ihm selbst gegründeten Gesetzen menschlicher Freiheit und freisittlicher, selbständiger, innerer Lebensvollendung gemäss auf die sich organisch in gesetzmässigem Wachsthum ausbildende, sich sein würdig machende Menschheit immer inniger ein und theilt sich ihr mit in stetem Verhältniss zu ihrer inneren Würdigkeit ihres ihm immer ähnlicheren Lebens. So wie die Erkenntniss und Liebe Gottes, durch ihre anwachsende Ausbildung, alle menschlichen Kräfte weckt und veredelt und die ganze menschliche Werkthätigkeit verherrlicht, so erwartet sie selbst, so viel die menschliche Mitwirkung am Reiche Gottes betrifft, durch die höhere Vollendung aller menschlichen Dinge, vorzüglich der Wissenschaft und der Kunst, ihre höhere Verklärung.

Dass die Erkenntniss Gottes, als des einen Urwesens, der wesentliche Grund der Vollendung der Wissenschaft, als eines organischen Ganzen, sei, dies lehrt uns schon die Vergleichung des wissenschaftlichen Zustandes der christlichen und überhaupt aller Völker, welche die Einheit Gottes erkannten, mit dem aller heidnischen Völker der Vorzeit und der Gegenwart, welchen die Idee eines Gottes noch nicht leuchtet, selbst mit dem wissenschaftlichen Aufflüge der Griechen, der doch für jenes Menschheitalter und für ihre Volkseigenthümlichkeit so bewundernswürdig ist. Wie könnte auch die Wissenschaft ohne die Anschauung eines Gottes wohlgelingen, da sie sich dem Menschen ursprünglich in der Welt der Ideen als reine Vernunftwissenschaft eröffnet, welcher die Idee Gottes als des Urwesens vorsteht, ja welche selbst nur die innere Entfaltung der Uridee Gottes ist und nur in ihr Licht, Leben und Schönheit hat. So lange Gott dem Menschen nur in dunkler Ahnung und in der Vielheit zerstreuten Lebens vorschwebt, bleibt ihm die Welt der Ideen ein dunkles, ödes Reich, das erst heller wird, wenn die Morgendämmerung voller und ganzer Gotterkenntniss anbricht. Könnte aller Schein der Idee Gottes im Menschen erlöschen, so würde dies der Augenblick seines ewigen Todes sein. Die Erkenntniss und die Liebe Gottes ist aller Liebe und Weisheit Anfang; so wie sie die Grundlage aller reinmenschlichen Bildung ist und ein nieversiegender Kraftquell allharmonischen Menschheitlebens. Die Wissenschaft aber, als innere Gestaltung der Uridee Gottes, als Erkenntniss Gottes im Leben aller Dinge, als Abspiegelung Gottes im Geiste, erscheint selbst als eine religiöse Handlung, welche wesentlich zurückwirkt zur Höherbildung der ganzen Gottinnigkeit. Der Wissenschaft, als einer Gotterkenntniss, ist Einheit wesentlich; die Erkenntniss Gottes, als des einen, ist ihr höchster, erstwesentlicher Theil, ja alle Wissenschaft ist, urwesentlich betrachtet, Gotterkenntniss; die Höherbildung der Wissenschaft wird die Erkenntniss Gottes, einen wesentlichen Theil der Gottinnigkeit, erzeugen und immer schöner gestalten, in ihr wird auch die Geschichte der Religion rein aufgefasst und gewürdigt werden, und das wahre Verhältniss gottinniger Menschen zu Gott und zu der Menschheit wird unverfälscht erscheinen. Das Licht der Wissenschaft wird den Wahnglauben, den Aberglauben, den Unglauben und die Herrschaft willkürlicher Satzungen verscheuchen, die Dämmerung allmählich erhellen, die Kälte der Frühe auflösen und am hellen Tage eines anschauenden Glaubens reine Gottinnigkeit im Geiste begründen.

In eben so wesentlicher Wechselwirkung ist die Gottinnigkeit mit der schönen und harmonischen Kunst. Lebendiges Anschaun Gottes und seines Verhältnisses zur Welt erwecket Geist und Gemüth, dass sie an allen Wesen, an allem Leben das Gottähnliche in ihren Formen, das ist das

Schöne, erkennen und empfinden und Alles Gottes würdig gestalten. Die Gottinnigkeit ist selbst eine schöne Stimmung und Belebung des Geistes und Gemüthes und gestaltet sich ihrem Wesen nach zu gottinniger Poesie, zu schöner Rede, zu Gesang, zu einer Welt von heiligen Handlungen und sinnvollen Gebräuchen, sie verklärt sich in den bildenden Künstlern zu einer eigenthümlichen Kunstwelt der Malerei und der Bildnerei. Jeder neue, Gottes und des Menschen würdige Aufschwung der Gottinnigkeit hat sich in Neubelebung aller schönen und harmonischen Künste verherrlicht. Die ganze Kunstwelt der Griechen ist eine Entfaltung ihrer Anschauung des Göttlichen. Erschien auch das Christenthum in den ersten Jahrhunderten den Künsten der Bildnerei und der Malerei feindselig, so ging dies nicht aus dem Wesentlichen der Lehre und des Lebens Jesu hervor, sondern nur aus dem Gegensatze derselben mit dem Heidenthume, welches sich vorzüglich in der göttlichen Verehrung menschlicher Kunstwerke äusserte, die mit der reinen Gottinnigkeit unverträglich ist. Als aber das Christenthum harmonischer in Geist und Gemüth aufgenommen worden war, dann entblühte ihm eine ureigne, vielseitig vollendete Kunstwelt vorzüglich in Musik, Malerei und Baukunst. Der Reichthum aller modernen christlichen Völker an ureignen Dichterwerken, die erste reine und harmonische, durch den Chorgesang und die Orgel beförderte Vollendung der Musik im Schosse der Kirche, die höchste Blüthe der Malerei durch christlichen Aufschwung in die gottinnige Phantasienwelt der unsichtbaren Kirche, ja selbst die Wiedergeburt der griechischen Kunstwelt im Geiste der neuen Zeit, — alle diese erfreulichen Erscheinungen bewähren es, dass auch die Anschauung und Verehrung eines Gottes, wo sie den ganzen Menschen gleichförmig durchdringt, wo sie in Vernunft, Verstand und Phantasie harmonisch aufgenommen wird, alle schönen und harmonischen Künste zu einer höheren Ordnung des Lebens erhebt. Jede höhere Ausbildung der Religion und des geselligen, gottinnigen Lebens auf Erden wird auch in Zukunft in einer Neubelebung aller schönen und harmonischen Künste sich verherrlichen und ihnen eine Welt neuer, ureigner Gestaltungen eröffnen.

Eben so wichtig ist es, das Verhältniss der Gottinnigkeit zur Sittlichkeit zu erkennen. Sittlichkeit und Tugend, als die innere Vollendung des Menschen und der Menschheit, ist ihnen wesentlich, ja wesentlich in Gott. Denn, in Gott betrachtet, ist die Menschheit und das Gesetz ihres innern Lebens selbst ewige Wirkung Gottes als der einen ewigen Ursache, als eine innere Kraft Gottes. Der Mensch hat selbst seinem Urwesentlichen nach einen Theil des urwesentlichen Gottes in sich und gestaltet es, sofern er seinem Urwesentlichen

treu, das ist, sittlich gut ist, in seinem Leben. Das dem
Menschen von Gott angeschaffne Göttliche wirket im Menschen selbständig und frei und ist, als ewige Wirkung, Gott,
als der ewigen Ursache, ähnlich. Dass die Sittlichkeit im
Menschen sich frei und rein in und aus ihm selbst entwickele
und sich in der Weltbeschränkung eigenkräftig vollende, dies
ist die zeitewige Darstellung und Bewahrung der ewigen
Handlung Gottes, in welcher er die Menschheit bleibend schuf;
in der Selbständigkeit und Freiheit menschlicher Tugend bewährt sich die innere Selbständigkeit, Urfreiheit und die
innere Selbstgleichheit Gottes. Die Menschheit ist Gottes:
also in ihrer Sphäre eigenkräftig und selbstgesetzlich und
nur so ein Glied des Alllebens, nur hierdurch fähig, in höhere
Ordnungen desselben aufgenommen zu werden. Nur in sich
selbst mithin, nur in seinem eignen Wesen kann der Mensch
Gott finden, nur dann und nur so weit, als er durch seine
innere Kraft gottähnlich ist.

Wie die leibliche Sonne nur in dem leiblichen Auge,
welches sie selbst verklärt und ihr ähnlich gemacht hat, in
einem ähnlichen Bilde erscheint, so wird Gott, der Urquell
alles Seins und Lebens, nur in dem Menschen offenbar, welcher sich ihm in eigner Urkraft selbständig ähnlich gemacht hat. Die in Tugend vollendete Menschheit ist wie
ein reines Auge, worin Gott selbst in endlichem, treuem
Bilde seines Alllebens erscheint, welches zwar Gott in
seiner Unendlichkeit nie umfasst, nie durchschaut, aber
das Urwesentliche Gottes rein und ganz darstellt. Denn
auf ähnliche Weise, wie das leibliche Auge, so klein es
immer ist, doch die Einheit des Firmamentes und die
Gesetzmässigkeit seines zeitewigen Baues abspiegelt, so
schauet das höhere Auge des sittlich reinen Menschen in die
Tiefe Gottes, in den Himmel seines Alllebens. Ehe dies
höhere Auge gereift ist, leitet Gott, auch noch unerkannt,
den einzelnen Menschen und die Menschheit auf den Wegen
des Lebens; doch nur so, dass ihre Freiheit sich im Kampfe
mit der Weltbeschränkung bilde, bewähre, befestige. Auch
dem noch ungebornen Kinde scheint die leibliche Sonne, erwärmt, belebt es; doch erst, wenn sein Auge sich ihren
Strahlen eröffnet, erscheint sie ihm und offenbart ihm in der
Welt der Farben das Allleben der Natur. Soll Gott dem
einzelnen Menschen sich inniger offenbaren, so muss dieser
erst in sich selbst reif und bekräftigt, das ist, sittlich frei,
und reines Herzens sein, er muss Gott mit Freiheit gleichsam entgegenkommen. Auch den noch unreifen Menschen
leitet Gott und führt ihn zum Heil, doch wird er ihm nicht
offenbar. Wo aber sittliche Reinheit im Menschen und in
der Menschheit ist, da wird auch Gottes uranfängliche Ge-

genwart im Wesentlichen des Menschen und der Menschheit erkannt: dann wirket Gott, als die ewige Ursache, aufs neue urfrei ein in die Zeitreihe des Menschheitlebens, bis herab in jeden reinen Menschen; der Mensch und die Menschheit beginnen dann einen neuen Lebensverein, einen Lebensbund mit Gott, worin sich ihre sittliche Freiheit bekräftiget und schöner entfaltet. Die Urväter des israelitischen Volkes, Moses und die Propheten ahneten, Jesus aber und durch ihn seine Schüler erkannten das gottinnige Leben des Menschen als einen Bund des Menschen mit Gott, worin Gott auf Gottes Weise wirkt, und der Mensch auf Menschenweise thätig ist. Die Annahme der steten individuellen Einwirkung Gottes selbst, als des Urwesens, als der einen ewigen Ursache, in die eine ewige Zeitreihe des Alllebens in ihm ist mit den Aussprüchen der Urwissenschaft über die ewige und zeitliche und zeitewige Verursachung harmonisch; nur so ist Gott als allgegenwärtig, als der lebendige Gott, als liebende Vorsehung zu begreifen. Und so wie die innere Selbstvollendung aller Wesen die ewige Handlung Gottes selbst ist, wonach er ihm selbst ähnliche Wesen in sich ewig schafft: so ist die wechselwirkende Lebensvereinigung Gottes mit den in ihrem Leben ihm ähnlichen, guten Wesen die ewige Handlung Gottes, worin er alles ihm Aehnliche mit sich selbst, als dem Urganzen, wesentlich vereint. Doch ist diese Lebensvereinigung mit Gott nicht so zu verstehen, als wenn in ihr die von Gott ewig geschaffenen Wesen, als solche, vernichtet würden, oder als ob sie je Gott selbst gleich werden könnten; sondern sie bleiben in ihm ewig in dem Verhältnisse des Geschaffenen zum Schöpfer, des Endlichen zum Unendlichen, des Theilwesens zum Urwesen. Denn es ist ein ewiges Gesetz des einen Lebens, welches sich im Ganzen, so wie in jedem Theilleben, in der Pflanze, im Thier, im Menschenleibe, wie im höheren Leben der Vernunft, der Natur und der Menschheit, allbewährt: dass jedes Einzelleben, in seinem höheren Ganzen verursacht und in ihm gehalten, in eigner, ihm im Ganzen und durch dieses angeborner Kraft, sich frei entfalte und dann erst, im wachsenden Verhältniss seiner inneren Entfaltung, in äusseres Wechselleben mit seinen Nebentheilen und mit seinem Ganzen selbst aufgenommen werde.

So ist freie Sittlichkeit die im Menschen selbst enthaltene, von Gott selbst in der ewigen Schöpfung geordnete, innere wesentliche Bedingung, dass der Mensch zur Gottinnigkeit sich erhebe, dass ihm Gott im Leben gegenwärtig erscheine. Ohne dass im Menschen Sittlichkeit, als der innere Grund der Religion, wirklich geworden, kann Religion in ihm nicht Wurzel fassen. In sich selbst, auf Gottes ewige Schöpfung gegründet, und in ihrem Wesentlichen vollendet, gewinnt die sittliche Freiheit des Menschen erst im Lebensbunde mit Gott das volle Gebiet des allharmonischen Tugendlebens. So wie überhaupt kein untergeordnetes Leben in Gott verschwindet, sondern in ihm sich nur zeitewig erfüllet und verjüngt, so lösen sich auch der gottinnige Mensch und die gottinnige Menschheit in der Lebenseinheit mit Gott nicht auf, sie gehen nicht bewusstseinlos unter in Gott; sondern sie erfüllen dann mit immer klarerem Selbstbewusstsein, mit immer steigender Lebenskunst, ihr sittlichfreies Tugendleben in ihm. Denn die erste ewige Handlung Gottes, die des ewigen Schaffens, währet ewig; die zweite ewige Handlung Gottes, worin er alles Geschaffene, was ihm im Leben ähnlich geworden und im Guten bestätigt ist, in seine Urwesenheit lebend aufnimmt, währet eben so ewig; und beide ewige Handlungen in ihrer wesentlichen Vereinigung sind das eine ewige Leben Gottes.

So wesentlich sind Religion und Sittlichkeit im Menschen verbunden, dass beide, in sich selbst wesentlich, für einander bestimmt sind, und beide nur in ihrer gleichförmigen Ausbildung, beide nur zugleich zu ihrem dem Menschen erreichbaren Höchsten gelangen. Ewig betrachtet, sind beide ewig wesentlich in Gott und im Weltall; doch, auf die zeitliche Entwickelung des Menschen bezogen, ist die Sittlichkeit die innere, der Religion der Zeit nach im Einzelnen vorhergehende Bedingung. So wie sich auf Erden in den einzelnen Menschen und in ihrem geselligen Leben reine Sittlichkeit aus ihrer ewig und unveräusserlich von Gott angestammten Urkraft entfaltet, desto inniger wird ihnen Gott offenbar werden, desto inniger wird er sie in sein höchstes Leben aufnehmen.

Wird einst jene höchste Ausbildung der Religion auf Erden wirklich, welche wir als die Vereinigung ihrer Einheit mit ihrer inneren Vielheit bezeichneten, dann wird Gott nicht allein als einer, sondern auch als das eine Urwesen, als das allumfassende Leben erkannt und geliebt. In ihm wird dann das Wesentliche aller Dinge und ihres selbständigen und geselligen Lebens erkannt, und aller ihrer Verhältnisse zu Gott, in dem sie alle sind und leben. Dann werden Vernunft, Natur und Menschheit in ihrer selbständigen Würde, in ihrer urwesentlichen Einheit mit Gott, in ihrem inneren, sie nicht von Gott, noch von einander lostrennenden Gegensatze und in ihrer wechselseitigen Harmonie unter sich und mit Gott, anerkannt und empfunden werden. Gott wird im Erkennen, im Empfinden, in der Liebe, in dem Wollen und Handeln, der Menschheit in jedem Menschen als ganzem Menschen gegenwärtig sein; der ganze Mensch, die ganze Menschheit werden, zu Gott erhoben, in der innern Harmonie ihres ganzen Wesens gottähnlich und mit Gott vereint leben.

Alle Menschen werden sich als ein Gott ähnliches Geschlecht, als Kinder Gottes, und Gott als Allvater erkennen, doch nicht auf menschliche Weise, wo die Kinder dem Vater völlig gleich sind. Das Lebensverhältniss der gottinnigen Menschheit zu Gott ist dann ähnlich dem des Kindes zum Vater, des Freundes zum Freunde, des Zöglinges zum Erzieher, des Gerechten zu dem Richter; es fasst die Seligkeiten aller dieser Verhältnisse in höherer Würde vereint in sich. — Alle Vorurtheile, welche den Aufschwung des Menschen zu Gott hindern, werden dann nach einander verschwinden. Dann wird es Allen klar werden, dass Grenze und Gegensatz bloss ein Unterschied urwesentlich vereinter Wesen, nicht Trennung sind, nicht Losreissen der Dinge unter sich und von Gott; dass jedes geschaffne Wesen, obgleich in bestimmter Grenze gottähnlich, doch Gott selbst, als dem Urwesen, ungleich ist; dass keinem Wesen, weder der Vernunft, noch der Natur, noch der Menschheit, Anbetung und göttliche Verehrung gebühret, sondern allein Gott. Dann werden alle Gottinnige einsehen, dass das Endliche, als solches, deshalb nicht das Schlechte, noch das Gottlose ist; sondern dass alles Endliche, auch der Mensch, in seiner beschränkten Sphäre, seinem Erstwesentlichen nach, gottähnlich und, so fern jedes Wesen diesem seinem Erstwesentlichen im Leben treu, sofern es gut ist, Gottes würdig bleibt; ja dass es selbst an den Schranken seiner Endlichkeit schön, das ist, gottähnlich gestaltet sein kann. Dann wird es offenbar werden, dass auch das Leben der Vernunft, der Natur und der Menschheit auf dieser Erde Theil hat an dem ewigen Allleben Gottes, dass auch das gut und schön gestaltete Irdische ein Theil ist des Himmlischen, so wie die Erde selbst ein Theil ist des Weltbaues, und die Menschheit ein Theil der Menschheit des Weltalls, wo kein Unten ist noch Oben, sondern eine Allgegenwart Gottes. Dass die Ewigkeit eine, dass sie alle Zeiten, alles Leben umfasst; dass die Ewigkeit nie und nirgends in der Zeit anfängt, dass auch dieses unser Leben, so weit es Gottes und der Menschheit würdig, ein Theil des ewigen Lebens ist; dass, wer nur gut und gottinnig ist, schon hier ewig lebt, seine Ewigkeit, nicht in der Zeit, sondern im Wesen des Guten und Schönen in sich hat. Die ewige Wahrheit wird dann anerkannt: wer reines Herzens ist, wird Gott sehen; und die schreckliche Menschentäuschung entfernt, als sei ein Leben in Gott ohne reine Sittlichkeit, ohne menschenwürdiges, arbeitsvolles Streben möglich, als könne der Glaube sein ohne klare Einsicht, die Erkenntniss göttlicher Dinge ohne wissenschaftlichen Gebrauch menschlicher Erkenntnisskräfte, als sei Gottgefälligkeit ohne Selbstthätigkeit des Menschen erreichbar, als bestehe das wahre Schauen Gottes in träger

Unthätigkeit, in frevelvoller Absonderung vom geselligen Leben; als sei das Wesen der Religion in äusseren Gebräuchen; als könne die Sünde, das ist, die Entweihung des Menschlichen als des göttlichen Ebenbildes in uns, irgend ohne Besserung der Erkenntniss und des Willens geheilt werden.
Dieser Ueberzeugung voll, werden die Gottinnigen schon hier in ihrem ganzen Leben Gott und der Pflicht treu sein in freudiger Kraft, in stetem arbeitsvollem Fleisse; keinen menschenwürdigen Theil und Verhältniss dieses Erdenlebens werden sie geringschätzen und unausgebildet lassen, sondern ihre Gottinnigkeit in einem allharmonischen Menschheitleben offenbaren. Alle werden es empfinden, dass Religion Licht, Glaube, Liebe, Hoffnung, Kraft und Lebensfreude sei. Ist dann die Lebenseinheit Gottes und der Menschheit klar und vollständig nicht nur erkannt, sondern die gereifte Menschheit schon auf Erden in diese Einheit wirklich aufgenommen, dann schwindet ohne Streit aller Wahnglaube und mit ihm der Parteigeist. Im Wesentlichen übereinstimmend, werden die Einzelnen und die Völker ihre Gottinnigkeit mit unerschöpflich reicher Ureigenheit schön und immer neu gestalten; die Würde der äusseren Religionsübung in einem Gottinnigkeitsbunde wird dann allgemein anerkannt sein, aber die äusseren Gebräuche und geselligen Einrichtungen werden, dem Wesen der Religion stets gemäss, frei nach dem Urbilde der Religion selbst, nach den jedesmaligen Bedürfnissen der herangewachsenen Völker und der ganzen Menschheit, im Geiste der Liebe und in einfacher Schönheit, immer neu, als ein geschichtliches Kunstwerk, gebildet werden.

In diesem höchsten Leben der Religion auf Erden ist Gott der ganzen Menschheit so gegenwärtig, als er es zuvor nur einigen Erwählten war, welche, von ihm erfüllt, die Menschen zu Gott erhoben durch Lehre echter Gottweisheit und durch ihr gottinniges Leben. Dann werden der Menschheit die Offenbarungen Gottes auf Erden als ein geschichtliches Ganzes erscheinen, die Verdienste aller derer, welche früher die Menschen zur Gottinnigkeit erhoben, werden, im Aufblick zu Gott, gerecht gewürdigt und dankbar gefeiert werden; die früheren geselligen Vereine Einzelner, der Familien und der Völker, welche den höheren Gottinnigkeitsbund auf Erden vorbereiteten und begründeten, werden in ihrem von den reifern Geschlechtern vollendeten Werke fortleben bis ans Ende dieser Erdentage. Dann wird die Menschheit keinen Menschen, auch nicht den gottähnlichsten, anbeten; sondern, Gott menschenwürdig allein anbetend, das Göttliche in Allem, auch im Menschen, rein verehren; dann werden sie die Geschichte der Religion auf dieser Erde, als einen endlichen

Theil des gottinnigen Lebens im Weltall, das ist, der einen zeitewigen Entfaltung der einen Uridee der Religion, erkennen. Die Menschheit wird dann, im hohen Selbstbewusstsein, dass sie selbst aus eigner Kraft, mit Gottes Hülfe, sich Gottes würdig machen müsse, es dankbar anerkennen, dass Gott in der Vorzeit einzelne Menschen, die in seinem Geiste lebten, erweckte, als Quellen des Lichtes und des Lebens, von denen aus, in ihrem gottinnigen Lehren und Wandel, sich das Urlicht Gottes in alle Menschen abstrahlt, damit es dann auch in ihnen unmittelbar gegenwärtig werde. Es wird dann offenbar, dass Gott auch in der Geschichte der Religion dieser Erde bis ans Ende neu und unmittelbar in allen reinen Herzen gegenwärtig ist, dass jede Zeit an sich selbst Werth habe, nicht aus der vorigen zu erklären sei, sondern dass jede Zeit ein neubeginnendes Werk der göttlichen Liebe ist; dass alle gottinnige Menschen, welche die Religion auf Erden vorbereiteten und bildeten, nicht ein Produkt ihrer Mitzeit und Vorzeit, sondern eine freie, ureigne, urlebendige Kraft Gottes sind, dass alles Künftige in der Entfaltung der Gottinnigkeit, in sich selbst würdig und neu, sich harmonisch anschliesst an alles in der Vorzeit Begonnene und Begründete, es reinigend, ausführend, in ein Leben vereinend. Dann schwindet dahin das aller höheren Entfaltung der Religion auf Erden schädliche Vorurtheil, als sei die Offenbarung Gottes je geendet, als beschränke sie sich auf einzelne Zeiten und auf einzelne Menschen, als umfasse Gottes ewige Liebe nicht alle Menschen, nicht die ganze Menschheit.

B. Versuch, die Idee des Wissenschaftsbundes darzustellen.

I. Vorbereitung.

Regt sich in einem grossen Geiste am Morgen der Jugend das Bewusstsein der Originalität, das Gefühl der noch frischen Kraft und der heilige Wille für das Gute und Schöne, so glaubt er, selbstständig und frei die Sphäre menschlicher Bestimmung, wohin der Gott im Busen ihn treibt, erfüllen zu können, ohne dazu die Vorarbeiten der Vorzeit, noch die Mitarbeiten gleichbegeisterter Zeitgenossen zu bedürfen. So wie sich aber sein Horizont erweitert, so wie tiefere Blicke in den ewigen Reichthum des Erkennbaren im Gebiete seines Strebens seine Anstrengungen belohnen, lernt er sich selbst und das Verhältniss seiner Kräfte zum Werke richtiger schätzen; was er von sich selbst allein forderte, das hofft er dann nur vom vereinten Streben der Menschheit; denn auch

die ganze Menschheit wiederholt das Leben des einzelnen
Menschen im Grossen, in einer Fülle und Innigkeit, welche
die Bestimmung der Vernunft in einer grossen Gegenwart
ermessen und vollenden kann; worin das Vergangne, das
Jetzige und das Zukünftige gleich wesentlich, gleich reich an
eigenthümlicher Schönheit sich gestaltet. Ist ein Herz von
dieser Einsicht beseelt, so verschwindet aus ihm aller Stolz,
alle Anmassung, aller Uebermuth; denn es wird gleichförmig
von der Freude erfüllt, Glied jenes grossen allgemeinen Lebens
der Menschheit zu sein, und die eigne Kraft dem gewiss
erreichbaren, und auch auf Erden einst erreichten, gemeinsamen
Ziele zu weihen. Ganz aus dem Auge verliert er seine
eigne Person im Anschaun des Heiligen und Ewigen und
gewinnt sich selbst verklärt und in der ursprünglichen Würde
bestätigt in der Menschheit wieder. Die Menschheit, als eine
grosse Familie, sich und die Natur zum treuen Spiegel der
Gottheit bilden zu sehen, ist das Sehnen seines Innersten;
und hierzu mitzuwirken, so viel ihm Kraft und Gelegenheit
von der ewigen Güte verliehn wird, ist sein schönster Beruf.
Er misst seinen eignen Werth nicht an dem ungleichartigen
Massstab anderer Geister, sondern an der Vernunft selbst
und an dem gemeinsamen Kunstwerke, welches herzustellen,
die That der ganzen Menschheit, und welches zu regieren,
das Vorrecht Gottes selbst ist.

Alle Geister, auf dieser Erde geboren, sind Organe eines
Lebendigen, welches auf Gottes Geheiss der Natur die Herrlichkeit
und Schönheit der Vernunft im freiesten Spiele des
Lebens verkünden soll. Dies über alle einzelne Geister erhabene
Leben in der Vernunft ist in das scheinbar getrennte
Bewusstsein einzelner Seelen vertheilt. Denn jeder Seele
wird ein individueller Theil der Vernunftkraft überwiegend
vertraut, deren Aeusserung zum gemeinsamen Werke wesentlich
und mit Weisheit berechnet ist. Diesen ihr eigenthümlichen
Beruf fühlt jede Seele zugleich als ihre Fülle und
wesentliche Beschränktheit und wird in Liebe angezogen zu
vielseitiger Vereinigung mit verwandten Seelen, zu gemeinsamem
Leben. Die so vereinigten Menschen sind die Menschheit;
um so mehr, als sie harmonisch und symmetrisch alle
Theile der Vernunftbestimmung zur Vollendung bringen. Nie
aber könnten sie sich vereinigen, noch ihre so vielfach entgegengesetzte
Eigenthümlichkeit zu einem allseitigen und
vollkommnen Kunstwerke zusammenstimmen, wären nicht alle
Seelen Glieder eines höhern Ganzen, das ihnen allen ihr eigenthümliches
Leben verleiht und sein eignes Leben im Lebensspiele
aller Seelen als seiner lebendigen Organe verjüngt.
Das gemeinsame Werk der Menschen könnte nicht, selbst
ohne und gegen den Willen der Einzelnen, als allseitige Dar-

stellung Gottes vollführt werden, regierte nicht, Allen unsichtbar und unbezwinglich, jenes höhere Lebendige die so verschiedenen Kräfte der Einzelnen zu allen Zeiten nach ewigen und weisen Gesetzen. Was also immer in jedem Einzelnen wirkt, ist individualisirte Kraft des gemeinsamen höheren Lebendigen in der Vernunft. Die ganze Geschichte der Menschheit stellt einen schönen Versuch dieses höheren Lebendigen dar, die einzelnen Organe der Vernunft zu ihrem gemeinsamen Werke in verschiedenartige, engere und weitere Ganze zu versammeln, um das innere Wesen der Vernunft allseitig und vollkommen der Natur zu verkündigen, und das Leben der Natur, was nur dem Menschen enthüllt wird, in die Vernunft aufzunehmen. Und so wird auch Natur und Vernunft in harmonischer Wechselbildung, als das vollständigste Werk der Welt, vollendet. Die Geschichte, als das erhabene Schauspiel aller dieser Vereinigungen, zeigt, wie beide, Vernunft und Natur, in und mit der Menschheit, sich gleichzeitig in abgemessnen Perioden entwickeln und bei allen scheinbaren Störungen und Unterbrechungen Gesundheit, Gleichförmigkeit und Vollendung erreichen. Die Natur selbst stiftet zuerst diesen Verein, da sie durch Liebe die beglückenden Bande der Familie um die Menschen schlingt; sie lässt zuerst die Geister in keuscher Lust der Sinne sich finden und berühren und in dem natürlichen Verhältnisse der Liebenden als Aeltern und Kinder die höheren rein geistigen Kräfte sich entfalten, dass in Vermählung der Leiber auch die Geister sich vermählen. Wohin die Liebe nicht reicht, das verbindet schon das Recht; einen Zustand des Rechts als Staat zu stiften, drängt selbst die Natur und wechselseitige eigennützige Gewalt. Im Staate gewinnt der Mensch erst seine wahre Selbständigkeit; denn der Staat bildet zuerst einen vollständigen höheren Menschen, und das Recht soll die Familien mit eben so wohlthuendem Bande verketten, als die Liebe zuerst die Einzelnen in die Familie vereinte. Den so vereinten Herzen wird nun die Ahnung des höhern innersten Wesens der Vernunft und der Natur lebendiger; und zugleich erwacht, nicht ohne Gott, die Anbetung Gottes, als des Urwesens, welche sich weiterhin in der reichen charaktervollen Religiosität der Familien und Völker selbst mit Wohlgefallen spiegelt. Im Anschauen, Gestalten und Ausüben dieser eigenthümlichen Religiosität verklärt sich selbst Natur und Vernunft zu höherer Würde. Und nun senkt der von den Menschen gefundne und angebetete Gott den Funken himmlischer Weisheit und Kunst in die geläuterten Herzen aus seiner heiligen Fülle herab, und, den Menschen anfangs noch ungesehen, bildet er jeden Menschen, jede Familie, jedes Volk zu einem höheren, harmonischen und originalen Gegenbilde der ewigen Vernunft, ja zu einem Gleichniss seiner Gottheit. Jede Zeit, als ein eigenthümlicher Gedanke Gottes, hat ihre eigenthümlichen schönen Früchte; keine Zeit ist bloss für die Zukunft, sondern in sich selbst ein Gesundes und Ganzes; und aller Zeitalter Werke zugleich sind eine ewige Poesie des Urwesens. Religion, Liebe, Recht, Weisheit und Kunst und gemeinsames Leben sind die Grundakkorde dieses harmonisch und melodisch vollendeten Werkes des ewigen Künstlers; in dem Wechselleben dieser Grundakkorde lebt das Ganze; tausendfach gestört und gebrochen, leben sie ewig jugendlich wieder auf und gestalten sich im reichsten Rhythmus und in wunderbar in einander verschlungenen Perioden.

Das höhere Lebendige in der Vernunft, dessen Organe die Seelen sind, enthüllet selbst in reinen Herzen die Einsicht in dies grosse Werk der Menschheit; es vergönnt der geweihten Seele die heitere Anschauung der ewigen Ideen und den unbefangenen Anblick des Wirklichen; dann erblickt der Geist das innere Heiligthum der Natur und der Vernunft und das gemeinsame Leben der Menschheit, wie in den ersten Strahlen der Morgensonne von heiterer Höhe das harmonische Leben der Schöpfung. Wem also im Anschaun der Idee eine Region der menschlichen Bestimmung klar wird, wer ohne Vorurtheil erkennt, was der Menschheit zeither zur Darstellung einer Idee gelungen, und was und wenn es in Gegenwart und Zukunft dafür zu thun sei: dem ist es Pflicht, was er erkannt, seiner Mitwelt ohne Anmassung darzustellen. Denn jeder ist verbunden, aus allen Kräften mitzuwirken, dass die Menschheit an ihrem Werke zu rechter Zeit thue, was zu thun ist, dass nicht unbenutzt die wahre Zeit verstreiche, und mit ihr vielleicht die Möglichkeit verschwinde, etwas in höherer Vollkommenheit zu leisten, ohne welches die Menschheit ein unvollkommnes Bild Gottes bliebe.

Der dritte Akt der Geschichte der Menschheit auf dieser Erde beginnt. Sein Anfang ist durch die Wiedergeburt der Staaten, durch das Aufblühen eines europäischen Völkerbundes äusserlich bezeichnet. Was Grosses diese Menschheit noch schaffen kann, dessen Keim muss sich aufschliessen an diesem grossen Schöpfungstage der neuen Zeit. Was misslang, gelinge nun in neuem, kraftvollerem Beginnen. Was noch fehlt, dahin erhebe sich die reifere Menschheit mit Kräften neugewonnener Jugend.

Auch die Wissenschaft soll jetzt auf dieser Erde ein neues Leben gewinnen! Die ihr um die Altäre der erhabnen Weisheit stehet, die ihr reines Herzens das Antlitz der Himmlischen unverschleiert zu schauen euch sehnt, jetzt ist es Zeit, zu einer grossen Familie euch zu vereinigen. Jetzt ist die

Stunde, einen allseitigen grossen Bund für Wissenschaft, für harmonische und symmetrische Vollendung der Erkenntniss zu schliessen. Nur bei der Wiedergeburt der Staaten, nur in der Wiederkehr der Jugend des öffentlichen Lebens ist es möglich, die äussern Bedingungen dieses Bundes zu erringen, die zuvor das Siechthum im Mittelalter gegründeter Staaten euch hartnäckig versagen musste. Wirket vereint, die Idee dieses herrlichen Bundes im Geiste der erleuchteten Regenten Europas hervorzurufen, überzeugt sie, dass ihr selbst es jetzt fähig wäret, die Ausführung der Idee der Wissenschaft durch einen allgemeinen Bund zu gründen. Sie aber können und werden euch in den Stand setzen, euch zu vereinigen, und jenen grossen Bund in seinen ersten Anfängen mit Glück zu begründen. Euch werde daher jetzt die Idee eines allgemeinen Bundes für Wissenschaft dargestellt, wie sie einem von euch, nach der Eigenthümlichkeit seines Geistes und innerhalb der Perspektive seiner eigenthümlichen Bildung, erschienen ist. Das Bild ist nicht vollständig, nicht allseitig, nicht ausgeführt, aber es ist ein erster Versuch, es ist in dem Geiste seines Urhebers entsprossen, und in den Grundzügen hoffentlich dem Urbilde getreu. Versuche sich nun jeder von euch, wer innern Beruf hat, hierin; jeder entwerfe frei und selbständig ein ähnliches und schöneres, damit der bildende Künstler, der einst Hand an die Ausführung legt, die zerstreuten Züge der Schönheit des Urbildes vollständig in euren Versuchen wiederfinde und in ein schönes Ideal vereine.

Zuerst also möge die Idee der Wissenschaft und ihr Verhältniss zu allen Theilen der menschlichen Bestimmung hier ausgesprochen werden. Sodann werde der innere Reichthum und die Verschiedenheit des Wissens nach den Erkenntnissquellen und nach den Arten des zu Erkennenden dargestellt; und von da die mancherlei Arten der fortschreitenden Bildung der Wissenschaft gewürdigt. Hierauf erhebe sich der Blick zur Idee eines organischen Ganzen der Wissenschaft und der innern und äussern Bedingungen desselben und ermesse den Grundriss und die Architektur ihres Gebäudes in allen möglichen schönen und nothwendigen Gestalten, deren dies grosse Werk fähig ist. Dann möge der Beweis geführt werden, dass die Wissenschaft vollständig und allseitig schön nur von der ganzen Menschheit aller Zeiten zu hoffen und einzig durch einen freien, öffentlichen und allgemeinen Bund für Wissenschaft realisirt werden kann. Dort wird weiter die innere Organisation dieses Bundes sich zeigen. Hernach werden die Gesetze erkennbar sein, nach welchen sich dieser Bund in der Geschichte einer jeden Menschheit entwickeln muss. Endlich aber soll erwiesen werden, dass es jetzt die rechte Zeit sei, diesen grossen Verein auf Erden zu schliessen und in seinen ersten Anfängen für die Zukunft zu begründen. Das Ganze aber umschliesse die Anschauung des hohen Glückes, was dieser Bund über die Menschheit, und des Glanzes, den er über die Geschichte derselben einst verbreiten wird.

II. Vom Urbilde der Wissenschaft und über ihre Verhältnisse zu den andern Theilen der menschlichen Bestimmung.

Alles, was ins Bewusstsein fällt, ist der Gegenstand der Erkenntniss. Das Vermögen, das, was ist, so wie es ist, ins Bewusstsein zu bringen, ist das Erkenntnissvermögen. Die Thätigkeit, wodurch Erkenntniss erzeugt wird, ist das Anschauen, und dies Anschauen ist ein Denken sowohl, als ein Vorstellen. Der Gedanke bringt das Allgemeine und Ewige, das Vorstellen aber das Lebendige, Individuelle und Zeitliche ins Bewusstsein. In jedem Momente des geistigen Lebens ist Denken und Vorstellen vereinigt; der Gedanke schaut das Allgemeine am Lebendigen, und die Vorstellung das Lebendige am Allgemeinen. Aber beide sind selbständig und nicht aus einander, sondern lediglich in und aus einem gemeinsamen Höheren, der Uranschauung Gottes, als des Urwesens, zu erklären. Dem Gedanken ist die unendliche Individualität, der Vorstellung hingegen die unendliche Wesenheit zu erkennen versagt. Im Erkennen und durch das Erkennen wird die Natur der Dinge weder gemacht, noch verändert, sondern rein, wie sie ist, nur aufgefasst im Spiegel des Bewusstseins. Wäre es nun der Vernunft nicht vergönnt, vor und über dem Bewusstsein die Welt selbst in sich zu tragen, und sodann diese innere Welt mit Bewusstsein weiter zu bilden; vermöchte die Vernunft nicht, die Gottheit über ihr und die Natur neben ihr, wie sie sind, in sich aufzunehmen; so würde sie auch im Bewusstsein Nichts, wie es ist, anschauen können, ja sie selbst würde nicht einmal Gegenstand der eignen Erkenntniss sein; denn sie wäre dann leer und gehaltlos.

Die Welt der Ideen, als des ewigen Wesens Gottes und aller Dinge in ihm, besteht ewig, ohne Zeit, über und vor dem Bewusstsein, in der Vernunft. In ihr sind, den Sphären der Welt und den Gesetzen des Weltbaues selbst gemäss, die Ideen insgesammt in, mit und durch einander, als die eine von den beiden inneren Wurzeln alles geistigen Lebens im Bewusstsein.

Und den ewigen Ideen gegenüber ist in der Vernunft eine unendliche Welt des Lebendigen und räumlich Körperlichen, welche, so wie die äussere leibliche Welt, in einer stetigen und ewigen Zeit dem ewigen Wesen der Vernunft gemäss ein unendliches Reich freier Individualität entfaltet. Die Thätigkeit, aus welcher alles Leben in dieser sinnlichen Welt der Vernunft entspringt und gebildet wird, ist die Vernunft selbst über und vor dem Bewusstsein, noch vor ihrer Trennung in eine unendliche Zahl vernünftiger Geister. So wie Gott, Vernunft und Natur, die er aus sich selbst gleich selbständig entworfen, liebend vermählt, auf dass beide ihr entgegengesetztes Ureigenthümliche in sich aufnehmen und in schöner Wechselthätigkeit die Tiefe Gottes allen Zeiten verkündigen; so vermählt auch die Vernunft nach gleichen Gesetzen in sich ihre beiden innern selbständigen Welten, die der Ideen und des Leiblichlebendigen, in endloser Zeit. Jedes selbständige Ganze dieser die inneren Welten der Vernunft vereinigenden Thätigkeit, welches in endloser Zeit eine freie Reihe des Vereinigten bildet, ist ein Geist. und die Form dieser Thätigkeit ist Bewusstsein und selbständige Freiheit. Jeder Geist also ist bildend, das ist, vereinigend die Ideen mit dem Lebendigen und das Lebendige mit den Ideen, und zugleich diese Vereinigung anschauend in demselben Bewusstsein, worin auch sein Werk selbst gegenwärtig ist. Die ursprüngliche reine Welt der Ideen und die des sinnlich Lebendigen ist der Gegenstand des Urtriebes jedes Geistes, und der allgemeine Wille desselben ist gerichtet auf die Vereinigung beider Sphären in organischem Leben. Aber der bestimmte und lebendige Trieb und Wille in jedem Momente wird immer in der lebendigen Anschauung des im Bewusstsein Gegenwärtigen bestimmt, und das Produkt jedes bestimmten Willens wird Gegenstand der Anschauung. Es sind daher sowohl die Ideen, als das sinnlich Lebendige in Anschauung gegenwärtig im Bewusstsein. Anschaulich aber werden beide gemacht durch die ununterbrochen thätige Einbildungskraft, welche theils, als Imagination, die Ideen in sinnlichen Bildern und Gleichnissen darstellt, theils, als Phantasie, das sinnlich Lebendige nach ewigen Ideen frei belebt. Soweit der Einbildungskraft dies ihr zweiseitiges Werk gelungen ist, so weit reicht auch die Anschauung oder Erkenntniss im Bewusstsein. Die Ideen, so wie sie durch Einbildungskraft in ihren sinnlichen Bildern und Gleichnissen verklärt sind, und wie sie von der andern Seite das Sinnliche regieren, sind der Gegenstand des Denkens. Das Lebendige aber, theils, wie es, in sich mit den Ideen vermählt, zur freien Dichtung gebildet ist, theils, wie es als Bild die Idee verherrlicht, ist Gegenstand der Vorstellung. Stimmen beiderlei Erkenntnisse mit ihrem Erkannten überein, so kommt ihnen Wahrheit zu, weichen sie aber davon ab, so sind sie Irrthum. Mit Wahrheit zu erkennen, ist dem Geiste gemäss und erfolgt, als seine Gesundheit, unmittelbar aus seinem Wesen; nur, wie Irrthum möglich sei, als des Geistes Krankheit, ist schwerer zu begreifen. Der Geist kann aber unmittelbar nur wissen, was und wie es rein in der Vernunft selbst gegeben ist; dass seine Erkenntniss dann auch, mit den Dingen selbst über und ausser der Vernunft übereinstimmend, äussere Wahrheit hat, dies erfolgt durch die vorherbestimmte Harmonie der Ideen und des Lebendigen in der Vernunft mit dem, was über und ausser der Vernunft ist. Diese Harmonie aber stammt nicht aus der Vernunft selbst, sondern aus Gott, als dem Urwesen. Das Individuelle in der Natur kann nicht unmittelbar Gegenstand der Erkenntniss in reiner Vernunft sein; denn die Natur ist, wie die Vernunft, eine originale Welt in Gott, also, ihrem Wesen und Sein nach, ausser der Vernunft und neben derselben. Die Vernunft kann daher eben so wenig überhaupt, als in ihren Geistern, welche ihre innere Thätigkeit sind, aus eigner Kraft zur Natur gelangen, weder als Zuschauerin, noch als Gehülfin ihres Lebens. Dass nun das Reich der Geister dennoch durch organisirte Leiber Zugang habe zur Natur und zu ihren individuellen Werken, dies ist ein Geschenk desselben Gottes, der Vernunft und Natur selbstständig geschaffen und vom Anfang unterschieden und gesondert, nicht getrennt hat. Alle Geister, welche im Weltall das Leben der Natur erkennen und mit ihren Leibern in das Heiligthum der Natur eindringen, sind durch Gott mit der Natur vereinigt, als lebende Menschen. In diesem von Gott gestifteten Lebensverein erfahren wir vielfache Beschränkung. Unsere individuelle Erinnerung geht nicht bis zu dem Momente, wo wir in den Leib eintraten; auch ist uns nicht vergönnt, mit Geistern umzugehen, die rein ohne Leib leben, noch auch unter einander uns geistig zu nahen, ohne des Leibes Vermittlung zu bedürfen. Durch Erfahrung ist es für die Menschen in ihrem jetzigen Zustande nicht entscheidbar, ob Geister auch ohne Leib sein und leben können, und ob sie selbst, die Lebendigen, nach des Leibes Auflösung, nach höheren Gesetzen und Lebensperioden, unter reine Geister aufgenommen werden mögen; — nur die Wissenschaft des Uebersinnlichen kann bis jetzt hierüber entscheiden.

Wäre nun ein Geist sich selbst überlassen, ohne das Bewusstsein anderer Geister zu dem seinigen machen zu können, so würde sein Wissen sehr beschränkt und einseitig bleiben, wenn es sich auch bloss auf Gegenstände erstreckte, die in reiner Vernunft gegeben sind, das ist, auf Ideen und auf Lebendiges in der Welt der Phantasie. Denn das Bewusstsein des Einzelnen bildet eine Zeitreihe, die nicht Alles zugleich fassen kann; aber schon die Ideen sind dem Gehalte und der Zahl nach unendlich, und des Lebendigen Fülle ist unerschöpflich. Und wenn auch ein Geist seine eigne innere Welt vollkommen erkennen könnte, so bliebe ihm doch die originale Individualität aller andern Geister verborgen. Soll daher das Wissen umfassend sein und tief und reich an Leben, so ist jedes Geistes Trieb schon im Wissen, und für das Wissen, hinausgewiesen über seine eigne Individualität, um in der Vereinigung mit der fremden die eigne zu vollenden, und das Wissen selbst dessen Idee gemäss herzustellen in einem gemeinsamen Wissen eines Reiches der Geister. Alle Geister aber sind ursprünglich Organe eines Lebens der einen und selben Vernunft: sie streben daher, in ihrem ganzen Wesen sich zu vereinigen, um in dieser Vereinigung erst die eigne Individualität schön zu bilden. Dies ursprüngliche Sehnen führt den verwandten Geist dem verwandten Geiste zu; und wenn sie dann, durch die Vernunft selbst, ihre Individualität erkennen, so wird jenes Sehnen Liebe; und ist endlich harmonisches Wechselleben, als Preis der Liebe, errungen, dann werden beide erfüllt mit reiner geistiger Lust. Sich wechselseits erkennbar und erkannt zu sein, ist der Liebe erste Bedingung. — Ohne einzudringen in die Gedanken des in Liebe befreundeten Geistes, wäre auch Vereinigung der gemeinsamen Wahrheit zu einem vollständigeren Ganzen der Wissenschaft nicht möglich.

Dem Menschen offenbart sich in den Sinnen des Leibes die ewige Natur, in ihrem tiefsten und reichsten Leben. Auf den Wellen des Lichts schwingt sich der Geist durch ungemessne Räume und entdeckt die geheimsten und höchsten Gesetze alles Naturlebens im Baue des Himmels; in den Farben schaut er die Gestalt jedes Dinges und seine innersten Regungen; die Welt der Töne thut ihm jedes Dinges Gemüth kund; im Geruch und Geschmack empfindet er, wie alle Dinge harmonisch seines Leibes Leben aussprechen und mit ihm zusammenstimmen. Ein unendliches Gebiet der Naturerkenntniss! Und wie unvollständig dennoch und unzusammenhängend würden die Offenbarungen der Sinne sein, sollte jeder Geist für sich allein, in der Spanne seines Lebens, die Natur beobachten, erforschen, auslegen und in das Chaos zerstreuter Sinnenwahrnehmung Einheit und Harmonie bringen. Aber der Einzelne verkündet dem Einzelnen, was er erfahren; Geschlechter Geschlechtern; jedes künftige Geschlecht übernimmt den Bestand der Naturerkenntniss der Vorgänger und, was am wichtigsten ist, zugleich ihre Forschkunst; und so gelingt es allen Geschlechtern der Menschheit, zu vollständiger und tiefer Erkenntniss des ganzen sie umgebenden Natur-

lebens zu gelangen; so vermögen sie, es der Natur selbst
abzulernen, wie jeder Sinn noch künstlich bewaffnet und jede
dem Leibe überlassne Kraft erhöht und erweitert werden
kann. Ist so in vollkommner Naturerkenntniss die Natur
selbst ins Bewusstsein der Menschheit übergegangen: dann
wird sie auch bildbar nach den ewigen Ideen, welche in ihr
darzustellen, die Vernunft von Gott berufen ist. Die an
Grösse geringe Kraft des Leibes, welche allein die Natur dem
Geiste unmittelbar überlassen hat, wird dann zu einer Macht
gesteigert, die an Gewalt und Zartheit unendlich ist und
alle Kräfte der organischen Reiche weit übertrifft. Die den
Menschen umgebende Natur geht aus den Händen der Menschheit hervor als ein grosses Kunstwerk des Lebens und der
Schönheit; Vernunft und Natur reichen sich liebend die Hände,
um in schöner Vereinigung jede zu dem eignen auch ein neues
Leben noch zu gewinnen, und die Liebe Gottes, sowie die
Harmonien seines ewigen Wesens in aller Zeit zu entfalten.

In den Leibern naht sich auch der Geist dem Geiste
und durchdringt ihn, um in Liebe ein höheres geistiges Leben
zu leben. Die Leiber sind sich durch die Sinne erkennbar,
durch die Sinne theilen sie wechselseits ihren organischen
Zustand, und in den Leibern schliessen sich die Seelen auf.
Die freien Bewegungen der Glieder, seelenvolle Blicke, tief
empfundne Töne, diese natürlichen Gleichnisse des geistigen
Lebens, enthüllen dem verwandten Geiste die geheimsten und
schönsten Regungen des Gemüthes. Und in der Welt der
Töne bildet sich im freien Wechselspiele der Mittheilung eine
Bilderwelt der Gedanken. Der Gedanke ist Bruder des Ge-
fühls, Sprache die Schwester der Musik. In der Tonsprache,
begleitet von ausdrucksvoller Geberde, giebt sich die ganze
Individualität des Geistes; die Gedanken lebendig im Gefühl,
die Gefühle umzeichnet in Gedanken. Ob wohl auch reine
Geister, wie Menschen, liebend sich nahen und ihr Leben in
Ton und Geberde und Sprache verschmelzen? — Wäre nicht
in des Geistes reinem innerem Heiligthum der Ton des Gemüthes Bild, und die Gestalt des Tons nicht der Gedanken
Gleichniss, so sehnte der Mensch sich vergebens, durch Organe
des Leibes eine symbolische Tonwelt zu schaffen, um sein
eignes inneres Leben mit fremdem liebend zu vermählen.
Rein übernatürlich ist Musik und Sprache, für die Natur ein
grosses Wunder und unerreichbares Kunstleben. Im Innern
der Geister empfangen, wird Musik und Sprache, nicht ohne
Gott, in die Natur ausgeboren durch den Leib. Und dann
beginnt der Geister liebevoller Umgang als Menschen, der
Vernunft und Natur zur Freude, ein redend Denkmal des in
ihnen gegenwärtigen Gottes.

Der Sprache verdanken die Geister hohe und beseligende

Güter. Sie begründet die Vereinigung Aller zum Leben, in Gemeinschaft des Empfindens, des Erkennens und der Liebe. Durch sie wird es der Menschheit möglich, die Natur tief und klar zu schauen, sie nach ihren eignen Gesetzen zu bilden und nach Ideen zu freier, in sich selbst würdiger Schönheit zu erheben, und zu organischer Lebendigkeit, welche die Vernunft ebenso, wie die Schönheit, auch darum fordert, dass sie in der Natur einen schönen Lebensverein der Geister gründe. Die Sprache vollendet die Vereinigung des Leibes und des Geists zu gemeinsamem Leben; selbst die Feier leiblicher Liebe wird durch sie geistig, und die Liebe der Geister wird in schöner Sinnlichkeit empfunden.

Alles, was ist, in derselben göttlichen Harmonie und Fülle zu erkennen, wie es ewig ist, ist Bestimmung der Menschheit und jedes Geistes, der Glied der Menschheit ist. Die Menschheit wisse, wenn auch beschränkt, doch so harmonisch, als Gott die Welten schuf. Das Wissen sei ein organisches, selbständiges, in sich selbst lebendes und sich selbst belebendes Ganzes, es erstrecke sich symmetrisch und rhythmisch über alle Sphären des Weltlebens; Gott, Vernunft, Natur, und die Einheit derselben, werde mit gleicher Klarheit von dem Geiste geschaut. Die Welt der Erkenntniss sei eine geistige Wiedergeburt der Welt selbst; in ihr seien die Grundgedanken des Schöpfers noch sichtbar. Frei und selbständig sei das Ganze der Wissenschaft, und frei und selbständig sei es gebildet. So wenig, als Gott selbst und seine Welt, sei auch die Wissenschaft da für einen äussern Zweck; dann wird sie sich von selbst und ungesucht auch als das Nützlichste bewähren. Und das von allen vorigen Zeiten erworbne Licht leuchte jedem Menschen, ja der ganzen Menschheit, in allem innern und äussern Leben vor, auf dass der Einzelne, sowie die Menschheit, ihre individuelle Idee wirklich machen und auch im Wissen ein Gleichniss Gottes werden.

Würdig und schön ist die Wissenschaft an sich selbst, und, in das Leben als Weisheit zurückkehrend, ist sie ein leitender und leuchtender Stern auf allen seinen Wegen. In ihrem Lichte nur gedeiht jede Sphäre der ewigen Bestimmung der Vernunft und der Menschheit. Jedes der ewigen Güter, welche Gott als wesentliche Theile des einen Urguten, der Vernunft zum Ziele, vor allen Zeiten, ewig stellte, kann nur errungen und mit Glück und in Schönheit gebildet werden in reiner Begeisterung der Weisheit. Denn alles Thun und Treiben des Menschen ist unnütz und eitel ohne das Licht der Ideen, was nur in Wissenschaft sich entzündet und in helle, den ganzen Menschen durchdringende Flammen aufgeht. Wahre Weisheit enthüllt dem Sterblichen das unveränderliche Mass aller Dinge und aller Dinge schönes Verhältniss; sie schliesst dem Geiste sein eignes innerstes Wesen auf und lässt ihn sehen, welche Stelle er selbst würdig erfüllen solle im Kranze aller Wesen, und was ihm zu lieben sei und zu thun unter diesen Menschen und zu dieser Zeit. Wahre Weisheit erweicht und veredelt das Herz und erfüllt es mit reiner unsterblicher Liebe; das Haus des Weisen ist ein Bildniss des Himmels, sein Begegnen im Leben ist der Gruss eines Engels. Die Weisheit reinigt des Geistes Horizont vom Nebel des Zeitlichen und Vergänglichen und lässt ihn frei aufschaun in den Aether des Ewigen und des Schönen; sie entflammt das Herz zu heiliger Liebe Gottes und durchdringt es mit heiterer, lebensfroher Frömmigkeit, die im Eigenthümlichen aller Zeiten Gottes Werk verehrt und so die Zeit als Ewigkeit ermisst. Und hätte den werdenden Völkern die Weisheit das Musterbild des Völkerstaates nur erst gezeigt, hätte sie die Mächtigen die Gerechtigkeit unverschleiert erblicken lassen: dann würde der Staat bald ein freier, der Vernunft durchaus würdiger Bund für die ewige Bestimmung der Menschheit sein, ein bewundrungswürdiges Werk der gemeinsamen Sittlichkeit der Völker. Lebte die Menschheit in der Weisheit Lichte: nicht mit Begierde kämpfend, würde sie die heilge Pflicht erfüllen, nur in froher Thatkraft und mit schöner Fertigkeit das Gute und Schöne schaffen. In harmonischer Lebenskunst würde das schöne Naturleben in reinem, keuschem Triebe dem befreundeten Geist begegnen. Leib und Geist würden des widerwärtigen Kampfes bald vergessen. Ja auch die Weisheit würde durch sich selbst stets reicher und lebendiger sich gestalten; ein frischer Quell, dem Leben entflossen, strömte sie dann jugendlich ins Leben, in sich selbst, zurück. — Das Wissen ist die Theorie der grossen Lebenskunst: wo sie lebendig ins Leben wirkt, da bildet der Genius der Menschheit sein grosses Werk in Lust und Schönheit. Drum liebet die Weisheit, vereinigt euch Alle, denen sie heilig ist, zur rechten Zeit, die Himmlische zu erringen; sie wird euch Mutter alles Guten sein.

III. Verschiedenheit des Wissens nach den Erkenntnissquellen.

Die ewigen Ideen und das Sinnlichlebendige in der Vernunft, so wie alles Lebendige in der Natur, sind in der Vernunft, jedes für sich ohne Zuthun des Geistes, als der vereinigenden (synthetischen) Thätigkeit der Vernunft, vorhanden.

Aber alles dies ist nicht von selbst im Bewusstsein gegenwärtig, als Angeschautes oder Erkanntes. Denn nur als Vereinigte und nur in der Vereinigung fallen beides, die Ideen, so wie das Sinnlichlebendige, ins Bewusstsein; vereinigt aber werden beide nur durch die nach entgegengesetzten Seiten hin thätige Einbildungskraft. Denn diese verklärt die Ideen in freien individuellen Bildern als Imagination; aber sie vermählt auch das Lebendige mit den Ideen als Phantasie. Phantasie also und Imagination sind die Wurzeln, worauf gegründet jede Erkenntniss erwächst, und durch deren fortgesetzte Thätigkeit immer neue Erkenntnisse, nach beiden Seiten des Erkennbaren, begründet und möglich werden. Schaut der Geist an, was durch Einbildungskraft im Bewusstsein ist, wird er sich bewusst, dass etwas, und was und wie es im Bewusstsein ist, so bringt er Erkenntniss zu Stande. Da also alles Erkennbare ursprünglich und zunächst in der Vernunft selbst gegeben sein muss, so erhellet zugleich hieraus: dass die Vernunft in aller Erkenntniss sich selbst erkennt, und dass daher alle Dinge nur dann und nur so erkannt werden, wann und wie sie im Geiste selbst gegenwärtig sind. Das Erkannte ist also entweder Idee, oder Lebendiges: und beides entweder, wie sie rein an sich selbst sind, oder auch, wie sie in ihrer Wechselvereinigung sind. Die Ideen können zwar nicht erkannt werden, ohne dass zugleich ein Bild oder Schema derselben vorschwebe: doch der Geist kann dabei allein am Bilde betrachten, was zur Natur der Idee gehört, ohne auf das zu merken, was dem Bilde als Bild eigen ist; hierdurch nun wird eine Erkenntniss der reinen Ideen erzeugt, deren Grund keineswegs das die intellektuale Anschauung begleitende Bild ist, sondern letzteres ist vielmehr bloss Bedingung des Bewusstwerdens derselben. Eben so wenig kann eine Anschauung eines Lebendigen als solchen im Bewusstsein erzeugt werden, wenn sie nicht von der intellektualen Anschauung der diesem Lebendigen parallelen Idee begleitet wird; allein der Geist kann bloss darauf merken, wie in diesem Lebendigen auf individuelle Art die Idee, als das Allgemeinwesentliche, enthalten ist; aber dann ist wiederum die Idee nicht Grund, sondern bloss begleitende Bedingung der Erkenntniss des Lebendigen. Dass die Erkenntniss einer Idee Grund der Erkenntniss einer andern Idee, oder auch die Erkenntniss eines Lebendigen Grund der Erkenntniss eines andern Lebendigen werden könne, ist nicht widersinnig; wohl aber ist es unmöglich, dass eine Erkenntniss einer Idee, die als solche etwas ganz Anderes ist, Grund der Erkenntniss eines Lebendigen sein könne, oder umgekehrt. Die Thätigkeit des Geistes, wodurch Erkenntniss der Ideen für sich, oder wie sie im Lebendigen dargestellt sind, gebildet wird, heisst denken; die entgegengesetzte aber, wodurch Erkenntniss des Lebendigen oder Individuellen, entweder für sich, oder wie es im Verein mit Ideen dargestellt ist, gebildet wird, heisst Vorstellen. Denken also und Vorstellen sind die einzigen Quellen aller Erkenntniss; oder alle Anschauung ist entweder die einer Idee in einem Gedanken und heisst intellektual, oder die eines Lebendigen in einer Vorstellung und heisst real. Nicht jedoch, als könnte ein Moment des Bewusstseins sein, in dem entweder Denken allein, oder Vorstellen allein vorkäme; denn, nur vom Bilde begleitet, kann die Idee, und, nur von der Idee begleitet, kann das Lebendige im Bewusstsein sein: sondern es ist in jedem Momente nur eins von beiden überwiegend, oder es werden beide in ihrer Vereinigung gesucht. Ist es um Erkenntniss der Idee zu thun, so ist das Denken Zweck und das Vorstellen Mittel, wie bei dem mathematischen Anschauen: ist es aber an Erkenntniss des Lebendigen gelegen, wie in der Geschichte, so ist das Vorstellen Zweck, das Denken Mittel; will man aber Idee und Lebendiges in ihrer gleich wesentlichen Durchdringung erkennen, so ist sowohl das Denken Zweck, als das Vorstellen, und beides zugleich wechselseits Mittel, wie bei einer Würdigung der Geschichte nach der Idee des Urwesens und nach den Ideen aller lebenden Wesen.

Der Geist vermöchte nicht im Denken und Vorstellen die Idee mit dem ihr entsprechenden Individuellen im Bewusstsein zu vereinigen, ihre Anschauung könnte sich nicht als übersinnliche und sinnliche im Gegensatze äussern, wenn er nicht selbst ein höheres unbedingtes Anschauen des Urwesentlichen wäre, über und vor der Theilung und Unterscheidung in übersinnliches und sinnliches Anschauen. Denn jede Vielheit ist nur in, mit und durch die Einheit, deren Vielheit sie ist. Nannten wir also, gemäss dem Sprachgebrauche mehrerer Schulen, die übersinnliche Anschauung die intellektuale oder ideale, die sinnliche aber die empirische oder reale, so werden wir die unbedingte Anschauung des Urwesentlichen, welches Ideen als solche und Individuelles als solches als seine Theile in der Vernunft befasst, die absolute oder ursprüngliche nennen; weil sie als Bedingung alles einzelnen Anschauens bei beiden vorausgesetzt wird und beide wie ein höheres Licht begleitet. Nur in, mit und durch diese unbedingte und ursprüngliche Anschauung, welche allem Denken und Vorstellen des Einzelnen vorangeht, ist es dann auch möglich, die Handlung des Denkens und des Vorstellens wechselseitig in eine synthetische Handlung wieder zu vereinigen. Denn, indem sowohl das im Denken an sich und am Individuellen erkannte ewig Wesentliche und Allgemeine, als auch das im Vorstellen erkannte Individuelle und Einzelne, beide als innere, in ihrer Gleichheit entgegengesetzte Theile des einen Urwesentlichen, eben in unbedingter Anschauung ins Bewusstsein gebracht werden, wird zugleich die wesentliche Forderung angeschaut: das Individuelle nach dem ewig Wesentlichen, das Einzelne nach dem Allgemeinen wechselseitig zu bestimmen, das ist, das Ideelle zu einem individuellen Ideale und das Individuelle zu einem diesem Ideale Entsprechenden zu bilden. Durch dies Zusammenwirken der unbedingten Anschauung mit der idealen und realen wird stetig im Bewusstsein eine Erkenntniss gebildet, welche die Vereinerkenntniss oder die synthetische, die harmonische Erkenntniss genannt zu werden verdient, indem sie das absolute Anschauen, das Denken und das Vorstellen ihres Gegenstandes voraussetzt und vereinigt in sich hält. Es ist die einzige Aufgabe des Lebens, des rein geistigen, des rein leiblichen und des menschlichen: im Endlichen, Einzelnen und Zeitlichen, das Urwesentliche, das Allgemeine und das Ewige in wesentlicher Einheit zu bilden; es muss mithin dem Geiste das individuelle Ideal oder die Werkidee alles dessen, was er bildet, während des Bildens vorschweben, und von der andern Seite muss auch dies nach diesem Ideal gebildete werdende Werk in seiner individuellen Bestimmtheit ihm gegenwärtig sein. Die Erkenntniss also des individuellen Ideales und des danach gebildeten idealen Individuellen sind die beiden ergänzenden Theile der so eben beschriebnen harmonischen Erkenntniss; diese ist mithin dem Leben des Geistes, des Leibes und des ganzen Menschen unmittelbar wesentlich; sie ist unmittelbar praktisch, und so wie sich in ihr die absolute, die ideale und die reale Erkenntniss in eins durchdringen, und so wie sie die Erfüllung der ganzen Erkenntniss und ihr reichster, allseitig vollendeter Theil ist; so ist es unmöglich, ohne sie gottähnlich, vernünftig, naturgemäss und menschlich zu leben. Die Ausbildung dieser harmonischen Erkenntniss ist daher ein wesentlicher Theil der Bestimmung der Menschheit, als der harmonische Lichtquell alles wahren Lebens. Diese harmonische oder synthetische Erkenntniss setzt, wie bemerkt, die absolute, die ideale und die reale Erkenntniss voraus; gehen also gleich diese höheren Erkenntnisse nicht unmittelbar in das Leben ein, sondern nur mittelbar durch die harmonische, so sind sie doch an sich selbst nicht weniger würdig, dem Geisterreiche und der Menschheit nicht weniger wesentlich. So wie ferner in jedem wahren Wechselvereine die vereinten Wesen nicht charakterlos in einander verschmelzen, sondern, ihre Selbständigkeit erhaltend, sich wesentlich in ein Höheres vereinen: so zerrinnen auch die sich entgegengesetzten idealen und realen Erkenntnisse nicht in eine Erkenntniss zusammen, worin sie nicht mehr unterschieden und als entgegengesetzte vorhanden wären, sondern beide sind in der harmonischen, als entgegengesetzte, gleichförmig vollendete da und gehen, als unterschiedene, eine höhere Vereinigung ein. Daher ist diese harmonische Erkenntniss nur als der Preis einer harmonischen und gleichförmigen Ausbildung der absoluten, der idealen und der realen Erkenntniss zu erringen. Um zum Beispiel einen bestimmten Staat nach seinem individuellen Ideale kunstreich zu bilden, ist erforderlich: die absolute Erkenntniss des Rechtes in Gott, dann die ideale Erkenntniss des Allgemeinwesentlichen des Rechtes, als einer ewigen Form des Lebens in Gott, ferner die reale Kenntniss des wirklich vorhandenen einzelnen Staates; dann erst kann der Staatskünstler ein individuelles Ideal oder Musterbild für diesen Staat entwerfen und demgemäss das werdende Werk, es immer ideal würdigend, stufenweis ausbilden. Ein Aehnliches aber findet bei jedem Theile der menschlichen Bestimmung statt; und soll die ganze Menschheit ihr Leben vollenden, so bedarf sie die harmonische doppelte Erkenntniss ihrer selbst und ihres ganzen Lebens. Gleichwohl ist noch über keinen Gegenstand des menschlichen Wissens eine harmonische Wissenschaft zu Stande gebracht, ja noch nicht einmal die Idee dieser Erkenntniss ist von irgend einem Schriftsteller ausgesprochen, so viel mir bewusst ist. Aus dem allgemeinen Gange aller menschlichen Entwickelung, ja aus den Grundgesetzen des Alllebens, erhellet, dass überall der Zeit und dem Wesen nach erst im Ganzen dessen Theile entworfen und dann erst, im Verhältniss ihres selbständigen Anwachses, in Kraft des Ganzen untereinander im Leben vereint werden. Daher kann es nicht befremden, wenn wir die Menschheit erst nach Jahrtausende langen, rühmlichen wissenschaftlichen Bestrebungen, erst beim Eintritt in ihr harmonisches Lebensalter, auch die Idee der harmonischen Erkenntniss erringen sehen; wenn wir uns erst jetzt der Hoffnung erfreuen, die eine Wissenschaft werde als Ganzes und in allen ihren Theilwissenschaften von nun an nach dem ewigen Vorbilde alles Seins und Lebens, als absolute, als ideale und reale und als harmonische Erkenntniss ausgebildet werden; das Leben werde an ihr ein harmonisches Licht, eine unaustilgliche Kraft gewinnen. Dann schöpft der wissenschaftbildende Geist aus allen Erkenntnissquellen, aus absoluter, aus übersinnlicher und aus sinnlicher Anschauung ein wahres, in sich beschlossnes Ganzes der Wissenschaft.

Man setzt gewöhnlich die Erfahrungserkenntniss (die empirische) der reinen Vernunfterkenntniss (der Erkenntniss a priori) entgegen. Es ist nothwendig, diesen Gegensatz, dem Vorigen gemäss, richtig zu würdigen. Bezieht sich dieser Gegensatz auf den erkennenden Geist, so verdienen die allgemeinen idealen Erkenntnisse, als der Gehalt des Denkens, den Namen der vorbildlichen oder solcher, die sich auf das Ehere an den Dingen beziehen; denn das allgemein und ewig Wesentliche, welches die Idee umfasst, ist an jedem Dinge ohne alle Zeit und vor aller Zeit, und die zeitlichen Bestimmungen des Individuum sind nur vollendet ausgeführte Gestaltungen ihres allgemein und ewig Wesentlichen, mithin insoferne etwas Nachfolgendes oder a posteriori. Sonach bezeichneten diese Benennungen dasselbe, als die Benennungen der idealen, übersinnlichen und der realen oder sinnlichen Erkenntnisse. Diese Eintheilung der Erkenntnisse ist also nicht erschöpfend; denn über und vor dem Gegensatze der Erkenntniss in die a priori und a posteriori ist die absolute oder die Urerkenntniss Gottes, als das Urwesen im erkennenden Geiste, welche weder ideal, noch real im Gegensatze genommen ist; und sodann verlangen auch die Erkenntnisse a priori und die a posteriori unter einander vermittelst der Urerkenntniss in eine vierte Erkenntniss verwandelt zu werden, welche wir als die harmonische Erkenntniss oder als die Vereinerkenntniss so eben geschildert haben.*)

Der Gegensatz der idealen, der realen und der harmonischen Erkenntniss innerhalb der einen Urerkenntniss ist rein, vollständig und innerhalb des Geistes selbst wesentlich, gegeben, noch ohne und vor seiner Vereinigung mit einem Leibe zum Menschen. Denken wir uns einen reinen Geist, oder einen Menschen im Schlafe, wo er durch die leiblichen Sinne nichts wahrnimmt, oder sie doch nicht als Erkenntnissquellen unterscheidet, so finden wir, dass jene vierfache Erkenntniss in ihm gegenwärtig ist, er mag sie nun im Bewusstsein unterscheiden, oder nicht. Die Welt der Ideen in reiner Vernunft umfasst alle Dinge, Gott als die Uridee, Vernunft, Natur und Menschheit; der Welt der Ideen gemäss bildet der Geist Individuelles in der den Ideen gegenüberstehenden Welt des Individuellen in der Vernunft. Und gerade hierin beruht die innere Möglichkeit, dass der Geist, mit der Natur durch den Leib vereinigt, auch die Einwirkungen der Natur in sich aufnehmen, die Darstellungen der-

---

*) Mögen dergleichen fremdsprachige Benennungen wie die a priori, a posteriori, objectiv, subjectiv, transcendental, intellectuell, Individualität . . ., welche die deutsche Sprache so leicht entbehren und mit besser gebildeten Wörtern ersetzen kann, dem Schönheitssinn der Wissenschaftsbildner zu Ehren, bald so wenig mehr gehört werden, dass man sich jeder Rücksicht auf sie ohne Nachtheil der Verständlichkeit entschlagen könne!

selben in den Sinnen seines Leibes denken, vorstellen, verstehen und nach Ideen würdigen kann, und dass er dann, gemäss der in seinem rein geistigen Heiligthume gebildeten harmonischen Erkenntniss, auf die Natur, mit den ihm im Leibe durch Gott vertrauten Kräften, künstlerisch und mit Vernunftfreiheit einzuwirken vermag. Hierdurch eröffnet sich dem Geiste ein neuer, unendlicher Erkenntnissquell in dem Bilde, welches die Natur von sich selbst in den Sinnen seines Leibes entwirft, aus welchem ihm aber nur mittelbar zu schöpfen vergönnt ist, indem er das in den Sinnen gezeichnete Naturbild, nach seinen inneren geistigen Gesetzen in die Welt der Einbildungskraft hereinbildet und das ihm also angeeignete Individuelle des äusseren Naturlebens auf die entsprechenden Ideen bezieht. Eine unmittelbare Erkenntniss der Natur ist dem Geiste unmöglich, aber die Treue der Erkenntniss leidet nicht durch ihr Abspiegeln im Geiste.

Doch nicht allein das Leben der Natur ist in den Sinnen des Leibes dem Menschen gegenwärtig, sondern auch mit Gott, als dem Urwesen, mit der Vernunft über ihm, als deren Organ er selbst lebt, und mit der Menschheit, in einzelnen Menschen und Gesellschaften, ist er lebend verbunden. Und da Alles, was für den Geist wahrhaft gegenwärtig sein soll, in klarem Bewusstsein unterschieden, mithin erkannt werden muss, so wird auch ein höherer Sinn dem Geiste verliehen sein, worin er die Einwirkungen Gottes und der Vernunft, so wie die der Natur in den Sinnen des Leibes, wahrnimmt, sie als solche unterscheidet und sie wahrhaft erkennt, indem er sie an die ihm innewohnenden Ideen hält und in der innern Welt der Phantasie nachbildet. Wir durften dies hier, wo von den Erkenntnissquellen im Allgemeinen vollständig geredet werden soll, nicht unerwähnt lassen; diesen schweren, leicht missverständlichen Gegenstand aber weiter auszuführen, soll einem andern Orte vorbehalten bleiben.

Haben wir so die Erkenntnissquellen, welche dem Menschen offen sind, vollständig erkannt und genau bestimmt, so können wir des zweideutigen Ausdruckes der Erfahrungserkenntnisse ganz entbehren. In der absoluten Erkenntniss erfährt der Erkennende das erste Wesentliche, die Wesenheit Gottes, welche Alles, das Ideelle und das Reelle, das Ewige und das Zeitliche, das Bleibende und das Vorübergehende in sich fasst; in dieser Urerkenntniss erfährt er dann den Gegensatz der Idee, als des ewig Wesentlichen und Allgemeinen, und des Individuellen, in der Zeit Gestalteten; wendet er dann die Urerkenntniss auf diesen Gegensatz an, so erfährt er die Einheit der Idee und des Individuellen in einen Urwesen, die wesentliche Beziehung beider auf einander und, wie ihre wesentliche Einheit in Gott auch in der Zeit dargestellt werden soll im Lichte harmonischer Erkenntniss; mit diesen inneren Erfahrungen vereinigen sich dann die Offenbarungen des äusseren Naturlebens in den Sinnen und Gottes selbst und der Vernunft in den höheren Sinnen und vollenden so den ganzen Umkreis geistiger und menschlicher Erfahrung. Es ist mithin eine willkürliche Beschränkung des Sprachgebrauches, wenn unter Erfahrungserkenntnissen bloss sinnliche Erkenntnisse verstanden werden.

Alle diese Erkenntnissquellen fliessen schon reicher, oder sparsamer, klarer, oder weniger klar einzelnen Menschen, einzelnen Völkern und der ganzen Menschheit. Doch, so wie sich die Erkenntniss erweitert, wächst auch die Stärke der Anschauung, eröffnen sich neue Erkenntnissquellen, oder werden die schon eröffneten durch neue Zugänge verstärkt. Welche Erweiterung hat unsere Naturkenntniss durch die künstliche Bewaffnung der äusseren Sinne, besonders des Auges, gewonnen? Welch eine neue Welt sinnlicher Naturerkenntniss und zugleich rein geistiger Erkenntniss in der heiligsten Tiefe der Vernunft verspricht sich uns in den höheren weltinnigeren Zuständen des thierischen Magnetismus zu erschliessen? Welche Verklärung wird alle einzelne Erkenntniss und der ganze Bau der einen Wissenschaft durch die Wiederbelebung und Anerkennung der absoluten Erkenntniss, der Urerkenntniss Gottes, erfahren, welche den jetzt herrschenden wissenschaftlichen Geist so würdevoll auszeichnet? Ja, so wie die Menschheit in ihrem ganzen Leben sich harmonischer, kräftiger, gesunder ausbildet, so wie sie immer gleichförmiger und ebenmässiger aus allen Erkenntnissquellen schöpft, je mehr sie alle Erkenntnissquellen als einzelne Zweige der einen Erkenntnissquelle anerkennt, desto reicher werden ihr alle diese Quellen fliessen, desto fröhlicher, desto harmonischer wird der ganze Bau der Wissenschaft gedeihen. Dann wird sich das Gebiet ihrer inneren und äusseren Erfahrung ganz vervollständigen; ein Zustand der wissenschaftlichen Bildung wird eintreten, der den der heutigen gebildetsten Völker und ihrer grössten Geister so weit übertrifft, als dieser vollkommner ist im Vergleich mit dem Zustande noch kindlicher Völker der neuentdeckten Erdländer.

Die vier Arten der Erkenntniss beziehen sich ihrem Gegenstande nach auf alle Wesen, welche sind, auf Gott, Vernunft, Natur und Menschheit. Die Urerkenntniss Gottes, als des einen Urwesens, in dem Alles, ausser dem Nichts ist, umfasst alles Einzelne, was in Gott ist, ohne es noch zu unterscheiden: Alles, sofern es in dem einen Urwesen wesentlich beschlossen ist. Die ideale Anschauung ermisst die ganze Welt der Ideen, worin die Ideen aller Wesen, die Idee Gottes, der Vernunft, der Natur und der Menschheit, ewig beschlossen liegen; aber die rein ideale Erkenntniss erfasst in allen Dingen nur das ewig und allgemein Wesentliche, das vor aller Zeit Seiende, das in aller Zeit Bleibende und das allem zeitlichen Dasein, allem Leben und Gestalten allgemein Wesentliche, als die ewigen, allgemeinen Gesetze alles Lebens. Verklärt sie auch, im steten Bunde mit der sinnlichen Anschauung, ihr Uebersinnliches durch ein sinnliches Gleichniss (Schema), so sieht sie doch auch an diesem nur das Ewige, Allgemeinwesentliche und entlehnt aus den Einzelheiten desselben nie einen Beweis der Wahrheit, so wenig als die sinnliche Erkenntniss ihre Beweise von den Ideen hernehmen kann, ohne welche sie doch das Individuelle gar nicht aufzufassen vermöchte. Die sinnliche Erkenntniss dagegen, die unmittelbar geistige sowohl, als die durch diese vermittelte leiblich sinnliche, erkennt in allen Dingen die bestimmte Gestaltung des Lebens, das Einzelne, diesem einzelnen Wesen Eigenthümliche. Die harmonische Erkenntniss aber vereint beide Erkenntnisse mittelst der Urerkenntniss und lässt uns an dem Ewigen seine Gestaltbarkeit und an dem Gestalteten seine Weiterbildbarkeit nach dem Muster der ewigen Idee erkennen. Die harmonische Erkenntniss bestimmt das Verhältniss des einzelnen Lebenden und seines einzelnen gegenwärtigen Zustandes zu seinem Ideale, welches das eine ganze Leben des erkannten Wesens von seinem ersten Keime bis zur Blüthe, zur Reife und zur Auflösung, als ein Gewächs, in allem Wesentlichem umfasst.

So wie das Urwesen nur eines, so ist auch die Wissenschaft nur eine. Auch die Anschauung des Geistes ist ursprünglich nur eine, — die Uranschauung Gottes. So wie aber Gott eine Welt, als einen Organismus der Wesen, in sich hält, so auch die eine Wissenschaft einen Organismus einzelner Wissenschaften und die Uranschauung einen Organismus einzelner Anschauungen. Wenn daher von einer Eintheilung der Wissenschaft geredet wird, so kann nur von einem organischen Verhältnisse der einzelnen Theile in ihr, als in ihrem gemeinschaftlichen Ganzen, wie von Gliedern eines organischen Leibes, die Rede sein. Sehen wir nun darauf, wie sich die eine Wissenschaft nach der Verschiedenheit der einzelnen Erkenntnissvermögen als ein Organismus einzelner Theile gestaltet, oder, anders ausgedrückt, soll die eine Wissenschaft nach den Erkenntnissquellen eingetheilt werden: so zeigt sie sich vierfach. Die Urwissenschaft erkennt unbedingt, absolut, in absoluter Anschauung, Gott als das Urwesen, als eines und ganzes. Die ideale Wissenschaft, welche auch die Wissenschaft des Ewig-Wesentlichen (die Urseinwissenschaft; Philosophie) genannt werden könnte, ist das Werk der idealen Anschauung und erkennt an allen Wesen ihr Ewigwesentliches. Die reale Wissenschaft, welche auch die Wissenschaft des Lebendigen oder des Lebens heissen kann, als die Lebenswissenschaft (reine Historie), erkennt in realer Anschauung die individuelle Bestimmtheit des Lebens an allen Wesen. Die harmonische Wissenschaft endlich, welche auch die synthetische Wissenschaft oder die Wesenlebenwissenschaft genannt werden könnte, erkennt, als ein Produkt der harmonischen Vereinigung der idealen und der realen Anschauung, an allem Lebendigen das nach seiner Idee zu Bildende und lehrt, es nach seinem individuellen Ideale kunstreich vollenden.

Dies ist die wesentliche Eintheilung der Wissenschaft nach den Erkenntnissquellen oder, in dem gewöhnlichen Sprachgebrauche, die subjektive. Ihr entspricht und mit ihr ist zu verbinden die Eintheilung der Wissenschaft rein nach ihrem Gegenstande oder die objektive. Soll die Wissenschaft als ein organisches Ganzes von dem Menschen und von der Menschheit ausgebildet werden, so müssen in ihrem Ausbau diese beiden Eintheilungen sich lebendig und allseitig durchdringen. Damit nun gezeigt werden könne, wie dies geschehe, damit die ganze Aufgabe, welche der Wissenschaftsbund zu lösen hat, klar vor Augen trete, wollen wir zunächst den innern Reichthum des Wissens nach den Gegenständen betrachten.

Doch, ehe wir zu dieser neuen Betrachtung fortgehen, wollen wir uns noch an die allgemeinen wesentlichen Bedingungen erinnern, welche in dem Menschen belebt sein müssen, wenn er der Wissenschaft würdig sein will: an die allgemeine Stimmung des Geistes und des Gemüthes, welche die Wissenschaftsforschung voraussetzt, wo sie wohlgelingen soll. Nur, wer reines Herzens ist, wird Gott sehen! Nur, wer Gott sieht, wer ihn als den Urgehalt alles Wissens erkennt, hat Wissenschaft, nur er kann die Wissenschaft als ein treues Gegenbild Gottes im Spiegel seiner reinen Seele kunstreich bilden. Der Anfang der wahren Wissenschaft in jedem Geiste ist ein religiöser, gottinniger Moment und die ganze Ausbildung der Wissenschaft eine religiöse Handlung und Verherrlichung Gottes im Geiste. Wo das Andenken an Gott verdunkelt wird, wo die Liebe Gottes ermattet, oder erstirbt, da weichet das Heil und die Schönheit von allen Wegen des Lebens, auch von dem Pfade der Wissenschaft. Die Erkenntniss Gottes ist das Licht, welches die ganze Wissenschaft einzig durch und durch erleuchtet; die Liebe zu Gott, und in dieser Liebe die Liebe zur Menschheit, ist die Wärme, worin die himmlische Wissenschaft auf Erden gedeihet, Blüthen und Früchte gewinnt.

www.ingramcontent.com/pod-product-compliance
Lightning Source LLC
Chambersburg PA
CBHW030809230426
43667CB00008B/1131